大唐和亲公主

白述礼 ▼ 著

黄河出版传媒集团
阳光出版社

图书在版编目（CIP）数据

大唐和亲公主 / 白述礼著. —— 银川：阳光出版社，
2024. 9. —— ISBN 978-7-5525-7517-0

Ⅰ. K280.042

中国国家版本馆CIP数据核字第202401PF01号

大唐和亲公主   白述礼 著

责任编辑   申   佳
封面设计   晨   皓
责任印制   岳建宁

黄河出版传媒集团
阳 光 出 版 社   出版发行

出 版 人   薛文斌
地   址   宁夏银川市北京东路139号出版大厦（750001）
网   址   http://www.ygchbs.com
网上书店   http://shop129132959.taobao.com
电子信箱   yangguangchubanshe@163.com
邮购电话   0951-5047283
经   销   全国新华书店
印刷装订   宁夏凤鸣彩印广告有限公司
印刷委托书号   （宁）0031085

开   本   710 mm×1000 mm   1/16
印   张   24.5
字   数   340千字
版   次   2024年9月第1版
印   次   2024年9月第1次印刷
书   号   ISBN 978-7-5525-7517-0
定   价   68.00元

序一

　　和亲亦称"和戎""和蕃""和番"，是指两个不同民族上层之间的联姻，多数是中原王朝的公主出嫁边疆少数民族政权的首领及其子弟。中国古代历史上至少有845次和亲，中国文献中有明确记载的和亲至少有843次，国外文献中有明确记载的和亲有2次。和亲文化是在和亲过程及相关活动中形成的一种文化，既是民族交往、交流、交融的产物，又是中华优秀传统文化的重要组成部分，对边疆地区团结稳定、统一多民族国家巩固、各民族文化交流以及人类文明提升都有积极作用。

　　司马迁在《史记》中写了"和亲"之后，历代正史都对和亲作过记载或评论。唐宋以降，有的"会要"或"类书"为和亲列了专条。近百年，和亲成了我国学术研究的重要课题之一，一大批专家学者致力于和亲历史文化研究，在历史学和民族学界多次出现研究高潮，取得了丰硕成果，出版了林幹的《昭君与昭君墓》（1979），崔明德的《汉唐和亲研究》（1990），《汉唐和亲史稿》（1992），阎明恕的《中国古代和亲史》（2003），杜家骥的《清朝满蒙联姻研究》（2003），马冀的《昭君文化研究》（2003），崔明德的《中国古代和亲史》（2005），《中国古代和亲通史》（2007），刘冰、顾亚丽的《草原姻盟——下嫁赤峰的清公主》（2007），宋超的《和亲史话》（2012），林恩显的《中国古代和亲研究》（2012），范立香的《唐代和亲研究》（2017）、蒋爱花的《唐代和亲往事》（2019）、王前程的《历代昭君文化资料整理与研究》（2023）等著作。翦伯赞（1961），王尧（1963），梁多俊（1964），刘先照、韦世明（1978），黎虎（2011），芈一之（1979），任崇岳（1980、2004），华立（1983），白翠琴（1984），罗贤佑（1987），张正明（1990），陈育宁（1993），周建新（1993），何耀华（1998），石硕（2000），李大龙（2000），张云（2007），彭向前（2008），王欣（2010），杨建新（2011），瞿州莲（2011），王子今（2012），刘洁（2013），管彦波（2015），喜饶尼玛（2016），周伟洲（2019），刘玉堂（2021），霍巍（2021），雷振扬（2021），赵云田（2021），李洁（2022），朱尖（2022）等众多专家学者发表了千余篇相关论文，对和亲历史文化作了深入研究。

最近，欣闻宁夏大学民族与历史学院白述礼教授撰写的《大唐和亲公主》即将出版，为和亲历史文化百花园中增添了一株鲜艳的新葩，可喜可贺！

白先生 1958 年毕业于北京大学历史学系，学术功底扎实，是著名的宁夏历史文化研究专家。1994 年退休后，仍致力于中国史的学术研究，20 多年出版了《大唐灵州镇将》《大明庆靖王朱栴》《走进灵州》《史学探微》《我从书院门走来》《灵州史研究》《唐肃宗灵武即位》《古灵州历史专题考论》及《唐太宗灵州高会》9 部专著，耄耋之年还在著书立说，十分令人敬佩。

我与白先生一年前才开始交往。2022 年 10 月 15 日，我在宁夏大学"朔方论坛"作《和亲历史文化与中华民族共同体意识》讲座，因是线上讲座，该校和其他学校的不少老师与学生听了讲座。让我印象特别深刻的是，90 岁高龄的白教授也上线听了讲座。结束后他又给我打电话，说读过我的《中国古代和亲通史》等论著，希望与我保持联系。从此，我与白先生常有电话、微信、短信联系。去年年底，他嘱我为其新作《大唐和亲公主》作序，我觉得这也是向他学习的机会，于是欣然应允。

《大唐和亲公主》是白述礼教授退休后撰写的第十本著作，对唐朝和亲公主的和亲事迹作了梳理，提出了自己的见解，丰富了唐朝和亲的研究内容，有助于和亲研究的全面开展。

总的来看，《大唐和亲公主》具有重要学术价值和鲜明特色，其中最为突出的有如下两点：

一是对弘化公主出身、出嫁吐谷浑时间等具体问题作了细致的考证。白教授既对《新唐书》《唐会要》《资治通鉴》《册府元龟》中的相关记载进行了梳理，又对出土的《弘化公主墓志铭》作了细致分析，也参考了专家学者的研究成果，广泛征求专家学者意见，提出了自己的看法，如认为弘化公主的出身应为近亲宗室女，弘化公主出嫁的时间应以墓志记载的贞观十七年（643）为准。

二是挖掘了唐朝和亲公主的历史意义和时代价值。我一直认为，无论是从历史还是从现实来看，和亲历史文化均在加强民族交往、交流、交融，增进民族感情，构建中华民族共同体和人类命运共同体等方面发挥着重要作用；和亲历史文化既是民族交往交流交融的生动教材，又是民族团结进步教育的生动教材。白教授在书中论述唐朝的一些和亲公主时，对其促进民族团结和经济文化交流给予了充分肯定，认为唐朝公主出嫁和亲，是以和平取代战争，促进了民族团结和文化交流。如弘化公主出嫁吐谷浑王诺曷钵后，促进了蕃汉多人联姻，实证了中华民族交往、交流、交融的历史。文成公主出嫁吐蕃赞普松赞干布，对增强汉藏民族的交往、交融和团结，对藏区经济文化发展都做出重大贡献；金城公主为唐蕃友好团结做了大量工作，促进了唐蕃经济和文化交流，做出了很大的贡献。唐玄宗时期出嫁宁远的和义公主，促进了唐与西域宁远的经济文化交流。宁国公主"国家事重，死且无恨"的悲壮之语，表达所有大唐和亲公主为促进民族团结、甘愿奉献的中华女儿优秀品质的心声。她们的事迹可歌可泣！同时，白教授还向宁夏回族自治区人民政府和吴忠市人民政府建议，在宁夏吴忠市建弘化公主博物馆、纪念雕塑，在吴忠市同心县红城水唐代安乐州城遗址附近建"民族团结文化园"、纪念雕塑，作为宁夏吴忠市和同心县铸牢中华民族共同体意识宣传教育基地。由此可以看出白教授的家国情怀和社会责任感。

当然，任何事情都有不断提高、不断完善之处，该书也留有进一步完善和深入探讨的空间，如在第二十章《许婚因乱未降的安化公主》中，作者认为"南诏和亲，无果而终"。这一观点似可进一步探讨，《资治通鉴》和《南诏野史》对唐与南诏的和亲有明确记载，云南省巍山彝族回族自治县的嵯耶王庙中有安化公主塑像，2023 年 7 月 12 日我曾赴当地调研，找到唐与南诏成功和亲的又一佐证材料。此外，关于弘化公主的研究内容非常丰富，但有的和亲公主则相对单薄一点。尽管如此，瑕不掩瑜，本书仍不失为一部有价值、有意义的唐代和亲史研究著作。

崔明德

2024 年 3 月 12 日

崔明德，中国和亲史专家、民族学专家，烟台大学原党委书记、校长，教授、博士生导师、博士后合作导师，十二届山东省政协文化文史和学习委员会副主任。出版《中国古代和亲通史》《中国古代民族文化专题研究》《中国民族关系十讲》《南北朝民族关系思想研究》等专著 16 部，发表论文 230 多篇。

序二

在中国古代历史上，和亲是中原王朝与周边少数民族关系中特别重要且不容回避的专有名词。当政治权衡与军事角逐旗鼓相当的情况下，和亲成为民族团结和力量凝结的象征。当然，和亲也是浸润在史书中一个个和亲公主的生命履历。与养尊处优的皇家公主相比，和亲公主被迫拿起迥然不同的人生剧本。像文成公主、金城公主，虽然她们早已湮没于历史的尘埃中，可那份悲情与忠贞却烛照史册，感动千载。

最近，92岁高龄的宁夏大学历史系教授白述礼先生，发来了他最新撰著的书稿《大唐和亲公主》。该书洋洋洒洒34万字，详细考证了大唐16位公主的和亲事迹，绘就了她们的波澜生平。读来酣畅淋漓，令人感佩再三。白先生嘱写序，作为晚辈，我深感学力不逮，惶恐不已。

虽然与白先生素未谋面，但我惊讶于他仍笔耕不辍，以及他对电子产品的熟练操作，会使人不自觉地忘记他的年龄。我与他的交往源于著名文化学者、我的同事蒙曼教授的居中联络。大概是三年前的某个春日，蒙老师通过微信跟我说，她有一位北大老校友，酷爱读书，读过我撰写的《唐代和亲往事》，想与我进一步交流。自此之后，围绕着大唐的和亲主题，白先生不时发来语音、图片、视频。随着联系的增多，我发现白先生一心治学，似乎除此之外，别无他求。白先生的执行力令人惊讶。有一次，他在中午前发来了该书的目录，我读后建议他，最好做到字数一致或格式整齐，不到一小时他就发来了整齐划一的目录。这样的例子太多，实在不胜枚举。每次与白先生谈起和亲的话题，我都感觉畅快无比，一位耄耋老人与时俱进、持之以恒的治学精神，总是令人肃然起敬。

对于白先生的学术观点，我早有关注。1989年，他在论文《古灵州城址初探》中，就提出了"古灵州城址，似应在今宁夏吴忠市境内""今日的吴忠市和灵武县，究其根源，都是同一个古灵州"的观点；2018年，作者在《灵州史研究》一书中提出："灵州'古城'，在今宁夏吴忠市，灵州'新城'在今宁夏灵武市。吴忠与灵武，都是灵州，同源同根，自古一家。"白先生笔耕不辍，近年来出版过《大唐灵州镇将》《大明庆靖王朱栴》《走进灵州》《史学探微》《我从书院门走来》《灵州史研究》《唐肃宗灵武即位》《古灵州历史专题考论》和《唐太宗灵州高会》等9部专著。《大唐和亲公主》应是白先生退休后第十本专著。

2016年，白先生荣获宁夏"首届离退休专业技术人才突出贡献奖"。2017年11月，白先生荣获"北京大学优秀校友"称号。2020年，他又被评为全国"事迹特别感人的百姓学习之星"。白先生说《大唐和亲公主》是他的收官之作。我以学界寿星周有光先生的例子鼓励白先生：越老越敢说真话，越老越可爱。文化人岂能轻易搁笔？

和亲虽是学界长久以来深耕的话题，但白先生以其毕生智慧与史学思考，令该议题老树开新花。《大唐和亲公主》的学术价值在于：

一、依据原始文献并充分吸收学界成果，提出了诸多新观点。

作者认为，唐代名副其实的出降周边蕃王的和亲公主是16位。册封未降者实际没有和亲的公主、县主5位，出降归唐蕃将大唐将领联姻女 5 位，出降蕃王之子大唐将领联姻女 9 位，总共有 35 位与和亲联姻有关的大唐女性。这较前人研究推进了一大步。

二、侧重考证了弘化公主的故事，补充了诸多细节。

贞观十四年，唐太宗册封族妹为弘化公主，许婚吐谷浑王诺曷钵，但因吐谷浑内部有宣王谋乱"时有日矣"，公主因此暂未成行。待其内部安稳后，于贞观十七年出降成婚。作者考证提出了唐高宗安置"内属""徙灵州"的吐谷浑的政策的新观点：分而治之，便于朝廷操控。唐高宗安置吐谷浑王族上层居住灵州城，安置吐谷浑部落居住距离灵州南稍东 180 里的安乐州城。作者以新出土的吐谷浑王族（包括弘化公主、慕容忠、慕容明、慕容曦光、金城县主、慕容威）的 7 方墓志为分析对象，认为七位墓主或生于灵州家中，或死于灵州家中，证明吐谷浑王族上层的家都居住在灵州城，部落居住在安乐州城。作者据墓志考证，弘化公主在灵州（治今宁夏吴忠市古城村）长住 26 年（672—698），终于灵州家中。其间，弘化公主送子孙入侍唐朝，又促成王族子孙与唐朝联姻，还亲自回朝省亲，提升了唐朝与吐谷浑的关系。

三、全景呈现了唐朝 16 位和亲公主的事迹，歌颂了历史上的民族交往。

作者不吝笔墨，考证了大唐 16 位和亲公主或艰辛或悲惨的和亲生活，彰显肯定了她们对民族团结、铸牢中华民族共同体意识的贡献。本书提出曾册封许婚蕃王但未出降的 5 位县主，因为没有出降，不能算作和亲公主。作者还提出"出降归唐蕃将和蕃王之子的唐朝女性为蕃汉联姻女"的观点。虽然她们没有出降蕃王，但是，议亲联姻的过程同样促进了民族团结，促进了中华民族历史上的交往交流交融。

读罢此书，我特别钦佩白先生手不释卷、笔耕不辍的治学精神。这种终身学习的态度，乐于汲取史料与新见、时刻保持思考的状态，多少年轻人也未必能做到。或许随着考古发现的增多，关于唐代和亲公主的研究会更加丰富，但不容忽视的一点是，白先生始终带着感情写书，书中的情怀永远不会过时。正如唐朝诗人李颀《古从军行》中写道："行人刁斗风沙暗，公主琵琶幽怨多。"和亲公主以柔弱之躯肩负着民族与家国的重托，从此告别父母与故土，孤独地走向遥远陌生的异域，勇敢地承担起了时代大义。我想，这也是白先生书中所呈现出的正能量。

蒋爱花

2024 年春，北京西山寓所

蒋爱花，1980 年生。著名隋唐史专家、唐代和亲史专家。中央民族大学历史文化学院教授、博士、博士生导师。中央电视台《唐代和亲往事》《大唐名将》主讲人。著有《唐代和往事》《唐代家庭人口辑考》《身份、记忆、反事实书写：隋唐时期幽州墓志研究》等专著。发表《唐代男女婚嫁年龄考略》《唐人寿命水平及死亡原因试探》《唐代中下层官员入仕之路研究》等论文 40 多篇。

目　录

中卷　唐朝许婚未嫁的公主、县主

下卷　唐朝两种蕃汉联姻女

第一部分　嫁归唐蕃将的 5 位蕃汉联姻女

绪论

和亲又称"和蕃""和番""和戎"。《史记》《汉书》记为"和亲"。《唐会要》《册府元龟》《旧唐书》《新唐书》等有记"和蕃",有记"和亲"。和亲指中国古代中原王朝皇帝通过册封、出降,和亲公主下嫁周边诸番邦少数民族首领为妻,以政治联姻的方式,建立政治上的和平友好关系。

本书认定唐代和亲的标准是,唐朝皇帝册封许婚并出降于蕃王成婚的公主,实现唐蕃治治联姻,算和亲,算和亲公主。册封许婚蕃王未出降成婚的公主,未实现和亲,不算和亲公主。嫁归唐蕃将或蕃王之子的女性,算蕃汉联姻女,不算和亲,不算和亲公主。县主不是公主不算和亲公主。和亲公主一般皆非帝女,且多不知姓名,用其册封名号。多是宗室女,按礼制,皇帝册封和亲公主,视为皇帝之女,出降番邦君主。《史记·刘敬传》记载汉初和亲:

高帝罢平城归,韩王信亡入胡。当是时,冒顿为单于,兵强,控弦三十万,数苦边。上患之,问刘敬。刘敬曰:"天下初定,士卒罢于兵,未可以武服也。冒顿杀父代立,妻群母,以力为威,未可以仁义说也。独可以计久远子孙为臣耳,然恐陛下不能为。"上曰:"诚可,何为不能!顾为奈何?"刘敬对曰:"陛下诚能以适长公主妻之,厚奉遗之,彼知汉适女,送厚,蛮夷必慕以为阏氏,生子必为太子,代单于。何者?贪汉重币。陛下以岁时汉所余彼所鲜数问遗,因使辩士风谕以礼节。冒顿在，固为子婿；死，则外孙为单于。岂尝闻外孙敢与大父抗礼者哉？兵可无战以渐臣也。若陛下不能遣长公主，而令宗室及后宫诈称公主，彼亦知，不肯贵近，无益也。"高帝曰："善！"欲遣长公主。吕后日夜泣，曰："妾唯太子、一女，奈何弃之匈奴！"上竟不遣长公主，而取家人子名为长公主，妻单于。使刘敬往结和约。①

这段记载中，汉初北方匈奴单于冒顿兵强，朝廷苦于不能对付，汉高祖问计于建信侯刘敬，应对强敌匈奴之策，刘敬献计和亲："以适长公主妻之。"他说如果汉适女，则为匈奴"阏氏"，生子为太子，会替代单于，汉与匈奴成为大父与外孙的关系，外孙单于自然不敢与大父抗礼。便可以无战事了。最后，汉高祖取宫女名为长公主，即名为皇帝之女，妻单于，派刘敬前往匈奴和亲。刘敬被誉为汉代和亲的开创者。

唐高祖即位之初，面对强敌北方突厥，也曾采取和亲，不过与汉高祖类似，汉高祖是以宫女名为长公主，唐高祖出降的是女妓，不是册封宗室女为和亲公主。《资治通鉴》记载，武德元年（618）九月，"上遣从子襄武公琛、太常卿郑元璹以女妓遗始毕可汗。壬戌（二十日），始毕复遣骨咄禄特勒来"。十月，"戊寅（初七），宴突厥骨咄禄，引骨咄禄升御坐以宠之"。唐高祖对突厥使者敬之如宾，甚至请他坐皇帝才能坐的龙椅。

《旧唐书·李琛传》也记载：

> 琛，义宁中封襄武郡公，与太常卿郑元璹赍女妓遗突厥始毕可汗，以结和亲。始毕甚重之，赠名马数百匹，遣骨咄禄特勒随琛贡方物。高祖大悦，拜刑部侍郎，进爵为王。②

---

①《史记·刘敬传》，卷九十九，列传第三十九，中华书局，1959 年，第 2719 页。
②《旧唐书·李琛传》，卷六十，列传第十，中华书局，1975 年，第 2347 页。

唐太宗积极推行和亲。提出和亲政策"与之为婚媾"，求边境无事。《贞观政要》记载：

贞观十六年(642年)太宗谓侍臣曰："北地代为寇乱，今延陀倔强，须早为之所。朕熟思之，惟有二策：选徒十万，击而虏之，涤除凶丑，百年无患，此一策也。若遂其来请，与之为婚媾。朕为苍生父母，苟可利之，岂惜一女！北狄风俗，多由内政，亦既生子，则我外孙，不侵中国，断可知矣。以此而言，边境足得三十年来无事。举此二策，何者为先？"

司空房玄龄对曰："遭隋室大乱之后，户口太半未复，兵凶战危，圣人所慎，和亲之策，实天下幸甚。"①

唐太宗提出与少数民族蕃王和亲的政策。房玄龄支持说："和亲之策，实天下幸甚。"贞观四年（630），唐太宗派大唐战神李靖将军挂帅，率军平北方强敌突厥，俘突厥颉利可汗。正是贞观四年（630），唐太宗开始被四夷尊为"天可汗"。之后，继续征服四夷，平高昌，灭吐谷浑，征高丽，平薛延陀。

在四夷逐渐被征服、最后准备筹划征服薛延陀的情况下，唐太宗开始推行和亲政策："与之为婚媾。"

贞观十三年（639）十一月，归附唐朝的年方16岁的年幼的吐谷浑王慕容诺曷钵来朝献礼，请婚。唐朝与吐谷浑关系开始友好。

《唐会要》记载：

和蕃公主：弘化，宗室女。贞观十三年（639）十一月。降吐谷

①吴兢著、骈宇骞译注：《贞观政要》，中华书局，2011年，第578页。

003

浑慕容诺曷钵。①

《旧唐书·吐谷浑传》记载弘化公主出降时间为贞观十四年：

> 诺曷钵因入朝请婚。十四年，太宗以弘化公主妻之，资送甚厚。②

贞观十四年（640），唐太宗册封弘化公主准备出降吐谷浑王诺曷钵。《新唐书·李道玄传》记载：

> 贞观十四年，与武卫将军慕容宝节送弘化公主与吐谷浑，坐漏言主非帝女，夺王，终郓州刺史。③

这就是说，贞观十三年十二月，吐谷浑王慕容诺曷钵来朝献礼、请婚。贞观十四年（640）唐太宗许婚，册封弘化公主，出降吐谷浑王诺曷钵，大唐太宗第一次册封了一位宗室女为弘化公主，诏派淮阳王李道明和右武卫将军慕容宝持节，为正副和亲使，备办了特别多而十分珍贵"甚厚"的陪嫁物资，准备出降于吐谷浑。

但是，因吐谷浑内部政局不稳，弘化公主无法出降吐谷浑，《新唐书·吐谷浑传》记载：

> （贞观十五年）其相宣王跋扈，谋作乱，欲袭公主，劫诺曷钵奔吐蕃。诺曷钵知之，引轻骑走鄯城，威信王以兵迎之。果毅都尉席君买率兵与威信王共讨，斩其兄弟三人，国大扰。帝又诏民部尚书唐

---

① 《唐会要》，卷六，中华书局，1955 年，第 75 页。
② 《旧唐书·吐谷浑传》，卷一百九十八，列传第一百四十八，中华书局，1975 年，第 5300 页。
③ 《新唐书·李道玄传》，卷七十八，列传第三，中华书局，1975 年，第 3519 页。

俭、中书舍人马周持节抚慰。[①]

非常明确，贞观十五年，吐谷浑宣王谋乱时，只提"欲袭弘化公主"。"欲袭"是准备袭击，实际上并非真正袭击了弘化公主；最后又记载是"诺曷钵知之，引轻骑走鄯城"，只字未提弘化公主，为什么？只能证明，贞观十五年弘化公主不在吐谷浑，进一步证明贞观十四年弘化公主没有出降。弘化公主正式出降和亲时间推延至贞观十七年（643），才正式出降，赴吐谷浑，与吐谷浑王诺曷钵成婚。

《弘化公主墓志》唐朝当时人记当时事，明确记载：

> 大周故弘化大长公主[①]李氏赐姓曰武改封西平大长公主墓志铭并序。公主陇西成纪人也，即大唐太宗文武圣皇帝之女也。以贞观十七年出降于青海国王勤豆可汗慕容诺贺钵。[②]

弘化公主是唐太宗册封的大唐第一个和亲公主，第一个和平使者，是唐朝和亲的开端。弘化公主和亲55年，促进了民族团结，改善了唐与吐谷浑的友好关系。

贞观十五年，唐太宗第二次册封宗室女为文成公主，出降吐蕃赞普松赞干布，建立了唐蕃友好关系。

唐太宗册封和亲公主，实行和亲政策，开启了大唐和亲历史。

有唐一代，究竟有多少次和亲，大唐皇帝册封有多少位和亲公主，唐史文献记载不尽相同，学界观点众说纷纭，目前似无一致定论。学者们依据唐史文献记载，加上考证，纷纷提出不同的和亲次数、和亲公主的人数。

---

①《新唐书·吐谷浑传》，卷二百二十一，列传第一百四十六，中华书局，1975年，第6226页。
②吴钢：《弘化公主墓志》，《全唐文补遗》，三秦出版社，1994年，第77页。

著名中国和亲史专家崔明德教授《对唐朝和亲的一些考察》一文中提出唐代和亲次数为 23 次。[①]

蒋爱花教授著《唐代和亲往事》一书，提出"唐代和亲为历代规模最大、次数最多，竟然达到了 28 次"。在该书中和《唐代和亲简表》中，考证唐代的和亲公主 17 位，其中一次"未成婚"，实际上她提出的唐代和亲公主是 16 位，与《唐会要》中记载的 15 位比较，补充一位东华公主和小宁国公主，却少了一位交河公主。不算"未成婚"和小宁国，蒋爱花提出正是 16 位。[②]

2017 年，范香立著《唐代和亲研究》一书，提出唐代"和亲 38 次"，并详细列表。最后指出："参与唐与少数民族政权和亲的人数共有 39 人，其中有男性两名，武延秀与李承寀，女性 37 人（其中金山公主、新兴公主并未出嫁，还有定襄县主、平夷县主、临洮县主、九江公主、衡阳公主因其夫入职唐中央，出嫁后仍居中原）。因小宁国公主以媵女身份随宁国公主出嫁回纥，二人和亲可视为一次，因此唐代和亲次数达 38 次。"[③]范香立推出的"唐代和亲次数达 38 次"，并不是 38 位和亲公主，其中包括了许婚未嫁的公主，嫁于归唐蕃将的公主、县主，以及出嫁蕃族王子的女性，非公主还包括了和亲男性二人。

五代人王溥依据唐代人苏勉、杨绍复撰《唐会要》编撰成的《新编唐会要》（简称《唐会要》），记载了唐代和亲公主为 15 位及简介，提供了唐代和亲公主基本人数、基本信息，应该最为可靠的史料依据：

　　和蕃：弘化。宗室女。贞观十三年十一月。降吐谷浑慕容诸葛钵。

　　文成。宗室女。贞观十五年正月十五日封。降于吐蕃赞普弄赞。命江

---

①崔明德：《对唐朝和亲的一些考察》，《历史教学》1983 年第 12 期。
②蒋爱花：《唐代和亲往事》，中国民主法制出版社，2019 年，第 200 页。
③范香立：《唐代和亲研究》，陕西人民出版社，2017 年。

夏王送之。弄赞亲迎于河源。见王。行子婿礼甚谨。叹大国服饰礼仪之美。俯仰有愧沮之色。谓所亲曰。我祖父未有通婚大国者。今我得尚大唐公主。当筑一城。以夸示后世。仍遣酋豪子弟。请入国学。以习诗书。从之。金城。雍王守礼女。神龙三年四月十四日。降于吐蕃赞普。宁国。肃宗女。乾元元年七月十七日。出降回鹘英武威远毗伽可汗。置公主府。二年八月二十三日。自蕃还。至贞元五年四月十二日。议罢公主府。置邑司。永乐。宗室女。开元二十五年十一月三日。出降契丹松漠郡王李失活。燕郡。余姚公主女慕容氏。开元十五年闰五月十九日。出降契丹松漠郡王李郁于焉。固安。从外甥女辛氏。开元五年二月。出降奚首领李大酺。至八年。大酺戮死。共立季弟鲁苏为主。仍以公主为妻。时鲁苏牙官塞默羯谋害鲁苏。翻归突厥。公主密知之。遂诱而杀之。上嘉其功。赏赐累万。公主嫡母嫉主荣宠。乃上言云主是庶生。请别以所生主嫁鲁苏。上怒。乃令离婚。东光。咸安公主女韦氏。降奚首领鲁苏。交河。十姓可汗阿史那怀道女。开元五年十二月。出降突骑施可汗苏禄。和义。宗室女。天宝三载十二月十四日。出降宁国奉化王。静乐。天宝四载三月十四日。封外甥女独孤氏。降松漠都督怀顺王李怀节。宜芳。外甥女杨氏。天宝四载三月十四日。出降饶乐都督怀信王李延宠。崇徽。仆固怀恩女。大历四年五月二十四日。出降回鹘可汗。咸安。德宗女。贞元四年十月。出降回纥天亲可汗。其月二十六日。敕置咸安公主府。准亲王例。太和。宪宗女。长庆元年二月。出降回纥崇德可汗。[1]

王双怀、周佳荣《论唐代的和亲公主》一文考证："实际上与唐实现和亲的少数民族是七个,真正嫁到少数民族地区去的和亲公主有十六位。"[2]

---

[1]《唐会要》，卷六杂录，和亲公主，中华书局，1955 年，第 87~91 页。
[2] 王双怀、周佳荣：《论唐代的和亲公主》，《唐史论丛》2006 年第 1 期。

2000 年，周佳荣教授列出唐代和亲具体 16 位公主："实际上与唐实现和亲的少数民族是 7 个，真正嫁到少数民族地区去的和亲公主有 16 位。其中，与吐谷浑实现和亲者 1 位：弘化公主；与吐蕃和亲者 2 位：文成公主、金城公主；与突骑施和亲者 1 位：金河公主；与奚和亲者 3 位：固安公主、东光公主、宜芳公主；与契丹和亲者 4 位：永乐公主、燕郡公主、东华公主、静乐公主；与宁远和亲者 1 位：和义公主；与回纥和亲者 4 位：宁国公主、崇徽公主、咸安公主、太和公主。"[①]

陕西中学历史教师姜公义、王闽、尚同帮《唐代的和亲与和亲公主》提出唐代有"16 位和亲公主"："从唐代史籍记载来看，唐与少数民族正式和亲 20 左右次，至少有 16 位公主承担和亲重任而真正嫁到当时比较落后的少数民族地区，成为番邦的一员，融入当地社会。""真正嫁到少数民族地区的和亲公主除与吐谷浑实现和亲的弘化公主以及与吐蕃实现和亲的文成公主、金城公主外，还有与突骑施和亲的金河公主，与奚和亲的固安公主、东光公主、宜芳公主，与契丹和亲的永乐公主、燕郡公主、东华公主、静乐公主，与宁远国和亲的和义公主，与回纥（回鹘）和亲的宁国公主、崇徽公主、咸安公主、太和公主。"[②]

蒋爱花教授专著和其他学者文章都是在《唐会要》15 位和亲公主基础上，增加了一位"东华公主"，都肯定唐代和亲公主为 16 位，这应该是最全面的。

笔者认同王双怀、周佳荣、蒋爱花教授等专家学者以及姜公义、王闽、尚同帮老师的观点，他们都提出唐代册封、出降了总共 16 位和亲公主的观点。但是，不知道什么原因，《唐会要》未记一位和亲公主：东华公主妻奚王李邵固。不过，笔者发现《旧唐书》两处都有东华公主的记载，应

---

①周佳荣：《唐代"和亲"考略》，《陕西师范大学学报》2000 年第 1 期。
②姜公义、王闽、尚同帮：《唐代和亲与和亲公主》，《中学历史教学参考》2006 年第 9 期。

该予以补充。《旧唐书·玄宗》记载：

> 十四年春正月癸亥，改封契丹松漠郡王李召固为广化主，奚饶乐郡王李鲁苏为奉诚王，封宗室外甥女二人为公主，各以妻之。
>
> 二月庚戌朔，邕州獠首领梁大海、周光等据宾横等州叛，遣骠骑大将军兼内侍杨思勖讨之。
>
> 三月壬寅，以国甥东华公主降于契丹李邵固。[1]

《旧唐书·奚传》记载：

> 明年，郁于病死，弟吐于代统其众，袭兄官爵，复以燕郡公主为妻。吐于与可突于，复相猜测。
>
> 十三年，携公主来奔，便不敢还，改封辽阳郡王，因留宿卫。可突于立李尽忠弟邵固为主。其冬，车驾东巡，邵固诣行在所，因从至岳下，拜左羽林军员外大将军、静析军经略大使，改封广化郡王，又封皇从外甥女陈氏为东华公主以妻之。
>
> 邵固还蕃，又遣可突于入朝，贡方物，中书侍郎李元紘不礼焉，可突于怏怏而去。左丞相张说谓人曰："两蕃必叛。可突于人面兽心，唯利是视，执其国政，人心附之，若不优礼縻之，必不来矣！"十八年，可突于杀邵固，率部落并胁奚众降于突厥，东华公主走投平卢军。于是诏中书舍人袭宽、给事中薛侃等于京城及关内、河东、河南、河北分道募壮勇之士，以忠王浚为河北道行军元帅以讨之，师竟不行。[2]

---

[1]《旧唐书·玄宗》，卷八，本纪第八，中华书局，1975年，第189页。
[2]《旧唐书·奚传》，卷一百九十九，列传第一百四十九，中华书局，1975年，第5352~5353页。

笔者和专家学者比较一致的观点是：认定和亲公主标准，在于是不是册封出降与蕃王和亲。只有大唐皇帝册封，并出降蕃王的 16 位公主，才算是和亲公主。其他嫁于归唐蕃将和蕃王之子的 14 位唐代女性，没有出降番邦的蕃王，不能算是唐朝与番邦的和亲，她们算作是蕃族与唐朝的联姻女，是蕃汉联姻女。唐代和亲公主应该是《唐会要》记载的 15 位，再加上《旧唐书》记载的东华公主，总共是 16 位和亲公主，先后册封、许婚，出降与吐谷浑、吐蕃、突骑施、契丹、奚、宁远、回纥等 7 个少数民族的蕃王成婚和亲。

本书分上卷、中卷、下卷 3 部分，共 37 章。

本书上卷，第一章至第十六章。据《唐会要》15 位和亲公主以及《旧唐书》记载补充的有过和亲的"东华公主"，认定有唐一代，历代皇帝册封、许婚、出降、成婚的真正名副其实的正式的和亲公主，共有 16 位。她们受皇帝册封，跋涉千里，远赴陌生的边塞番邦，以她们柔弱的青春身躯，肩负朝廷重大的和亲使命，以政治联姻化干戈为玉帛，变战争为和平，牺牲自己青春，换取和亲的贡献，甚至要把宝贵的生命留在了边塞远方的番邦。

她们是大唐首位和亲的弘化公主（640、643）、唐蕃友谊象征的文成公主（641）、皇帝亲送百里的金城公主（710）、嫁中亚突骑施的交河公主（717）、唐朝下落不明的永乐公主（717）、有功被迫离婚的固安公主（717）、嫁契丹王兄弟的燕郡公主（722）、下嫁奚王逃回的东光公主（726）、丈夫被杀逃回的东华公主（726）、契丹叛唐杀死的静乐公主（745）、奚王叛唐杀死的宜芳公主（745）、远嫁八千里外的和义公主、下嫁回纥可汗的宁国公主（758）、怀恩女嫁回纥的崇徽公主（769）、嫁回纥四可汗的咸安公主（788）、命运跌宕回朝的太和公主。

其中包括《唐会要》记载的 15 位，再加《唐会要》遗漏《旧唐书》补充的东华公主 1 位。其中，皇帝女 3 位：宁国公主，肃宗女，置府；咸安公主，德宗女，置府；太和公主，宪宗女。这 16 位和亲公主都是皇帝册封、许婚周边少数民族蕃王，然后出降、成婚。有的，如弘化公主还生育有多子女，实现了真正意义上的和亲，汉蕃联姻和亲，求得和平友好，促进民族团结。因此，笔者称这 16 位公主为和亲公主。

本书中卷，第十七章至第二十章。这里列出了唐代册封许婚但未出降成婚的 5 位大唐皇帝女真公主和县主。她们虽然册封、许婚蕃王，但是，因为各种原因并没有出降、成婚，没有实现和亲，因此，不能算作和亲公主。她们只能是曾经准备汉蕃联姻和亲的大唐公主和县主。

本书下卷，第二部分，第二十一章至第三十四章，列出 14 位蕃汉联姻女。蕃汉联姻女，指唐朝的汉族女子嫁蕃族男子，即蕃族男子娶汉族女子，包括 5 位汉族公主和县主嫁归唐蕃将，以及汉族的县主和其他女子嫁 9 位蕃王的王子。无论是公主还是县主以及其他女子，她们都没有出降给蕃王，所以，没有实现唐朝和番邦之间的和亲，而且有公主，有县主，有其他唐朝女子，不能算作和亲公主，只能算作联姻，因此本书称之为蕃汉联姻女。

蕃汉联姻女中，包括有一位仆固氏（光亲可敦），她是比较特殊的联姻女。一方面，她不是蕃汉联姻女，按民族说，是很早就归唐的铁勒族仆固怀恩之女，仆固氏。另一方面，她先嫁回纥族太子移地健，也就是开始的时候，没有出降蕃王与之成婚，而是与蕃王之子成婚，算她是蕃蕃联姻女。但后来蕃王子移地健成为回纥牟羽可汗，又称登立可汗，仆固氏才又被封为"光亲可敦"。

本书下卷第三部分，最后三章，第三十五章至第三十七章。笔者提出，非唐朝女性，而是男性三人属于另类和亲。

第一人是武则天侄孙武延秀，情况特殊。他是被武则天派到突厥迎娶突厥公主，但是，突厥要求唐朝李氏皇子，不要武氏子。因此，被拒、被扣。一场突厥的和亲，未果。《中国古代和亲通史》将其列入《中原王朝与突厥的和亲》，《唐代和亲研究》将其列入《唐代和亲简表》第 16 位和亲者，都视为唐代的和亲。实则，连突厥都不认为是李唐王朝的和亲，笔者则作为另类和亲，未将其列入唐代的和亲。

第二人是唐高宗皇孙邠王次子李承寀，情况也特殊。唐肃宗派他入使回纥，目的是借兵，并非和亲。是回纥可汗主动嫁女给他，属于回纥的和亲，不是唐朝的和亲。《中国古代和亲通史》将其列入《唐与回纥的和亲》《唐代和亲研究》将其列入《唐代和亲简表》第三十二位和亲者，也视为唐代的和亲。笔者则同样作为另类和亲，未将其列入唐代的和亲。

第三人是突厥毗伽可汗。后突厥的毗伽可汗（684—734），他的情况更为特殊，他曾经多次不断向唐朝一再请婚，但始终没有请到唐朝公主，实现和亲联姻。因此，毗伽可汗一直是在做和亲梦。

迄今为止，已经面世涉及唐代和亲公主的专著中，崔明德教授著《中国古代和亲通史》，自先秦至近代，包括几千年中国历史和亲，其中唐代和亲文字比较简略。蒋爱花教授著《唐代和亲往事》，侧重在"往事"，故事性强。蒋教授在中央电视台节目中将唐代和亲公主一个个生动地讲述，深受观众欢迎。范香立副教授著《唐代和亲研究》，侧重在唐代和亲的"研究"，理论性强。而笔者这部《大唐和亲公主》，是全面专门侧重唐代和亲公主和亲促进民族团结事迹的研究，是迄今国内第一部研究唐代和亲公主及各类蕃汉联姻女传记的历史专著。书中考证论述35位涉及和亲的唐代女性，包括16位唐代正式的和亲公主和19位唐代联姻女的和亲事迹的历史，以及最后三章涉及和亲的三位男性人物的历史，都为唐朝和亲做出贡献，因此，本书是一部促进中华民族交往交流交融、铸牢中华民族共同体意识的民族团结和亲史。

上卷　唐朝有 16 位和亲公主

第一部分　唐朝出降西部蕃王的 4 位和亲公主

第一章　大唐首位和亲的弘化公主（640、643）

（一）和亲之策　弘化公主

唐太宗对待周边各族四夷实行"恩威并举"的方针，对进犯者，采取征服；对归附者，采取安抚。唐太宗亲封和亲公主，促进民族团结，体现唐太宗"爱之如一"的民族观。

关于和亲政策，唐太宗曾与其近侍讨论，明确提出实行和亲政策。《贞观政要》记载：

贞观十六年（642）太宗谓侍臣曰："北地代为寇乱，今延陀倔强，须早为之所。朕熟思之，惟有二策；选徒十万，击而虏之，涤除凶丑，百年无患，此一策也。若遂其来请，与之为婚媾。朕为苍生父母，苟可利之，岂惜一女！北狄风俗，多由内政，亦既生子，则我外孙，不侵中国，断可知矣。以此而言，边境足得三十年来无事。举此二策，何者为先？"

司空房玄龄对曰："遭隋室大乱之后，户口太半未复，兵凶战危，圣人所慎，和亲之策，实天下幸甚。"①

贞观十六年（642），唐朝面对的是"倔强"而不断袭扰唐朝北方边境的薛延陀。而薛延陀可汗夷男，却派其叔父俟斤沙锛罗泥熟来朝献马三千匹，向唐太宗请婚。

究竟要不要与薛延陀和亲。朝臣意见，薛延陀不可信，不能下嫁公主给薛延陀。唐太宗说，他经过深思熟虑，对付薛延陀，考虑唯有二策：一是发兵十万人，讨伐薛延陀，清除凶恶，使北方百年无患，这是一个政策；如果答应其请婚，与之和亲。朕是天下苍生百姓的父母，怎么能为己之利，吝惜一个女儿？北方民族习俗多是由内人主政，那么，和亲公主既然生子，那就是我的外孙，一定不会再侵略中国，这是当然可以知道的事。如此而言，则边境会有30年安宁无事。这是另一个政策。这样两个政策，哪个优先呢？

唐太宗决定，弃武力征服，行和亲政策。司空房玄龄当即赞成，经隋末大乱，全国人口减半，到今天也没有恢复，穷兵黩武和战争，乃圣人慎用，实行和亲政策，是天下之大幸！唐太宗为救契苾何力，决定以亲女新兴公主许嫁薛延陀可汗夷男。虽然，后来因故"绝婚"。但是，唐太宗的和亲既定政策非常明确。唐朝有16位和亲公主，从弘化公主开始和亲。

唐太宗册封第一位和亲公主是弘化公主，出降吐谷浑王慕容诺曷钵。第二位是文成公主，出降吐蕃赞普松赞干布。这都体现唐太宗"爱之如一"的民族观。弘化公主和诺曷钵及子孙六代在灵州（治今宁夏吴忠市古城村）长住一百多年，促进民族团结；弘化公主长住宁夏，笔者又是作为宁夏的学者，故予以深入仔细地研究。

吐谷浑（313—663），亦称吐浑，慕容氏，原是我国东北鲜卑慕容部一支少数民族部族人名。吐谷浑，就是鲜卑族慕容鲜卑首领慕容涉归的庶长子，其庶弟为慕容廆。慕容涉死后，子慕容吐谷浑因与其弟慕容廆发生

---

① 吴兢著、骈宇骞译注：《贞观政要》，中华书局，2011年，第578页。

牧场纷争，发誓"当去汝于万里之外！"公元四世纪初带领部落离开辽东，经阴山、陕北、陇东，定居今甘肃青海的河湟一带。西晋末，吐谷浑之孙叶延（329—351年在位）建国，以祖父吐谷浑名为族名、国号，自号"车骑将军"。《通典》载："至其孙叶延，遂为强国"。直到唐龙朔三年（663），吐谷浑国被吐蕃所灭，吐谷浑部族先徙凉州，后徙灵州，经数百年迁徙演进，最终融入中华民族大家庭。

先是吐谷浑侵唐，贞观八年（634）至九年（635），唐太宗诏大唐战神李靖亲自挂帅，率领侯君集、李道宗、李大亮、执失思力、契苾何力以及段志玄、樊兴等将领，出征青海，平定吐谷浑。唐与吐谷浑之战，破吐谷浑王慕容伏允牙帐，慕容伏允被部属所杀。

贞观九年（635），其弟慕容顺继位为吐谷浑王。慕容顺举国归唐，慕容顺是慕容伏允和隋朝光化公主之子，本人向往中原王朝，主张与中原王朝友好。唐太宗封他为西平郡王，复其国。遗憾的是，其国人不服，后被部属所杀。部族拥立其子燕王诺曷钵为王。

唐史记载，贞观十四年（640），唐太宗颁诏决定许婚弘化公主给吐谷浑王诺曷钵。

弘化公主出降是大唐公主嫁于蕃王的开端，是比贞观十五年（641）出降吐蕃松赞干布的文成公主早一年的唐朝第一位和亲公主，出降吐谷浑王诺曷钵。《弘化公主墓志》记载："贞观十七年（643）出降于青海国王勤豆可汗慕容诺贺钵。"笔者分析，应该是，贞观十四年（640）册封、许婚，十七年（643）出降、成婚。

一方面，唐太宗派大军发动唐击吐谷浑之战，武力平定吐谷浑；另一方面，册封弘化公主（623—698）与吐谷浑王和亲。据史载，唐太宗贞观十四年（640）册封、许婚，贞观十七年（643）出降，派左晓卫将军淮阳王李道明和武卫将军慕容宝持节，送弘化公主到青海，与诺曷钵王成婚。先住青海都城伏俟城（治今青海省共和县境内）。龙朔三年（663）吐蕃占吐谷浑，徙凉州（治今甘肃武威市）。咸亨三年（672）二月初八，"又徙灵州"（治今宁夏吴忠市古城村），唐朝在灵州南180里设安乐州（治今宁夏吴忠市同心县红城水古城），意为"安且乐也"，安置诺曷钵王率领的吐谷浑部落"数千帐"，以诺曷钵为刺史。弘化公主和亲55年（643—698），在灵州长住26年（672—698），"薨于灵州东衙之私第"。作为唐朝第一个和亲公主，演绎了一部中华民族大融合的民族团结和亲史。

（二）弘化公主　唐宗室女

1. 弘化公主　非太宗女

弘化公主究竟是什么出身？史料记载有出入，学术界无定论。出土《弘化公主墓志铭》给学界提供了大量的第一手史料。《弘化公主墓志铭》记载，弘化公主是"大周故弘化大长公主""西平大长公主"。同时，又记载弘化公主是"大唐太宗文武圣皇帝之女"：

大周故弘化大长公主李氏赐姓曰

武改封西平大长公主墓志铭并序

成均进士云骑尉吴兴姚暑撰

公主，陇西成纪人也，即大唐太宗文武圣皇帝之女也。家声祖德，造天地而运阴阳；履翼握衷，礼神祇而悬日月。大长公主，诞灵帝女，秀奇质于莲波；托体王姬，湛清仪于桂魄。公宫禀训，沐胎教之宸猷；姒幄承规，挺璇闱之睿敏。以贞观十七年出降于青海国王勤豆可汗慕容诺贺钵。其人也，帝文命之灵苗，斟寻氏之洪胤；同日禪之入侍，献款归诚；类去病之辞家，怀忠奋节。我大周以曾沙纽地，练石张天，万物于是惟新，三光以之再朗。

主乃赐同圣族，改号西平，光宠盛于厘妫，徽猷高于乙妹。岂谓巽风清急，驰隙驷之晨光；阅水分流，徙藏舟之夜壑。以圣历元年五月三日寝疾，薨于灵州东衙之私第，春秋七十有六。既而延平水竭，惜龙剑之孤飞；秦氏楼倾，随凤萧而长往。以圣历二年三月十八日，葬于凉州南阳晖谷冶城之山岗，礼也。

吾王亦先时启殡，主乃别建陵垣。异周公合葬之仪，非诗人同穴之咏。嗣第五子右鹰扬卫大将军、宣王万等，痛深栾棘，愿宅兆而斯安；情切蓼莪，惭陟屺而无逮。抚幽埏而掩泗，更益充穷；奉遗泽而增哀，弥深眷恋。以为德音无沫，思载笔而垂荣；兰桂有芬，资纪言而方远。庶乎千秋万岁，无惭节女之陵；九原三壤，不谢贞姬之墓。

其铭曰：

瑶水诞德，巫山挺神。帝女爰降，王姬下姻。燕筐含王，门牖题银。珈珩梯为，轩佩庄鳞。其一。

与善乖验，竟欺遐寿。返魂无征，神香徒有。婺彩潜翳，电光非久。睑碎芙蓉，茄凄杨柳。其二。

牛岗辟壤，马鬣开坟。黛柏含雾，苍松起云。立言载笔，纪德垂熏。愿承荣于不朽，庶传芳于未闻。其三。[①]

"诞灵帝女"，"托体王姬"，墓志表明弘化公主是皇帝之女，是吐谷浑王的王后。

按照墓志铭所载，弘化公主真是唐太宗之女吗？笔者查阅唐史文献，两唐书关于唐太宗诸女的记载证明，弘化公主应该不是唐太宗之女。考《新唐书·诸帝公主》记载，唐太宗有 21 女：襄城公主，下嫁萧锐；汝南公主，蚤薨（早亡）；南平公主，下嫁王敬直，更嫁刘玄意；遂安公主，下嫁窦奎，又嫁王大礼；长乐公主，下嫁长孙冲；豫章公主，下嫁唐义识；比景公主，下嫁柴令武；普安公主，下嫁史仁表；东阳公主，下嫁高履行；临川公主，下嫁周道务；清河公主，下嫁其中；兰陵公主，下嫁窦怀悊；晋安公主，

①吴钢：《大周故弘化大长公主李氏赐姓曰武改封西平大长公主墓志铭并序》，《全唐文补遗》，三秦出版社，1994 年，第 77 页。

下嫁韦思安，又嫁杨仁辂；安康公主，下嫁独孤谌；新兴公主，先许嫁薛延陀可汗夷男，后停婚，下嫁长孙曦；城阳公主，下嫁杜荷，又嫁薛罐；合浦公主，下嫁房遗爱；金山公主，蚤薨；晋阳公主，薨年十二；常山公主"未嫁"而薨；新城公主，下嫁长孙铨，更嫁韦正钜。[①]

在以上唐太宗21位公主中，找不到出降吐谷浑王诺曷钵的弘化公主。弘化公主应该不是唐太宗之女。

唐玄宗开元十五年（727），唐玄宗开创"开元盛世"，威仪天下，曾拒绝与突厥和亲，正如著名唐代诗人王之涣《凉州词》诗中所说："汉家天子今神武，不肯和亲归去来。"突厥小杀毗伽可汗心中不满，向唐朝派往突厥的使臣中书直省摄鸿胪卿袁振说了一段心中不满发牢骚的话，《旧唐书·突厥传》记载：

> 小杀等曰："两蕃亦蒙赐姓，犹得尚主，但依此例，有何不可？且闻入蕃公主，皆非天子之女，今之所求，岂问真假，频请不得，实亦羞见诸蕃。"[②]

突厥可汗对唐使袁振所说"且闻入蕃公主，皆非天子之女"，"岂问真假"。突厥可汗说出了大唐和亲公主出身"皆非天子之女"的真相，凡入蕃的所有的和亲公主，一般"皆非天子之女"，都不是皇帝之女。

由此证明，他说的是，直到唐玄宗时为止，大唐第一和亲的弘化公主都"主非帝女"，名义上是皇帝之女，唐人与蕃人人人皆晓，心知肚明，所有蕃王包括吐谷浑王也都不会过分在意。

而突厥可汗所说"频请不得，实亦羞见诸蕃"。证明唐朝和亲虽然只

①《新唐书·诸帝公主》，卷八十三，列传第八，中华书局，1975年，第3645~3649页。
②《旧唐书·突厥传》，卷一百九十四，列传第一百四十四，中华书局，1975年，第5176页。

是名义上说是皇帝之女，实际上也给藩国莫大的荣耀，提高藩国国主的地位而已。

2. 弘化出身　唐宗室女

弘化公主既非唐太宗之女，那么，怎么解释墓志铭所载"大唐太宗文武圣皇帝之女"呢？

笔者认为，弘化公主所以能被唐太宗册封为大唐第一位和亲公主，而且特别重视，专门派出两位将军护送，其中一位还是淮阳王李道明，公主的身份应该是一位不同于一般宗室家庭的女儿，而是与皇帝有特殊亲缘的李氏皇族的近亲的宗室女。

按册封公主的规矩，作为皇帝的近亲宗室女，大唐皇帝唐太宗为了长治久安，册封其为公主，即视为皇帝的女儿。墓志铭作者是大唐进士，自然按大唐册封和亲公主的规矩，把唐太宗册封的近亲宗室女弘化公主书为"大唐太宗文武圣皇帝之女"。

按照唐朝和亲公主即视为皇帝之女的规矩，墓志铭记公主为唐太宗女，记载无误，无可厚非。而弘化公主出身实际上是宗室女，四部史书记载弘化公主为"宗室女"的史料依据。

《新唐书·吐谷浑传》记弘化公主为"宗室女"：

> 诏封诺曷钵河源郡王，号为地也拔勒豆可汗，遣淮阳郡王道明持节册命，赐鼓纛。诺曷钵身入谢，遂请婚，献马牛羊万。比年入朝，乃以宗室女为弘化公主妻之，诏道明及右武卫将军慕容宝持节送公主。①

《唐会要》也记载，弘化公主为"宗室女"：

---

① 《新唐书·吐谷浑传》，卷二百二十一，列传第一百四十六，中华书局，1975 年，第 6226 页。

和蕃公主：宏化：宗室女。贞观十三年（639）十一月，降吐谷浑慕容诸葛钵。文成：宗室女。[①]

　　《资治通鉴》还是记载弘化公主为"宗女""宗室女"：

　　贞观十三年（639）十二月，"己丑（二十一日），吐谷浑王诺曷钵来朝，以宗女为弘化公主，妻之。"贞观十五年（641年），司马光再次补充曰："帝以宗室女下嫁吐谷浑诺曷钵。"[②]

　　《册府元龟·外臣部·入觐》也记载弘化公主为"宗女"即宗室女：

　　十三年（639）十二月，吐谷浑主河源郡为王慕容诺曷钵来朝，以宗女为宏化郡主以妻之。[③]

　　以上列举《新唐书·吐谷浑传》《唐会要》《资治通鉴》《册府元龟·外臣部·入觐》，四部关于唐朝历史的史书，都记载弘化公主出身为"宗室女""宗女"。笔者曾与周伟洲、崔明德、杜文玉、蒋爱花、杨森翔、鲁人勇等有关专家学者交流，多数学者认为，应该依据多部唐史文献的记载，把弘化公主出身定为唐朝皇帝的宗室女，最早由唐太宗册封公主，出降外藩国主，成为大唐第一和亲使者。

　　关于弘化公主的出身问题，蒋爱花教授说：弘化公主出身是"宗室女，是习惯做法，太宗女是名义上的。"杜文玉教授说："是宗室女，只是以当时皇帝之女的名义下嫁的。"周伟洲教授说："宗室女，封公主下嫁。"

---

①《唐会要·宗室女》，卷六，中华书局，1955年，第75页。
②《资治通鉴》，卷第一百九十五，唐纪十一，中华书局，1956年，第6149页。
③《册府元龟·外臣部·入觐》，卷九百九十九，中华书局影印本，1960年，第11718页。

王其英主任说："白老师，我认为是宗室女。"杨森翔主任说："我以前在文章中都以'近亲宗室女'为准。"笔者依据唐史文献记载，参照专家学者们意见，认为，弘化公主出身应为宗室女，但考虑到她有多项和亲公主的唯一的特殊皇恩，非一般宗室女，应认定为杨森翔主任所说的"近亲宗室女"。究竟是哪个近亲宗室女，以及弘化公主父亲是谁？唐史文献没有记载，不能随意推测，不应谬说。

笔者认为应该强调"近亲宗室女"，不是一般的宗室女，因为，弘化公主享有许多与其他和亲公主不同的特殊待遇。至于是什么近亲宗室女，父亲是谁？史书没有记载，已经出土的弘化公主和吐谷浑王族的《墓志铭》也不见记载，不要轻率无据地妄下结论。

3. 弘化公主　非道明女

（1）太宗重视　两护亲使

笔者注意到唐史文献记载，弘化公主是唐朝第一位唐太宗派出两位将军，左骁卫将军淮阳王李道明、右武卫将军慕容宝节，作为弘化公主的"护亲使"，持节护送出降的和亲公主。

查两唐书李道明传，都没有弘化公主是他的女儿的记载。《旧唐书·李道明传》记载：

> 淮阳王道玄，高祖从父兄子也。道玄，武德元年封淮阳王，授右千牛。道玄遇害，年十九。太宗追悼久之。赠左骁卫大将军，谥曰壮。无子，诏封其弟武都郡公道明为淮阳王，令主道玄之祀。累迁左骁卫将军。送弘化公主还蕃，坐泄主非太宗女，夺爵国除，后卒于郓州刺史。[①]

《新唐书·李玄玄传》记载：

---

① 《旧唐书·李道明传》，卷六十，列传第十，中华书局，1975 年，第 2353 页。

贞观十四年，诏（李）道明与武卫将军慕容宝节送弘化公主于吐谷浑，（李道明）坐漏言主非帝女，夺王，终郐州刺史。[1]

《新唐书·吐谷浑传》记载：

诏封诺曷钵河源郡王，号为地也拔勒豆可汗，遣淮阳郡王道明持节册命，赐鼓纛。诺曷钵身入谢，遂请婚，献马牛羊万。比年入朝，乃以宗室女为弘化公主妻之，诏道明及右武卫将军慕容宝持节送公主。[2]

《旧唐书·吐谷浑传》记载：

诺曷钵因入朝请婚。十四年，太宗以弘化公主妻之，资送甚厚。[3]

《资治通鉴》记载：

贞观十三年，十一月："己丑，吐谷浑王诺曷钵来朝，以宗女为弘化公主，妻之。"[4]

唐史文献记载的李道明和慕容宝节都是唐初的将军，专门持节，护送弘化公主，都没有弘化公主是李道明女儿的记载。同为唐太宗册封和亲公

①《新唐书·李玄玄传》，卷七十八，列传第三，中华书局，1975年，第3518~3519页。
②《新唐书·吐谷浑传》，卷二百二十一，列传第一百四十六，中华书局，1975年，第6226页。
③《旧唐书·吐谷浑传》，卷一百九十八，列传第一百四十八，中华书局，1975年，第5300页。
④《资治通鉴》，卷第一百九十五，唐纪十一，中华书局，1956年，第8150页。

主，弘化公主有二使护送，文成公主就只有任城王李道宗护送，可见，唐太宗特别重视弘化公主，身份应该不一般。

唐史文献记载弘化公主为宗室女，应该非一般宗室女，而是一位与皇帝近亲的宗室之女，为此专门派两位将军作为护亲使。虽然唐史文献没有记载弘化公主的父亲是谁，但也都没有记载弘化公主是李道明之女。

大唐第一位和亲公主弘化公主的护送使的正使是"夺爵国除"的李道明，最后，卒于郓州刺史任上。而副使慕容宝节后期却有一段曲折的经历，最终因"与谋乱"，被杀。

关于弘化公主护送副使慕容宝节，在渭南市人民检察院网上有一篇文章，《以案释法法史故事——唐代重大外交泄密事件》，介绍"副使被杀"：护送弘化公主的副使慕容宝节，父子都是唐朝开国元勋，"慕容宝节之父慕容罗睺，就是唐高祖李渊手下大将，八大总管之一，武德元年战死于'浅水原之战'。慕容宝节也参与了此次战事，战后被任命为右卫大将军，成为唐初开国元勋之一。更重要的是，他是吐谷浑王室近亲，在唐吐外交中地位特殊。"

慕容宝节是唐朝开国元勋、右武卫大将军，与诺曷钵王同为鲜卑慕容皇族，唐太宗又派他为副使，与唐朝宗室淮阳王、左骁卫大将军李道明护送弘化公主和亲。

但是最后，慕容宝节因为牵扯到其妾毒杀杨思训的奇案，最后，"与谋乱"被流放，落下"追斩之"的结局："杨恭仁，隋观王雄子也。""高祖素知之，授黄门侍郎，封观国公。寻为凉州总管。""卒，""子思训袭爵，显庆中，历右屯卫将军，从高宗幸并州。右卫大将军慕容宝节夜邀思训，与谋乱，思训不敢对，宝节惧，毒酒以进，思训死，妻诉之，流宝节岭表，至龙门追斩之。乃诏以置毒人者重其法。"[1]

---

① 《新唐书·杨思训传》，卷一百，列传第二十五，中华书局，1975 年，第 3927 页。

（2）弘化公主　非道明女

我们回过头来，再议护亲正使李道明。有学者以《旧唐书》本传记载李道明"坐泄主非太宗女"、《新唐书》本传记载："坐漏言主非帝女"，随意推测，弘化公主是李道明之女。《唐代和亲往事》一书也介绍，只是一些学者的推测："对于吐谷浑，唐太宗则答应了和亲，临时封了一位公主，她就是弘化公主。""女孩的父亲是谁呢？据学者们推测是淮阳王李道明。"[①]蒋爱花教授说的有学者们推测，应该也就只是他们的推测。因为，两唐书李道明本传，都只字未提弘化公主是淮阳王李道明之女。唐朝历史文献中，没有任何记载弘化公主真正的父亲是谁？没有证据证明，弘化公主是宗室李道明之女。笔者分析如下。

第一，两唐书记载，李道明送弘化公主泄露"主非帝女"，说的应该是大实话，并无大错。错在他不懂事，他在不该说出真相的场合，在吐谷浑王面前明说，弘化公主不是唐太宗之女，让唐太宗丢了脸面。因此，唐太宗虽然生气，夺其爵位，但并未给他获刑，唐史本传只记载李道明"坐漏言主非帝女，夺王，终浑州刺史"，他王爷不当了，但仍然任命为一位独掌一州地方军政财大权的大唐六品大员，一个有实惠的"郓州刺史"肥缺的官员。

两唐书记载送亲使淮阳王李道明仅仅因"泄露""主非帝女"而受罚，只字未载弘化公主是李道明之女。说弘化公主是淮阳王李道明女，没有史料依据。

第二，如果弘化公主是李道明女，女儿被册封公主，即视为皇帝女儿，自然享受帝女大唐公主的高级别的待遇，李道明感到皇帝特别恩宠，不可能泄露"主非帝女"。

第三，中国古代礼制：女儿出嫁，父母不能送亲。《春秋谷梁传注》记载：

[①]蒋爱花：《唐代和亲往事》，中国民主与法制出版社，2019年，第5页。

礼，送女，父不下堂，母不出祭门，诸母兄弟不出阙门。①

　　既然按古代礼制规定，女儿出嫁，父亲与女儿告别，连厅堂都不能下，女儿的父亲自然连家门都不出。如果弘化公主的父亲是李道明，唐太宗不会违背礼制派他去做护亲使。按唐礼制，李道明也不能把自己女儿送到千里之外的吐谷浑去，这不符合中国古代礼制，因此，弘化公主父亲是李道明的说法没有史料依据，站不住脚。

　　第四，考和亲公主出降外藩君主，护亲使需要随之赴边地荒凉之地，跋涉千里，应该说是一件苦差事。再说，朝廷重臣高官担任临时的护亲使职，似乎身份也有下降。一般大臣特别是朝廷重臣，多躲而避之，不愿意担任护亲使一职。

　　《旧唐书·吐蕃传》记载了一个唐中宗出降金城公主给吐蕃王，唐中宗选护亲使一波三折的著名事例：先是选了侍中纪处讷，侍中是宰相，让一个宰相去担任出使藩国临时的护亲使职，他自然不愿意去，就以"不练边务"为借口，推辞掉了。中宗再派中书侍郎赵彦召，中书侍郎也是副中书令、副宰相，他担心，"既充外使，恐失其权宠，殊不悦"，也不乐意前去。司农卿赵履温在一旁说："公国之宰辅，而为一介之使，不亦鄙乎？"最后，帮他求于安乐公主帮"密奏留之"，又推辞掉了。最后，唐中宗只好第三次派了一位非朝廷重臣的武将"左卫大将军杨矩使焉"，担任送金城公主入吐蕃护亲使。《旧唐书·吐蕃传》记载，唐中宗出降金城公主给吐蕃王选护亲使经过，原文如下：

　　中宗召侍中纪处讷谓曰："昔文成公主出降，则江夏王送之。卿雅识蕃情，有安边之略，可为朕充吐蕃使也。"处讷拜谢，既而以不

①柯劭忞：《春秋谷梁传注》，广西师范大学出版社，2018年，第52页。

练边事固辞。上又令中书侍郎赵彦昭充使。彦昭以既充外使，恐失其权宠，殊不悦。司农卿赵履温私谓之曰："公国之宰辅，而为一介之使，不亦鄙乎？"彦昭曰："然计将安出？"履温因阴托安乐公主密奏留之。于是以左卫大将军杨矩使焉。[1]

为什么别人躲都躲不及的苦差事，淮阳王李道明却甘愿吃苦没有推辞就去担任大唐第一任和亲公主弘化公主的护亲正使了呢？

因为李道明他本没有什么战功，也没有封王，他的王爵是因为战功赫赫的哥哥李道玄为国捐躯而无子，才让他继位王爵续李氏嗣的。正因为他没有战功，因此只有转给他的哥哥李道玄的淮阳王爵和将军头衔，没有具体官职，他愿意出任护亲使，总算有一个外使官衔，还可以乘机争取立功受奖。但是，正因为他没有做过官，王爵是无功受禄，两唐书记载的"坐露言主非帝女""坐泄主非太宗女"，正说明弘化公主不是李道明女儿，如果是他女儿，能够作为大唐公主，他应该受到特别的恩宠，绝对不会说出真相。正因为不是他女儿，他才会酒后胡说，最后被夺爵除国，唐太宗并未重罚，还任命为郓州刺史，在郓州刺史任上一直到死。因此，弘化公主是近亲宗室女，既不是李道明女，更不可能是"隐太子李建成女"。

（三）弘化出降　墓志为准

1. 文献记载　两个年代

关于弘化公主出降吐谷浑王诺曷钵的时间，唐朝史料本身记载并不一致，有贞观十三年和贞观十四年两个年代的记载。

（1）文献记载　贞观十四年

夏鼐先生、周伟洲教授据唐史文献有记载，认为弘化公主出降时间为贞观十四年（640）。

---

[1]《旧唐书·吐蕃传》，卷一百九十六，列传第一百四十六，中华书局，1975年，第5227页。

如《旧唐书·吐谷浑传》中弘化公主出降时间为贞观十四年：

诺曷钵因入朝请婚。十四年，太宗以弘化公主妻之，资送甚厚。十五年，诺曷钵所部丞相王专权，阴谋作难，将征兵，诈言祭山神，因欲袭击公主，劫诺曷钵奔于吐蕃，期有日矣。诺曷钵知而大惧，率轻骑走鄯善城，其威信王以兵迎之。鄯州刺史杜凤举与威信王合军击丞相宣王，破之，杀其兄弟三人，遣使言状。太宗命民部尚书唐俭持节抚一慰之。太宗崩，刻石图诺曷钵之形，列于昭陵之下。[①]

《旧唐书·太宗》记载：

贞观十三年十一月；己丑，吐谷浑河源郡王慕容诺曷钵来逆女。

贞观十四年二月；庚辰，左骁卫将军、淮阳王道明送弘化公主归于吐谷浑。[②]

《新唐书·李道玄传》记载：

（贞观十四年）淮阳壮王道玄；战殁，年十九；无子，以弟道明嗣王，迁左骁卫大将军。贞观十四年，与武卫将军慕容宝节送弘化公主于吐谷浑，坐漏言主非帝女，夺王，终郓州刺史。六世孙汉。[③]

《册府元龟·外臣部·和亲》记载：

①《旧唐书·吐谷浑传》，卷一百九十八，列传第一百四十八，中华书局，1975年，第5300页。
②《旧唐书·太宗》，卷三，本纪第三，中华书局，1975年，第50~51页。
③《新唐书·李道玄传》，卷七十八，列传第三，中华书局，1975年，第3518页。

（贞观）十四年，吐谷浑乌也拔勤豆可汗诺曷钵入朝请婚……至是，遂以弘化公主妻诺曷钵，资送甚厚。①

（2）文献记载　贞观十三年

但《册府元龟》却又有一处记载弘化公主出降时间是贞观十三年（639）。

《册府元龟·外臣部·入觐》又记载弘化公主为"宗女"，贞观十三年出降：

十三年（639年）十二月，吐谷浑主河源郡为王慕容诺曷钵来朝，以宗女为宏化郡主以妻之。②

《唐会要》也记载弘化公主出降时间是贞观十三年（639）：

和蕃公主宏化宗室女。贞观十三年（639）十一月。降吐谷浑慕容诺曷钵。③

《资治通鉴》还是记载贞观十三年（639）十一月唐太宗许婚。没有贞观十四年二月派李道明护送弘化公主的记载，也无弘化公主出降的经过：

贞观十三年，十一月，乙丑，吐谷浑王诺曷钵来朝，以宗女为弘化公主，妻之。④

----

①《册府元龟·外臣部·和亲》，卷九百七十八，中华书局影印本，1960年，第11496页。
②《册府元龟·外臣部·入觐》，卷九百九十九，中华书局影印本，1960年，第11718页。
③《唐会要》，卷六，中华书局，1955年，第75页。
④《资治通鉴》，卷第一百九十五，唐纪十一，中华书局，1956年，第6150页。

唐史文献本身弘化公主出降时间不一致，特别是《册府元龟》一书记载贞观十四年（640）和贞观十三年（639）两个时间记载："十四年""至是，遂以弘化公主妻诺曷钵"，"贞观十三年""以宗女为宏化郡主，妻之"。因此，弘化公主出降时间不能以部分唐史文献记载的贞观十四年为准，应以墓志铭记载贞观十七年（643）为准。

这里，笔者对《册府元龟》关于弘化公主的记载错误，专门详细考证如下。

一是《册府元龟·外臣部·入觐》记载："（贞观）十三年（639）十二月，吐谷浑河源郡王慕容诺曷钵来朝，以宗女为宏化郡主以妻之。"①

二是《册府元龟·外臣部·和亲》记载：（贞观）十四年（640），吐谷浑乌也拔勤豆可汗诺曷钵入朝请婚……至是，遂以弘化公主妻诺曷钵，资送甚厚。"②

三是《册府元龟》记载："则天长寿三年二月，西平大长公主还蕃。公主者太宗族妹。贞观中吐蕃遣使请婚。至是设归宁之礼。"③

第一，同一册书、同一件事，年代记载"贞观十三年（639）"和"贞观十四年（640）"两个不同的年代，本身记载就不一致，不能作为史论依据。

笔者意见，弘化公主出降时间历史文献记载本身不一致，还是应该依据当时人撰写的《弘化公主墓志》记载，弘化公主"以贞观十七年（643）出降于青海国王勤豆可汗慕容诺贺钵"为准。

第二，特别是"以宗女为宏化郡主以妻之"一句明显错误。查遍《旧唐书》《新唐书》《资治通鉴》《唐会要》《太平御览》以及《册府元龟·外臣部·和亲》记载，所有唐史文献中全都记载的是"弘化公主"，没有"宏化郡主"。《墓志》记载的"弘化大长公主""西平大长公主"，这是武

---

① 《册府元龟·外臣部·入觐》，卷九百九十九，中华书局影印本，1960年，第11718页。
② 《册府元龟·外臣部·和亲》，卷九百七十八，中华书局影印本，1960年，第11496页。
③ 《册府元龟·外臣部·和亲》，卷九百七十九，中华书局影印本，1960年，第11498页。

则天先后册封，同样没有"宏化郡主"。《册府元龟》"以宗女为宏化郡主以妻之"中的"郡主"错误的。

什么人封为"郡主"？《旧唐书》卷四十三，志第二十三记载："皇太子女，封郡主。"[1]《新唐书》卷四十六，志第三十六记载："皇太子之女为郡主。"《唐六典·卷二·尚书吏部》也记载："皇太子女封郡主。"[2]非常明确，只有皇太子之女才得以封为郡主。弘化公主是皇太子女吗？没有依据，所有唐史文献都记载弘化公主是宗室女，凭什么变成皇太子女、变成了"宏化郡主"呢？没有依据，《册府元龟》记载错误。

再考全部唐代16位和亲公主，未见一个"郡主"。唐史文献记载，学界公认，应该是以宗室女封弘化公主出降吐谷浑王诺曷钵妻之。

查遍唐史文献，再找不到第二部记载"宏化郡主"，特别是上引同一部《册府元龟·外臣部·和亲》也记载是，"遂以弘化公主妻诺曷钵"，与其他所有唐史文献一致。因此，《册府元龟·外臣部·入觐》"宏化郡主"记载错误。

第三，"太宗族妹"也明显错误，没有任何依据。应为"太宗族女"之误。

关于《册府元龟》，安徽师范大学沈培教授撰文特别评论《册府元龟》，指出《册府元龟》史料记载有不足之处："《册府元龟》所采材料侧重史部，以正史为主，间及经书、子书，不取小说、杂书，征引书籍不注明出处。长期以来，由于该书采集的范围不及《太平御览》广泛，故宋以后人大多重视《太平御览》，而对《册府元龟》则有贬词。确实《册府元龟》有它的不足之处，如引书不注明出处，引文往往截取片段或摘录大意，并不是照抄原文等，又'开卷皆目所常见，无罕见异闻，不为艺林所重'。"[3]

既然《册府元龟》有不足，其所记"宏化郡主""太宗族妹"都错误，

---

[1]《旧唐书·职官二》，卷四十三，志第二十三，中华书局，1975年，第1821页。
[2]《新唐书·百官一》，卷四十六，志第三十六，中华书局，1975年，第1188页。
[3]沈世培：《〈册府元龟〉所载"两税法"史料辨误》，《史学史研究》2009年第4期。

而弘化公主出降时间记载不一致。因此,治史不能仅凭一条史料就下结论。

(3)墓志记载　贞观十七年

《弘化公主墓志铭》记载弘化公主出降时间为贞观十七年(643),杜光简先生、慕寿祺先生、李延恺教授、李浩教授等专家学者认为墓志记载的弘化公主贞观十七年(643)出降是正确的。《弘化公主墓志铭》记载:

以贞观十七年出降于青海国王勒豆可汗慕容诺贺钵。[①]

2018年,西北大学李浩教授撰文《新见唐代吐谷浑公主墓诰的初步整理研究》,文中综述学界弘化公主出降时间的两种意见,以墓志记载贞观十七年出降为准:"弘化公主出降的时间。史传记载是贞观十四年(640),《弘化公主墓志》则谓:"以贞观十七年出降于青海国王勤(勒)豆可汗慕容诺曷钵。"杜光简和慕寿祺都疑史传有误,认为墓志记载是正确的;夏鼐则认为史传"皆系根据当时实录,年月不应有误。志文出自后人,追记五六十年前之事,未暇深考,自易致误",故倾向于贞观十四年(640),周伟洲从夏鼐说。李延恺则认为史书为后人撰写,墓志系时人撰写,墓志更为可信。"

然后李浩谈了自己的观点:"传世文献对弘化公主下嫁诺曷钵的时间(贞观十四年)与出土的《弘化公主墓志》不同(贞观十七年),学界多采传世文献的说法,笔者以为,如无更直接有力的文献支持,应以墓志为准,至少交代分歧,两说并存。"[②]

3.两种观点　墓志为准

关于弘化公主出降诺曷钵的时间,唐史文献记载并不一致,有贞观

---

①吴钢:《大周故弘化大长公主李氏赐姓曰武改封西平大长公主墓志铭并序》,《全唐文补遗》,三秦出版社,1994年,第7页。
②李浩:《新见唐代吐谷浑公主墓志的初步整理研究》,《中华文史论丛》2018年3期。

十三和贞观十四年两种不同的记载。而弘化公主墓志铭则记载是贞观十七年（643）。据此，学界专家学者出现两种观点，认同部分文献记载的贞观十四年和认同墓志记载的贞观十七年。

上引李浩教授的观点是，认同墓志记载的弘化公主出降时间"应以墓志为主准"，即为贞观十七年。笔者认同李浩教授的观点，墓志为当时人记当时事，当比较可信。因此，弘化公主出降的时间应以墓志记载的贞观十七年为准。

周伟洲教授认为"文献记载均云在贞观十四年"。"最有力的证据是……《册府元龟》"。《吐谷浑墓志通考》一文指出："文献记载均云在贞观十四年，除《旧唐书·吐谷浑传》外，还有《旧唐书·太宗》《新唐书·李道玄传》《资治通鉴》卷196贞观十四年四月丁巳条等。最有力的证据是，宋代王钦若编撰的类书《册府元龟》，此书唐代部分多引自唐代诸帝《实录》，故可信度颇高。此书卷978《外臣部·和亲一》明确记：'（贞观）十四年，吐谷浑乌也拔勤豆可汗诺曷钵入朝请婚……至是，遂以弘化公主妻诺曷钵，资送甚厚。'"①

周伟洲教授提出的理由，值得商榷。

第一，周教授说"文献记载均云在贞观十四年"，笔者前面已经举文献记载论证，文献记载并不一致，有记贞观十四年，也有记贞观十三年，非周教授所言"文献记载均云在贞观十四年"。

第二，周教授说"最有力的证据是，宋代王钦若编撰的类书《册府元龟》""故可信度很高"，"明确记："（贞观）十四年，吐谷浑乌也拔勤豆可汗诺曷钵入朝请婚……至是，遂以弘化公主妻诺曷钵，资送甚厚"。此话也有误，上面笔者已经举证，《册府元龟》有《册府元龟·外臣部·和亲》的贞观十四年出降和《册府元龟·外臣部·入觐》贞观十三年出降的两种记载。《册府元龟》本身记载就不一致，因此，不能认为《册府元龟》

---

① 周伟洲：《吐谷浑墓志通考》，《中国边疆史地研究》2019年第3期。

是"故可信度颇高"。

4. 两次迁徙　不同表述

笔者发现应以墓志记弘化公主贞观十七年（643）出降为准的文献新证据。

唐史文献《册府元龟》《资治通鉴》两唐书等四部文献记载，吐谷浑王诺曷钵贞观十五年"走鄯城"和龙朔三年"走凉州"两次迁徙。同为吐谷浑部的迁徙，两次迁徙表述文字明显不同：贞观十五年："诺曷钵知之，轻骑走鄯州"，龙朔三年"诺曷钵与弘化公主走凉州"。唐史文献迁徙鄯州都未提及弘化公主,证明贞观十五年弘化公主不在吐谷浑,"诺曷钵知之，轻骑走鄯州"，未与弘化公主一起走鄯州。而龙朔三年弘化公主确实在吐谷浑，记载"诺曷钵与弘化公主走凉州"。贞观十五年弘化公主不在吐谷浑，证明贞观十四年，唐太宗只是册封、许婚弘化公主，因为吐谷浑国内宣王谋乱，实际上并没有出降吐谷浑，弘化公主实际出降时间不是贞观十四年，而应该是墓志记载的贞观十七年。

正是《册府元龟》记载贞观十五年诺曷钵"走鄯城"，"诰（诺）曷钵知而大惧,率轻骑走鄯城"，并未记载诺曷钵与弘化公主一起走鄯城,《册府元龟》记载：

> 席君买为果毅都尉，贞观十五年率精骑百二十袭击吐谷浑之丞相宣王，破之，斩其兄弟三人。初丞相宣王专其国权，阴谋作难，诈言祭山神，乃结人仗，将袭弘化公主，劫其诰（诺）曷钵奔于吐蕃，期有日矣。诰（诺）曷钵知而大惧，率轻骑走鄯城，所部咸（威）信王以兵迎之。[①]

[①]《册府元龟·将帅部·立功第十一》，卷三百五十八，中华书局影印本，1960 年，第 4241 页。

同是《册府元龟》，记载诺曷钵"走凉州"，却记载的是"诺曷钵既不能御，脱身及宏化公主走投凉州"：

> 吐谷浑贞观已后与吐蕃互相攻，遣使请兵救援，高宗皆不许之。吐蕃大怒，率兵以击吐谷浑，诺曷钵既不能御，脱身及宏化公主走投凉州。①

非常明确，贞观十五年是"诰（诺）曷钵知而大惧，率轻骑走鄯城"。诺曷钵走鄯城，没有记载诺曷钵与弘化公主一起走鄯州。证明贞观十五年，弘化公主应该并不在吐谷浑。同样是《册府元龟》，同样是诺曷钵，《册府元龟》记载龙朔三年"走凉州"，却记载的是："诺曷钵既不能御，脱身及宏化公主走投凉州。"证明龙朔三年，弘化公主与诺曷钵同在吐谷浑。

笔者发现，周伟洲教授写道："更为重要的是，《册府元龟·将帅部·立功第十一》内记：'贞观十五年，（席君买）率精骑袭击吐谷浑之丞相宣王，破之，斩其兄弟三人。初丞相宣王专其国权，阴谋作难，诈言祭山神，乃结人仗，将袭弘化公主，劫其诰（诺）曷钵奔于吐蕃，期有日矣。诰（诺）曷钵知而大惧，率轻骑走鄯城（今青海西宁），所部咸（威）信王以兵迎之……'（李浩文后附表内也记有此事件）如果是贞观十四年，弘化公主还未出降吐谷浑诺曷钵，而是如《弘化公主墓志》所记，是在贞观十七年才出降，那么上述贞观十五年宣王作乱时，就不会有弘化公主与诺曷钵逃至鄯城的记载。因此，《弘化公主墓志》记载其贞观十七年出降诺曷钵，误。"②周教授说"有弘化公主与诺曷钵逃至鄯城的记载"，实际上《册府元龟》并没有弘化公主逃至鄯城的记载。笔者还发现，《兰州晨报》记者黄建强《弘化公主，大唐第一和亲公主传奇》所写："没有惊慌，她飞身上马，和诺

---

① 《册府元龟·外臣部·强盛》，卷一千，中华书局影印本，1960年，第11740页。
② 周伟洲：《吐谷浑墓志通考》，《中国边疆史地研究》2019年第3期。

曷钵一起带着少量亲兵，连夜向鄯城（西宁）奔去。"王芳的《天边峨眉月》也写弘化公主"跟着诺曷钵逃命大唐鄯善城"，均属无根据的编故事。

第一，"将袭弘化公主，劫其诰（诺）曷钵奔于吐蕃"，唐史文献对弘化公主和诺曷钵二人用词不同：一个"将袭"，一个"劫其"。如果贞观十四年出降，贞观十五年夫妻二人应在一起，宣王要劫持，自然就把弘化公主与诺曷钵一起"劫持"了，还需要分开一个"将袭"、一个"劫其"吗？

第二，"诰（诺）曷钵知而大惧，率轻骑走鄯城"，证明诺曷钵得知宣王谋乱消息以后很害怕，自己率轻骑走逃鄯城。只字未提弘化公主，说明弘化公主尚未嫁到吐谷浑。查遍《册府元龟》等四部唐史文献记载，关于贞观十五年诺曷钵走鄯城，未见记载"与弘化公主"这五个字。

《册府元龟》的记载，笔者认为，合理的解释恰恰证明了贞观十四年只是唐太宗许婚，颁诏李道明和护送弘化公主准备出降，实际上并未出降吐谷浑。

第一，宣王谋乱是"期有日矣"，阴谋久矣，不是一天两天了，贞观十四年得知要出降弘化公主时宣王就准备作乱。诺曷钵得知谋乱消息，自己逃奔鄯城。

第二，既然诺曷钵能得知宣王阴谋作乱的消息，唐朝驻守将领官员，例如鄯州刺史杜凤举和都尉席君买自然也会事先会得到消息。最后，正是鄯州刺史杜凤举的部将果毅都尉席君买率众，袭击宣王杀兄弟三人，平息了一场未遂阴谋动乱。

第三，既然将领事先知道消息，大唐朝廷肯定也知道，必然要防范，没有立刻让弘化公主去吐谷浑，直到贞观十七年，吐谷浑事态平息，地方安宁了，才让弘化公主出降吐谷浑。

第四，《资治通鉴》记载"诺曷钵闻之，轻骑奔鄯善城"，《册府元龟》记载"诰（诺）曷钵知而大惧，率轻骑走鄯城"，都未记载诺曷钵和弘化公主一起奔鄯善城。周教授说"弘化公主与诺曷钵逃至鄯城的记载"，唐史未见记载。

不仅是《册府元龟》《资治通鉴》和两唐书的《吐谷浑传》，同样都记载贞观十五年宣王谋乱，都没有诺曷钵与弘化公主一起奔鄯城。而龙朔三年，吐蕃进攻"诺曷钵与弘化公主帅数千帐弃国走依凉州"。证明贞观十五年，弘化公主不在吐谷浑，墓志记载弘化公主贞观十七年出降正确。《资治通鉴》同样记载两次迁徙不同，贞观十五年诺曷钵奔鄯州，龙朔三年诺曷钵与弘化公主走依凉州：

> 贞观十五年，四月，丁巳（二十七日），果毅都尉席君买帅精骑百二十，袭击吐谷浑丞相宣王，破之，斩其兄弟三人。初，丞相宣王专国政，阴谋袭弘化公主，劫其王诺曷钵奔吐蕃。诺曷钵闻之，轻骑奔鄯善城（应为鄯州城），其臣威信王以兵迎之，故君买为之讨诛宣王。国人犹惊扰，遣户部尚书唐俭等慰抚之。
>
> 龙朔三年，五月，吐谷浑可汗诺曷钵与弘化公主帅数千帐弃国走依凉州。[1]

《旧唐书·吐谷浑传》记一次迁徙诺曷钵走鄯州城，二次迁徙诺曷钵及弘化公主走凉州：

> 十五年，诺曷钵所部丞相王专权，阴谋作难。将征兵，诈言祭山神，因欲袭击公主，劫诺曷钵奔于吐蕃，期有日矣。诺曷钵知而大惧，率轻骑走鄯善城（应为鄯州城）。
>
> 高宗嗣位，以其尚主，拜驸马都尉，赐物四十段。其后与吐蕃互相攻伐，各遣使请兵救援，高宗皆不许之。吐蕃大怒，率兵以击吐谷

---

① 《资治通鉴》，卷第一百九十六、第二百一十，唐纪十二、十七，中华书局，1956年，第6167页、第6336页。

浑。诺曷钵既不能御，脱身及弘化公主走投凉州。[①]

《新唐书·吐谷浑传》："诺曷钵""走鄯城"；"诺曷钵不支，与公主""走凉州"：

> 比年入朝，乃以宗室女为弘化公主妻之，诏道明及右武卫将军慕容宝节持节送公主。其相宣王跋扈，谋作乱，欲袭公主，劫诺曷钵奔吐蕃。诺曷钵知之，引轻骑走鄯城，威信王以兵迎之。高宗立。……吐谷浑大臣素和贵奔吐蕃，言其情，吐蕃出兵捣虚，破其众黄河上。诺曷钵不支，与公主引数千帐走凉州。[②]

四部唐史文献在贞观十五年都只字未提诺曷钵与弘化公主一起走鄯城：《册府元龟》中"诰（诺）曷钵知而大惧，率轻骑走鄯城"，《资治通鉴》中"诺曷钵闻之，轻骑奔鄯善城"，《旧唐书·吐谷浑传》中"诺曷钵知而大惧，率轻骑走鄯善城"，《新唐书·吐谷浑传》中"诺曷钵知之，引轻骑走鄯城"。而龙朔三年都记诺曷钵与弘化公主一起走凉州：《册府元龟》中"诺曷钵既不能御，脱身及宏化公主走投凉州"，《资治通鉴》中"吐谷浑可汗诺曷钵与弘化公主帅数千帐弃国走依凉州"，《旧唐书·吐谷浑传》中"诺曷钵既不能御，脱身及弘化公主走投凉州"，《新唐书·吐谷浑传》中"诺曷钵不支，与公主引数千帐走凉州"。

5. 太宗明智　推迟出降

四部唐史文献中贞观十五年宣王谋乱，诺曷钵王闻之率轻骑走鄯城，都不记诺曷钵与弘化公主一起走鄯城。合理解释为，既然宣王谋乱"时有

① 《旧唐书·吐谷浑传》，卷一百九十八，列传第一百四十八，中华书局，1975 年，第 5300 页。
② 《新唐书·吐谷浑传》，卷二百二十一，列传第一百四十六，中华书局，1975 年，第 6226~6227 页。

日矣"，诺曷钵王能事先闻之率轻骑走鄯城。唐将席君买也能事先得报，迅速出兵斩其兄弟三人，平息谋乱。唐太宗自然也能事先得报宣王谋乱，怎能把公主往火坑里送？唐太宗当机立断，明智决定推迟出降。因此，弘化公主贞观十四年没有出降，贞观十五年不在吐谷浑。平乱后，唐太宗又派唐俭出使慰抚吐谷浑。十六年恢复局势平稳了，弘化公主墓志记载贞观十七年，公主出降，合情合理。

6. 出降经过　不见记载

再考，同样是文献《旧唐书》的"列传"，同样是和亲公主出降，贞观十五年文成公主入藏，记载了详细的入藏经过：

> 贞观十五年，太宗以文成公主妻之，令礼部尚书、江夏郡王道宗主婚，持节送公主于吐蕃。弄赞率其部兵次柏海，亲迎于河源。见道宗，执子婿之礼甚恭。既而叹大国服饰礼仪之美，俯仰有愧沮之色。及与公主归国，谓所亲曰："我父祖未有通婚上国者，今我得尚大唐公主，为幸实多。当为公主筑一城，以夸示后代。"遂筑城邑，立栋宇以居处焉。公主恶其人赭面，弄赞令国中权且罢之，自亦释毡裘，袭纨绮，渐慕华风。仍遣酋豪子弟，请入国学以习《诗》、《书》。又请中国识文之人典其表疏。[①]

《资治通鉴》也一样：

> 贞观十五年，正月，丁丑（十五日），命礼部尚书江夏王道宗持节送文成公主于吐蕃。赞普大喜，见道宗，尽子婿礼，慕中国衣服、仪卫之美，为公主别筑城郭宫室而处之，自服纨绮以见公主。其国人

①《旧唐书·吐谷浑传》，卷一百九十八，列传第一百四十八，中华书局，1975年，第5221~5222页。

皆以赭涂面，公主恶之，赞普下令禁之；亦渐革其猜暴之性，遣子弟入国学，受《诗》《书》。①

而《旧唐书·吐谷浑传》记载贞观十四年弘化公主出降历史，仅仅是"十四年，太宗以弘化公主妻之，资送甚厚"，总共只有16个字，一句经过都没有。《资治通鉴》记载，"贞观十三年，十一月，乙丑，吐谷浑王诺曷钵来朝，以宗女为弘化公主，妻之。"也只字未记弘化公主出降的经过，何也？只有一个解释，贞观十三年十一月，诺曷钵应该只是来朝"请婚"，贞观十四年，唐太宗册封弘化公主，颁诏派护亲使，筹备资送，准备出降，实际上，因得悉吐谷浑宣王阴谋作乱，并未出降，直到贞观十七年才出降。拖的时间太久，唐史作者就没有记载经过。

7.《旧唐书传》　不记年代

《旧唐书·李道明传》中不见有哪一年，送弘化公主出降吐谷浑。《旧唐书》只记李道明"送弘化公主还蕃"，是哪一年，没有记载，未确定是贞观十四年出降：

武德五年，（李）道玄遇害，年十九。

无子，诏封其弟武都郡公（李）道明为淮阳王，领主道玄之祀。累迁左骁卫将军。送弘化公主还蕃，坐泄主非太宗女，夺去爵国除，后卒于郓州刺史。②

《新唐书·李道玄传》虽然记载"贞观十四年""送弘化公主，于吐谷浑"，并未记载"出降吐谷浑王诺曷钵"：

①《资治通鉴》，卷第一百九十六，唐纪十二，中华书局，1956年，第6164~6165页。
②《旧唐书·李道明传》，卷六十，列传第十，中华书局，1975年，第2353~2354页。

淮阳壮王道玄……战殁，年十九。

无子，以弟道明嗣王。迁左骁卫大将军。贞观十四年，与武威将军慕容宝节，送弘化公主于吐谷浑。坐露言主非帝女，夺王，终郓州刺史。[①]

同是李道明传，两唐书关于出降时间，《旧唐书》不记，《新唐书》记贞观十四年，只含糊记"送弘化公主于吐谷浑。坐露言主非帝女，夺王"，因此很难以文献记载为准。

从唐史和墓志记载来看，合理的解释是，十三年，诺曷钵来朝请婚。十四年，太宗册封弘化公主，许婚，任命了护亲使，准备了陪嫁物资，准备出降。因吐谷浑内部不稳暂没有出降。唐将平息，派唐俭安抚。墓志记载到贞观十七年，吐谷浑内部应该完全稳定了，正式出降吐谷浑。

综上所述，弘化公主出降吐谷浑王诺曷钵的时间，学界两种观点：多数学者按文献有记载认同贞观十四年出降；而杜光简先生、慕寿祺先生、李延恺教授、李浩教授等专家学者认为，应以《弘化公主墓志》记载贞观十七年出降为准。

笔者认同杜光简先生、慕寿祺先生、李延恺教授、李浩教授等，以唐朝当时人记当时事的《弘化公主墓志》记载为准，贞观十七年弘化公主出降吐谷浑王诺曷钵。

笔者的理由是，笔者发现，唐史文献记载弘化公主出降，有贞观十四年，也有贞观十三年，唐史文献不一致，不应为据。

更重要的是，迄今为止，唯笔者发现弘化公主贞观十四年没有出降的唐史文献一致的新证据：《册府元龟》《资治通鉴》和《旧唐书·吐谷浑传》《新唐书·吐谷浑传》四部唐史文献都记载吐谷浑贞观十五年（641）和龙朔三年（663）的两次迁徙，但不同表述。

---

① 《新唐书·李道玄传》，卷七十八，列传第三，中华书局，1975 年，第 3519 页。

贞观十五年（641），宣王谋乱。第一，四部文献都一致记载宣王"欲袭""将袭""阴谋袭"弘化公主，说明，并未实施袭击弘化公主，原因只能是贞观十五年弘化公主不在吐谷浑。这就证明贞观十四年弘化公主没有出降。第二，四部唐史文献都一致记载，诺曷钵是只身走鄯城，只字未提弘化公主。如《册府元龟》记载："诺曷钵知而大惧，率轻骑走鄯城。"这也说明贞观十五年弘化公主不在吐谷浑，由此证明贞观十四年，大唐朝廷也得到宣王阴谋作乱信息，没有出降弘化公主。龙朔三年（663），吐谷浑走凉州：四部唐史文献一致记载，诺曷钵及弘化公主一起走凉州。如《册府元龟》记载："诺曷钵既不能御，脱身及宏化公主走投凉州。"证明在龙朔三年弘化公主已经出降，她人在吐谷浑。

据此，有学者或网文作者编故事描写：贞观十五年，宣王谋乱，"弘化公主得报告后并没有惊慌。她飞身上马，和诺曷钵一起带着少量亲兵，连夜向鄯城奔去。"所有这些，均属无史料记载依据的不可信地编故事，也可以说是善意地美化弘化公主的自编故事。

（四）弘化公主　两次回朝

笔者发现，唐史记载，弘化公主是唐朝16位和亲公主中，唯一朝廷恩准两次回朝省亲的和亲公主。唐史文献记载，弘化公主两次回朝，先后受到唐高宗、武则天女皇两位皇帝的热情接待。16位和亲公主中，再没有第二人两次风光回朝省亲。唐高宗还专门派左骁卫将军鲜于匡济出使吐谷浑，迎接弘化公主和吐谷浑王诺曷钵一行。武则天赐姓武氏，加封西平大长公主，还专门为弘化公主"设归宁之礼"。

1.首次回朝　高宗接见

弘化公主第一次回朝省亲是唐高宗永徽三年（652）。这年八月，弘化公主向唐高宗"表请入朝"，当年十一月回朝。《旧唐书》记载：

永徽三年（652），十一月，弘化长公主从吐谷浑来朝见。①

《资治通鉴》也记载唐高宗永徽三年（652）冬，十一月弘化长公主来朝，而司马光却注弘化公主是贞观十三年出降吐谷浑诺曷钵：

永徽三年（652），冬，十一月，庚寅，弘化长公主自吐谷浑来朝。
司马光注：弘化公主贞观十三年（639）降吐谷浑慕容诺曷钵。②

《册府元龟》同样记载唐高宗永徽三年（652）。弘化公主八月向唐高宗"表请入朝"，当年十一月回朝：

唐高宗永徽三年八月，吐谷浑弘化长公主表请入朝，遣左骁卫将军鲜于匡济往迎之。
十一月，弘化长公主自吐谷浑来朝。③

请注意，以上《旧唐书》等三部史书把弘化公主均书为"弘化长公主"，前已述及，唐制是"皇姊妹才能封长公主"。为什么唐高宗永徽年间称长公主？

弘化公主虽然不是唐太宗女，只是宗室女，但唐太宗册封为和亲公主，就是法定意义上的唐太宗之女，而唐高宗是唐太宗之子，弘化公主年龄长于唐高宗，弘化公主就视为唐高宗皇帝和武后的堂姐，由此符合关于称"皇姊妹封长公主"的唐制。

父皇唐太宗册封的第一位和亲公主是唐高宗的"堂姐"，唐高宗自然

---

① 《旧唐书·高宗》，卷四，本纪第四，中华书局，1975 年，第 71 页。
② 《资治通鉴》，卷第一百九十九，唐纪十五，中华书局，1956 年，第 6279 页。
③ 《册府元龟·外臣部·和亲》，卷九百七十九，中华书局影印本，1960 年，第 11498 页。

另眼看待，特殊关照。别的和亲公主未准回朝，弘化公主例外，允许她回朝，还派将军迎接。

唐高宗时期永徽三年（652），赴吐谷浑与诺曷钵和亲13年的弘化公主，向唐高宗表请与吐谷浑王诺曷钵一起回朝进京朝觐省亲。弘化公主第一次回朝，来到京师长安，即位三年24岁的唐高宗亲自热情接见了30岁堂姐弘化公主和吐谷浑王诺曷钵。拜诺曷钵为驸马都尉。弘化公主向唐高宗为长子请婚，唐高宗还当面破例以金城县主妻公主长子苏度摸末，并任苏度摸末为左领军卫大将军。

后来，弘化公主再次为次子请婚，高宗又以金明县主妻其次子。先后以金城县主和金明县主妻其长子和次子，唐高宗先后以宗室女妻两位县主妻其二子，这样，吐谷浑王诺曷钵父子三人成为大唐女婿。《新唐书·吐谷浑传》有更为详细记载：

> 高宗立，以主（弘化公主）故，拜（诺曷钵）驸马都尉。又献名马，帝问马种性，使者曰："国之最良者。"帝曰："良马人所爱。"诏还其马。公主表请入朝，遣左骁卫将军鲜于匡济迎之。（永徽三年，652）十一月，及诺曷钵至京师，帝又以宗室女金城县主妻其长子苏度摸末，拜左领军卫大将军。久之，摸末死，主与次子右武卫大将军梁汉王闼卢摸末来请婚，帝以宗室女金明县主妻之。[1]

综上所述，唐高宗朝，第一，唐高宗即位，因父皇唐太宗册封弘化公主即皇帝之女，立即拜诺曷钵为驸马都尉。第二，诺曷钵献名马，唐高宗体贴游牧部落更需要良马而还马。第三，弘化公主表请入朝，唐高宗欣然同意。唐朝唯一特派左骁卫将军鲜于匡济赴吐谷浑迎接弘化公主和诺曷钵

---

[1]《新唐书·吐谷浑传》，卷二百二十一，列传第一百四十六，中华书局，1975年，第6227页。

一行回朝。第四，唐高宗继续联姻，先后册封两位县主妻弘化公主二子。

文成公主就没有回朝省亲的弘化公主幸运，她在吐蕃生活40年，始终没有机会回朝省亲。

2. 武周时期　再次回朝

大周女皇武则天对弘化公主更是特殊恩宠。《弘化公主墓志铭》记载，武则天即位，特别给弘化公主李氏赐姓为武氏，改封弘化公主为皇姑才能册封的西平大长公主。长寿三年（694）二月，71岁大周女皇武则天欢迎72岁的弘化公主。弘化公主从灵州(治今宁夏吴忠市古城村)二次回朝省亲，两位古稀之年的老姐妹见面，武皇改封弘化公主为"西平大长公主"。武皇还特别为弘化公主设"归宁之礼"。《册府元龟》记载是"西平大长公主还蕃"，"还蕃"解释为回乡，或回到封地，证明弘化公主二次回朝后，又从唐朝长安、洛阳回到灵州：

> 则天长寿三年（694）二月，西平大长公主还蕃。公主者，太宗族妹。贞观中吐蕃遣使请婚。至是，设归宁之礼也。[①]

《册府元龟》的"族妹"应为族女，"吐蕃"应为吐谷浑。弘化公主和吐谷浑王诺曷钵于咸亨三年（672）率"数千张"吐谷浑部落，自凉州（治今甘肃武威市）徙灵州，唐高宗为其部落置安乐州，"以其安且乐也"。长寿三年（694），居住在灵州已经22年72岁高龄的弘化公主回朝，武则天当时都城在洛阳，弘化公主二次回朝省亲，应该是先回到京师长安，再到东都洛阳见武则天，然后以"西平大长公主"的身份还蕃，返回灵州。

除了弘化公主之外，唐朝找不出有第二位两次皇帝恩准回朝省亲、受到皇帝热情款待的和亲公主。例如，与弘化公主同时期的文成公主，就没有两次回朝省亲的弘化公主那么幸运，唐高宗没有让她回朝省亲，即便是

---

① 《册府元龟·外臣部·和亲》，卷九百七十九，中华书局影印本，1960年，第11498页。

永徽元年（650），她的吐蕃丈夫松赞干布去世，永徽三年（652）弘化公主"表请入朝"，唐高宗恩准弘化公主回长安省亲，都没有准许文成公主回朝。文成公主永隆元年（680）病逝，永徽三年（652）唐高宗恩准弘化公主回朝时，文成公主尚健在，唐高宗并未准许文成公主回朝。永徽元年（650）松赞干布逝世，唐高宗曾派遣右武候将军鲜于臣济作为吊唁使，持节前往吐蕃吊唁。文成公主也没有回朝省亲，一直守寡，继续在吐蕃又生活20年，始终都没有皇帝恩准她回朝省亲。

笔者考证，一般情况下特别是唐朝后期，唐朝皇帝是不准许和亲公主回朝省亲的。例如，嫁于奚族的东光公主和嫁于契丹首领的燕郡公主请求"朝觐"，回朝省亲朝见皇帝，唐玄宗专门下旨未许她们回朝。只有弘化公主是唯一例外，和亲公主原则上都不能回朝省亲。

《册府元龟》记载，开元十二年（724）三月，唐玄宗颁《遣使赍绢锦八万段分赐奚及契丹诏》，明确记载，和亲公主"请入朝觐，济虑劳烦。朕固割恩，抑而未许"。不准嫁于契丹首领的东光公主和嫁于奚族首领的燕郡公主回京朝觐，唐玄宗诏曰：

公主出降蕃王，本拟安养部落，请入朝谒，济虑劳烦。朕固割恩，抑而未许。因加殊惠，以慰远心。奚有五部落，宜赐物三万段，先给征行游奕兵及百姓，余一万段，与东光公主、饶乐王、衔官、刺史、县令。契丹有八部落，宜赐物五万段，其中取四万段先给征行有游奕兵士及百姓，余一万段与燕郡公主、松漠王、衔官、刺史、县令。其物杂以绢布务令均平，给讫奏闻。[1]

唐玄宗这道"未许"契丹和亲公主回京诏，给两公主部落以赠品安慰。证明唐朝的统治者不允许公主"请入朝谒"，只给予赠物安慰。因此，和

---

[1]《册府元龟·外臣部·和亲》，卷九百七十九，中华书局影印本，1960年，第11501页。

亲公主能够回国的可能性极小。

考唐朝史料，除弘化公主之外，只有个别出了意外特殊情况下才回朝的公主。例如，宁国公主是唐肃宗亲生女，最后是回朝了，但并非唐肃宗恩准回朝省亲，而是死了回纥丈夫，回纥要求殉葬，公主力争，才得以回朝。她的命运非常悲惨，几经坎坷。"先嫁郑巽，再嫁薛康衡，三嫁回纥英武可汗磨延啜"。在回纥丈夫死后，原本需要殉葬，因公主力争。一方面，"劈面大哭"，划破脸面大哭，另一方面"竟以无子得归"，非常艰难地争取到回朝。唐肃宗"诏百官于明凤门外迎之"。虽有百官迎接，回朝也赶不上弘化公主的风光。再如，唐宪宗第十女太和公主，是唐朝的真公主，嫁回鹘崇德可汗。《新唐书·回鹘传》记载：

> 穆宗立，回鹘又使合达干等来固求昏，许之。俄而可汗死，使者临册所嗣为登啰羽录没蜜施句主毗伽崇德可汗。可汗已立，遣伊难珠、句录、都督思结等以叶护公主来逆女，部渠二千人，纳马二万、橐它千。[①]

唐穆宗（795—824）封亲十妹为太和公主，出降回纥崇德可汗也不是恩准回朝省亲，而是后来出了大事，经过几次周折，最后才回朝。

先是唐文宗（609—840）开成五年（840），黠戛斯人攻破回鹘汗国，遣使送太和公主回国。唐武宗（814—846）会昌元年（841），半路为回鹘另外一个乌介可汗截留，乌介可汗等人率领大批回鹘南下，要求借城。唐军大破回鹘。

会昌三年（843），唐武宗派大将天德防御副使兼任朔州刺史石雄，设计迎太和公主回京师长安，唐史只简单记"会昌三年来归"，并非风光的"回朝省亲"，而且，"自言和亲无状"，太和公主自己承认和亲无功。

---

① 《新唐书·回鹘传》，卷二百一十七，列传第一百四十二，中华书局，1975 年，第 6129 页。

唐武宗提升石雄为丰州防御史，改封为定安大长公主，养老京师。《新唐书·诸帝公主》记载：

> 定安公主，始封太和。下嫁回鹘崇德可汗。会昌三年来归……主乘辂谒宪、穆二室，嘘流涕，退诣光顺门易服，视冠钿待罪，自言和亲无状。帝使中人劳慰，复冠钿乃入，群臣贺天子。又诣兴庆宫。明日，主谒太皇太后。进封长公主，遂废太和府。[①]

唐朝李频《太和公主还宫》诗，留下了太和公主回朝的悲惨遭遇和不幸人生：

> 天骄发使犯边尘，汉将推功遂夺亲。离乱应无初去貌，死生难有却回身。禁花半老曾攀树，宫女多非旧识人。重上凤楼追故事，儿多愁思向青春。[②]

（五）咸亨三年　又徙灵州

大唐第一和亲公主弘化公主贞观十七年（643）出降与吐谷浑王诺曷钵成婚，先住青海境内西宁市西北的吐谷浑王都伏俟城（今青海省共和县境内）。和亲20年后，唐高宗龙朔三年（663），吐谷浑被吐蕃所灭，诺曷钵与弘化公主走凉州（今甘肃省武威市）。9年后，"又徙灵州（治今宁夏吴忠市古城村）"。咸亨三年（672）二月初八，唐高宗命诺曷钵与弘化公主率吐谷浑部落，"徙于灵州之境"。唐史文献吐谷浑"徙于灵州"的时间记载不一。有咸亨元年（670）八月和咸亨三年（672）二月初八两说。

---

①《新唐书·诸帝公主》，卷八十三，列传第八，中华书局，1975年，第3668~3669页。
②《全唐诗》，卷五百八十七，中华书局，1960年，第6809页。

1.《旧唐书》记　咸亨元年

　　总章三年（670），三月，（十七日）戊子，前台侍郎李敬玄起复本职，仍以改元为咸亨元年（670）。

　　夏四月，庚午（二十八日），幸九成宫。

　　秋七月旧同东西台三品。薛仁贵、郭待封至大非川，为吐蕃大将论钦陵所袭，大败，仁贵等并坐除名。吐谷浑全国尽没，唯慕容诺曷钵及其亲信数千帐内属，仍徙于灵州界。八月甲子（二十四日），至自九成宫。①

《旧唐书·高宗》把薛仁贵兵败和吐谷浑内属徙灵州两件大事的时间非常精确地限定在咸亨元年（670）"七月十七日，李敬玄起复本职"至"八月二十四日，至自九成宫"之内。据此，"徙灵州"年《旧唐书·吐蕃传》代，似乎应该是在咸亨元年（670）八月。《旧唐书·吐谷浑传》《新唐书·吐谷浑传》也都记载吐谷浑徙灵州时间为咸亨元年八月。

2. 唐会要记　咸亨三年

笔者发现《唐会要》记载咸亨三年（672）二月八日吐谷浑徙于灵州，以其部落置安乐州：

　　咸亨三年（672）二月八日，移吐谷浑部落，自凉州徙于鄯州，既而不安其居，又徙于灵州之境。置安乐州以处之。②

3.《资治通鉴》　咸亨三年

　　与《册府元龟》相同，《资治通鉴》也记载咸亨三年（672）二月初八"寻

---

① 《旧唐书·高宗》，卷五，本纪第五，中华书局，1975 年，第 94 页。
② 《唐会要》，卷七十三，中华书局，1955 年，第 1560 页。

徙灵州"：

> 咸亨三年（672），二月，庚午（初八），徙吐谷浑于鄯州浩亹水南。
> 吐谷浑畏吐蕃之强，不安其居，又鄯州地狭，寻徙灵州，以其部落置
> 安乐州，以可汗诺曷钵为刺史。吐谷浑故地皆入于吐蕃。[①]

其实，笔者还发现《册府元龟·帝王部·来远》《新唐书·吐谷浑传》，
也记载是咸亨三年（672）徙灵州。

4. 咸亨三年　迁徙灵州

弘化公主和吐谷浑王诺曷钵迁徙灵州的时间，唐史文献出现两说：咸
亨元年（670）八月和咸亨三年（672）二月初八。两个"徙灵州"的时间，
记载不一致。考证上述文献关于吐谷浑徙灵州（治今宁夏吴忠市古城村）
时间记载。

第一，《唐会要》和《资治通鉴》两部唐史文献一致把吐谷浑徙灵州
时间记载精确到年、月、日：咸亨三年（672）二月八日稍后，一定有其依据，
当为可信。

第二，《旧唐书》成书于后晋开运二年（945），《唐会要》最后成
书于宋太祖建隆二年（961），《资治通鉴》成书于五代后周世宗显德六
年（959）。《旧唐书》成书在前，《唐会要》和《资治通鉴》成书在后。
在后者，应该是看到了《旧唐书》的记载，两部文献都没有采用，反而两
部文献一致把吐谷浑徙灵州时间精确到咸亨三年（672）二月八日，证明
其记载咸亨三年二月初八稍后，确有依据。

因此，唐高宗命吐谷浑"徙于灵州之境"的时间，应定为咸亨三年（672）
二月初八稍后。

值得深入研究的是：唐朝在"灵州以南稍东 180 里"新建一座安乐州

---

① 《资治通鉴》，卷第二百二，唐纪十八，中华书局，1956 年，第 6368 页。

城（治今宁夏同心县下马关镇红城水古城），不可能一蹴而就，建城需要很长时间。

举一个例子，据明代历史文献记载，洪武十七年（1384），黄河发大水，淹没故址位于今宁夏吴忠市古城村的古灵州城。于是，"城凡三徙"，宣德三年（1428）建的新灵州，就是今日的宁夏灵武市。

这座灵州"新城"（朱栴语）就非一日建成。《明实录》记载，宣德二年十一月庚戌（1427年12月3日），宁夏总兵官陈懋奏，灵州"河水冲击，切近城下，恐致崩陷，难于守御，城东有地高爽宽平，请徙城于彼，上命工部遣官覆视，果当徙，俟来年春用工"。直到"宣德三年二月甲子（1428年2月26日）"，"至是城成，遂徙之。"[1] 这就是说，明朝第三次徙灵州的今灵武市城垣，自1427年12月3日，总兵官上奏宣德皇帝，决定来年春用工筑城，直到1428年2月26日，才"城成"，灵州"新城"建城，用时，将近三个月时间。

同样，唐高宗安置吐谷浑"徙灵州"，吐谷浑王诺曷钵先请求"内属"。然后，下诏让灵州都督在灵州城组织建设东衙、南衙，在灵州南稍东180里建安乐州城（治今宁夏同心县下马关镇红城水古城），安置吐谷浑部落。这些都更需要很长时间。因为，安乐州城所在地今宁夏同心县红城水古城属于山区，建城条件自然远不如灵州平原地区方便。据此，咸亨三年（672）二月初八，是安乐州城建成，吐谷浑部落已迁徙，唐高宗诏命弘化公主和吐谷浑王诺曷钵及其王族最后迁居灵州城建成的灵州"东衙"和"南衙"的"私第"之日。

大唐第一和亲公主弘化公主出降于与吐谷浑王诺曷钵，先期住在青海境内的吐谷浑王都伏俟城（今青海省共和县境内），在今青海居住20年（643—663）。龙朔三年（663），吐谷浑被吐蕃所灭，诺曷钵与弘化公主走凉州（今甘肃省武威市），在甘肃居住9年（663—672）。咸亨三年

---

[1]杨新才、吴忠礼：《明实录宁夏资料辑录》，宁夏人民出版社，1988年，第71~72页。

（672）二月初八，薛仁贵率唐军败于吐蕃，吐谷浑全境被吐蕃占领，薛仁贵等将领"除名"，唯吐谷浑王诺曷钵率部内属"徙于灵州界。"《弘化公主墓志铭》记载，弘化公主"圣历元年（698）五月三日，寝疾，薨于灵州东衙之私第，春秋七十有六"。

据此，弘化公主长住灵州（治今宁夏吴忠市古城村）达26年（672—698）之久，诺曷钵也住灵州16年（672—688），弘化公主和诺曷钵及其子孙吐谷浑王族上层在灵州（今宁夏吴忠市）长住100多年。

弘化公主出降吐谷浑王，她促进了唐与吐谷浑王及王族多次联姻。

例如，弘化公主下嫁吐谷浑王诺曷钵之外，竟然还有8位吐谷浑王族子孙娶唐朝汉族女：

弘化公主之长子慕容忠，娶金城县主会稽郡王李道恩第三女李季英。

弘化公主次子右武卫大将军、梁汉王慕容闼卢摸末，娶唐朝金明县主（宗室女）。

弘化公主子元王慕容若，娶陇西郡夫人李深，祖父李正明是唐朝将军灵州都督。

弘化公主之长孙慕容宣超，娶姑臧县主陇西李氏，唐朝宗室女子。

弘化公主之孙慕容宣彻，娶博陵郡夫人崔氏。

弘化公主之曾孙慕容曦光，娶太原郡夫人武氏。此女为则天皇后侄孙女、太原郡夫人。

弘化公主之曾孙慕容威（695—756），宁夏同心县下马关镇赵家庙村出土墓志铭记载：弘化公主和吐谷浑王诺曷钵的曾孙，夫人是武则天侄孙女、武延寿女儿。

弘化公主之曾孙太仆少卿慕容相，娶河南穆氏。

5. 安集大使　或苏定方

写到此，笔者发现一个迄今没有被学者涉及的问题：咸亨三年（672），唐高宗任命谁是负责具体安置吐谷浑徙灵州（治今宁夏吴忠市古城村）的

"安集大使"？谁负责安置弘化公主和诺曷钵以及吐谷浑王族住灵州城、建安乐州城，安置吐谷浑王族和吐谷浑部落？诺曷钵王和弘化公主不可能自己在灵州城建衙门、建私第居住，吐谷浑数千帐部落也不可能自己去建安灵州城。总需要朝廷派出大员负责安置组织建衙、建私第、建城。笔者研究唐史文献记载，发现吐谷浑徙灵州的安集大使，或为左武威大将军苏定方。笔者发现有两条证据。

一是，唐史文献《旧唐书》专门记载有少数民族吐谷浑的事迹。《旧唐书·吐谷浑传》记载：

> 高宗嗣位，以其尚主，拜驸马都尉，赐物四十段。其后与吐蕃互相攻伐，各遣使请兵救援，高宗皆不许之，吐蕃大怒，率兵以击吐谷浑，诺曷钵既不能御，率兵走凉州。高宗遣右武威大将军薛仁贵救吐谷浑，为其所败，于是吐谷浑遂为吐蕃所并。诺曷钵以其亲信数千帐来内属，诏左武卫大将军苏定方为安集大使，始徙其部众于灵州之地，置安乐州，以诺曷钵为刺史，以其安且乐也。[1]

这段文字清楚地记载："诺曷钵以其亲信数千帐来内属，诏左武卫大将军苏定方为安集大使，始徙其部众于灵州之地，置安乐州，以诺曷钵为刺史，以其安且乐也。"也就是说，唐高宗诏令苏定方安置吐谷浑，负责安排灵州都督府为吐谷浑王诺曷钵建安乐州刺史府为吐谷浑部落在灵州南180里故汉北地属国治所建安乐州城。

二是，宋朝《宝刻丛编》记载：

---

[1]《旧唐书·吐谷浑传》，卷一百九十八，列传第一百四十八，中华书局，1975年，第5300页。

《唐左武威大将军邢国公碑》，咸亨四年，《京兆金石录》。[1]

这证明，苏定方是咸亨三年（672）二月初八完成唐高宗诏令安置吐谷浑王诺曷钵及其王族部落定居灵州和安乐州后，于唐高宗咸亨四年（673）逝世，立碑。

这里涉及苏定方逝世年代？两唐书苏定方本纪记载卒于乾丰二年（667），享年76岁。

《旧唐书·苏定方传》记载：

> 定芳俄迁左武威大将军。乾封二年（667）卒，年七十六岁。谓侍臣曰："苏定方于国有功，例合褒赠，卿等不言，遂使哀荣未及。兴言及此，不觉嗟悼。"遽下诏赠幽州都督，缢曰庄。[2]

《新唐书·苏定方传》几乎是照抄《旧唐书·苏定方传》的记载：

> 拜凉州安集大使，以定吐蕃、吐谷浑。乾封二年（667）卒，年七十六。帝悼之，责谓侍臣曰："定方于国有功，当褒赠，若等不言，何邪？"乃赠左骁卫大将军、幽州都督，谥曰庄。[3]

一方面，同是《旧唐书》苏定方之死出现咸亨三年后和乾丰二年两个年代。另一方面，前已述及，在《旧唐书》之后编撰的《唐会要》《资治通鉴》，把吐谷浑徙灵州年代定位到年、月、日：咸亨三年（672）二月八日，二月初八。这一点应该比较可信，学界一般都采用。再加上

---

① 《宝刻丛编》中册，浙江古籍出版社，2012年，第628页。
② 《旧唐书·苏定方传》，卷八十三，列传第三十三，中华书局，1975年，第2780页。
③ 《新唐书·苏定方传》，卷一百一十一，列传第三十六，中华书局，1975年，第4139页。

宋朝《宝刻丛编》中记载："《唐左武威大将军邢国公碑》，咸亨四年，《京兆金石录》。"

据此，笔者意见，左武威大将军苏定方一生最后为大唐建立了一大功劳，或为唐高宗安置吐谷浑徙灵州的全权负责的安集大使，咸亨三年（672）把吐谷浑安置到灵州和安乐州之后，咸亨四年（673）逝世。或者，如近期笔者与拜根兴教授交流，拜教授意见是，据此，苏定方逝世可以是乾丰二年和咸亨四年，两说并存。待学者进一步考证。

（六）王族部落　区别安置

1. 高宗安置　浑部政策

咸亨元年（670）八月以后，因为吐蕃占领吐谷浑全境，唐军败于吐蕃，武力帮助吐谷浑复国无望，吐谷浑要求内属，咸亨三年（672）二月初八，唐高宗颁诏，"徙灵州"：吐谷浑王族住灵州城，吐谷浑部落住灵州之南安乐州城（治今宁夏同心县下马关镇红城水古城）居之。命吐谷浑王诺曷钵为安乐州刺史。那唐高宗朝廷安置吐谷浑部落的政策是什么呢？

笔者考证，对待吐谷浑，唐高宗采取与唐太宗安置突厥降户既同又不同的政策。《贞观政要》记载，贞观四年（630）唐灭突厥后，为安置突厥降户，唐太宗曾经让大臣讨论，最后,唐太宗接受温彦博的"全其部落""不离其土俗"、上层居长安的安抚策略：

> 自幽州至灵州，置顺、佑、化、长四州都督府以处之，其人居长安者且万家。[1]

著名隋唐史专家中央民族大学历史系李鸿宾教授评唐太宗唐初的安边政策指出："贞观四年（630）征服东突厥之后，唐廷就如何安置他们相继召开会议进行讨论，伴随着激烈争议的结果，就是太宗采纳了中书

---

[1]吴兢著、骈宇骞译注：《贞观政要》，中华书局，2011年，第604页。

令温彦博的意见，将突厥降户安置在长城沿线的羁縻府州，采取保留其土俗的方式让他们生活在中原的北部边地，其上层则集中到长安享受富贵荣华。"①

笔者考证，唐高宗分开安置政策：一方面，吸取了李鸿宾教授评价唐太宗安置突厥降户，上层与部落分开安置的政策。把吐谷浑王诺曷钵与弘化公主、王族安置在灵州城，部落安置安乐州城，分别安置；另一方面，他并没有把诺曷钵与弘化公主、王族安置在京城长安，而是安置在灵州城居住，部落安置在安乐州城居住。这体现唐与吐谷浑的关系比其他部落友好。

第一，灵州至长安1000多里，灵州至安乐州只有180里，吐谷浑王族上层住在灵州城，便于照顾、掌控、管理吐谷浑部事务，便于及时解决、处理吐谷浑部落中的事务和纠纷。

第二，吐谷浑王族上层住在灵州城，又便于唐廷通过灵州都督府和驻军就地、就近监督安乐州刺史及其官员们、吐谷浑王族上层的一举一动。便于控制吐谷浑。

2. 墓志佐证　上层灵州

唐高宗安置吐谷浑王族上层居住灵州城的依据何在？吐谷浑王族已出土墓志能够佐证。

第一，《弘化公主墓志铭》记载：

（大周弘化公主、西平大长公主）以圣历元年五月三日，寝疾，薨于灵州东衙之私第，春秋七十有六。②

"薨于灵州东衙之私第"，"东衙"是灵州城东安乐州刺史府衙门，

---

①李鸿宾：《中华正朔与内亚边疆——兼论唐朝北部长城地带的意涵》，《学术月刊》2017年第2期。
②吴钢：《大周故弘化大长公主李氏赐姓曰武改封西平大长公主墓志铭并序》，《全唐文补遗》，三秦出版社，1994年，第77页。

"私第"是官员住宅即家中，弘化公主与诺曷钵是夫妇，同住灵州城。证明唐高宗安排吐谷浑王族不住长安，但也不住安乐州城，而是住在建于灵州城安乐州刺史府衙门院内的"私第"，即家中。

第二，弘化公主和吐谷浑王诺曷钵之长子《慕容忠墓志铭》记载：

> 吐谷浑青海国王、乌地也拔勤豆可汗慕容忠，粤圣历元年五月三日，薨于灵州城南浑牙之私第，春秋五十有一。①

"灵州城南浑牙之私第"，牙即衙，浑牙应该是建于灵州城南的吐谷浑青海国王、乌地也拔勤豆可汗、第二任安乐州刺史慕容忠的衙门。证明，吐谷浑王慕容忠和王后金城县主及其子孙居住的地方，也不在安乐州城，而在灵州城南吐谷浑衙门府里面的家中。

第三，弘化公主曾孙、慕容忠长孙《慕容曦光墓志》记载：

> 慕容曦光，以周载初元年（689）岁次戊寅七月八日，生于灵州之南衙。②

笔者分析，慕容曦光"生于灵州之南衙"，慕容曦光之祖父慕容忠"薨于灵州城南浑牙之私第"，也就都住在灵州城之南衙。应该是其父慕容宣超继承其祖父慕容忠，为安乐州刺史，安乐州刺史府应即灵州之南衙，慕容宣超以及慕容忠之孙慕容曦光家族世代居住。"南衙"，就是灵州城南的吐谷浑族衙门，也证明吐谷浑王族住灵州城，不住在安乐州城。

第四，弘化公主之第三子吐谷浑王族慕容智（650—691）的《慕容智墓志铭》记载：

---

① 周伟洲：《吐谷浑资料辑录》，商务印书馆，2017年，第54~65页
② 杨琴琴：《〈大唐慕容府君墓志铭〉考释》，《凉州文化研究》2012年12月。

大周故云麾将军守左玉钤卫大将军员外置喜王慕容智，天授二年三月二日，薨于灵府之官舍，春秋卅有二。[1]

"灵府之官舍"，"官舍"是灵州都督府政府，为外官所置住宅。由此证明，吐谷浑喜王慕容智在京城为官，因病临时回灵州老家，灵州督府为京城回来的慕容智所建居住的住宅。

第五，弘化公主曾孙代乐王上柱国《慕容明墓志铭》记载：

粤以唐永隆元年岁次庚辰七月廿七日，生于灵州之南衙。年五岁，以本蕃号代乐王。

以大唐开元廿六年十一月十三日，薨于本衙，春秋五十有九。[2]

学者考证，慕容明（680—738）生于灵州南衙，慕容曦光生于灵州南衙，应该是平辈，是同族兄弟。他"生于灵州之南衙"，就是灵州城，证明慕容明及其父母：父亲是慕容宣超，母亲是姑藏县主，他们都住在灵州城，他们的家就在灵州城。弘化公主及吐谷浑五部墓志记载了弘化公主和吐谷浑上层王族的家庭成员居住在灵州城，吐谷浑部落住安乐州城。

第六，弘化公主长媳、慕容忠王后《大唐金城县主墓志铭》记载：

（金城县主）春秋二十有二，辅临浑国，三十余年，上副所寄，下安戎落。

开元六年（718）岁次壬午，正月十七日，薨于部落。[3]

---

[1] 李宗俊：《吐谷浑喜王慕容智墓志及相关问题》，《烟台大学学报》2022年第4期。
[2] 周伟洲：《吐谷浑资料辑录》，商务印书馆，2017年，第71~72页。
[3] 周伟洲：《吐谷浑资料辑录》，商务印书馆，2017年，第66页。

如何解释金城县主"薨于部落"？首先，慕容忠与金城县主为夫妻，慕容忠墓志已经证明慕容忠家在灵州，则慕容忠王后金城县主家已经证明居住在灵州。其次，为什么金城县主墓志又记载她"薨於部落"？其实，墓志本身自有答案：金城县主"春秋二十有二，辅临浑国，三十余年，上副所寄，下安戎落"。最后 8 个字是关键："上副所寄，下安戎落"。金城县主下嫁给慕容忠家 30 多年，唯一的使命就是"上担负朝廷的寄托，下始终在做安抚部落的事情"，金城县主经常与部落在一起，关心、安抚吐谷浑部落。正月十七正是新春佳节之际，她看望部落、慰问部落，76 岁高龄，年事已高，"薨於部落"，正是证明金城县主实践"上副所寄，下安戎落"使命，终生努力促进民族团结，金城县主与其婆婆弘化公主同为促进中华民族交往交流交融的表率，唐代的民族团结之花。

第七，弘化公主的曾孙《慕容威夫妻合葬墓志》中的记载。

首先，1974 年，出土于宁夏吴忠市同心县下马关镇赵家庙村的《慕容威夫妇合葬墓志》记载，慕容威是弘化公主的曾孙，慕容威的曾祖父是吐谷浑王诺曷钵，曾祖母是弘化公主；祖父是慕容忠，祖母是金城县主；父亲是慕容宣彻，母亲是博陵崔氏。《慕容威夫妻合葬墓志》记载：

（慕容威）惟贤曾祖钵，尚太宗文武圣皇帝女弘化公主，拜驸马都尉，封河源郡王，食邑三千户，寻进封青海国王，食邑一万户，特赐实封三百户，赠洮国□王，食邑二万户。姻连戚里，宠锡桐珪。

祖忠，特袭封青海国王，拜右武卫大将军，封成王，降金城县主，即陇西郡王之长女也。

父宣彻，封辅国王，圣历初拜左领军卫大将军国，国赞社稷，翊戴圣明，着定业之功，当建侯之会。夫人博陵崔氏，特承恩制封博陵郡太夫人。

（慕容威）左领军卫大将军，朔方军游弈副使，以至德元年正月五日婴疾，春秋六十有三，终于长乐州之私馆。

夫人武氏……俄而遘疾，享年乾元元年（758）七月十日终于私第。即以乾元元年十月庚子朔十日己酉同窆于州南之原。①

前据《弘化公主墓志》和《慕容忠墓志》等已经论证，曾祖父母诺曷钵和弘化公主夫妇及祖父母慕容忠和金城县主夫妇都居住在灵州。那么他们的子孙慕容宣彻夫妇自然也居住在灵州，不言而喻，慕容威家自然住灵州。

其次，再看慕容威墓志记载的慕容威夫妇。

慕容威是和夫人武氏的合葬墓志上记载，一方面，慕容威是"终于长乐州之私馆"，不是私第家中。那么"私馆"是什么？私馆是借住官员住房，即临时借住，自然慕容威的家不在长乐州即安乐州。慕容威为什么住"长乐州私馆"？结合当时至德年间吐蕃进攻灵州、安乐州的形势和慕容威的官职，就会明白，慕容威临时住在长乐州是在执行左领军卫大将军、朔方军游弈副使保卫安乐州的职责。

另一方面，夫人武氏"终于私第"，终于家中，慕容威临时住长乐州，执行任务，夫人自然不需要随同，她则住在灵州家中。此结论是慕容威家也住灵州，不住安乐州。

以上 7 部已出土的吐谷浑王族墓志，都记载的是吐谷浑王族墓主或死于灵州家中或生于灵州家中，没有一方墓志记载墓主生于安乐州家中或者死于安乐州家中，证明，唐高宗安置吐谷浑王族居住在灵州（治今宁夏吴忠市古城村），不是居住在安乐州（治今宁夏同心县下马关镇红城水古城）。同时，应该是安置吐谷浑部落居住在安乐州，"以其安且乐也"，指让吐谷浑部落平安而且快乐地在安乐州放牧，过着安逸平静的生活。

笔者所主张的唐高宗对吐谷浑区别安置政策的观点，已获 8 位专家学

①周伟洲：《吐谷浑资料辑录》，商务印书馆，2017 年，第 69~71 页。

者认同：

李鸿宾教授认同："唐廷对待吐谷浑人的政策也分王族与属民两个部分区别对待"，"吐谷浑王族定居在灵州"。[①]

周伟洲教授说："基本同意您的观点。"

崔明德教授："诺曷钵害怕吐蕃偷袭，不久又迁到灵州。唐高宗在诺曷钵部落所居之地设安乐州，封诺曷钵为安乐州刺史。"[②]

蒋爱花教授说："可以的，有理有据！"

李军教授说："我同意白老师根据墓志材料所得出的唐政府将吐谷浑上层及部众异地管理的观点，这个看法很有道理。"

李宗俊教授："诺曷钵去世之际，吐谷浑王室迁居灵州十余年。"[③]

杨森翔主任说："很有见地！"

王其英主任说："白老，完全认同您的观点。"

笔者强调：迄今为止，已经出土的吐谷浑王族墓志足已经证明，弘化公主和吐谷浑王族的家居住在灵州，不住安乐州。未见一方吐谷浑王族墓志记墓主"薨于安乐州私第"，证明唐高宗安置弘化公主和吐谷浑王族住灵州，吐谷浑部落住安乐州，"以其安且乐也。"

3. 公主灵州 长住 26 年

咸亨元年（670）八月，薛仁贵兵败吐蕃以后，吐蕃占领了吐谷浑全境，吐谷浑请求内属。唐高宗颁诏，徙吐谷浑王、安乐州刺史诺曷钵，与弘化公主一起率数千帐吐谷浑部落，于咸亨三年（672）迁至灵州之地。在灵州之南，置安乐州城（治今宁夏吴忠市同心县红城水古城），安置吐谷浑部落，任命诺曷钵为安乐州刺史。但是，诺曷钵与弘化公主居住在灵州城的东衙之私第，即灵州城东安乐州刺史府内的他们的住宅。

---

①李鸿宾：《慕容曦光夫妇墓志铭反映的若干问题》，《唐史论丛》2012 年第 1 期。

②崔明德：《中国古代和亲通史》，人民出版社，2021 年，第 149 页。

③李宗俊：《吐谷浑喜王慕容志墓志及相关问题》，《烟台大学学报》2022 年第 4 期。

弘化公主协助诺曷钵管理安乐州事务，吐谷浑王安乐州刺史几乎年年遣使向唐廷朝贡，唐与吐谷浑友好相处，进一步促进唐灵州今吴忠地区的汉族与吐谷浑族的民族团结。

《慕容宜昌墓志》记载慕容诺曷钵：

> 高祖志烈，字诺曷钵。唐使尚书唐俭册可汗、青海国王、驸马都尉。姒西大长公主。[1]

由此证明，诺曷钵的汉名为志烈，字诺曷钵。诺曷钵作为吐谷浑王，经历了初期在王都伏俟（今青海省共和县境内）居住。贞观十三年（639），入朝请婚。贞观十四年（640），唐太宗许婚，亲自册封唐朝第一位和亲公主——弘化公主，准备出降吐谷浑王诺曷钵，决定淮阳王李道明和左武威将军慕容宝节为正副送亲使，还准备了大量陪嫁物资。但因吐谷浑内部不稳，贞观十五年（641），出现宣王谋乱，诺曷钵"轻骑奔鄯城（今青海省西宁市）"居住。贞观十七年（643），弘化公主出降吐谷浑王诺曷钵，二人结为夫妻。龙朔三年（663），吐蕃击灭吐谷浑，诺曷钵不能支，与弘化公主走凉州（今甘肃省武威市）。吐谷浑王诺曷钵与弘化公主在凉州居住9年（663—672）。

咸亨元年（670），唐高宗派薛仁贵率军击吐蕃，欲帮吐谷浑复国，但唐军大败于吐蕃，帮吐谷浑复国无望。吐谷浑求"内属"。

咸亨三年（672）二月初八，唐高宗诏"又徙灵州（今宁夏吴忠市古城）。置安乐州（今宁夏吴忠市同心县红城水古城），命诺曷钵为安乐州刺史。与弘化公主长住灵州城东衙之私第。

> 高宗遣右威卫大将军薛仁贵等救吐谷浑，为吐蕃所败，于是吐谷

---

①周伟洲：《吐谷浑资料辑录》，商务印书馆，2017年，第67页。

浑遂为吐蕃所并。

（咸亨元年，670年，七月）诺曷钵以亲信数千帐来内属，诏左武卫大将军苏定方为安置大使，始徙其部众于灵州之地，置安乐州，以诺曷钵为刺史，欲其安而且乐也。[①]

《旧唐书·吐谷浑传》记载，武则天垂拱四年（688）诺曷钵逝世，享年65岁。子慕容忠嗣位。忠卒，子宣赵嗣位。宣赵卒，子曦光嗣位。曦光卒，弟曦轮即位，后曦光子兆嗣位。再后安乐州没于吐蕃。大中三年收复，贞元十四年，以朔方节度副使、左金吾卫大将军同正慕容复为长乐州都督、青海国王、乌地也拔勤豆可汗。后卒，吐谷浑王爵遂绝。

垂拱四年（688），诺曷钵卒，子忠嗣。忠卒，子宣赵嗣。圣历三年（700），授宣赵左豹韬卫员外大将军，仍袭父乌地也拔勤豆可汗。宣赵卒，子曦浩（应为曦光）嗣。曦浩（应为曦光）卒，子兆嗣。及吐蕃陷我安乐州，其部众又东徙，散在朔方、河东之境。今俗多谓之退浑，盖语急而然。贞元十四年（798）十二月，以朔方节度副使、左金吾卫大将军同正慕容复为长乐州都督、青海国王、乌地也拔勤豆可汗。未几，卒，其封袭遂绝。[②]

贞观二十三年（649）唐太宗逝世，遗诏将吐谷浑王诺曷钵石像置于昭陵陵前。唐高宗追赠其为右卫大将军，归葬于凉州（今甘肃武威市）大可汗陵。

吐谷浑王诺曷钵陪伴弘化公主在灵州居住长达16年之久（670—688）。

---

①《旧唐书·吐谷浑传》，卷一百九十八，列传第一百四十八，中华书局，1975年，第5300页

②《旧唐书·吐谷浑传》，卷一百九十八，列传第一百四十八，中华书局，1975年，第5301页。

弘化公主咸亨三年（672）与诺曷钵徙灵州，圣历元年（698）逝世，享年 76 岁。

弘化公主（623—698），唐史文献记载，唐朝近亲宗室女，是贞观十四年唐太宗亲自册封的唐朝第一位和亲公主，《弘化公主墓志》记载，贞观十七年（643），出降于青海国王勤豆可汗诺曷钵。"大长公主，诞灵帝女"意思是，西平大长公主弘化公主是皇帝女儿下降，嫁于吐谷浑王成为王后，"托体王姬"，"挺宝闱之睿敏"。成为吐谷浑王王后，她协助吐谷浑王管理吐谷浑部落事务，运筹帷幄，在幕后出谋划策。

咸亨三年（672）二月初八，弘化公主自凉州"又徙灵州"，居住灵州城东今宁夏吴忠市东区家中，长达 26 年之久。

自咸亨三年（672），弘化公主和诺曷钵率吐谷浑数千帐徙于灵州，公主和诺曷钵长住灵州城，部落安置灵州南安乐州城。6 代相继，长住灵州城及安乐州城，从咸亨三年（672）至贞元十四年（798）十二月，总共126 年，弘化公主和吐谷浑王安乐州刺史诺曷钵与他们的子孙后代以及吐谷浑部落，居住在今宁夏长达近一百多年之久。

李浩撰《新见唐代吐谷浑公主墓志的初步整理研究》一文考证：《弘化公主墓志》记载："嗣第五子右鹰扬卫大将军。"《成月公主志》记载："成月公主讳□□，吐溶（裕）浑可汗海国王慕容钵第二女也。"[1] 因此，李浩教授认定，弘化公主和诺曷钵应有五子二女。

慕容忠（648—698），诺曷钵王和弘化公主的长子，袭父诺曷钵爵为青海国王、乌地也拔勤豆可汗。永徽三年（652）十一月，弘化公主回朝省亲，向唐高宗为长子苏度模末（慕容忠）请婚，唐高宗以金城县主妻之。麟德元年（664）在京成婚。唐高宗封慕容忠为左威卫大将军，宿卫京师。

闼卢摸末，次子，慕容忠之弟。唐代吐谷浑王子。受唐封右武卫大将

---

①李浩：《新见唐代吐谷浑公主墓志的初步整理研究》，《中华文史论丛》2018 年第 3 期。

军、梁汉王。左武卫大将军。

慕容智（649—691），三子。据《大周故云麾将军守左玉钤卫大将军员外置喜王慕容府君墓志铭并序》记载，因父是朝廷皇亲国戚贵族，慕容智少年入侍，出仕皇帝左右，忠心效力，初任"总戎律"，管理军务。

武则天"有制曰：慕容智，鲜山贵族，昂城豪望，材略有闻，宜加戎职，可左领军将军，俄加云麾将军，守左玉钤卫大将军。望重边亭，誉隆藩邦"。大将军慕容智，忠于职守，不顾疲劳，"西园清夜，敬爱忘疲，东阁芳晨，言谈莫倦，诚可长隆显秩，永奉宸居"，终于积劳成疾，"齐桓之疴，先侵骨髓，晋景之瘵，已入膏肓"。身患严重肺痨，回家住灵州城官舍养病。终因病入膏肓，医治无效，于"天授二年（691）三月二日，薨于灵府之官舍"。病逝于灵州城的官舍。享年42岁。[①]

慕容若，四子，吐谷浑元王。

慕容万，五子，右鹰扬卫大将军、青海宣王。

长女（不详）。

成月公主，次女。生于贞观二十年（646）。总章元年（668）十月七日卒于长安兴圣寺。

（七）子孙六代　灵州刺史

在第一代安乐州刺史（都督）诺曷钵逝世之后，弘化公主和诺曷钵的子孙先后五代继任安乐州刺史，管理居住在安乐州（今宁夏吴忠市同心县红城水古）城吐谷浑族部落，长达100多年之久。

1.二代刺史　慕容忠嗣

慕容忠（648—698），诺曷钵和弘化公主的长子。早在1927年，甘肃省武威县南60里青嘴喇嘛湾出土了《周故镇军大将军行左豹韬卫大将军青海国王乌地也拔勤豆可汗墓志铭并序》，简称《慕容忠墓志》。墓志记载，慕容忠少年入侍朝廷，18岁就授以左威威禁军，后封为镇军大将军、

[①] 《大周故云麾将军守左玉钤卫大将军员外置喜王慕容府君墓志铭并序》。

行左豹韬卫大将军，袭青海国王，乌地也跋勤（勒）豆可汗。前已述及，史载，永徽三年（652），慕容忠的父母弘化公主和诺曷钵回朝长安省亲，向唐高宗为其请婚，高宗以会稽郡王李道恩第三女李季英册封为金城县主，许配慕容忠为妻。咸亨三年（672），其父母吐谷浑王安乐州刺史诺曷钵和弘化公主"又徙灵州"时，吐谷浑王室家族都一起来到灵州城（今宁夏吴忠市）。

其父诺曷钵去世以后，慕容忠回灵州城嗣位，继任为吐谷浑青海国王、乌地也拔勤豆可汗、第二任安乐州刺史，继续管理吐谷浑部落事务。《慕容忠墓志》记载：

> 王讳忠。父，诺曷钵，青海国王、驸马都尉、乌地也拔勤豆可汗；并军国爪牙，乾坤柱石，忠勤克著，异姓封王，宠渥弥隆，和亲尚主。
>
> 年十八，授左威卫将军。咸承银榜，弱岁求郎，宠溢金貂，童年入侍。后加镇军大将军、行左豹韬卫大将军，袭青海国王、乌地也拔勤豆可汗。
>
> 粤圣历元年（698）五月三日，薨于灵州城南浑牙之私第，春秋五十有一。①

自垂拱四年（688），其父安乐州刺史诺曷钵逝世，慕容忠嗣位，至圣历元年（698）慕容忠逝世，作为第二代安乐州刺史，安乐州刺史慕容忠于唐高宗时期在灵州城管理安乐州事务，在位10年。

墓志忠墓志记载，垂拱四年（688）其父诺曷钵逝世，慕容忠返回灵州城继任安乐州刺史，在母亲弘化公主帮助下管理吐谷浑部落，继续在宁夏大地谱写民族团结历史。圣历元年（698）五月三日，慕容忠51岁，与母亲弘化公主同年同月同日逝世。后葬凉州。

---

①周伟洲：《吐谷浑资料辑录》，商务印书馆，2017年，第78页。

为什么母子同年同月同日死去？学者一般分析，估计当日是长子慕容忠先走，母亲高龄 76 岁，受到极大刺激，悲伤过度，不幸逝世。

慕容忠有四子：慕容宣超，长子，曾任左骁卫大将军、安乐州都督，赐封青海王。圣历三年（700），武则天授慕容宣超左豹韬卫员外大将军，仍袭父乌地也拔勒豆可汗。慕容宣超卒，子慕容曦光即位。曦光卒，弟曦轮即位。后曦光子慕容兆再即位。

慕容宣昌，次子，字煞鬼，封政乐王。

慕容宣彻，三子，阴山郡安乐王，曾任左领军大将军，辅国王，袭父爵乌地也拔勤豆可汗。迎娶博陵崔氏，生子慕容神威（曾授左领军大将军）。

慕容承福，四子，银青光禄大夫、将作大匠、上柱国，曾为侄子燕王慕容曦光作墓志铭。

2. 三代刺史　慕容宣超

慕容宣超（《旧唐书》作慕容宣赵）是弘化公主之长孙，是青海王慕容忠和金城县主李季英之长子。早年入侍长安，后迎娶姑臧县主为妻。圣历元年（698），其父慕志忠逝世，作为长子，慕容宣超袭爵。同时，成为安乐州第三代刺史。

唐朝曾派户部尚书唐休璟册封其高祖诺曷钵为乌地也拔勒豆可汗、青海国王、驸马都尉。诺曷钵去世后，唐朝也曾封慕容宣超之父慕容忠任镇军大将军、行左豹韬卫大将军，袭青海国王、乌地也拔勤豆可汗。

圣历三年（700），慕容宣超被武则天授予左豹韬卫员外大将军，仍袭父乌地也拔勒豆可汗。

《慕容环墓志铭》记载：

> 高祖志烈，字诺曷钵。唐使尚书唐俭册可汗、青海国王、驸马都
> 尉。娶西平大长公主。祖宣超，嗣可汗，青海国王；娶姑臧县主。[1]

---

① 周伟洲：《吐谷浑资料辑录》，商务印书馆，2017 年，第 79 页。

《旧唐书·吐谷浑传》记载：

> 圣历三年（700），授宣赵左豹韬卫员外大将军，仍袭父乌地也拔勒豆可汗。[1]

《新唐书·吐谷浑传》记载：

> 宣超立，圣历三年（700），拜左豹韬卫员外大将军，袭故可汗号，余部诣凉、甘、肃、瓜、沙等州降。[2]

周伟洲教授《吐谷浑墓志通考》一文考证，第三代安乐州刺史慕容宣超，至少有四子。

慕容曦光，（690—738），长子，生于载初元年（689）七月八日，卒于唐开元二十六年（738），享年49，是慕容宣超与姑臧县主之子。

慕容曦轮（707—749），次子，庶出。生于景龙元年（707），卒于天宝八载（749年）八月十七日。享年43岁。

慕容曦皓（708—762），三子，慕容宣超与姑臧县主所生次子。生于景龙二年（708），卒于宝应元年（762）九月十二日。享年55岁。

慕容相（？—763或764），四子，庶出。《慕容环墓志》记载慕容相"广德年（763或764）遇疾，终于原州（治今宁夏固原市）"。[3]

①《旧唐书·吐谷浑传》，卷一百九十八，列传第一百四十八，中华书局，1975年，第5300页。
②《新唐书·吐谷浑传》，卷二百二十一，列传第一百四十六，中华书局，1975年，第6227页。
③周伟洲：《吐谷浑墓志通考》，《中国边疆史地研究》2019年第19期。

3. 四代刺史　慕容曦光

慕容曦光（690—738）是弘化公主之曾孙，是青海国王慕容宣超之长子，母为姑藏县主。妻为则天后侄孙女武氏。父亲慕容宣超去世后，慕容曦光继任为第四代安乐州都督。

甘肃省武威市凉州文化研究院学者杨琴琴在《大唐慕容府君墓志释读》①一文中，考察了近 80 年来，全国各地专家学者的研究、考证，包括夏鼐、阎文儒、周伟洲、仇鹿鸣、李鸿宾、靳翠萍、杜林渊、孙瑜、于志刚等，对《慕容曦光墓志》和《慕容曦浩墓志》的研究相比较，其中，靳翠萍在《唐与吐谷浑和亲关系始末考》一文，对姑藏县主与慕容宣超墓志所载内容进行考证时认为，大唐"武氏丈夫应为慕容曦光，史载中的'曦皓'应是'曦光'"。

孙瑜在《唐慕容曦皓墓志考释》一文中则指出："慕容曦光为慕容宣超的嫡长子，慕容曦皓为次子，慕容兆为慕容曦光之长子。""大唐武氏为慕容曦光之妻。"从而"考证补充并厘清了吐谷浑王族成员世系及其关系"，"将史书中吐谷浑王族成员慕容曦光、慕容曦皓等部分记载内容进行了纠谬"②。据此，安乐州第四代刺史应为慕容宣超的嫡长子慕容曦光。

《大唐慕容府君墓志铭》即《慕容曦光墓志》，详细记载了慕容曦光的经历和功勋的日期及所任官职。慕容曦光"载初元年（689）岁次戊寅七月八日生于灵州之南衙"。慕容曦光生于灵州城，少年时代在灵州度过。从十四岁武皇长安二年（702）开始，经唐高宗朝，至唐玄宗朝开元二十六年（738），三朝供职。不但自小封本蕃观乐王、燕王，而且武皇长安二年（702）14 岁进京入侍，宿卫皇宫。先后封为游击将军、左豹韬卫翊府左郎将、明威将军、行左屯卫翊府左郎将、忠武将军、行右卫翊二府左郎将、五原郡开国公、加云麾将军、加授左威卫翊中府郎将、立功授

①杨琴琴：《大唐慕容府君墓志释读》，《凉州文化研究》2023 年第 1 期。
②孙瑜：《唐慕容曦皓墓志考释》，《山西师范大学学报》2010 年第 3 期。

左威卫将军。以功高赏轻寻加冠军大将军、行右金吾卫将军、加金紫光禄大夫、行光禄卿。开元十八年出任敕差充朔方军节度副使，回到灵州，坐镇朔方节度副使衙门。"开元廿六年七月廿三日薨于本衙。"

《大唐慕容府君（曦光）墓志铭》记载：

> 大唐故朔方军节度副使兼知部落使金紫光禄大夫行光禄卿员外置同正员五原郡开国公燕王上柱国慕容曦光墓志铭：王讳曦光，字晟，昌黎鲜卑人也。以载初元年岁次戊寅七月八日生于灵州之南衙。年甫三岁，以本蕃嫡孙号观乐王。年十岁，以本蕃嫡子号燕王。年十四至长安四年十月廿九日授游击将军、守左豹韬卫翊府左郎将。至唐神龙二年七月廿六日转明威将军、行左屯卫翊府左郎将。至景云元年九月廿五日转忠武将军、行右卫翊二府左郎将。开元二年三月十六日封五原郡开国公。其年八月十一日加云麾将军。至开（元）九年，六州叛换，领所部兵马，摧破凶胡。至其年二月十四日，加授左威卫翊中府郎将。至开（元）十年，胡贼再叛，立功授左威卫将军；以功高赏轻寻加冠军大将军、行右金吾卫将军。至开元十一年五月廿八日，加金紫光禄大夫、行光禄卿。至开元十八年，敕差充朔方军节度副使。以大唐开元廿六年七月廿三日薨于本衙。其年闰八月五日，赠持节凉州都督，归葬于凉州先茔，春秋卅有九。[1]

据《慕容曦光墓志》《慕容曦皓墓志》记载，靳翠萍、孙瑜文考证，特别是《慕容曦浩墓志》墓志明确记载，慕容曦皓"公即弘化公主曾孙，姑臧县主次子"。证明慕容宣超和姑臧县主的长子是慕容曦光，次子是慕容曦皓。史书中记载的吐谷浑王爵和安乐州刺史嗣位的慕容曦皓应为慕容曦光。

---

①周伟洲：《吐谷浑资料辑录》，商务印书馆，2017年，第71~72页。

慕容曦皓,既然是慕容宣超次子,慕容曦光之弟,《慕容曦光墓志》记载慕容曦光:"生于灵州之南衙",其弟慕容曦皓也应该出生于灵州城之南衙。证明他们家在灵州,不在安乐州。《慕容曦皓墓志》同样详细记载了慕容曦皓的经历和功勋:慕容曦皓在灵州城之南衙出生以后,不久,少年时即进京入侍皇宫做侍从宿卫:"少以强荫补千牛备身?授尚舍直长"。后"制授押蕃浑使","超拜尚衣奉御"。再后"累转左武卫大将军、大同军使",驻守太原,为保卫唐朝累立战功。慕容曦皓不像哥哥慕容曦光那样,生于灵州,死于灵州,葬于凉州。慕容曦皓生于灵州,却是"以宝应元年九月十二日遘疾终于任?春秋五十五。以大历四年岁次己酉二月十日,自太原启殡?卜于长安县高原阳"。慕容曦皓留有8个儿子:慕容崇、慕容信、慕容岗、慕容述、慕容近、慕容迥、慕容遨、慕容遂。

5. 五代都督 慕容曦轮

慕容曦轮也是弘化公主之曾孙。周伟洲教授考证《慕容曦轮墓志》,指出:"开元'二十七载(739)有诏册封为乌地野拔勤豆可汗兼安乐州都督、吐谷浑使',证明其长兄慕容曦光去世后第二年,其弟慕容曦轮,继位吐谷浑可汗。文献不见记载。"①

笔者非常赞赏周伟洲教授以《慕容曦论墓志》记载为准,提出慕容曦轮继任兄长慕容曦光乌地野拔勤豆可汗兼安乐州都督吐谷浑使之位的新观点。笔者认为,墓志为当时人记当时事,比文献记载更可靠。墓志记载比较属实。从而也证明,第五代安乐州都督不是慕容曦光之子慕容兆,而是慕容曦光之弟慕容曦轮。笔者也希望,周伟洲教授在弘化公主出降时间的问题,同样能够考虑以《弘化公主墓志》记载的"贞观十七年出降"为准。在安乐州和长乐州问题上,能够支持宁夏学者考证安乐州和长乐州为"一州两名"的观点。

慕容曦轮(707—749),慕容宣超次子,景龙元年(707)生,天宝

---

① 周伟洲:《吐谷浑墓志通考》,《中国边疆史地研究》2019年第3期。

八载（749）八月十七日卒。享年43岁。曾经担任第五代安乐州都督。《慕容曦轮墓志》记载，慕容曦轮"年十一，则治兵合门，横行瀚海，留情三略，独运六奇，遂得宠入勋司，位高勇将"，"开元七载，解褐左武卫郎将，兼合门府都督，借紫金鱼袋"。"解褐"：入仕为官。周伟洲教授引《慕容曦轮墓志》指出，慕容曦轮少年武将，在开元六年（718）11岁，就在其父慕容宣超青海"合门府"带兵，"合门府"即"合门州"，隶属于凉州都督府。开元廿二年（734），迁左武卫中郎将。27岁之时迁左武卫中郎将，约从四品。开元"廿七年（739），有诏册封乌地野拔勤豆可汗，兼安乐州都督、吐谷浑使"。《墓志》记载，慕容曦轮曾任第五代安乐州都督。后来，不知什么原因又被免职，"天宝元载（742），贬授播川郡䍧牁镇将"。周周伟洲分析："可能正是此时，唐朝方令兆袭父宣超官爵。"①慕容兆是慕容曦光之子。

濮仲远《唐代慕容曦轮墓志考释》也考证："开元二十七年（739），'诏册封为乌地野拔勤豆可汗兼安乐州都督、吐谷浑使'，可见慕容曦轮曾袭吐谷浑可汗。但志文这一内容，传世文献不仅没有记载，而且还与之矛盾。""从诺曷钵到慕容曦光，继统形式都是父死子继，但是从曦光到曦轮，却变为兄终弟及……曦轮继承王位是特例。"②

6. 六代刺史　慕容兆嗣

慕容兆是弘化公主的玄孙，高祖父诺曷钵，曾祖父慕容忠，祖父慕容宣超，父亲慕容曦光。前已述及，唐史文献记载："宣赵死，字曦皓立。曦皓死，子兆立。"但是，吐谷浑墓志记载，慕容曦光（史书上的曦皓）开元二十六年（738）病逝，其子慕容兆并没有立即嗣位，而是慕容曦光之弟慕容曦轮嗣位。直到天宝元载（742），慕容曦轮被唐玄宗贬为"播川郡䍧牁镇将"，失去安乐州都督之职务，倒过来，再由弘化公主曾孙、

①周伟洲：《吐谷浑墓志通考》，《中国边疆史地研究》2019年第3期。
②濮仲远：《唐代慕容曦轮墓志考释》，《青海师范大学学报》2019年第1期。

慕容曦浩之子慕容兆嗣位，为安乐州第六代刺史。孙瑜《唐慕容曦浩墓志考释》①考证："可以肯定武氏是慕容曦光之妻。另外，《大唐武氏墓志》中载，其嗣子名为慕容兆；《新唐书》中记慕容曦皓之子名为慕容兆，且在慕容曦皓后，才继为青海国王；而慕容曦皓墓志中所记其子八人，无有名兆者。根据嫡长子制度，继为青海国王者，当是慕容王室的嫡长孙。前文已确定了慕容曦光是慕容宣超的嫡长子，慕容曦皓《新唐书》所记有误。"孙瑜文考证，慕容兆不是慕容曦浩之子，慕容曦光之子是慕容兆，则慕容兆当系慕容曦光之长子。

慕容兆（？—798），嗣立袭爵后，成为安乐州第六代刺史。新旧唐书都记载为"宣赵死，子曦皓立。曦皓死，子兆立"。吐蕃复取安乐州，残部徙朔方、河东，语谬为"退浑"。专家已经考证史书中的曦皓应为曦光之误。慕容兆在位期间，乾元后，安乐州被吐蕃占领，慕容兆率部逃亡河东。直到唐德宗贞元十四年（798），德宗封朔方节度副使、左金吾卫大将军慕容复，继任长乐州都督、青海国王，袭乌地野拔勤豆可汗。不久，慕容复卒。死后，停封。唐德宗废除"青海国王"封号。

（八）安乐长乐　一城二名

大唐第一位和亲使者弘化公主与吐谷浑王安乐州刺史诺曷钵及其继任安乐州刺史慕容忠、慕容宣超、慕容曦光、慕容曦轮、慕容兆，六代安乐州刺史（都督）以及吐谷浑王族、吐谷浑数千帐部落，在灵州城和安乐州城自咸亨三年（672）从凉州"又徙灵州"，至贞元十四年（798）十二月，"以朔方节度副使、左金吾大将军同正慕容复为安乐州都督、青海国王、乌地也拔勒豆可汗"不久，卒，封袭遂绝，总共126年，长期安居100多年，谱写了宁夏民族团结的历史颂歌。

安乐州城与长乐州城是两个州城还是一个州城？宁夏已故著名考古专家钟侃撰文指出："长乐州，亦作安乐州。咸亨三年（672），'诏左

①孙瑜：《唐慕容曦皓墓志考释》，《山西师范大学学报（社会科学版）》2010年第3期。

武卫大将军苏定方为安置大使，徙其部众于灵州之地，置安乐州，以诺曷钵为刺史，欲其安而且乐也'。"①笔者认同钟侃先生的观点。鲁人勇、吴忠礼、徐庄也认同钟侃的观点："安乐、长乐，系一州两名。治所都在今红城水。"②《吐谷浑史》一书另提出："唐代安乐州与长乐州应为两州……安乐州的确切位置在今宁夏中宁县鸣沙县……长乐州当即今韦州乡一带。"③笔者发现唐李吉甫撰《元和郡县图志》记载，安乐州所在的"安乐川在灵州（治今宁夏吴忠市古城村）南稍东180里"④。安乐州名与安乐川关联。"灵州（今宁夏吴忠市）南稍东180里"，鲁人勇考证在今宁夏吴忠市同心县红城水，即安乐州在今宁夏吴忠市同心县红城水。

《太平寰宇记》更明确记载："按十道记云：'安乐州，在灵武（即灵州，治今宁夏吴忠市古城村）南稍东一百八十里，近长乐山（即今同心县、红寺堡的罗山）。'"⑤

《资治通鉴》大中三年（849）七月六日，朔方节度使朱叔明取长乐州（即安乐州）：

> 大中三年（849），秋，七月，丁巳（六日），灵武节度使朱叔明取长乐州。（胡三省注："长乐"当作"安乐"。）八月，乙酉，改长乐州为威州。⑥

笔者真佩服胡三省的先见之明！800年前宋元之际的史学家胡三省早就料到后人会有人误解安乐州、长乐州是两个州，特别给《资治通鉴》

①钟侃：《唐代慕容威墓志浅释》，《考古与文物》1983年第2期。
②鲁人勇、吴忠礼、徐庄：《宁夏历史地理考》，宁夏人民出版社，2020年，第100页。
③周伟洲：《吐谷浑史》，广西师范大学出版社，2006年，第157~158页。
④李吉甫：《元和郡县图志》，卷四，中华书局，1983年，第94页。
⑤《太平寰宇记》，卷三十六，中华书局，2007年，第765页。
⑥《资治通鉴》，卷第二百四十八，唐纪六十四，中华书局，1956年，第8039页。

加注，强调："'长乐'当作'安乐'"，长乐州应当就是安乐州。长乐州就是安乐州，一州两名，一城两名。你们后人，就不需要再去考证安乐州和长乐州是一个州还是两个州了！不需要去争论是一个城还是两个城了！

为什么会出现安乐州、长乐州一城两名？考长乐州之名出现于唐肃宗至德后，应该与唐肃宗"恶安禄山"有关。安禄山发动安史之乱，给国家、百姓带来极大灾难，唐肃宗即位灵州（治今宁夏吴忠市古城村），高举平叛大旗，直接打击安禄山叛军。

山东省安丘市学者曹耀华在"今日安丘"撰文，举出著名历史学家陈垣玄先生在《史讳举例》中明确指出："唐肃宗恶安禄山，凡郡县名有安字者多易之。试以《新唐书》核之，凡至德元二载所改郡县名，皆因其有安字也。"随即改带安字的州县地名。至德元载，唐肃宗把自灵州南下经过的安化郡，改为顺化郡。随即，至德二载全国几十个带安字的郡县，全部改名，如以宁代安，如改保安县为保宁，安海县为宁海，军安县为军宁；以保代安，如改安定郡为保定，安静县为保静，安城县为保城，安京县为保京；直接改称，如改安化郡为顺化、安康郡为汉阴、咸安郡为蓬山、万安郡为万全、安城郡为岭方、安乐郡为常乐、始安郡为建陵、安邑县为虞邑、尚安县为万全、同安县为桐城、绥安县为广德、唐安县为唐兴、溠安县为溠水、宝安县为东莞、遂安县为晋康、安南县为镇南、齐安县为恩平、安昌县为义昌、始安县为临桂、兴安县为理定、安仁县为容山、安义县为永业、崇安县为崇平、安远县为柔远、安定州为宜定，安丘改为辅唐等。于是，安乐州改为长乐州，一城两名，不是很正常吗？

（九）太宗和亲　后世延续

弘化公主是唐太宗亲自册封的唐朝第一位和平使者，开启16位和亲公主民族团结历史。弘化公主和诺曷钵徙灵州，长住灵州，谱写了中国古代历史也是宁夏历史上的民族团结佳话。弘化公主是民族团结使者，她与数千帐吐谷浑部落徙灵州和安乐州，安居乐业，共奏民族团结之歌。

唐太宗主张"爱之如一"相对平等的民族观，与周边少数民族实行和亲，促进民族团结。贞观十四年（640），唐太宗册封了唐代第一位和亲使者弘化公主，与吐谷浑和亲，决定出降吐谷浑王诺曷钵。唐朝和吐谷浑结为姻亲，增进唐与吐谷浑的友好交往关系。

贞观十五年（641），唐太宗册封了文成公主，与吐蕃和亲，嫁给了吐蕃赞普松赞干布。松赞干布为大唐和亲公主专门修建了文成公主城，建立了唐蕃甥舅友好关系。

贞观十六年（642），唐太宗为救突厥族蕃将契苾何力，又决定第三次以亲生女寡居的兴庆公主与薛延陀和亲，出嫁薛延陀夷男可汗。后因故，"绝婚"，新兴公主未出降。

唐太宗倡导和亲，促进民族团结，三次册封和亲公主，是唐代和亲公主的创立者，开创了唐代以和亲促民族友好团结的历史。

唐太宗以后的历朝皇帝都实行和亲，促进了民族团结。唐高宗恩准弘化公主和诺曷钵回朝省亲，其间，应弘化公主之请婚，封金城县主嫁弘化公主长子为妻，后又封金明县主给弘化公主次子为妻。唐中宗封养女邠王女为金城公主嫁吐蕃赞普。唐玄宗封外甥女为永乐公主和亲，嫁于奚族首领。唐玄宗朝，册封和亲公主最多，达8人之多。唐肃宗封侄女宁国公主嫁回纥可汗。唐代宗、唐德宗、唐宪宗、唐穆宗、唐懿宗等，和亲公主几乎与唐朝相始终。

有唐一代，究竟有多少次和亲？多少位和亲公主？学界没有定论。中央民族大学历史学院蒋爱花教授著《唐代和亲往事》一书考证："唐代的和亲历史上规模最大、次数最多，竟然达到了28次。"而其《唐代和亲简表》中，具体列出唐代和亲公主为16位。[1]

---

[1] 蒋爱花：《唐代和亲往事》，中国民主法制出版社，2019年，第2页。

陕西商洛学院范立香老师著《唐代和亲研究》一书考证："参与唐与少数民族政权和亲的有 39 人，其中有男性两名，武延秀与李承寀，女性 37 人。""应小宁国公主以媵女身份随宁国公主出降，二人和亲可视为一次，唐代和亲次数达 38 次。"[1]

本书列举和亲公主 16 位。唐代历史上和亲次数之多，和亲公主之多，超出了任何一个朝代。唐代和亲是民族友好团结政策的重要组成部分。

综上所述，大唐第一和亲公主弘化公主在灵州古城（今宁夏吴忠市）长住 26 年，连同其子孙长住 100 多年。吴忠市是 2016 年第一批"全国民族团结进步示范市"。

笔者特向宁夏回族自治区政府和吴忠市政府建议：在宁夏吴忠市区建弘化公主博物馆、纪念雕塑，在吴忠市同心县红城水唐代安乐州城遗址附近，建"民族团结文化园"、纪念雕塑，作为宁夏吴忠市和同心县铸牢中华民族共同体意识宣传教育基地，也可作为文化旅游景区。

（十）弘化和亲　贡献巨大

1. 弘化公主　和亲开端

唐太宗册封弘化公主是大唐第一个和亲公主，唐朝和亲的开端是从弘化公主开始，先后有 16 位和亲公主出降蕃王进行和亲，以和平取代战争，促进了民族团结和文化交流。

弘化公主在古灵州（今宁夏吴忠市）长住 26 年，是她一生和亲居住时间最长的地方。可以说，古灵州（今宁夏吴忠市）是弘化公主的第二故乡，弘化公主既是青海、甘肃历史名人，更是宁夏吴忠市民族团结历史名人、吴忠市历史上著名的民族团结之花。

弘化公主与丈夫吐谷浑王、后任安乐州刺史的诺曷钵，在青海、凉州（治今甘肃武威市）、灵州（治今宁夏吴忠市古城村），夫妻相处 45 年（643—688），是唐朝夫妻相处时间最长的和亲公主。弘化公主先后在青海 20 年、

---

[1] 范立香：《唐代和亲研究》，陕西人民出版社，2017 年，第 13 页。

甘肃 9 年、宁夏 26 年，和亲 55 年（643—698），是唐朝和亲、促进民族团结年代最长的和亲公主。

弘化公主享年 76 岁（623—698），是唐朝和亲公主中最长寿的和亲公主。

2. 弘化公主 唯一回朝

作为唐太宗亲封大唐第一个和亲公主，唐高宗朝、武则天朝两次回朝省亲，弘化公主是唐朝 16 位和亲公主中唯一两次回朝省亲的和亲公主。

3. 弘化和亲 蕃汉联姻

大唐第一位和亲公主弘化公主出降吐谷浑王诺曷钵以后，促进了蕃汉多人联姻，实证了中华民族交往、交流、交融的历史。其子孙蕃汉联姻、娶唐朝汉族女子者，达 8 人之多。

弘化公主之长子慕容忠（648—698），娶金城县主会稽郡王李道恩第三女李季英。

弘化公主之次子慕容闼卢摸末，娶唐朝宗室女、金明县主。

弘化公主之四子元王慕容若，娶陇西郡夫人李深，祖父李正明是唐朝将军灵州都督。

弘化公主之长孙慕容宣超，娶姑臧县主陇西李氏，唐朝宗室女子。

弘化公主之孙慕容宣彻（？—709）安乐王，娶博陵崔氏，博陵郡夫人。

弘化公主之曾孙慕容曦光（690—738），娶武则天侄孙女太原郡夫人武氏。

弘化公主之曾孙慕容相，娶河南穆氏。

弘化公主之曾孙慕容威（695—756）娶武则天侄孙女、武延寿女儿武氏。

4. 弘化子孙 童年入侍

长子慕容忠墓志：年十八，授左威卫将军。戚承银榜，弱岁求郎，宠溢金貂，童年入侍。后加镇军大将军、行左豹韬卫大将军，袭青海国王、乌地也拔勤豆可汗。①

---

① 周伟洲：《吐谷浑资料辑录》，商务印书馆，2017 年，第 54~65 页。

三子慕容智墓志：

　　慕容智，鲜山贵族，昂城豪望，材略有闻，宜加戎职，可左领军将军。俄加云麾将军，守左玉钤卫大将军。[①]

公主之孙慕容宣超：早年入侍长安，迎娶姑臧县主。

公主曾孙慕容曦浩（708—762）：少年入侍。弘化公主的曾孙《慕容曦光墓志》记载：

　　年十四至长安，先后担任游击将军、守左豹韬卫翊府左郎将、明威将军、行左屯卫翊府左郎将、忠武将军、行右卫翊二府左郎将、封五原郡开国公、加云麾将军。冠军大将军、行右金吾卫将军加金紫光禄大夫行光禄卿敕差充朔方军节度副使（兼知部落使）。[②]

　　弘化公主多名子孙入侍，为朝廷侍卫，一方面是唐朝作为质子，以便控制吐谷浑首领；另一方面，说明唐朝与吐谷浑关系密切，同样也是对弘化公主和亲作用的肯定。

　　5.王族部落　分别安置

　　唐初时，唐高宗与唐太宗对突厥降户的政策既同又不同。笔者考证认为，唐高宗对吐谷浑采取分开安置的政策：弘化公主和吐谷浑王安乐州刺史诺曷钵等王族，居住在灵州城古城（今宁夏吴忠市）；吐谷浑部落住安乐州城古城（今吴忠市同心县下马关镇红城水）。王族并没有安置居住京师长安城，说明唐与吐谷浑关系比唐与突厥关系亲密，与弘化公主和亲的努力分不开。让王族子孙长安侍卫作质子，是一种信任。王族住灵州，一

---

①李宗俊：《吐谷浑喜王慕容智墓志及相关问题》，《烟台大学学报》2022年第4期。
②杨琴琴：《〈大唐慕容府君墓志铭〉考释》，《凉州文化研究》2012年12月。

是信任，二是灵州都督就地监督。

大唐第一和亲公主弘化公主在灵州今宁夏吴忠市长住 26 年，是唐代灵州今宁夏吴忠市的民族团结之花。弘化公主和吐谷浑王诺曷钵同其吐谷浑王族子孙和吐谷浑部落在灵州和安乐州长住 100 多年。深入研究和大力弘扬弘化公主的和亲历史，继承中华民族友好团结的历史传统，有助于促进中华民族交往、交流、交融，铸牢中华民族共同体意识。

6. 弘化公主　五子二女

李浩教授撰文，据《弘化公主墓志》和《成月公主墓志》提出，弘化公主有五子二女："又，《弘化公主墓志》提及'第五子右鹰扬卫大将军'，《成月公主墓志》谓其为慕容钵（即诺曷钵）第二女，则诺曷钵的子嗣至少应有五男二女，但目前史传及学者的研究仅提及他有三子，则新文献的出土和研究，仍有补史的功用。"①

笔者发现：前引《新唐书》记载，弘化公主长子为苏度摸末（即慕容忠），次子为闼卢摸末。《慕容智墓志》记载："王讳智，字哲，阴山人，拔勤豆可汗第三子也。"而《弘化公主墓志》又载："嗣第五子右鹰扬卫大将军宣王万等，痛深栾棘。"嗣是后代，继承人的意思，痛深栾棘是非常悲痛。意思是弘化公主的后代第五子宣王慕容万等，非常悲痛。

据此，目前应该肯定，弘化公主和吐谷浑王慕容诺曷钵有五子二女：长子慕容忠、次子闼卢摸末、三子慕容智、五子慕容万、长女不详、第二女成月公主。

问题之一，弘化公主的第四子是谁呢？张国才院长撰文指出："李氏夫人丈夫元王慕容若，应是弘化公主的儿子，李深当为儿媳；慕容明与李深墓葬都与弘化公主在同一墓地青咀湾，应该有血缘关系，不然是不能葬

_____

① 李浩：《新见唐代吐谷浑公主墓志的初步整理研究》，《中华文史论丛》2018 年第 3 期。

在同一墓地的。"①张院长的推测有一定道理。

周伟洲教授认同推测，补充说："可以推测，如，能封元王，必然为王族；处时代在开元年间，与其他弘化公主子同时代等，但只是推测没有直接材料。"

综合专家学者意见，慕容若当为弘化公主之子，可列出三点理由：

第一，吐谷浑王子多封王，李深丈夫慕容若封元王，而弘化公主长子慕容忠封成王、慕容智封喜王，慕容万封宣王，都封王。李深为元王夫人，当属于吐谷浑王族。

第二，李深开元年间去世，与其他弘化公主之子同时代。

第三，李深墓葬埋在与弘化公主同一墓地，李深的丈夫是元王慕容若，与弘化公主就有血缘关系。

据此，笔者认定：吐谷浑元王慕容若应该是目前尚没有墓志直接确定的弘化公主的第四子。

问题之二，《弘化公主墓志》载："嗣第五子右鹰扬卫大将军宣王万等，痛深□棘"。笔者分析，墓志之所以这样记载，证明（武周）圣历元年（698）五月三日，弘化公主去世时，为弘化公主送葬且悲痛的后代子女只有五子慕容万和长女两个人了。

弘化公主五子二女如下：

长子慕容忠（648—698），封成王，袭封青海王、乌地也拔勒豆可汗，任镇军大将军、左豹韬卫大将军、安乐州都督。尚金城县主。

次子闼卢摸末，尚金明县主。封梁汉王，任右武卫大将军。

三子慕容智（649—691），封员外置喜王，任大周云麾将军、守左玉钤卫大将军。

四子慕容若，封元王。娶灵、原都督李正明孙女陇西郡夫人李深。

---

① 张国才：《唐代吐谷浑墓实证中华民族文化交融与历史自信》，《中国社科院学报》2022 年第 11 期。

五子慕容万，封宣王，右鹰扬卫大将军。

最后为弘化公主长女和第二女成月公主。

7. 子孙世代　唐朝将领

弘化公主的子孙后代世代为唐朝将领，几乎都出任唐朝各种名目的大将军。

弘化公主长子慕容忠，封镇军大将军、左豹韬卫大将军。

弘化公主次子闼卢摸末，封右武卫大将军。

弘化公主三子慕容智，封大周云麾将军、左玉钤卫大将军。

弘化公主五子慕容万，封右鹰扬卫大将军。

弘化公主之长孙慕容宣超，封左骁卫大将军。

弘化公主之三孙慕容宣彻，封左领军大将军。

弘化公主之曾孙慕容威，封左领军大将军、长乐州游弈副使。

弘化公主之曾孙慕容曦皓，押蕃使、迁左武卫大将军、封大同军使。

弘化公主之曾孙慕容明，左屯卫翊府左郎将、押浑副使、忠武将军、右监门卫中郎将、左屯卫将军等。

弘化公主之曾孙慕容曦光（晟），封朔方节度副使，赠凉州都督。

弘化公主之曾孙慕容相，封太仆少卿，赠扬州大都督。

弘化公主的长玄孙慕容全，继承慕容威的长乐州游弈副使。

弘化公主玄孙慕容环之子来孙慕容汤，举进士。慕容汤应该是唐史文献记载的吐谷浑王族中唯一的一位进士。

8. 弘化公主　抱上孙子

咸亨三年（672），吐谷浑王族徙居灵州今吴忠市，部落居住安乐州今同心县下马关红城水后，离开常年受到吐蕃侵扰的故地青海，在灵州地区过着平静安逸的生活。吐谷浑部落在宁夏罗山一带愉快地放牧，王族在灵州，子孙迅速繁衍。弘化诺曷钵和弘化公主抱上长孙慕容宣超之后，永隆元年（681），再抱孙子慕容忠与金城县主之子慕容宣昌（681—706）。

弘化公主居住在灵州（今吴忠）26年，从咸亨三年（672）50岁到76岁高寿。因此，在灵州期间，弘化公主幸运地享受到人间"子孙满堂"的天伦之乐。

垂拱四年（688），吐谷浑王诺曷钵在灵州居住16年之后，在灵州东衙之私第去世，享年65岁。弘化公主与诺曷钵和亲联姻，从贞观十七年（643）出降成婚到（688），一起生活长达45年之久，是唐朝16位和亲公主中夫妻相守最长的和亲公主。之后，王后弘化公主开始在灵州寡居。

弘化公主长子慕容忠嗣位吐谷浑王，在灵州南衙就任第二代安乐州都督。慕容忠和王后金城县主居住灵州南衙家中。他们夫妇育有四个儿子，也就是弘化公主的四个孙子：慕容宣超、慕容宣昌、慕容宣彻、慕容承福。

9. 子孙繁衍　四世同堂

弘化公主和吐谷浑王诺曷钵在灵州还抱上了第一个曾孙慕容明（680—738）。学者认定为慕容明是慕容曦光的族兄，从此开始了"四世同堂"。

据《慕容曦光墓志》记载，载初元年（689），弘化公主68岁时，慕容曦光生于灵州，于是弘化公主又抱上了第二个曾孙慕容曦光，第二次享受到"四世同堂"。

据《慕容威墓志》记载，曾孙慕容威于证圣元年（695）生于灵州。于是，73岁高龄的弘化公主又抱上了第三个曾孙慕容威。弘化公主第三次享受到了"四世同堂"。

弘化公主曾孙慕容威之子也就是弘化公主的玄孙，他们是慕容全、慕容亿、慕容造。

弘化公主辞世后，据《慕容曦皓墓志》记载以及孙瑜《慕容曦皓墓志考释》，慕容曦皓（708—762）是弘化公主辞世后的曾孙。慕容曦皓由侍卫北门赴平叛前线，参加平定安史之乱，官至左武卫大将军、太原军使，是参加"太原保卫战"的英雄。他最后终于平叛前线的大同军使之任，是大唐卫国英雄。

《慕容环墓志》记载，弘化公主之曾孙是慕容环。《慕容环墓志》记载，慕容环也是弘化公主辞世后的曾孙。慕容环由十八岁参加朔方军任千夫长（相当今日团长），官至朔方副元帅防秋兵马使、金紫光禄禄大夫、张掖郡王。慕容环又"有子三人：孟曰汤。仲曰著，不幸早世。季曰苌"。

慕容环之子：慕容汤、慕容著、慕容苌，他们也都是弘化公主的玄孙。

弘化公主之玄孙、慕容环之子慕容汤，举进士。慕容汤应该是史料记载的吐谷浑王族唯一的一位进士。

弘化公主的长玄孙慕容威的长子慕容全，继承了慕容威的长乐州游弈副使。

慕容曦皓留有8个儿子：慕容崇、慕容信、慕容岗、慕容述、慕容近、慕容迥、慕容遨、慕容遂。他们同样都是弘化公主的8个玄孙。以上合计，有记载者，弘化公主共有14个玄孙。

（十一）慕容王族　女性墓志

迄今为止，国内吐谷浑王族墓志出土不少，多为男性，王族身份的女性墓志出土甚少。目前已知有吐谷浑女性王族身份三人墓志出土：成月公主墓志、交河郡夫人慕容氏墓志和大唐宋君妻慕容氏墓志。今逐一予以略考。其中，可靠有丈夫者，仅宋君妻慕容氏一人。

1.出家未嫁　成月公主

（1）李浩教授　研究墓志

墓主成月公主（646—668）。陕西靖边县夏州丝绸之路博物馆藏有《大唐成月公主墓志铭》，即《大唐兴圣寺尼成月公主□氏墓志》。西北大学历史学院见李浩教授《新出土唐代吐谷浑公主墓志的初步整理研究》，对成月公主墓志有整理研究。《成月公主墓志》记载：

大唐興聖寺尼成月公主□氏墓誌

若夫千輪謝色，寂懸解於重昏；百影留龕，沈妙門於積晦。閱定」

流而逝彩，遽移緹鑾；撲慧燈而掩照，久悶龍銜。其有獨鑑玄宗，｜得髻珠於罔象；窮幽粹理，架心薑於橐籥，仁舟廣汜，其在我法｜師乎。成月公主諱□□，吐溶（裕）渾可汗海國王慕容鉢第二女也。｜汆（爾）其渚潘源鷟箭，孕纘寶而涵漪；喬屺披蓮，挺虹珪而積仞，固以｜銀黃疊映（瑛），駕八虬而齊軨；軒冕交陰，凌三鳳而退躔（踞）。祖及父並｜嫡嫡相承，海國王並，襟情爽秀，風局清敞。望東山而關府，價蘊｜連城；耿南州而飛鋒，光合剶草。法師儀真獨運，乘玄庪正（止）。珠胎｜既剖，即開明月之暉；玉樹初標，遠擢甘泉之秀。在乎鬐齔，識昭｜空寂。仰化城而警策，絕想剡臺；去火宅以駢馳，栖神鹿野。自落｜髮續服，虔精玄觀，沈研九部，既無懈於晨昏；翹讚千蓮，固忘劬｜於涼暑。至若龍宮妙典，貝譚英詞第一，解脫之門不二。難思之｜賾，莫不探微摳陣，似萬流之赴金樞；撮實遺賓，若千象之開玉｜鏡。故能擯情塵滓，澹想真如。坐燈玉之狀，自標先覺；啟維摩之｜室，爰稱獨步。所談唯空慧，不以俗綱嬰懷；所務止玄虛，每用無｜烏入賞。豈非形存理勝，望寶階而咫尺；神凝道寂，俯金地而鄰｜畿者哉。既而水月澄規，未駐驚波之色；空雲卷靄，，遽滅從鳳之｜影。以總章元年四月七日卒於興聖寺，春秋廿三。仍以其年十｜一月廿二日，葬於明堂縣少陵原。鳴呼泡影，遂志銘曰：玄津產玉，法海韜斑。自開虹照，還吐驪暉。偶質齊光，聯文合絢。｜泛華蘭披，飛芳楓殿。乘真詣理，控解窮幽。曾攀道樹，虛汜仁舟。｜香巖委愕，漣河闊水。方去花臺，永遵蒿里。鶴林霜積，魚山梵空。｜魂兮莫返，泣盡秋風。｜①

---

①李浩：《新出土唐代吐谷渾公主墓志的初步整理研究》，《中華文史論叢》2018年第3期。

（2）弘化公主　五子二女

《成月公主墓志》记载：

> 成月公主讳□□，吐溶（裕）渾可汗海國王慕容鉢第二女也。

墓志"成月公主讳□□"一句的两字空缺，说明公主有其两字之名，名什么？墓志看不清楚。"吐溶（裕）渾"即吐谷浑。"海國王"，即青海国王。"慕容鉢"，即吐谷浑王慕容诺曷钵。贞观十四年（640）唐太宗册封宗室女为弘化公主，贞观十七年（643）出降吐谷浑王诺曷钵，墓志记载成月公主为"慕容鉢第二女也"，证明成月公主即诺曷钵与弘化公主的次女。有次女，证明吐谷浑王与弘化公主还有长女，弘化公主起码有二女。结合《弘化公主墓志》"嗣第五子右鷹揚衛大將軍宣王万等"，证明诺曷钵王和弘化公主有五子二女。

（3）出家为尼　终生未嫁

《成月公主墓志》记载："以總章元年四月七日卒於興聖寺，春秋廿三。仍以其年十一月廿二日，葬於明堂縣少陵原。"成月公主"總章元年四月七日卒於興聖寺"，证明成月公主于兴圣寺出家为尼，"春秋廿三"，以"總章元年（668）"倒推，成月公主应生于贞观二十年（646），终年仅23岁。墓志未见出降，有其夫为何人，成月公主应该是终生未嫁。

"葬於明堂縣少陵原"，明堂县是唐高宗李治于乾丰元年（666）析万年县置县，属于雍州。治所在长安县内永乐坊（今陕西西安市南草场坡东），长安三年（703）废。

成月公主为什么年纪轻轻却出家为尼？不可考。成月公主出家的兴圣寺，是与唐朝皇家密切关系的重要寺庙。李浩文指出："兴圣寺是唐长安外郭城内的一座寺院……兴圣寺在唐代前期的政治文化地位极其特殊：始焉高祖龙潜旧地，高祖舍宅焉宫，太宗钦改尼寺。玄宗亲幸，施钱修寺。

可见此地与唐前期的宫廷政治有密切关系。""高祖舍宅，太宗立寺，玄宗巡幸并任命寺主。"

（4）生卒可考　卒因不知

李浩教授指出："《成月公主墓志》：'以总章元年四月七日卒于兴圣寺，春秋廿三。'由总章元年（668）向上逆推，则知公主生于贞观二十年（646），享年23岁。""成月是否就是弘化公主所生呢？一般认为，诺曷钵娶弘化公主在贞观十四年（640），而《弘化公主墓志》载：'贞观十七年出降于慕容诺贺钵。'即以最晚的贞观十七年来说，十八年生长女，十九年生次女也是正常现象，据此来看，成月当为弘化公主所生。可惜其年不永，世寿23岁，不仅比其母享年76岁少了许多，而且先于母亲去世，良可叹也。"成月公主只活到23岁便去世，年纪太轻，卒因不明确，的确太可惜。

2. 交河夫人　慕容名仪

吐谷浑王族慕容氏罕见有女性王族墓志出土。1973年8月，甘肃榆中县出土的《慕容仪墓志》，吐谷浑史专家周伟洲教授撰文《甘肃榆中出土唐交河郡夫人慕容氏墓志考释》，据李珍贵校正的《唐交河郡夫人慕容氏墓志》释文如下：

故交河郡夫人慕容氏墓志铭

夫人讳仪，字辅贤，昌黎人也。其先阿回汗、青海国（下磨毁约4字），皇任骠骑大将军，赠持节都督。夫人（下磨毁约6字）也室由天，父崇女德，于宗盟出奉（下磨毁约10字）配德和鸣，内范嫔妃，外标礼义，盛族贵裔，荣选（下磨毁约5字）肤气引银河之媛用能温肃恭懿，宣慈惠和孝（下磨毁约5字）素柔，而贞令淑远，闻嘉声克著。虽浸疾移晷（下磨毁约6字）弥留亦闺训不弗，□将哀也，忒并宗子，训及来孙（下磨戛中业严贵而能贫，无□□□，人无怙富，而卑上及其（下磨毁约5字）□□□□木短长□也，生死命焉。言毕遂终。（下磨毁约6字）八月一日薨于金城郡私第。嗣子朝仪郎、守太仆卿（下磨毁约6字）荣国□□吾卫大将军嵩等，知生有涯，死而无（下磨毁约7字）流□□□无讶，慈亲之不恃。洎于十一月廿七（下磨毁约6字）□□□□此郡东南九十里薄寒山之北原也。粤（下磨毁约6字）□□□□也，死葬之以礼，归于义，终也。犹恐暮（下磨毁约6字）

　　□□□□内极二三子金日，然则何以记德，斫其（下磨毁约5字）□□□□□成风（凤）□□□□器纵口迥溪谷（下磨毁约7字）

　　□□□朽矣。其铭曰：

　　□□荣兮，死而可哀；远感□□，□□□□□□家兮，塞霜朝催；美此□□，□□□□□□人兮，垂裕后来，□□□□，□□□□。^①

　　但是，该墓志字迹严重损坏，多处文字看不清楚。因此，关于墓主慕容仪，有的问题能确定，有的问题不能确定。

　　（1）依据墓志　三点确定

　　据《墓志》可以辨别的记载，对于志主慕容仪，可以肯定三点。

　　第一，据《墓志》记载，"故交河郡夫人慕容氏墓志序"，"夫人讳仪，字辅贤，昌黎人也"。慕容氏出身昌黎（今辽宁义县）鲜卑族，名仪，字辅贤，封为交河郡夫人。

　　第二，据《墓志》记载，"其先可汗青海国王慕容宣超"，学者意见确定，志主慕容仪，出身是吐谷浑王族，是慕容宣超之女，如周伟洲教授指出"志文所记慕容仪之先'可汗，青海国国……超'，应即唐代吐谷浑可汗，青海国王慕容宣超"，慕容宣超之女亦即慕容忠的孙女，弘化公主的曾孙女。

　　第三，据《墓志》半显半隐的记载，"□□□八月一日，薨于金城郡私第。

---

①周伟洲：《甘肃榆中出土唐交河郡夫人慕容氏墓志考释》，《西北民族论丛》第1辑，中国社会科学出版社，2002年。

嗣子朝议郎守太仆卿、□荣国公、□吾卫大将军嵩等,知生也有涯,死而无□,□流□□□天,讶□慈亲之不待。洎于十一月二十七日□□□□□□此郡东南九十里薄寒山之北原也,粤□□□□□□也。……二三子殁日"可知,慕容仪于某某年八月一日死于金城郡家中,当年殁十一月二十七日,葬于金城郡东南90里的薄寒山北原。她有三个儿子,长子嵩,封为朝议郎太仆卿,荣国公,□(左)吾(武)卫大将军。三子殁。

（2）慕容仪夫　不能确定

交河郡夫人慕容仪嫁于何人为妻? 其夫是谁? 有学者陈守忠、孙永乐《榆中麹氏与高昌国——从一块新出土的墓志说起》文写道:"依据'交河郡夫人'这个封号及其死后葬于金城郡薄寒山之北原这个地望,我们可以推断她是麹氏高昌之后裔翅崇裕之夫人,麹崇裕是武则天时著名战将,据《通鉴》卷204,则天垂拱四年(688),八月,唐宗室越王贞,据蔡州反。'九月,丙辰,命左豹韬大将军麹崇裕为中军大总管将兵十万以讨之'。事平之后于天授初(690)因功'授左武卫大将军、交河郡王'(据《旧唐书·高昌传》),武则天时封交河郡王者只麹崇裕一人,而交河郡本高昌故地,唐灭高昌后为安西四镇之一,故城在今吐鲁番西。麹氏原籍金城郡榆中,前面已考定墓主人之父宜超也是在武则天时被封为可汗青海国王的,故可断定此交河郡夫人即交河郡王麹崇裕之妻而无疑。"[1]

陈、孙文章的"故可断定此交河郡夫人即交河郡王麹崇裕之妻而无疑"的所谓"断定"。有吐谷浑史专家周伟洲教授和青海学者孙杰文博馆员不同意,已经撰文提出反驳:"事实上,以上结论是完全错误的,因为'交河郡夫人'是封爵名,而非指'交河郡王之夫人'。据《通典》卷三四职官记内官附命妇中规定:'大唐外命妇之制,诸王母妻及妃、文武官一品及国公、母妻为国夫人。三品以上母妻为郡夫人。四品母妻为郡君。五品

---

[1]陈守忠、孙永乐:《榆中麹氏与高昌国——从一块新出土的墓志说起》,《社会纵横》1994年第6期。

母妻为县君'。而在国夫人、郡夫人等封号前往往加上'邑号'，一般为封此号者之籍贯，或与其相关之郡邑名。"[1]

笔者认为，周伟洲教授意见是正确的。陈、孙文的"无疑""断定"：只见"交河郡夫人"就"断定"是"交河郡王麴崇裕之妻"没有证据。笔者考证如下。

第一，交河郡夫人慕容仪和交河郡王麴崇裕，完全不是一个朝代的人。二人不可能结为夫妻。《墓志》记载，慕容仪之父是慕容宣超，慕容宣超是慕容忠长子，是弘化公主的长孙，则慕容仪是弘化公主的曾孙女。而慕容宣超的长子即慕容仪的长兄弘化公主的长曾孙慕容曦光，生于"载初元年（689）"，按陈、孙文据《旧唐书·高昌传》，天授初（690）麴崇裕因功授交河郡王。而690年慕容仪大哥慕容曦光刚出生，慕容仪应该还没有出生，人世间还没有出生的慕容仪，怎么可能去嫁给690年封交河郡王麴崇裕？如果慕容仪是曦光之姐，而慕容忠之子他们姐弟的叔叔慕容宣昌墓志记载，慕容宣昌是681年生，这就决定了慕容仪年龄大不过她叔叔慕容宣昌的681年生，690年的慕容仪顶多也就几岁，只有几岁的慕容仪同样不可能是690年封交河郡王的麴崇裕之妻！因此，笔者认为，陈、孙文的"断定"没有证据，难以成立。

陈丽萍研究员与笔者交流时，也正确地指出："唐代外命妇的封号比较复杂，未必与其夫和自己的郡望一定挂钩的。郡王的嫡妻也应该是王妃，不是夫人。"[2]是的，假如真按陈、孙文"断定"，嫁吐谷浑王子慕容曦光是武则天的侄孙女太原郡夫人武氏，能跨朝代地嫁给武德三年（620）封的"太原郡王李承宗"吗？再如，嫁吐谷浑元王慕容若的陇西郡夫人李深（668—710），能跨朝代地嫁给唐末的陇西郡王李克用（856—908）吗？绝无可能！

---

[1]周伟洲：《新出土中古有关胡族文物研究》，社会科学文献出版社，2016年。孙杰：《青海吐谷浑王族后裔慕容仪墓志考释》，《开封教育学院学报》1994年第4期。
[2]陈丽萍：《中古吐谷浑王族婚姻略考》，《隋唐辽宋金元史论丛》2020年第1期。

因此，笔者认为，断定交河郡夫人慕容仪是交河郡王麹崇裕之妻难以成立。

历史问题必须有证据，不能无证据的猜想、推断。交河郡夫人慕容仪之夫，《墓志》没有记载，史书更没有记载，学者不应凭望文生义来推断。慕容仪之夫应该存疑。期待有关学者拿出新的史料，加以判断、确定。

3. 宋君之妻　慕容庆女

吴刚主编《全唐文补遗（千唐志齐专辑）》收入《慕容氏墓志》。中国社科院陈丽萍研究员考证：

弘化公主之五子宣王、右鹰扬卫大将军慕容万，又名慕容万石，右鹰扬卫大将军。其子，名慕容庆，右骁卫中郎将。慕容庆的小女儿慕容氏，嫁大唐左武卫司戈宋君为妻，生子宋克诚。[1]

据此，大唐左武卫司戈宋君妻慕容氏是弘化公主的曾孙女。宋君，是弘化公主的曾孙女婿，其子宋克诚则是弘化公主的外玄孙。《宋君故夫人人慕容氏墓志》记载：

左武卫司戈广平宋君故夫人人慕容氏墓志铭并序

夫人，慕容氏之季女也。本源之兴，载前汉史。枝派之盛，载后魏史。暨我唐膺历，化洽率宾，大封侍予，仍世嗣爵，彼宗实竞，殊礼见优。祖讳万石，右膺扬卫大将军。考讳庆，右骁卫中郎将。紫委身明圣之朝，继掌环列之尹，循伊祑之善计，放秅侯之忠节。

以开元廿七年十壹月八日，殁于洛阳乘黄署之公馆，春秋廿十五。即以其年岁次己卯十二月己未朔八日景寅，迁窆于龙门山之南原，礼也。[2]

弘化公主的曾孙女慕容仪墓志，曾孙女宋君妻慕容氏墓志，是迄今罕

①陈丽萍：《中古吐谷浑王族婚姻略考》，《隋唐辽宋金元史论丛》2020年第1期。
②吴刚：《全唐文补遗》，三秦出版社，1994年，179~180页。

见出土的两方吐谷浑王族女性墓志。

弘化公主曾孙女慕容氏为大唐宋君妻，与唐朝宋君联姻，由此证明，不仅是弘化公主的吐谷浑的子孙们与唐朝汉族女联姻，而且吐谷浑王族女也与唐朝汉族男联姻，子孙繁衍。

汉蕃、蕃汉之间多方面的互相通婚联姻，促进了民族团结和中华民族交往交流交融。

（十二）三个省区　历史名人

唐太宗册封大唐第一位和亲公主是弘化公主（623—698）。弘化公主出降吐谷浑王诺曷钵（624—688），夫妻生活时间长达45年（643—688），是唐朝和亲公主中夫妻相处相守时间最长的和亲公主。弘化公主在"圣历二年（699）三月十八日，薨于灵州（治今宁夏吴忠市古城村）东衙之私第"，长眠于灵州家中，享年76岁，是唐朝最高寿的和亲公主。

弘化公主一生和亲55年（643—698），在吐谷浑往程伏俟今青海共和县一带生活20年（643—663），在凉州今甘肃武威市生活9年（663—672），在灵州今宁夏吴忠市生活26年（672—698）。弘化公主是唐代和亲时间最久的和亲公主，她为促进民族团结做出巨大贡献。

第二章　唐蕃友谊象征的文成公主（641）

文成公主（625—680），唐代宗室女，唐太宗册封为文成公主，即作为唐太宗之女成为第一个出降吐蕃的和亲公主。贞观十四年（640），唐太宗册封大唐第一位和亲使者弘化公主之后，贞观十五年（641）册封的文成公主是唐代第二位和亲公主。文成公主也是吐蕃历史上第一次迎娶中原王朝公主，第一次与中原王朝和亲，是唐代最出名的和亲公主。

文成公主出降吐蕃赞普松赞干布，对增强汉藏民族的交往、交融和团结，对藏区人民经济文化发展都做出重大贡献。文成公主被誉为唐蕃友谊的象征。

（一）吐蕃立国　遣使求婚

唐代吐蕃是青藏高原出现的古代一个强大的有文献确切记载藏族政权。自公元六世纪，贞观三年（629），松赞干布（617—650）统一各部，立国，后迁都逻些（今拉萨），成为吐蕃开国之君。末代赞普为朗达玛（799—842），共传位九代。吐蕃政权延续两百多年。贞观八年（634），吐蕃赞普松赞干布遣使入唐，朝贡。《旧唐书·太宗》记载：

> 贞观八年。是岁，龟兹、吐蕃、高昌、女国、石国，遣使朝贺。[1]

贞观八年（634），唐太宗派遣冯德遐出使吐蕃，抚慰初即位的年轻吐蕃王松赞干布。松赞干布见唐使冯德遐"大悦"，十分高兴。"贞观九年十二月，吐蕃遣使随冯德遐入朝"。冯德遐是唐代派往吐蕃的第一任大使，对开启唐蕃友好关系做出了很大的贡献。[2]

---

[1]《旧唐书·太宗》，卷三，本纪第三，中华书局，1975年，第44页。
[2]郑炳林、张旭：《冯德遐使蕃考》，《中国藏学》2015年第3期。

《旧唐书》载吐蕃求婚，太宗最初未许。贞观十五年（641），太宗以文成公主妻之：

> 贞观八年。闻突厥及吐谷浑皆尚公主，乃遣使随德遐入朝，多赍金宝，奉表求婚，太宗未之许。贞观十五年，太宗以文成公主妻之，令礼部尚书李道宗主婚，持节送公主于吐蕃。[①]

《资治通鉴》也记载吐蕃赞普松赞干布向唐朝遣使请婚，唐太宗没有准许。后来，贞观十四年（640），松赞干布再次派吐蕃丞相禄东赞入朝请婚，太宗许以文成公主妻之：

> （贞观十二年，638年，八月）初，上遣使者冯德遐抚慰吐蕃，吐蕃闻突厥、吐谷浑皆尚公主，遣使随德遐入朝，多赍金宝，奉表求婚；上未之许。使者还，言于赞普弃宗弄赞曰："臣初至唐，唐待我甚厚，许尚公主。会吐谷浑王入朝，相离间，唐礼遂衰，亦不许婚。"弄赞遂发兵击吐谷浑。吐谷浑不能支，遁于青海之北，民畜多为吐蕃所掠。
>
> 贞观十四年（640），十月，丙辰（二十三日），吐蕃赞普遣其相禄东赞献金五千两及珍玩数百，以请婚。上许以文成公主妻之。[②]

（二）唐步辇图 太宗许婚

北京故宫博物院馆珍藏着一幅中国古代十大传世名画：唐代著名画家阎立本的名作《步辇图》。《步辇图》的内容是，贞观十四年（640）十月二十三日，唐太宗接见吐蕃君主松赞干布使者禄东赞朝贡为其主"求婚"，

---

① 《旧唐书·吐蕃传》，卷一百九十六，列传第一百四十六，中华书局，1975年，第5221页。
② 《资治通鉴》，卷第一百九十五，唐纪十一，中华书局，1956年，第6139页，第6157页。

贞观十五年唐太宗"许之"以文成公主妻之的历史事件。画中右边，唐太宗在九名宫女簇拥下，威严地高坐于步辇之上。左边站立三人，前面是典礼使，后是翻译，中为禄东赞，他穿着吐蕃服饰，诚挚谦恭，持重有礼，在唐朝典礼使和翻译陪同下，叩拜唐太宗。《步辇图》接见使者禄东赞、许婚文成公主给松赞干布的内容，《旧唐书·太宗》记载，贞观十五年（641）正月，许婚，册封文成公主出降吐蕃：

> 十四年（640）冬十月闰月，丙辰（23日），吐蕃遣使献黄金千斤以求婚。
>
> 十五年（641）春正月丁卯（5日），吐蕃遣其国相禄东赞来逆女。丁丑（15日），礼部尚书江夏王（李）道宗送文成公主归吐蕃。[1]

禄东赞是吐蕃大相（丞相），也是松赞干布信任的大臣。他出使唐朝，带来五千两黄金和数百件珍奇古玩为聘礼，促进了文成公主出降吐蕃赞普松赞干布，增强了与吐蕃的友谊。

《旧唐书·吐蕃传》载：

> 初，太宗既许降文成公主，赞普使禄东赞来迎，召见顾问，进对合旨，太宗礼之，有异诸蕃，乃拜禄东赞为右卫大将，又以琅邪长公主外孙妻之。禄东赞辞曰："臣本国有妇，父母所聘，情不忍乖。且赞普未谒公主，陪臣安敢辄娶。"太宗嘉之，欲抚以厚恩，虽奇其答而不遂其请。禄东赞有子五人：长曰赞悉若，早死；次钦陵，次赞婆，次悉多干，次勃论。及东赞死，钦陵兄弟复专其国。[2]

---

①《旧唐书·太宗》，卷三，本纪第三，中华书局，1975年，第52页。

②《旧唐书·吐蕃传》，卷一百九十六，列传第一百四十六，中华书局，1975年，第5222~5223页。

这段记载，表明禄东赞一方面对其赞普非常尊重；另一方面，对父母所聘妻子忠贞。相传唐太宗接见求婚使禄东赞，有"五难婚使"（或"六难婚使""七难婚使"）传说，未见唐史记载。

吐蕃求婚使、迎亲使禄东赞（？—667），唐史文献记载，称赞禄东赞睿智而自信，善于用兵，足智多谋。吐蕃依靠禄东赞之力而统一各部，成为强国。《旧唐书·吐蕃传》记载：

> 噶尔·东赞虽不识文记，而性明毅严重，讲兵训师，雅有节制，吐蕃之并诸羌，雄霸本土，多其谋也。[①]

《新唐书·吐蕃传》同样记载：

> 噶尔·东赞不知书，性明毅，用兵有节制。吐蕃倚之，遂为强国。[②]

（三）公主出降　弄赞迎亲

《旧唐书·吐蕃传》比较详细地记载了松赞干布迎娶文成公主的盛况，专门筑"公主城"：

> 十五年，太宗以文成公主妻之，令礼部尚书李道宗主婚，持节送公主于吐蕃。弄赞率其部兵次柏海，亲迎于河源。见道宗，执子婿之礼甚恭。既而叹大国服饰礼仪之美，俯仰有愧沮之色。及与公主归国，谓所亲曰："我父祖未有通婚上国者，今我得尚大唐公主，为幸实多。

---

① 《旧唐书·吐蕃传》，卷一百九十六，列传第一百四十六，中华书局，1975年，第5222~5223页。
② 《新唐书·吐蕃传》，卷二百一十六，列传第一百四十一，中华书局，1975年，第6074页。

当为公主筑一城，以夸示后代。"遂筑城邑，立栋宇以居处焉。公主恶其人赭面，弄赞令国中权且罢之，自亦释毡裘，袭纨绮，渐慕华风。遣酋豪子弟，请入国学，以习《诗》《书》。又请中国识文之人典其表疏。[①]

这段记载说明文成公主出降吐蕃极大地促进了汉藏民族友好交往，建立了深厚友谊。松赞干布"当为公主筑一城"，这座公主城说法不一，有说就是今天西藏拉萨市的布达拉宫。不过，唐史未见记载。

贞观十五年，妻以宗女文成公主，诏江夏王道宗持节护送，筑馆河源王之国。弄赞（松赞干布）率兵次柏海亲迎，见道宗，执婿礼恭甚，见中国服饰之美，缩缩愧沮。归国，自以其先未有昏帝女者，乃为公主筑一城以夸后世，遂立宫室以居。[②]

两唐书记载内容非常重要。首先，大唐送亲使江夏王礼部尚书李道宗持节，率送亲队伍，护送文成公主翻山越岭，从长安一路往西，经今甘肃、今青海至今西藏高原地区。松赞干布率其迎亲队伍，从今西藏老远来到今青海高原湖泊柏海（今青海省扎陵湖），在河源（今青海曲麻莱县东境）迎接文成公主。

松赞干布迎接文成公主及送亲使队伍来到逻些（今西藏拉萨市）以后，对亲人们说了两点：

第一，"我父祖未有通婚上国者"，我们祖先没有和大国通过婚，文成公主是大国出降吐蕃第一位和亲公主，唐王许配给我，这是我最大的荣幸。

---

① 《旧唐书·吐蕃传》，卷一百九十六，列传第一百四十六，中华书局，1975 年，第 5221~5222 页。
② 《新唐书·吐蕃传》，卷二百一十六，列传第一百四十一，中华书局，1975 年，第 6074 页。

第二，我要为文成公主修筑一座"公主城"，夸耀后代。于是，就开始筑城"遂筑城邑，立栋宇以居处焉"。

文成公主看到吐蕃人"赭面"，用赤色涂自己的脸，公主十分厌恶，松赞干布就让吐蕃人不要赭面。

松赞干布本人带头穿上美丽的丝绸衣服，换下吐蕃人的毛毡衣，逐渐仰慕华风。松赞干布还派子弟到长安学习四书五经，还请唐朝文人到吐蕃帮助撰写典籍奏章。

（四）文成公主　非道宗女

唐制，皇帝之女封为公主。唐太宗册封文成公主和亲，按唐代礼制，文成公主即视为唐太宗之女。因为前引《唐六典》有记载，"皇女封公主，皆视正一品"，皇帝之女封为公主。一个宗室女既然由唐太宗封为文成公主，不是皇帝之女，视为太宗皇帝之女。

松赞干布见到送亲使，向唐太宗的代表——礼部尚书江夏王送亲使李道宗恭恭敬敬地行"子婿礼"，礼制唐太宗是文成公主之父，就是松赞干布之岳父，李道宗是代表"岳父"唐太宗，松赞干布即向唐太宗的代表李道宗行女婿拜见岳父之礼。盛赞唐朝大国公主和送亲队伍服饰之美。唐太宗派李道宗"主婚"，松赞干布行"子婿礼"，是李道宗代表岳父唐太宗并非有学者所说，据此证明文成公主是李道宗之女。

如有的学者无根据地猜测送亲使李道明是弘化公主的父亲一样，有的学者也毫无根据地"推测"送亲使李道宗是文成公主的父亲。

《唐代和亲往事》一书作者蒋爱花教授并不认同文成公主是李道宗之女。蒋爱花教授指出："文成公主的祖籍、出生地、名字、父母均不清楚。说她的父亲是李道宗，也是学者们根据史书上的蛛丝马迹而做出的推测。""《新唐书》记载：'贞观十五年，妻以宗室女弘化公主。'《旧唐书》记载：'贞观十五年，太宗以文成公主妻之，令礼部尚书、江夏郡王李道宗主婚。'"①蒋爱花教授引《旧唐书》，证明没有记载文成公主是李道宗之女。

《唐代和亲往事》所引两唐书文字，只字未提文成公主是李道宗之女，无法作成为"推测"文成公主父亲是李道宗的"直接证据"。唐太宗派唐朝宗室李道宗"主婚"，是作为文成公主的送亲使，代表唐制规定的父亲唐太宗护送文成公主进入吐蕃，交给松赞干布，代表松赞干布的岳父唐太宗为他们新婚夫妇"主婚"。而且，前文《弘化公主》已经引述《春秋谷梁传注》记载："礼，送女，父不下堂，母不出祭门，诸母兄弟不出阙门。"按照中国自古以来的礼制，父亲不能为女儿送亲。老祖宗立下了规矩"礼，送女，父不下堂"，任何人都不能违背，如果李道宗是文成公主的父亲，是不可能冒天下之大不韪违背老祖宗古制，送其女儿去吐蕃出降的。

（五）唐送亲使　唐朝名将

唐太宗派遣的文成公主进藏的送亲使李道宗（600—653），是唐朝宗室江夏王礼部尚书、著名将领。李道宗的一生战功赫赫。武德五年（622），唐高祖他任命他为灵州（治今宁夏吴忠市古城村）总管，"灵州之战"中大败梁师都部将杨洛仁军。唐高祖特别高兴，把他比作北魏北征大将军任城王拓跋澄，特封李道宗为任城王。太宗即位，拜李道宗为灵州大都督。贞观三年（629）至四年（630），李道宗为大唐战神李靖统帅的六路大军总管之一，共同击灭突厥，因功赐六百户，拜刑部尚书。再封江夏王。②

唐太宗曾经评价赞扬唐朝名将："于今名将，惟世勣、道宗、万彻三人而已。"③

李道宗后因贪赃曾入狱，但不久又被唐太宗重新起用。随太宗征高丽

①蒋爱花：《唐代和亲往事》，中国民主法制出版社，2019年，第41页。
②白述礼：《大唐灵州镇将》，宁夏人民出版社，2006年，第10~16页。
③《旧唐书·薛万彻传》，卷六十九，列传第十九，中华书局，1975年，第2518页。

为副大总管，累立战功，"赐金五十斤，绢一千匹"，后率军击败薛延陀，再立战功。高宗即位，因涉房遗爱案遭流放，含冤逝世。后又平反，复官爵。[①]

唐高宗即位以后，吐蕃赞普松赞干布作为大唐女婿，唐高宗授予松赞干布驸马都尉，册封其为西海郡王，进封宾王。松赞干布请高宗给予吐蕃蚕种，并派遣唐朝的造酒、碾磨、造纸、制墨的工匠，唐高宗都一一诏准了。于是，中原文化逐渐传到吐蕃。[②]

（六）文成公主　唐蕃友谊

文成公主于贞观十五年（641）17岁入藏，与吐蕃赞普松赞干布成婚。唐高宗永徽元年（650），松赞干布逝世，终，34岁。其子早死，幼孙芒松芒赞继位为赞普，由大相禄东赞辅佐幼主，遣使到长安报丧，唐高宗为之举哀，派右武卫将军鲜于匡济"资玺书吊祭"。26岁的文成公主守寡长达30年，继续致力于唐蕃友好团结。[③]

文成公主出降吐蕃，促进唐蕃友好，突出的事例是文成公主出降6年后，即贞观二十二年（648），唐朝派驻天竺（今印度）使节王玄策破天竺。《旧唐书·太宗》记载：

> 贞观二十二年，五月庚子（二十日），右卫率长史王玄策击帝那伏帝国，大破之，获其王阿罗那顺及王妃、子等，虏男女万二千人、牛马二万余以诣阙。吐蕃赞普击破中天竺，遣使献捷。[④]

《新唐书·吐蕃传》记载，吐蕃赞普发兵，帮唐使王玄策破天竺之战：

---

① 《新唐书·李道宗传》，卷七十八，列传第三，中华书局，1975年，第3516页。
② 《旧唐书·吐蕃传》，卷一百九十六，列传第一百四十六，中华书局，1975年，第5222页、第5212页。
③ 《旧唐书·吐蕃传》，卷一百九十六，列传第一百四十六，中华书局，1975年，第5222页、第5212页。
④ 《旧唐书·太宗》，卷三，本纪第三，中华书局，1975年，第61页。

（贞观）二十二年，右卫率府长史王玄策使西域，为中天竺所钞，弄赞发精兵从玄策讨破之，来献俘。①

《资治通鉴》则记载唐使至吐蕃征兵，吐蕃派遣精锐1200人助唐破天竺的详细经过：

贞观二十二年（648），五月，庚子，右卫率长史王玄策击帝那伏帝王阿罗那顺，大破之。初，中天竺王尸罗逸多兵最强，四天竺皆臣之，玄策奉使至天竺，诸国皆遣使入贡。会尸罗逸多卒，国中大乱，其臣阿罗那顺自立，发胡兵攻玄策，玄策帅从者三十人与战，力不敌，悉为所擒，阿罗那顺尽掠诸国贡物。玄策脱身宵遁，抵吐蕃西境，以书征邻国兵，吐蕃遣精锐千二百人，泥婆国遣七千余骑赴之。玄策与其副蒋帅二国之兵进至中天竺所居茶和罗城，连战三日，大破之，斩首三千余级，赴水溺死者且万人。阿罗那顺弃城走，更收余众，还与师仁战；又破之，擒阿罗那顺。余众奉其妃及王子，阻乾陀卫江，师仁进击之，众溃，获其妃及王子，虏男女万二千人。于是天竺响震，城邑聚落降者五百八十余所，俘阿罗那顺以归。以玄策为朝散大夫。②

唐使王玄策在吐蕃派兵帮助下，击败天竺地那伏帝国，俘其王阿罗那顺至长安献俘。唐太宗进封王玄策为朝散大夫。

吐蕃发兵助唐，彰显文成公主出降吐蕃以后唐蕃友好互助的友谊。

唐高宗永隆元年（680），文成公主病逝，享年56岁。吐蕃为公主举

① 《新唐书·吐蕃传》，卷二百一十六，列传第一百四十一，中华书局，1975年，第6074页。
② 《资治通鉴》，卷第一百九十九，唐纪十五，中华书局，1956年，第6257~6258页。

行了最隆重的葬礼，唐高宗遣使吊祭。文成公主在吐蕃被尊称"甲木萨"，藏语中"甲"的意思是"汉"，"木"的意思是"女"，"萨"的意思为神仙。拉萨大昭寺供奉的松赞干布和文成公主的塑像，标志着松赞干布和文成公主和亲结合的唐蕃友谊。

（七）唐蕃会盟　寻求和平

贞观十五年（641），唐太宗册封文成公主出降吐蕃赞普松赞干布，开启了唐蕃友好民族团结的历史。随后，有金城公主出降吐蕃，继续谱写唐蕃友谊。

此后有唐一代，唐朝与吐蕃有和平也有战争。唐蕃会盟就是唐朝和吐蕃寻求和平处理双方关系的特殊形式。

唐蕃会盟开始于唐中宗神龙元年（705），止于唐穆宗长庆三年（823）。在此100多年间，唐朝和吐蕃战战和和，进行了多次会盟，以和平方式解决双方分歧和矛盾。

《西藏在线》和张云著《西藏拉萨55讲》一书都介绍唐蕃主要会盟有8次。其中著名的是河源会盟：唐玄宗先天二年（713）；赤岭会盟：开元二十一年至二十二年（733—734）；灵州会盟：唐肃宗至德二载（757）；平凉会盟：（791）；长庆会盟：唐穆宗长庆二年（822）。[1]其中，至德二载（757）的灵州会盟，《新唐书·吐蕃传》记载：

> 至德初（756）。其明年（至德二载，757年）。（吐）使数来请和，帝虽审其谲，姑务纾患，乃诏宰相郭子仪、萧华、裴遵庆等与盟。[2]

唐肃宗派郭子仪、萧华、裴遵庆，与吐蕃轮忙赞灵州会盟，这就是唐

---

①张云：《西藏历史55讲》，中国藏学出版社，2021年。
②《新唐书·吐蕃传》，卷二百一十六，列传第一百四十一，中华书局，1975年，第6087页。

蕃双方派出使者的"灵州会盟"。唐朝为保证平定安史之乱顺利进行,无暇西顾,虽然知道吐蕃可能有欺诈,但为缓和局势,吐蕃既然遣使求和,还是决定寻求双方和解,每年给吐蕃绸绢5000匹。[1]

最后一次会盟是唐穆宗长庆元年(821)的"长庆会盟",这是最成功的一次唐蕃会盟。这次唐蕃会盟的结果是长庆三年(823)立《唐蕃会盟碑》,今天仍然竖立在西藏拉萨市广场,作为汉藏民族友好团结的见证。王尧《唐蕃会盟碑疏释》的《唐蕃会盟碑》释文指出:"大蕃圣神赞普可黎可足与大唐文武孝德皇帝和叶社稷如一统,立大和盟约,兹述舅甥二主商议,社攫如一,结立大和盟约,永无沦替,神人俱以证知,世世代代,使其称赞。是以盟文节目,题之龄碑也",唐蕃"彼此不为寇敌,不举兵革,不相侵谋。"

王尧指出:"甥舅,指唐朝文成、金城两公主降嫁吐蕃,联姻结好之事。赞普目比为蝴,尊唐为剪。远在贞观年间即有此种称呼。"《旧唐书·吐蕃传》:"太宗伐辽东还,遣禄东赞来贺,奉表曰:'奴乔列子婿厖'"应是最早的这一称谓的记载(甥,本有子婿之义)。[2]

讲到唐蕃会盟有灵州会盟。笔者强调,有学者把贞观二十年(646),唐太宗到灵州的民族团结历史事件称为灵州会盟。笔者认为完全错误。

第一,会盟,"会"字是会见、相会。"盟"字和"会盟"的定义呢?汉朝著名文字学家许慎《说文解字》中"盟"字定义:"盟,《周礼》曰:'国有疑则盟,诸侯再相与会。十二岁一盟。北面诏天之司慎、司命。盟,杀牲歃血,朱盘玉敦,以立牛耳。'"[3]唐太宗是唐朝皇帝、大唐天子,不是诸侯,不需要和部族首领会盟,"杀牲歃血,朱盘玉敦,以立牛耳"结盟。再说"诸侯相会",诸侯地位是平等的。唐太宗是皇帝,与部落首

①张云:《西藏历史55讲》,中国藏学出版社,2021年。
②王尧:《唐蕃会盟碑疏释》,《历史研究》1980年第4期。
③许慎:《说文解字》,中华书局,1963年,第142页。

领不对等。

《辞海》关于"会盟"的定义："会盟，古代诸侯间的集会、订盟。"①

《现代汉语词典》关于"会盟"的定义是："会盟，古代国君（或其代表）与国君（或其代表）相会而结盟。"②

对照《说文解字》《辞海》《现代汉语词典》，关于"盟"和"会盟"的定义，唐太宗到灵州的历史事件中没有和哪个少数民族首领"杀牲歃血""会盟"，没有"订盟"，没有"结盟"。唐太宗到灵州时接见铁勒诸部数千人使者，首领都没有到灵州不宜称为"灵州会盟"。

第二，唐太宗到灵州不可能是会盟。唐太宗本人《平契苾幸灵州诏》说明唐太宗到灵州目的是"朕当暂幸灵州，亲抚归附"：

> 其契苾车必俟斤及铁勒诸姓、回纥胡禄俟利发等，总统百余万户，散出北漠，远遣使人，委身内属，请同编列，并为州郡。引领翘足，暴十日而行油云；延首求哀，沈九泉而请营魄。朕当暂幸灵州，亲抚归附，宏兹肆赦。加以施生。颁惠天隅，曜威云朔。收其瀚海，尽入提封；解其辫发，并垂冠带。混元以降，殊未前闻，无疆之业，永贻来裔。③

唐太宗说得清清楚楚，是针对铁勒诸部百余万户"委身内属，请同编列，并为州郡"，"朕当暂幸灵州，亲抚归附，宏兹肆赦。加以施生。颁惠天隅，曜威云朔。收其瀚海，尽入提封；解其辫发，并垂冠带"。亲抚归附，安排他们居住的地方归为唐朝疆域，置六府七州安置他们部族自治，同唐人一样，安居乐业。

特别是《新唐书·吐蕃传》明确记载："太宗幸灵武，受其降款。"

---

①辞海编辑委员会：《辞海》，上海辞书出版社，2009年，第318页。
②中国科学院语言研究所词典编辑室：《现代汉语词典》，商务印书馆，1977年，第451页。
③《全唐文》，卷八，中华书局影印本，1983年，第96页。

"受其降款"，就是受降，唐太宗到灵州受降，接受百余万户铁勒诸部的归降、归附。因此，唐朝诗人李益《夜上受降城闻笛》诗，把唐太宗"受其降款"的灵州城称为"受降城"。[①] 不过，唐太宗并未以胜利者歧视归降的铁勒诸部，而是本着"爱之如一"的民族观，平等对待铁勒诸部。为此，唐太宗在灵州热情接见诸部落，"有诏张饮高会"。[②] "张饮高会"的意思是，搭起帐篷，设盛大的宴会，招待铁勒诸部使者"数千人"。"高会"一词是古人常用词，意思是盛大宴会。故笔者借用，把唐太宗到灵州称为唐太宗"灵州高会"。

第三，唐朝有多次唐蕃之间的"会盟"，最著名的有8次唐蕃会盟。其中还有唐蕃灵州会盟。唐史文献多处记载，唐朝皇帝特别派遣唐朝大臣，担任"会盟使"，和吐蕃代表"会盟"或"盟会"。可见唐史文献作者知道"会盟""盟会"这些词。可是查遍唐史文献，没有一部文献把唐太宗幸灵州记载是"会盟"，证明唐史文献作者并不认可唐太宗到灵州是"会盟"。因此，唐太宗到灵州不宜称为"灵州会盟"。

唐太宗与数千人少数民族欢聚一堂，体现了各民族的友好、团结，这是中国古代一次最大规模的民族团结盛会。古代历史上再也找不出第二个皇帝，与数千人少数民族在一起"张饮高会"。唐太宗接受诸部归唐"并为州郡"的愿望，置六府七州，安置百余万户铁勒诸部，任命铁勒诸部各部首领担任州府都督、刺史，实行民族自治管理。因此，唐太宗的"灵州高会"与"会盟"毫不沾边，唐史文献找不到一部一处把唐太宗幸灵州称为"灵州会盟"。因此，唐太宗到灵州，不宜称为"灵州会盟"。

---

① 《全唐诗》，卷二百八十三，中华书局，1960 年，第 3229 页。
② 《新唐书·回鹘传》，卷二百一十七，列传第一百四十二，中华书局，1975 年，第 6112 页。

第三章　皇帝亲送百里的金城公主（710）

按原本安排，唐代第三位和亲公主是唐太宗准备出降其亲生女，当时寡居的第 15 女新兴公主为薛延陀可汗夷男之妻。贞观十六年（642），归唐效忠的蕃将契苾何力回契苾本族探亲，被部族交给薛延陀可汗扣留，唐太宗说他对待周边少数民族同汉族一样"爱之如一"，为边境"三十年和平"，"岂惜一女"。因此，为救何力，唐太宗曾许降唐亲生女新兴公主，宣布将送公主幸灵州，并命夷男备足聘礼到灵州迎亲。但是，何力回朝以后，依据他掌握的情况，极力建议太宗不降公主，并献计应对。

贞观十七年（643），唐太宗以夷男聘礼不备、未如期抵达灵州迎亲为由，最后宣布"绝婚"，新兴公主没有出降薛延陀可汗和亲。此年，唐太宗幸灵州也未成行。

景龙四年（710），唐中宗册封金城公主出降吐蕃赞普赤德祖赞。金城公主是唐代第三位和亲公主，是唐朝唯一皇帝亲送百里的和亲公主。送至始平县，以公主封号，改县名为金城县（今陕西兴平市）。金城公主出降吐蕃，继文成公主续写唐蕃友好团结历史。

（一）唐蕃友好　吐蕃求婚

贞观十五年（641），唐太宗册封唐宗室女为文成公主，出降吐蕃赞普松赞干布以后，唐蕃开始和亲的历史。文成公主入蕃，促进了唐蕃友好关系发展。文成公主在吐蕃生活 30 年，从未离开吐蕃回朝省亲。

1. 唐太宗朝　唐蕃友好

唐太宗朝，唐蕃友好关系可举出两件大事：一是，唐太宗征辽回朝，吐蕃赞普松赞干布遣禄东赞为使，上书唐太宗，自称为"臣"，赞颂唐太宗征辽凯旋特别表示祝贺，并代表吐蕃赞普松赞干布特向唐太宗献礼黄金鹅一尊，该金鹅高达七尺，可以盛三斛酒；二是，唐太宗贞观二十二年（648），吐蕃弄赞发兵，助唐将王玄策大破天竺，并献俘。《新唐书·吐蕃传》记载：

> （贞观二十年）帝伐辽还，使禄东赞上书曰："陛下平定四方，日月所照，并臣治之。高丽恃远，弗率于礼，天子自将度辽，隳城陷阵，指日凯旋，虽雁飞于天，无是之速。夫鹅犹雁也，臣谨冶黄金为鹅以献。"其高七尺，中实酒三斛。二十二年，右卫率府长史王玄策使西域，为中天竺所钞，弄赞发精兵从玄策讨破之，来献俘。[1]

2. 唐高宗朝　请婚未许

唐太宗逝世后，唐高宗即位，松赞干布致哀，唐高宗给松赞干布赐杂采三千段。为永远纪念唐太宗致力于民族团结的大业，唐高宗将14位少数民族首领的石像立于唐太宗昭陵前，其中就有"吐蕃赞普"松赞干布。这体现唐蕃睦邻友好的关系。《唐会要》记载：

> 上欲阐扬先帝徽烈。乃令匠人琢石。写诸蕃君长。贞观中擒伏归化者形状。而刻其官名。突厥颉利可汗。右卫大将军阿史那出苾。突厥颉利可汗右卫大将军阿史那什钵苾。突厥乙弥泥孰候利苾可汗右武卫大将军阿史那李思摩。突厥都布可汗右卫大将军阿史那社尔。薛延陀真珠毗伽可汗。吐蕃赞普。新罗乐浪郡王金贞德。吐谷浑河源郡王乌地也拔勒豆可汗。慕容诺曷钵。龟兹王诃黎布失毕。于阗王伏阇信焉者王龙突骑支。高昌王左武卫将军曲智盛。林邑王范头黎。帝那伏帝国王阿罗那顺等十四人。列于陵司马北门内。九嵕山之阴。以旌武功。乃又刻石为常所乘破敌马六匹于阙下也。[2]

---

① 《新唐书·吐蕃传》，卷二百一十六，列传第一百四十一，中华书局，1975 年，第 6074 页。
② 《唐会要》，卷二十，陵仪，上海古籍出版社，2006 年，第 458 页。

唐高宗即位，吐蕃赞普松赞干布再次表示衷心拥护，致书唐太宗临终的顾命大臣唐高宗的宰相长孙无忌，言：唐高宗初即位，如果有人不忠，他愿意带病来京共讨。同时，松赞干布向唐太宗昭陵献十五种金珠子吊唁。唐高宗则回报以从其请，许赠以蚕种、酿酒师傅和水磨等师傅工人。唐高宗加封松赞干布为宝王、西海郡王。《新唐书·吐蕃传》又记载：

> 高宗即位，擢驸马都尉、西海郡王。弄赞以书诒长孙无忌曰："天子初即位，下有不忠者，愿勒兵赴国共讨之。"并献金琲十五种以荐昭陵。进封宝王，赐饷蕃渥。又请蚕种、酒人与碾硙等诸工，诏许。①

吐蕃赞普松赞干布（617—650）在唐高宗永徽元年（650）英年早逝，享年仅34岁。其子共日共赞早逝，由其孙芒松芒赞嗣位，由大论禄东赞为相摄政。

文成公主与在世的松赞干布一起为唐蕃友好团结做出了贡献。唐高宗为吐蕃赞普松赞干布举哀，特别派遣右武候将军鲜于臣济持节赍玺书，前往吐蕃吊祭。

《旧唐书·高宗》记载：

> 永徽元年（650），五月，吐蕃赞普死，遣右武卫将军鲜于匡济赍玺书往吊祭。②

《旧唐书·吐蕃传》记载：

---

① 《新唐书·吐蕃传》，卷二百一十六，列传第一百四十一，中华书局，1975年，第6074页、第6074~6075页、第6075页。
② 《旧唐书·高宗》，卷四，本纪第四，中华书局，1975年，第68页。

永徽元年，弄赞卒。高宗为之举哀，遣右武候将军鲜于臣济持节赍玺书吊祭。弄赞子早死，其孙继立，复号赞普，时年幼，国事皆委禄东赞。[①]

《新唐书·吐蕃传》记载吐蕃：

永徽初（650），死，遣使者吊祠。无子，立其孙，幼不事，故禄东赞相其国。[②]

唐高宗时期，吐蕃多次请婚，唐高宗都未许。先是显庆三年（658），吐蕃遣使献金请婚。因吐谷浑内附。吐蕃出兵，请婚未果。《新唐书·吐蕃传》又记载：

显庆三年（658），献金盎、金颇罗等，复请昏。

未几，吐谷浑内附，禄东赞怨怼，率锐兵击之，而吐谷浑大臣素和贵奔吐蕃，槩以虚实，故吐蕃能破其国。

慕容诺曷钵与弘化公主引残落走凉州。[③]

《册府元龟·外臣部·和亲》也记载：

---

① 《旧唐书·吐蕃传》，卷一百九十六，列传第一百四十六，中华书局，1975 年，第 5222 页。

② 《新唐书·吐蕃传》，卷二百一十六，列传第一百四十一，中华书局，1975 年，第 6074 页、第 6074~6075 页、第 6075 页。

③ 《新唐书·吐蕃传》，卷二百一十六，列传第一百四十一，中华书局，1975 年，第 6074 页、第 6074~6075 页、第 6075 页。

显庆三年（658）三月冬十月庚申，吐蕃赞普遣使来请婚，仍献金球罽及牦牛尾。[①]

到唐高宗调露元年（679），松赞干布之孙吐蕃赞普芒松芒赞去世，吐蕃文成公主出面遣使再次请婚，唐高宗仍然未许。《册府元龟·外臣部·和亲》记载调露二年十月，吐蕃文成公主遣使巴桑来报吐蕃赞普去世之丧，再次请婚，唐高宗仍然未许：

调露二年（680）十月，吐蕃文成公主，遣大臣论塞调旁求告丧，并请和亲。帝不许之。遣郎将宋令文，往吐蕃会赞普之葬。[②]

《资治通鉴》详细记载调露元年（679）二月，吐蕃赞普卒，子器弩悉弄嗣位。冬十月，吐蕃文成公主遣大臣论塞调傍报丧，再次请婚，唐高宗仍然未许婚。

调露元年（679），二月，壬戌，吐蕃赞普卒，子器弩悉弄立，生八年矣。时器弩悉弄与其舅麹萨若诣羊同发兵，有弟生六年，在论钦陵军中。国人畏钦陵之强，欲立之，钦陵不可，与萨若共立器弩悉弄。

上闻赞普卒，嗣主未定，命裴行俭乘间图之。行俭曰："钦陵为政，大臣辑睦，未可图也。"乃止。

调露元年（679）冬十月，癸亥，吐蕃文成公主遣其大臣论塞调傍来告丧，并请和亲，上遣郎将宋令文诣吐蕃会赞普之葬。[③]

---

①《册府元龟·外臣部·和亲》，卷九百七十九，中华书局影印本，1960年，第11498页。
②《册府元龟·外臣部·和亲》，卷九百七十九，中华书局影印本，1960年，第11498页。
③《资治通鉴》，卷第二百二，唐纪十八，中华书局，1956年，第6389页。

总之，唐高宗朝，吐蕃多次向唐朝请婚和亲，唐高宗都没有准许。

（二）唐中宗朝　准许请婚

1. 赞普祖母　遣使请婚

贞观十五年（641），唐太宗册封的文成公主出降吐蕃松赞干布。唐太宗之后，继任赞普嗣位，吐蕃连续不断向唐朝请婚。唐高宗时期，吐蕃几次请婚，都一直没有许婚。

武则天长安三年（703），吐蕃遣使向唐朝献马一千匹、黄金两千两，向唐朝请婚，武则天答应吐蕃请婚要求，予以许婚。《旧唐书·吐蕃传》明确记载：

明年（长安三年，703年），（吐蕃）又遣使献马一千匹，金二千两，以求婚，则天许之。[①]

神龙元年（705），唐中宗即位以后，吐蕃赞普之祖母没禄氏再次派遣吐蕃大臣悉薰然来到长安，向刚刚即位的唐中宗献上方物，同时再次为其孙请婚、和亲。唐中宗终于许婚其养女雍王李守礼之女李奴奴为金城公主出嫁吐蕃赞普。《旧唐书·吐蕃传》记载：

中宗神龙元年（705），吐蕃使来告丧，中宗为之举哀，废朝一日。俄而赞普之祖母遣其大臣悉薰然来献方物，为其孙请婚，中宗以所养雍王守礼女为金城公主许嫁之。[②]

《太平御览》记载：

---

① 《旧唐书·吐蕃传》，卷一百九十六，列传第一百四十六，中华书局，1975年，第5226页。
② 《旧唐书·吐蕃传》，卷一百九十六，列传第一百四十六，中华书局，1975年，第5226页。

神龙元年，赞普之祖母遣其大臣悉董然来献方物，为其孙请婚。中宗以所养雍王宗礼女为金城公主许嫁与之，自是频岁贡献。①

2. 派送亲使　一波三折

唐中宗准许吐蕃请婚，册封其所养雍王李守礼女儿为金城公主，决定出降吐蕃赞普。但是，唐史文献详细记载了唐中宗派遣护送金城公主送亲使的一波三折情况。在派遣赴吐蕃护送金城公主的送亲使时，第一个派侍中纪处纳，纪处讷拜辞；第二个派宰相赵彦昭，赵彦昭亦辞；第三个唐中宗只好命杨矩为送亲使护送。

《资治通鉴》记载：

> 景龙三年十一月，乙亥，吐蕃赞普遣其大臣尚赞咄等千余人逆公主。
>
> 景龙四年正月，上命纪处讷送金城公主适吐蕃，处讷辞；又命赵彦昭，彦昭亦辞。丁丑二十五日，命左骁卫大将军杨矩送之。②

《旧唐书·吐蕃传》记载：

> 中宗召侍中纪处讷谓曰："昔文成公主出降，则江夏王送之。卿雅识蕃情，有安边之略，可为朕充吐蕃使也。"处讷拜谢，既而以不练边事固辞。上又令中书侍郎赵彦昭充使。彦昭以既充外使，恐失其权宠，殊不悦。司农卿赵履温私谓之曰："公国之宰辅，而为一介之使，不亦鄙乎？"彦昭曰："然计将安出？"履温因阴托安乐公主密

---

① 《太平御览》，卷七百九十八，四夷部十九，西戎七，中华书局影印本，1960 年，第 3544 页。

② 《资治通鉴》，卷第二百九，唐纪二十五，中华书局，1956 年，第 6637 页。

奏留之。于是以左卫大将军杨矩使焉。[①]

第二个派赵彦昭，赵"彦昭以既充外使，恐失其权宠，殊不悦"。后来，他的好友司农卿赵履温说："您是宰相，担任一节之使，不是很鄙吗？"彦昭问履温有什么计策？赵履温帮赵彦昭通过安乐公主让他留京不出使。最后，唐中宗无奈，只好再派一位武将左骁卫大将军、河源军使杨矩，充当护送金城公主出降吐蕃的送亲使。《旧唐书·赵彦昭传》记载：

> （赵）彦昭少以文辞知名。中宗时，累迁中书侍郎、同中书门下三品，兼修国史，充修文馆学士。景龙四年，金城公主出降吐蕃赞普，中宗命彦昭为使，彦昭以既充外使，恐失其宠，殊不悦。司农卿赵履温私谓曰："公国之宰辅，而为一介之使，不亦鄙乎？"彦昭曰："计将安出？"履温因为阴托安乐公主密奏留之，中宗乃遣左骁卫大将军杨矩代彦昭而往。[②]

为什么唐中宗派遣金城公主送亲使，会发生一波三折？一方面，吐蕃地处唐朝国家西南边的雪域高原，长安到逻些（今西藏拉萨）"八千里"，气候寒冷恶劣，路途遥远，一去就是一年，的确是一个苦差事。另一方面，纪处讷，官居皇帝身边重臣——侍中，事实上的宰相，官高权重。纪处讷与宗楚客同为与中宗对立的韦后、安乐公主的朋党，纪处讷"拜谢"，"以不练边事固辞"，中宗不敢惹他。再说赵彦昭，同样是安乐公主的朋党。他也通过安乐公主私下出面，密奏唐中宗必须留下赵彦昭。最后，唐中宗只得任命没有朋党背景的武将左骁卫大将军杨矩代替赵彦昭，出为送亲使，

---

① 《旧唐书·吐蕃传》，卷一百九十六，列传第一百四十六，中华书局，1975 年，第 5226 页。
② 《旧唐书·赵彦昭传》，卷九十二，列传第四十二，中华书局，1975 年，第 2967 页。

护送金城公主去吐蕃。

3. 宴千人使　唐蕃球赛

《资治通鉴》记载，唐中宗许婚后，吐蕃派"千人迎亲使团"来长安迎接金城公主：

> 景龙三年（709）十一月，乙亥，吐蕃赞普遣其大臣尚赞咄等千余人逆公主。[①]

吐蕃派大臣尚赞咄"千人迎亲使团"到长安，唐"中宗宴之于苑内球场"，举办了一场"唐蕃友谊球赛"，"观打球"。什么是"打球"？中国古书记载的打球运动即蹴鞠运动（足球运动），它历史久远，源远流长，始于远古的黄帝时期"所作兵势，以练武士"。唐朝蔡孚撰《大打球篇并序》记述："打球者，往之蹴鞠古戏也。黄帝所作兵势，以练武士。"[②]打球就是蹴鞠，也称蹋鞠，即现代的足球。《史记·苏秦列传》中也有记载"蹋鞠"：

> 临淄甚富而实，其民无不吹竽鼓瑟，弹琴击筑，斗鸡走狗，六博蹋鞠者。[③]

唐中宗景龙三年（709）十一月，唐中宗为出降养女金城公主李奴奴，特意亲自举办"唐蕃蹴鞠赛"，这是唐代皇帝亲自举办的一场"唐蕃足球友谊赛"。《旧唐书》也记载：

---

① 《资治通鉴》，卷第二百九，唐纪二十五，中华书局，1956 年，第 6637 页。
② 《全唐诗》，卷七十五，中华书局，1960 年，第 70 页。
③ 《史记·苏秦列传》，卷六十九，苏秦列传第九，中华书局，1959 年，第 2257 页。

赞普之祖母遣其大臣悉薰然来献方物，为其孙请婚，中宗以所养雍王守礼女为金城公主许嫁之。自是频岁贡献。景龙三年(709)十一月，又遣其大臣尚赞吐等来迎女。中宗宴之于苑内球场，命驸马都尉杨慎交与吐蕃使打球，中宗率侍臣以观之。[①]

唐封演撰《封氏闻见记》详细记载唐中宗亲自主持的一场在皇宫球场举办的"唐蕃球赛"：

景云中，吐蕃遣使迎金城公主，中宗于梨园亭子赐观打球。吐蕃赞咄奏言："臣部曲有善球者，请与汉敌。"上令仗内试之，决数都，吐蕃皆胜。时玄宗为临淄王，中宗又令与嗣虢王邕、驸马杨慎交、武延秀等四人，敌吐蕃十人。玄宗东西驰突，风回电激，所向无前。吐蕃功不获施，其都满赞咄尤此仆射也。中宗甚说，赐强明绢断百段。学士沈佺期、武平一等皆献诗。[②]

《封氏闻见记》记载，临淄王李隆基即唐玄宗，与嗣虢王李邕、驸马杨慎交、武延秀等4人，对吐蕃迎亲使团中的10人，临淄王"东西驱突，风回电激，所向无前"。有诗为证：

幸梨园观打球应制

沈佺期

今春芳苑游，接武上琼楼。宛转萦香骑，飘飖拂画球。

俯身迎未落，回辔逐傍流。只为看花鸟，时时误失筹。[③]

---

①《旧唐书·吐蕃传》，卷一百九十六，列传第一百四十六，中华书局，1975年，第5226页。
②《封氏闻见记》，卷六打球，中华书局，2006年，第53页。
③《全唐诗》，卷九十六，中华书局，1960年，第1030页。

幸梨园观打球应制

武平一

令节重遨游，分镳应彩球。骖骗回上苑，蹀躞绕通沟。

影就红尘没，光随赭汗流。赏阑清景暮，歌舞乐时休。[1]

幸梨园亭观打球应制（又作梨园亭子侍宴应制）

崔湜

年光陌上发，香辇禁中游。草绿鸳鸯殿，花明翡翠楼。

宝杯承露酌，仙管杂风流。今日陪欢豫，皇恩不可酬。[2]

4.灵州鞠场　结坛修饰

2004 年 7 月 15 日，国际足联主席布拉特在北京举行的中国国际足球博览会开幕式上，宣布世界足球起源于中国，中国淄博临淄是世界足球发源地。中国古代的足球就是蹴鞠，又名"踢鞠""蹴球""蹴圆""筑球""踢圆"等，"蹴鞠"就是用脚踢球，后传西方，足球运动得以发展。唐代蹴鞠（足球）运动非常普遍。光启年间（885—888），西北边陲古城灵州今宁夏吴忠市就曾有过"鞠场"——现代的足球场。《后唐灵州广福寺无迹传》记载：

光启（885—888）中，（无迹）传授《佛顶炽盛光降诸星宿吉祥道场法》归（灵州）本府。（灵州）府帅韩公（韩遵），闻其堪消分野之灾。乃于鞠场。结坛修饰。而多感应。景福（892—893）中，太尉韩公创修广福寺。奏迹住持。[3]

---

① 《全唐诗》，卷一百二，中华书局，1960 年，第 1084 页。
② 《全唐诗》，卷五十四，中华书局，1960 年，第 663 页。
③ 《宋唐高僧传》，卷三十，中华书局，1987 年，第 752 页。

景龙四年（710）正月，唐中宗《金城公主出降吐蕃制》：

　　金城公主，朕之少女，岂不钟念，但为人父母，志息黎元，若允乃诚祈，更敦和好，则边土宁晏，兵役服息。遂割深慈，为国大计，筑兹外馆，聿膺嘉礼，降彼吐蕃赞普，即以今月进发，朕亲自送于郊外。[①]

（三）出身高贵　帝重孙女

　　为什么金城公主出降特别隆重？因为金城公主出身不一般。她是雍王李守礼之女，是宗室女。金城公主本名李奴奴，是唐中宗侄孙女又是其所养，即养女。那么，金城公主的父亲雍王李守礼是什么人呢？《旧唐书·李守礼传》记载：

　　守礼本名光仁，垂拱初改名守礼，授太子洗马，封嗣雍王。时中宗迁于房陵，睿宗虽居帝位，绝人朝谒，诸武赞成革命之计，深嫉宗枝。守礼以父得罪，与睿宗诸子同处于宫中，凡十余年不出庭院。至圣历元年，睿宗自皇嗣封为相王，许出外邸。睿宗诸子五子皆封郡王，与守礼始居于外。神龙元年，中宗篡位，授守礼光禄卿同正员。神龙中，遗诏进封邠王，赐实封五百户。景云二年，带光禄卿，兼幽州刺史，转左金吾卫大将军，遥领单于大都护。先天二年，迁司空。开元初，历虢、陇、襄、晋、滑六州刺史，非奏事及大事，并上佐知州。时宁、申、岐、薛、邠同为刺史，皆择首僚以持纲纪。源乾曜、袁嘉祚、潘好礼皆为邠府长史兼州佐，守礼唯弋猎、伎乐、饮谑而已。九年已后，诸王并征还京师。

　　唯弋猎、伎乐、饮谑而已。九年已后，诸王并征还京师。（开元）

---

①《册府元龟·外臣部·和亲》，卷九百七十九，中华书局影印本，1960年，第11499页。

二十九年（741）薨，年七十余，赠太尉。^①

综上可知，李守礼（672—741），是雍王、章怀太子李贤之次子。经历唐中宗、武则天、唐睿宗、唐玄宗四朝。开元初官至司空，开元初，历任虢、陇、襄、晋、滑六州刺史，不过，他作为亲王，只是挂名，并不亲自理政务，"守礼唯弋猎、伎乐、饮谑而已"。

李守礼之父是章怀太子李贤，是唐高宗之次子、唐高宗之孙。金城公主就是唐高宗之重孙。唐高宗李治是唐太宗之子，李守礼就是唐太宗李世民之重孙。金城公主就是唐太宗之玄孙女。再说，唐中宗是唐高宗之女，金城公主是章怀太子李贤的亲孙女，是唐中宗侄孙女。因祖父李贤"得罪"，全家人都被幽禁宫中不许外出。自幼唐中宗收金城公主为养女，视为亲女。《金城公主出降西蕃制》中记载："鑫在公主，朕之少女，长自宫闱，言适远方，岂不钟念。"

（四）中宗送行　王臣赋诗

1. 帝送始平　近臣赠诗

景龙四年（710）正月，唐中宗下制《金城公主出降西蕃制》，把"朕之少女，长自宫闱"的养女册封为金城公主，"言至远方"吐蕃。唐中宗对金城公主这个亲侄孙女如亲生女般特别钟爱，但"为人父母，志恤黎元，若允乃诚祈，更敦和好，则边土宁晏，兵役休息"。决定册封金城公主出降吐蕃赞普。专门颁布《金城公主出降吐蕃制》：

金城公主出降吐蕃制

唐中宗李显

圣人布化，用百姓为心；王者垂仁，以八荒无外。故能光宅遐迩，

_①《旧唐书·李守礼传》，卷八十六，列传第三十六，中华书局，1975 年，第2833~2834 页。

财成品物。繇是隆周理历，启柔远之图；强汉乘时，建和亲之义。斯盖御宇长策，经邦茂范。朕受命上灵，克纂洪业，总三才而统极，混六合以为家。声教所覃，建木枣林之外；提封爰亘，弱水流沙之表。悠然至道，高咏薰风，载戢干戈，大张礼乐，庶几前烈，克致和平。眷彼吐蕃，僻在西服，皇运之始，早申朝贡。太宗文武圣皇帝德侔覆载，情深亿兆，思偃兵甲，遂通姻好，数十年间，一方清净。自文成公主往嫁其国，因多变革。我之边隅，亟兴师旅，彼之蕃落，颇闻雕弊。

顷者赞普及祖母可敦茝长等，屡披诚款，积有岁时，思托旧亲，请崇姻好。鑫在公主，朕之少女，长自宫闱，言适远方，岂不钟念。但朕为人父母，志恤黎元。若允诚祈，更敦和好，则边土宁晏，兵役休息。遂割深慈，为国大计，受筑外馆，聿膺嘉礼。彼吐蕃赞普即以今月二十七日进发，朕亲自送于郊外。[①]

《旧唐书·吐蕃传》记载：

其月（正月），帝幸始平县以送公主，设帐殿于百顷泊侧，引王公宰相及吐蕃使入宴，中坐酒阑，命吐蕃使进前，谕以公主孩幼，割慈远嫁之旨，上悲泣歔欷久之。因命从臣赋诗饯别，曲赦始平县大辟罪已下，百姓给复一年，改始平县为金城县，又改其地为凤池乡怆别里。公主既至吐蕃，别筑一城以居之。[②]

唐中宗对视为亲生女的养女金城公主的出降，破格做了三件大事。

第一，亲自送行，百里之外。

① 《全唐文》，卷十六，中华书局影印本，1983 年，第 194~195 页。
② 《旧唐书·吐蕃传》，卷一百九十六，列传第一百四十六，中华书局，1975 年，第 5227~5228 页。

唐中宗是唐朝唯一亲送和亲公主百里之外的皇帝。金城公主也是唐朝唯一皇帝亲送百里和亲的和亲公主。景龙四年（710）正月二十七日，唐中宗幸始平县。唐中宗陪伴金城公主自长安出发一路向西，经过一百里来到始平县（今陕西兴平市）。

在始平县住下，"上悲泣歔欷久之"。唐中宗一直住到二月初二，才返回长安。下诏，赦免始平县大辟罪即死罪以下全部罪犯。免除石屏县百姓一年的赋税徭役。因帝送金城公主至始平县，改始平县名为金城县。改始平县其地为凤池乡怆别里，意为挥泪送别之里。

第二，设送别宴，从臣赋诗。

唐中宗在始平县专为金城公主设送别宴席，请王公、宰相以及吐蕃迎亲使入宴席。景龙四年（710）正月二十七日，唐中宗亲送金城公主和亲适西蕃，长送百里至始平县。在始平县设送别宴，"因命从臣赋诗饯别"，随从唐中宗送金城公主至始平的大臣纷纷奉和圣制作应制诗《奉和圣制送金城公主适西蕃应制》。

多数大臣赞颂大唐和亲政策，认为此政策促进民族团结，利国利民。《全唐诗》收入张说、李适、郑愔、薛稷、崔湜、苏颋、徐坚、李峤、武平一、阎朝隐、马怀素、赵彦昭（一说崔日用）、沈佺期、韦元旦、唐远悊、徐彦伯、刘宪等17位唐中宗侍臣诗人的诗，大部分是修文馆学士应制作《奉和圣制送金城公主适西蕃应制》诗17首，分述如下。

其一，张说（667—730），三拜宰相，30年主文坛。政治家、军事家、文学家。历唐高宗、唐中宗、武则天、唐睿宗、唐玄宗五朝。张说曾为首任朔方节度大使，驻守灵州今宁夏吴忠市古城。诗中佳句："戎王子婿宠，汉国舅家慈。"唐中宗送金城公主和亲，体现唐蕃友好团结。

奉和圣制送金城公主适西蕃应制

青海和亲日，潢星出降时。戎王子婿宠，汉国舅家慈。

春野开离宴，云天起别词。空弹马上曲，讵减凤楼思。①

其二，李适，诗人。中宗景龙时，官中书舍人转工部侍郎。赠天台道士司马承祯诗《饯许州宋司马赴任》，词甚美，朝臣之士，和者三百余人。徐彦伯为编《白云记》，盛传于代。送金城公主诗有佳句"帝策重安人"，为什么适金城公主和亲？皇帝重视百姓的安宁。

奉和圣制送金城公主适西蕃应制
绛河从远聘，青海赴和亲。月作临边晓，花为度陇春。
主歌悲顾鹤，帝策重安人。独有琼箫去，悠悠思锦轮。②

其三，郑愔（？—710），唐中宗朝宰相。景云元年（710）谋推谯王李重福称帝，事败被杀。

送金城公主适西蕃应制
下嫁戎庭远，和亲汉礼优。笳声出虏塞，箫曲背秦楼。
贵主悲黄鹤，征人怨紫骝。皇情眷亿兆，割念俯怀柔。③

其四，薛稷（649—713），中宗朝左散骑常侍、工部、礼部尚书，封晋国公，加太子少保。书画家，与褚遂良、欧阳询、虞世南并列"初唐四大书法家"。唐玄宗先天二年（713），因对太平公主密谋政变知情不报，坐罪赐死，时年65岁。

---

① 《全唐诗》，卷八十七，中华书局，1960年，第942页。
② 《全唐诗》，卷七十，中华书局，1960年，第776页。
③ 《全唐诗》，卷一百六，中华书局，1960年，第1105~1106页。

奉和圣制送金城公主适西蕃应制

天道宁殊俗，慈仁乃戢兵。怀荒寄赤子，忍爱鞠苍生。

月下琼娥去，星分宝婺行。关山马上曲，相送不胜情。①

　　其五，崔湜（671—713），唐中宗朝宰相。《全唐诗》收入崔湜的诗32首。《奉和圣制送金城公主适西蕃应制》诗的最后，有诗句"顾乏谋臣用，仍劳圣主忧"，抱怨朝中无有谋略之大臣来解皇帝之忧。唐玄宗开元元年（713），服罪流放岭南，后追命赐死，时年43岁。

奉和送金城公主适西蕃应制

怀戎前策备，降女旧因修。箫鼓辞家怨，旌旗出塞愁。

尚孩中念切，方远御慈留。顾乏谋臣用，仍劳圣主忧。②

　　其六，苏颋（670—727），唐玄宗开元朝宰相，封许国公，文学家。盛唐之交时著名文士，与宰相燕国公张说齐名，并称"燕许大手笔"。诗中"旋知偃兵革，长是汉家亲"表明和亲换来战争停止，和平来到，吐蕃为汉家的亲戚，双方友好交往。

奉和送金城公主适西蕃应制

帝女出天津，和戎转罽轮。川经断肠望，地与析支邻。

奏曲风嘶马，衔悲月伴人。旋知偃兵革，长是汉家亲。③

　　其七，徐坚（660—729），唐朝重臣，历武则天、中宗、睿宗、玄宗四朝，

---

① 《全唐诗》，卷九十三，中华书局，1960年，第1006~1007页。
② 《全唐诗》，卷五十四，中华书局，1960年，第662页。
③ 《全唐诗》，卷七十三，中华书局，1960年，第800页。

官至太子左庶子、秘书监、左散骑常侍、崇文馆学士、集贤院学士，与张说好友。参与编撰《唐六典》《太极格》《史记注》《姓族系录》《唐史》等。

奉和送金城公主适西蕃应制

星汉下天孙，车服降殊蕃。匣中词易切，马上曲虚繁。

关塞移朱帐，风尘暗锦轩。箫声去日远，万里望河源。[①]

其八，李峤（645—714），唐朝宰相，历唐高宗、武则天、唐中宗、唐睿宗、唐玄宗六朝。官至中书令、特进，封赵国公。李峤文辞著称，与苏味道并称"苏李"。其诗中"汉帝抚戎臣，丝言命锦轮。还将弄机女，远嫁织皮人"纵论唐朝和亲政策，促进民族友好团结。表明和亲是汉家皇帝安抚蕃族臣子，皇帝下诏臣子，将弄机杼织布的女儿远嫁着毛毡衣的西蕃赞普。

奉和送金城公主适西蕃应制

汉帝抚戎臣，丝言命锦轮。还将弄机女，远嫁织皮人。

曲怨关山月，妆消道路尘。所嗟秭李树，空对小榆春。[②]

其九，武平一，武则天族孙，畏祸不仕。中宗朝颇受重用，官至文馆直学士，迁考功员外郎。

送金城公主适西蕃应制

广化三边静，通烟四海安。还将膝下爱，特副域中欢。

圣念飞玄藻，仙仪下白兰。日斜征盖没，归骑动鸣鸾。[③]

---

① 《全唐诗》，卷一百七，中华书局，1960年，第1112页。
② 《全唐诗》，卷五十八，中华书局，1960年，第691页。
③ 《全唐诗》，卷一百二，中华书局，1960年，第1084页。

其十，阎朝隐，武后朝累迁给事。后麟台少监。中宗朝为著作郎。玄宗朝，任秘书少监。诗中"甥舅重亲地，君臣厚义乡。还将贵公主，嫁与耨檀王"指吐蕃与唐朝关系亲为甥舅，君对臣厚义至西蕃，唐中宗将公主嫁于吐蕃王。

奉和送金城公主适西蕃应制

甥舅重亲地，君臣厚义乡。还将贵公主，嫁与耨檀王。

卤簿山河暗，琵琶道路长。回瞻父母国，日出在东方。①

其十一，马怀素（659—718），起家郿县尉，历任监察御史、礼部员外郎、考功员外郎、中书舍人、户部侍郎、银青光禄大夫、昭文馆学士、秘书监，封常山县公。诗中"帝子今何去，重姻适异方"，赞扬唐中宗重视和亲婚姻，亲自到始平县送金城公主适西蕃。

奉和送金城公主适西蕃应制

帝子今何去，重姻适异方。离情怆宸掖，别路绕关梁。

望绝园中柳，悲缠陌上桑。空余愿黄鹤，东顾忆回翔。②

其十二，赵彦昭，一作崔日用诗。崔日用（673—722），大唐宰相。《全唐诗》卷四十六崔日用和卷一百九赵彦昭，分别都收入本诗，一字不差。

奉和送金城公主适西蕃应制

圣后经纶远，谋臣计画多。受降追汉策，筑馆许戎和。

---

① 《全唐诗》，卷六十九，中华书局，1960 年，第 771 页。

② 《全唐诗》，卷九十三，中华书局，1960 年，第 1008~1009 页。

俗化乌孙垒，春生积石河。六龙今出饯，双鹤愿为歌。^①

其十三，沈佺期（约 656—约 715），著名唐代诗人。与宋之问齐名，号称"沈宋"。"苏李居前，沈宋比肩"，苏李"谓苏武、李陵也"（《新唐书·宋之问传》），曾任修文馆直学士，历中书舍人，太子少詹事。

送金城公主适西蕃应制

金榜扶丹掖，银河属紫阍。那堪将凤女，还以嫁乌孙。

玉就歌中怨，珠辞掌上恩。西戎非我匹，明主至公存。^②

其十四，韦元旦，唐朝大臣，曾任左台监察御史、中书舍人。诗中描写亲送金城公主的隆重场面。

奉和送金城公主适西蕃应制

柔远安夷俗，和亲重汉年。军容旌节送，国命锦车传。

琴曲悲千里，箫声恋九天。唯应西海月，来就掌珠圆。^③

其十五，唐远悊，唐朝诗人，唐中宗时人。

奉和送金城公主适西蕃应制

皇恩眷下人，割爱远和亲。少女风游兑，姮娥月去秦。

龙笛迎金榜，骊歌送锦轮。那堪桃李色，移向虏庭春。^④

---

① 《全唐诗》，卷四十六，中华书局，1960 年，第 560 页。
② 《全唐诗》，卷九十六，中华书局，1960 年，第 1030~1031 页。
③ 《全唐诗》，卷六十九，中华书局，1960 年，第 772 页。
④ 《全唐诗》，卷六十九，中华书局，1960 年，第 774 页。

其十六，徐彦伯（？—714），唐朝诗人，曾任司兵参军，由宗正卿初齐州刺史。后任修文馆学士、工部侍郎，历太子宾客。当时司户韦嗣善判，司士李亘工书，而彦伯属辞，人称"河东三绝"。诗中"羌庭遥筑馆，庙策重和亲"说的是朝廷重视民族友好团结而和亲，金城公主出降吐蕃，吐蕃为筑外公主馆，"为之别筑一城居之"。

奉和送金城公主适西蕃应制

凤宸怜箫曲，鸾闺念掌珍。羌庭遥筑馆，庙策重和亲。
星转银河夕，花移玉树春。圣心凄送远，留眄望征尘。[①]

其十七，刘宪（655—711），唐朝诗人，历任监察御史、殿中侍御史、侍御史、工部员外郎、溧水县令、中书舍人、太仆少卿、修文馆学士、兵工二部侍郎，拜秘书监、修文馆学士，累迁太子詹事兼崇文馆学士。

奉和送金城公主适西蕃应制

外馆逾河右，行营指路岐。和新悲远嫁，忍爱泣将离。
旌旆羌风引，轩车汉月随。那堪马上曲，时向管中吹。[②]

第三，赦免罪犯，百姓减负。

唐中宗下颁诏，为纪念金城公主出降吐蕃始平县送别，特赦免始平县所有死刑犯大辟罪以下所有犯人。同时，再给始平县全体百姓免除一年的赋税徭役。

第四，吐蕃为主，别筑一城。

景龙四年（710）正月，唐中宗命左卫大将军杨矩持节，护送公主至

---

① 《全唐诗》，卷七十六，中华书局，1960 年，第 823 页。
② 《全唐诗》，卷七十一，中华书局，1960 年，第 780 页。

吐蕃与吐蕃赞菩赤德祖赞成婚。"吐蕃在长安西八千里"。吐蕃距离长安路途遥远，一路跋涉，非常辛苦。金城公主到吐蕃以后，吐蕃赞普为金城公主"别筑一城以居之"。

（五）金城公主　唐蕃友谊

金城公主到吐蕃以后，在吐蕃一边和好一边不断战争的艰难环境下，极力促进唐蕃和好，进一步巩固了文成公主开始的"舅甥之盟"的唐蕃友谊。敦煌吐蕃历史文书记载："及至狗年（710）……赞蒙金城公主至逻些"。"及至兔年（739）……赞蒙金城公主薨逝"。"及至蛇年（741）……祭祀赞普王子拉本及赞蒙金城公主二人之遗体。"金城公主在吐蕃和亲近30年，对促进唐蕃友谊做出很大的贡献。[①]

1. 促进唐蕃　交流和好

《新唐书·吐蕃传》记载金城公主入蕃，唐中宗赐赠甚多："帝（唐中宗）念主幼，缯别数万，杂伎诸工悉从，给龟兹乐。"[②]金城公主入吐蕃时，唐中宗特别给公主带去锦缎几万匹，派去许多技艺表演者和各种工匠到吐蕃，极大地促进了唐蕃经济和文化的交流，增强了唐蕃友谊。

2. 赠汤沐邑　河源会盟

《资治通鉴》记载，吐蕃贿赂了那位金城公主的护亲使杨矩，以赠送金城公主"汤沐邑"的名义，实际上获得唐朝"水甘草良，宜畜牧"的九曲之地：

> （景云元年，710年，十二月）安西都护张玄表侵掠吐蕃北境，吐蕃虽怨而未绝和亲，乃赂鄯州都督杨矩，请河西九曲之地以为公主汤沐邑；矩奏与之。（注：九曲者，去积石军三百里，水甘草良，宜畜牧，盖即汉大小榆谷之地，吐蕃置洪济、大漠门等城以守之。史为

---

①王尧、陈践：《敦煌本吐蕃历史文书》，民族出版社，1992年，第153页。
②《新唐书·吐蕃传》，卷二百一十六，列传第一百四十一，中华书局，1975年，第6081页。

杨矩后悔惧自杀。[①]

《旧唐书·吐蕃传》也记载吐蕃获九曲之后"复叛"，"率兵入寇"：

> 时张玄表为安西都护，又与吐蕃比境，互相攻掠，吐蕃内虽怨怒，外敦和好。时杨矩为鄯州都督，吐蕃遣使厚遗之，因请河西九曲之地以为金城公主汤沐之所，矩遂奏与之。吐蕃既得九曲，其地肥良，堪屯兵畜牧，又与唐境接近，自是复叛，始率兵入寇。[②]

因此，唐蕃发生战争纠纷。吐蕃接连"入寇"，同时，又接连遣使求和。这种情况下，金城公主力促唐蕃和盟。《资治通鉴》记载：

> 开元元年（713）十二月，甲午，吐蕃遣其大臣来求和。开元二年五月，乙酉，吐蕃相愍延遗宰相书，请先遣解琬至河源正二国封疆，然后结盟。琬上言："吐蕃必阴怀叛计，请预屯兵十万于秦、渭诸州以备之。"[③]

首先是"河源会盟"。唐玄宗即位，开元元年（713）十二月，吐蕃派大臣求和。开元二年（714），吐蕃大论（丞相）坌达延致书唐朝宰相，请求会盟。唐玄宗命左散骑常侍解琬持神龙盟誓誓文，赴河源与吐蕃坌达延等商定双方封疆，重点是双方划定青海一带边界。这就是"河源会盟"。但是，吐蕃经常反复，此后不断发兵进犯唐界。《旧唐书·吐蕃传》记载，开元十七年（729）唐玄宗派朔方大总管信安王李祎率军讨伐吐蕃，拔其石堡城，置振武军。吐蕃请和，当时忠王李嗣升即唐肃宗李亨之友皇甫惟

---

①《资治通鉴》，卷第二百一十，唐纪二十六，中华书局，1956 年，第 6992 页。
②《旧唐书·吐蕃传》，卷一百九十六，列传第一百四十六，中华书局，1975 年，第 5228 页。
③《资治通鉴》，卷第二百一，唐纪二十七，1956 年，第 6699~6700 页。

明主张唐蕃议和，奏"通和之便"。

唐玄宗派皇甫惟明和内侍张元方出使吐蕃，看望金城公主，与赞普当面通和，"令其稽颡称臣，永息边境"。"赞普等欣然请和"，派其重臣名悉猎随惟明等入朝上表："外甥是先皇帝舅宿亲，又蒙降金城公主，遂和同为一家，天下百姓，普皆安乐。""外甥以先代文成公主、今金城公主之故，深识尊卑，岂敢失礼！"赞普向唐玄宗进献"奉金胡瓶一、金盘一、金碗一、马脑杯一、零羊衫段一，谨充微国之礼"。金城公主还特意又向唐玄宗"别进金鸭盘盏杂器物等"。《旧唐书·吐蕃传》记载：

> 惟明曰："开元之初，赞普幼稚，岂能如此。必是在边军将务邀一时之功，伪作此书，激怒陛下。两国既斗，兴师动众，因利乘便，公行隐盗，伪作功状，以希勋爵，所损巨万，何益国家！今河西、陇右，百姓疲竭，事皆由此。若陛下遣使往视金城公主，因与赞普面约通和，令其稽颡称臣，永息边境，此永代安人之道也。"上然其言，因令惟明及内侍张元方充使往问吐蕃。惟明、元方等至吐蕃，既见赞普及公主，具宣上意。赞普等欣然请和，尽出贞观以来前后敕书以示惟明等，令其重臣名悉猎随惟明等入朝，上表曰："外甥是先皇帝舅宿亲，又蒙降金城公主，遂和同为一家，天下百姓，普皆安乐。中间为张玄表、李知古等东西两处先动兵马，侵抄吐蕃，边将所以互相征讨，迄至今日，遂成衅隙。外甥以先代文成公主、今金城公主之故，深识尊卑，岂敢失礼！又缘年小，枉被边将谗构斗乱，令舅致怪。伏乞垂察追留，死将万足。前数度使人入朝，皆被边将不许，所以不敢自奏。去冬公主遣使人娄众失若将状专往，蒙降使看公主来，外甥不胜喜荷。谨遣谕名悉猎及副使押衙将军浪些纥夜悉猎入朝，奏取进止。两国事意，悉猎所知。外甥蕃中已处分边将，不许抄掠，若有汉人来投，便令却送。伏望皇帝舅远察赤心，许依旧好，长令百姓快乐。如蒙圣恩，千年万

岁，外甥终不敢先违盟誓。谨奉金胡瓶一、金盘一、金碗一、马脑杯一、零羊衫段一，谨充微国之礼。"金城公主又别进金鸭盘盏杂器物等。[①]

（六）多次上书　力促和平

金城公主与唐朝其他公主不同，她是唐中宗的养女，身份特殊。唐玄宗即位，因唐玄宗与金城公主算是兄妹关系，金城公主多次上书、上表，力促唐蕃和平，化干戈为玉帛，变战争为和平，促成唐蕃会盟友好团结关系。史书有金城公主表给唐玄宗的促进唐蕃友谊的来往上表赐书。

1. 玄宗派使　宣恩公主

《册府元龟》记载，先天二年（713）七月，金城公主上言吐蕃赞普母死，左清道率李敬摄宗正卿持节使于吐蕃会葬。十月，命左骁卫郎将尉迟环宣恩于金城公主。[②]

2. 公主谢恩　回献珍品

开元四年（716）二月，吐蕃攻松州，八月，吐蕃遣使向唐朝请和，唐玄宗"从之"，特赏赐金城公主及赞普金帛器物等。"蕃酋皆嘉"。金城公主第一次奉表向皇帝兄谢恩，金城公主回赠唐玄宗金盏、羚羊衫、段青长毛毡。以此答谢皇帝兄，双方努力谋求和平。《册府元龟》记载，表曰《谢恩赐锦帛器物表》：

　　金城公主奴奴言：仲夏盛热，伏惟皇帝兄起居万福，御膳胜常。奴奴奉见舅甥平章书，云还依旧日，重为和好。既奉如此进止，奴奴还同再生，下情不胜喜跃。伏蒙皇帝兄所赐信物，并依数奉领。谨献金盏、羚羊衫、段青长毛毡各一。奉表以闻。[③]

---

① 《旧唐书·吐蕃传》，卷一百九十六，列传第一百四十六，中华书局，1975 年，第 5230~5231 页。
② 《册府元龟·外臣部·和亲》，卷九百七十九，中华书局影印本，1960 年，第 11499 页。
③ 《册府元龟·外臣部·和亲》，卷九百七十九，中华书局影印本，1960 年，第 11500 页。

3. 再次上表　久长安稳

开元五年（717）三月，吐蕃赞普遣使上表请和。金城公主因唐玄宗不愿签署盟文，第二次上表，金城公主表明：自己降吐蕃，事缘和好，双方关系紧张，自己不安，望皇兄可怜公主远在他乡，希望皇兄亲署盟文，求唐蕃双方"久长安稳"。《乞许赞普请和表》：

> 金城公主奴奴言：季夏极热，伏惟皇帝兄御膳胜常。奴奴甚平安，愿皇帝兄勿忧。此间宰相向奴奴道："赞普甚欲得和好，亦宜亲署誓文。"往者皇帝兄不许亲署誓文。奴奴降蕃，事缘和好；今乃骚动，实将不安和。矜怜奴奴远在他国，皇帝兄亲署誓文，亦非常事，即得两国久长安稳。伏惟念之。[1]

4. 玄宗赐书　赞扬公主

唐玄宗《赐金城公主书》赞金城公主"德行高尚深明大义"。《全唐文》：

> 金城公主，远降殊方，底宁蕃落。载怀贞顺之道，深明去就之宜，能知其人，而献其款，忠节克著，叹美良深。所进物等并领得。今寄公主多少信物，至宜领取。所请物并一依来奏文。[2]

5. 借箇失密　归唐未果

据《册府元龟》记载，开元十一年金城公主曾经有借道归唐的打算，但不知原因，其事未果。开元九年（721）、十年（722），唐蕃之间连年交战，金城公主尽力调停，无果，于是就想借道回朝。开元十二年（724）八月，

---

[1]《册府元龟·外臣部·和亲》，卷九百七十九，中华书局影印本，1960年，第11500页。
[2]《全唐文》，卷四十，中华书局影印本，1983年，第441页。

谢䫻国王特勒遣使来朝，向唐玄宗报告金城公主的信息：金城公主欲回朝，为避开吐蕃兵马，去年，开元十一年（723），五月，金城公主暗地里派遣汉人使臣二人，绕道到箇失密国，提出欲借道箇失密归唐。箇失密国王大喜，表示："公主但来，竭心以待。"箇失密国王又遣使报给谢䫻国王特勒，谢䫻国王特勒立即遣使罗火拔来朝报告，向唐玄宗"面取进止"。唐玄宗"甚然之"，向谢䫻国使臣赠帛一百匹，让使者还蕃：

> 开元十二年，八月，谢䫻国王特勒，遣使罗火拔来朝。火拔奏曰："谢国去箇失密国，一千五百里，其失密国，去吐蕃金城公主居处七日路程。公主，去年五月，遣汉使二人，偷道，向箇失密国传言，曰：'汝赤心向汉，我欲走出，投汝容受我否？'箇失密王闻其言，大喜，报曰：'公主但来，竭心以待。'时箇失密王，又遣使报臣，国王曰：'天子女欲走来投我国，必恐吐蕃兵马来逐，我力不敌，乞兵于我。即冀吐蕃破散公主得达，臣国王闻之，极欢，遣使许诺，于箇失密王令臣入朝，面取进止。"帝甚然之，赐帛百匹放还蕃。[1]

6. 惟明出使　力促通和

开元十五年至十七年，唐军接连发动对吐蕃进攻取胜。"吐蕃频使请和"。忠王李浚即后来的唐肃宗李亨及其好友皇甫惟明也力促和平，"面陈通和之便"。唐玄宗坚持讨伐吐蕃。皇甫惟明劝谏玄宗，双方交战，"兴师动众"，"损失巨万"，"何益国家"，"河西、陇右，百姓疲竭，事皆由此"。他建议玄宗遣使前往吐蕃看视金城公主，与赞普面约通和，让吐蕃赞普"稽颡称臣，永息边境，此永代安人之道也"。唐玄宗接受了皇甫惟明的劝谏，派皇甫惟明和内侍张方元为特使，访问吐蕃。赞普和金城公主欣然请和，并出示唐太宗贞观以来历朝皇帝敕书给二使，即派重臣名

---

[1]《册府元龟·外臣部·和亲》，卷九百七十九，中华书局影印本，1960年，第11501页。

悉猎随惟明等入朝，向唐玄宗上表：

外甥是先皇帝舅甥亲，又蒙降金城公主，遂和同为一家。天下百姓，普皆安乐。外甥是先皇帝舅宿亲，又蒙降金城公主，遂和同为一家，天下百姓，普皆安乐。中间为张玄表、李知古等东西两处先动兵马，侵抄吐蕃，边将所以互相征讨，迄至今日，遂成衅隙。外甥以先代文成公主、今金城公主之故，深识尊卑，岂敢失礼！又缘年小，枉被边将谗构斗乱，令舅致怪。伏乞垂察追留，死将万足。前数度使人入朝，皆被边将不许，所以不敢自奏。去冬公主遣使人娄众失若将状专往，蒙降使看公主来，外甥不胜喜荷。谨遣谕名悉猎及副使押衙将军浪些纥夜悉猎入朝，奏取进止。两国事意，悉猎所知。外甥蕃中已处分边将，不许抄掠，若有汉人来投，便令却送。伏望皇帝舅远察赤心，许依旧好，长令百姓快乐。如蒙圣恩，千年万岁，外甥终不敢先违盟誓。谨奉金胡瓶一、金盘一、金碗一、马脑杯一、零羊衫段一，谨充微国之礼。金城公主又别进金鸭盘盏杂器物等。①

7.公主力促 赤岭会盟

开元二十一年（733），应金城公主上书之请，唐玄宗再派张守珪、李行祎与吐蕃使莽布支，举行"赤岭会盟"，双方约定以赤岭为界，并于甘松岭（今四川松潘县境）及赤岭互市。《唐会要》记载，金城公主建议"树碑于赤岭。定蕃汉两界"：

（唐玄宗开元）二十一年（733）二月。金城公主上言。请以今年九月一日。树碑于赤岭。定蕃汉两界。时李皓使于蕃。金城度其还

---

① 《旧唐书·吐蕃传》，卷一百九十六，列传第一百四十六，中华书局，1975年，第5230页。

期。当在暮秋。故有是请。及树之日。诏张守珪、李行祎与其使莽布支同讫其事。是月。遣其大臣属卢论莽藏来朝。及献方物。自二十二年。每岁遣使贺正。并贡献。[①]

《册府元龟》记载了"赤岭会盟"《定蕃汉两界碑》全文,赞扬"金城公主因兹降蕃。自此以来,万事休帖"。决定"赤岭之外,其所定边界,一依旧定为封守,为罗斥候通关梁":

维大唐开元二十一年岁次壬申,舅甥修其旧好,同为一家。往日贞观十年,初通和好,远降文成公主入蕃。已后景龙二年,重为婚媾,金城公主因兹降蕃。自此以来,万事休帖。间者边吏不谨,互有侵轶,越在遐荒,因之隔阂。今遵永旧,咸与维新,帝式藏用,不违厥旨。因以示赤岭之外,其所定边界,一依旧定为封守,为罗斥候通关梁。大矣哉!皇天无私,惟圣作义,故违圣者逆也,所以降雷霆之威。率圣者顺也,所以渐云雨之施。休咎之理,顺逆之縣,若斯之明矣。昔先帝含宏,爱主从聘,所以一内外之礼,等华夷之观,通朝觐之往来,成舅甥之宴好。则我先帝之德,不可忘也。顷者瓜州之役,宥而不讨者,盖舍之先迷,而归之畜复。夫恃安则逸,逸则弃礼,弃礼则忘信,忘信者暴蔑之心生也。故春秋时人忘盟誓之典,有如日有如河。我之今日,冈不稽古?幽蕃臣魁渠,实曰敬戒,无或背淳德,习凶梗,侵扰我河湟,窥视我亭障。无或恣业惊驰咆哮,剽掠我牛马,蹂践我农稼。汉家军领,亦不得兵马相侵。我家用不掩袭尔城守,覆坠尔师徒,壅塞尔道路,烟灭尔部落。不以兵强而害义,不以为利而弃言,则我无尔诈,尔无我虞,信也。司慎盟群祀,莫不听命。

---

①《唐会要》,卷九十七,吐蕃,上海古籍出版社,1991年,第2054页。

然后定正朔，宜百福，偕尔命祚，泱泱乎仁寿之风矣！休哉！法尚一正，无二正之极，尔惟修代好，弥永年。忠于人则信于神，俾我唐受无疆之福，尔亦荷有永之谋。用怀尔远人，不宝尔远物，至圣之仁也！铭曰：言念旧好，义不忒分。道路无壅，烽燧息分。指河为誓，子孙亿分。有渝其诚，神明殛分。①

《册府元龟》又记载同年七月，唐玄宗派张守珪、李行帏与吐蕃"赤岭会盟"后，金城公主再派宰相论纥野赞等来朝，与唐通和好，向唐玄宗献《请置府表》：

妹奴奴言，李行帏至，奉皇帝兄正月敕书。伏承皇帝万福，奴惟加喜跃。今得舅甥和好，永无改张，天下黔庶，并加安乐。然去年崔琳回日，请置府。李行帏至，及尚他辟回，其府事不蒙进止。望皇帝兄商量，矜奴所请。同时，赞普也献书"赞扬圣德"献礼物：今奉皇帝金铨、马脑、胡瓶、羚羊、衫段、金银鉼、盘器等，以充国信。②

（七）主薨吐蕃　遣使告哀

开元二十七年（739），入蕃和亲 30 年的金城公主薨于吐蕃，吐蕃遣使告哀。由于吐蕃连年"战攻不息"，唐蕃双方关系不甚和谐。金城公主逝世，明年发哀，吐蕃"遣使告哀，仍请和"，唐玄宗竟然"不许"。"使到数月，始命有司为公主于光顺门外，发哀，辍朝三日。"③

---

① 《册府元龟·外臣部·和亲》，卷九百七十九，中华书局影印本，1960 年，第 11503 页。
② 《册府元龟·外臣部·和亲》，卷九百七十九，中华书局影印本，1960 年，第 11503~11504 页。
③ 《新唐书·吐蕃传》，卷二百一十六，列传第一百四十一，中华书局，1975 年，第 8086 页。《旧唐书·吐蕃传》，卷一百九十六，列传第一百四十六，中华书局，1975 年，第 5235 页。

唐玄宗可以对吐蕃的"战攻不息"不满，但是，唐玄宗对待一位终生为唐蕃友好尽心尽力的大唐和亲公主，特别是唐中宗的养女金城公主逝世，吐蕃"遣使告哀"，唐玄宗竟然"数月"不做任何表示，数月之后，才"命有司为公主与光顺门外，发哀，辍朝三日"。这种冷淡，让酒泉之下自己的伯父唐中宗和金城公主心寒，实属非礼、不敬。应该是反映出唐玄宗此人的冷酷，不近情理。诚然，数月之后，唐玄宗还是脑子转向正常，才"为公主于光顺门外，发哀，辍朝三日"，也总算给了30年献身民族团结的金城公主一个公道和安慰。

（八）公主逝世 年代不一

金城公主逝世的时间，发现唐史文献记载不一致，出现了"开元二十七年（739）""开元二十八年（740）"和"开元二十九年（741）"金城公主逝世的三个年代。

《新唐书·吐蕃传》记载：

> 明年，是岁开元二十七年（739），金城公主薨。明年为发哀，吐蕃使者朝，因请和，不许。[①]

《册府元龟·外臣部·和亲》记载：

> 开元二十八年（740）十一月，金城公主薨，吐蕃遣使来告丧。是岁，公主薨，遣使告哀，仍请和，不许。使到数月，始命有司为公主于光顺门外发哀，辍朝三日。[②]

---

①《新唐书·吐蕃传》，卷二百一十六，列传第一百四十一，中华书局，1975年，第8086页。《旧唐书·吐蕃传》，卷一百九十六，列传第一百四十六，中华书局，1975年，第5235页。
②《册府元龟·外臣部·和亲》，卷九百七十九，中华书局影印本，1960年，第11504页。

《资治通鉴》记载：

开元二十八年（740），十二月，金城公主薨；吐蕃告丧，且请和，上不许。[①]

《唐会要》吐蕃记载：

至（开元）二十九年（741）七月。金城公主薨。遣使告哀。仍请和。不许。使到数月。始命有司为公主于光顺门发哀。辍朝三日。[②]

《旧唐书·吐蕃传》记载：

二十九年（741）春，金城公主薨，吐蕃遣使来告哀，仍请和，上不许之。使到数月后，始为公主举哀于光顺门外，辍朝三日。[③]

金城公主逝世年代，学界倾向于开元二十七年（739）。吐蕃史专家、西藏研究院原院长张云研究员在《西藏历史55讲》引证藏文史料："金城公主在西藏地方生活了30年，于公元739年去世。这个时间汉文史料有记载，藏文史料也有记载。《敦煌本吐蕃历史文书》记载：'及至狗年（710）……于赤帕塘集会议盟，派员准备赞蒙公主来蕃之物事，以尚赞咄热拉金等为迎婚使。赞蒙金城公主至逻些之鹿苑。冬，赞普及其眷属驻于札玛。''及至兔年（739）……王子拉本驻于"准"地，猝然薨逝。赞普父王冬返至蕃地，赞蒙金城公主薨逝。''及至蛇年（741）……祭

---

① 《资治通鉴》，卷第二百一十四，唐纪三十，中华书局，1956 年，第 6843 页。
② 《唐会要》，卷九十七，吐蕃，上海古籍出版社，1991 年，第 2054 页。
③ 《旧唐书·吐蕃传》，卷一百九十六，列传第一百四十六，中华书局，1975 年，第 5235 页。

祀赞普王子拉本及赞蒙金城公主二人之遗体。'根据这个时间来看，吐蕃用两年时间来纪念金城公主。"①

唐代和亲史专家中央民族大学蒋爱花教授在《唐代和亲往事》一书也写道："739 年冬天，金城公主病逝于吐蕃，年仅 41 岁。"②739 年正是开元二十七年。而著名和亲史专家崔明德决定则主张《资治通鉴》和《册府元龟》所记的开元二十八年（740）金城公主逝世。"金城公主在吐蕃生活了 30 年（710—740）"③笔者看法，张云研究员的金城公主开元二十七年（739）逝世的说法，既有汉文史料又有藏文史料，蒋爱花教授也持此说，因此，金城公主逝世年代还是以开元二十七年（739）为妥。

（九）金城公主　历史贡献

景龙四年（710）至至元二十七年（739），凡三十载，大唐宗室雍王李守礼之女、唐中宗养女李奴奴，册封金城公主，出降吐蕃，出生年代不详，景龙四年（710）七月出降吐蕃赞普尺带珠丹（赤德祖赞），至开元二十七年（739）十一月逝世，金城公主远离长安皇宫，在吐蕃生活近 30 年。

30 年间，金城公主为唐蕃友好团结做了大量工作，为促进了唐蕃经济和文化交流做出了很大的贡献。唐玄宗数月后才"辍朝三日"向金城公主逝世致哀，吐蕃却用两年时间祭祀金城公主。藏学研究院院长张云研究员指出："金城公主是一个应该载入史册并值得人们怀念的历史人物。"著名和亲史专家崔明德评价金城公主在《中国古代和亲通史》第 220 页至第 221 页写道："金城公主是在唐与吐蕃交战都已精疲力竭。"

①张云：《西藏历史 55 讲》，中国藏学出版社，2021 年，第 71 页。
②蒋爱花：《唐代和亲往事》，中国民主法制出版社，1991 年，第 117 页。
③崔明德：《中国古代和亲通史》，人民出版社，2007 年，第 218 页。

第四章　嫁中亚突骑施的交河公主（717）

（一）蕃女唐女　两重身份

大唐第四位和亲公主——交河公主，下嫁突厥突骑施可汗苏禄。交河公主的族别不是汉族，本不属唐人，她是一位突厥族姑娘，属于蕃女。交河公主的父亲是十姓可汗阿史那怀道。阿史那怀道，又名史怀道，是突厥阿史那步真之孙，阿史那斛瑟罗之子。同时，阿史那怀道也是一名唐代将领。武则天长安三年（703），授阿史那怀道右屯卫将军。长安四年（704），阿史那怀道袭父位为继往绝可汗，又称十姓可汗。唐中宗神龙年间，授右屯卫大将军、光禄卿及太仆卿兼濛池都护。神龙二年（706），阿史那怀道持节赴突骑施牙帐，封娑葛袭怀德郡王。因此，交河公主既是突厥族可汗阿史那怀德之女，又是唐朝将军阿史那怀德之女。交河公主身份特殊，具有蕃女和唐女的双重身份，是一位特殊的和亲公主。

交河公主之名取自西域之地名：交河城。交河城故址在今新疆吐鲁番市境内，交河城因河水分流绕城而下，故称交河。该城最早是两汉时期西域三十六国之一的"车师前国"的都城，至今有2000多年的历史古城。交河城又是安西都护府所在地。交河公主出降突骑施可汗苏禄，但突骑施都城在碎叶城，故址在今中亚吉尔吉斯共和国托克马克市境内，是唐朝西部边境最远的城市。1971年，郭沫若发表的《李白出生于中亚碎叶》，考证唐代著名诗人李白出生于今中亚吉尔吉斯斯坦的碎叶城。大唐公主出降突骑施碎叶城，交河城是公主必经之地。故唐玄宗册封和亲突骑施的公主为交河公主。由此还可知，按今天来说，交河公主出嫁之地实际上是嫁到了外国——吉尔吉斯共和国。

（二）出降年代　开元十年

交河公主出降突厥突骑施可汗苏禄的年代，史书记载不同。两唐书没有明确交河公主出降突骑施的年代。《旧唐书》只记载唐玄宗授苏禄大唐大将军等年代为开元三年（715），并且派侍御史解中顺持玺书册封其为忠顺可汗，但交河公主出降年代模糊，不知道究竟是哪一年，"立史怀道女为交河公主以妻之"且公主记为"金河公主"也有误：

> 开元三年（715），制授苏禄为左羽林军大将军、金方道经略大使，进为特勒，遣侍御史解忠顺赍玺书册立为忠顺可汗。自是每年遣使朝献。上乃立史怀道女为金河公主以妻之。[①]

《新唐书》记载"开元五年（717），始来朝"，派武卫中郎将王惠封其为大将军等。"其后阅一二岁，使者纳赞，帝以阿史那怀道女为交河公主妻之。"究竟哪一年交河公主取出降，记载仍然比较模糊：

> 开元五年（717），始来朝，授右武卫大将军、突骑施都督，却所献不受。以武卫中郎将王惠持节拜苏禄左羽林大将军、顺国公，赐锦袍、钿带、鱼袋七事，为金方道经略大使。然诡猾，不纯臣于唐，天子羁系之，进号忠顺可汗。其后阅一二岁，使者纳赞，帝以阿史那怀道女为交河公主妻之。[②]

独《资治通鉴》明确记载"开元十年十二月初三"交河公主嫁突骑施苏禄可汗：

> 开元十年（722）十二月，庚子（初三），以十姓可汗阿史那怀

[①]《旧唐书·突厥传》，卷一百九十四，列传第一百四十四，中华书局，1975年，第5191页。
[②]《新唐书·突厥传》，卷二百一十五，列传第一百四十，中华书局，1975年，第6067页。

道女为交河公主，嫁突骑施可汗苏禄。[1]

因此，交河公主出降突骑施可汗苏禄的年代可定为开元十年（722）
十二月初三。

（三）苏禄被杀 史昕继位

1. 公主互市 杜暹发兵

突骑施都城碎叶城位于丝绸之路中国境安西四镇最西端，自古有商
贸交易交通，便利。交河公主来到碎叶城，很快也熟悉互市。但是，公主
互市本是好事，有利于民族交流，繁荣丝绸之路。遗憾的是，却发生大唐
黄门侍郎、安西副都护杜暹发动的战争。《旧唐书·突厥传》记载，开元
十二年（724），杜暹任安西副都护：

> 开元，十二年，安西都扩张孝嵩迁为太原尹，或荐暹往代之，蕃
> 人伏其清慎，深思慕之，乃夺情擢拜安西副大都护。[2]

《旧唐书·吐蕃传》记载，交河公主派牙官至安西互市，致书"教
于暹"，杜暹不满公主"宣教"，突骑施损失惨重，千匹马经雪冻死，引
起唐朝安西都护与突骑施苏禄可汗的战争。开元十四年（726），杜暹回
朝出任宰相，苏禄稍引退：

> 时杜暹为安西都护，公主遣牙官赍马千匹诣安西互市。使者宣公
> 主教与暹，暹怒曰："阿史那氏女，岂合宣教与吾节度耶！"杖其使
> 者，留而不遣，其马经雪，寒死并尽。苏禄大怒，发兵分寇四镇。会

---

① 《资治通鉴》，卷第二百一十二，唐纪二十八，中华书局，1956年，第6754页。
② 《旧唐书·突厥传》，卷一百九十四，列传第一百四十四，中华书局，1975年，
第5176页。

140

杜暹入知政事，赵颐贞代为安西都护，城守久之，由是四镇贮积及人畜并为苏禄所掠，安西仅全。苏禄既闻杜暹入相，稍引退，俄又遣使入朝献方物。①

笔者客观而论，交河公主作为大唐皇帝册封的和亲公主，即应视为皇帝之女，皇女致书皇帝的臣子，使用"宣教"，并无不妥。杜暹此人，史书记载，为官清廉，为人耿直，但缺少学术，杜暹不懂古人规矩"两国交战，不斩来使"，杜暹"杖其使者，留而不遣"，已属违规；继而扣留、冻死突骑施千匹互市马，实属严重错误，并由此引起战争，给唐朝带来不该发生的巨大损失，这是极大的错误，甚至可以说这是罪过。唐玄宗不该升其为宰相。

2. 苏禄强盛　三国可敦

交河公主出降突骑施之后，苏禄一度特别强盛。开元十二年（724），因交河公主派牙官互市与安西都护纠纷，乘机进攻安西四镇，夺取西镇全部"贮积及人畜"而还。同时，苏禄其人"性尤清俭，每战伐，有所克获，尽分与将士及诸部落"，曾受到部落的拥戴。同时，"遣使南通吐蕃，东附突厥"，吐蕃和突厥都嫁女给苏禄，苏禄拥有"三国可敦"。《旧唐书·突厥传》记载：

　　苏禄性尤清俭，每战伐，有所克获，尽分与将士及诸部落。其下爱之，甚为其用。潜又遣使南通吐蕃，东附突厥。突厥及吐蕃亦嫁女于苏禄。既以三国女为可敦，又分立数子为叶护，费用渐广。先既不为积贮，晚年抄掠所得者，留不分之。又因风病，一手挛缩，其下诸

---

① 《旧唐书·突厥传》，卷一百九十四，列传第一百四十四，中华书局，1975 年，第 5191 页。

部，心始携贰。①

4.莫贺达干　攻杀苏禄

《旧唐书》记载，苏禄儿子众多，分立诸子为叶护，费用大大增加，储备不足。加之，他本人中风，一只手痉挛。部族遂起二心。开元二十六年（738）夏，苏禄被大首领莫贺达干与都摩度联合所杀。但是，都摩度和莫贺达干先合伙杀苏禄，后来都摩度又立苏禄之子咄火仙为可汗，收拾其余众与莫贺干相互攻击。苏禄可汗，恃勇逞强，终遭被杀：

　　（开元）二十六年（738）夏，莫贺达干勒兵夜攻苏禄，杀之。都摩度初与莫贺达干连谋，俄又相背，立苏禄之子咄火仙为可汗，以辑其余众，与莫贺达干自相攻击。②

5.嘉运显威　公主归唐

开元二十六年，突骑施内斗，可汗苏禄被大首领莫贺达干和都摩度联合攻杀。苏禄死后，二部反目，突骑施内部继续互相攻击厮杀。都摩度进攻莫贺达干，莫贺达干求援于唐将，唐朝安西都护盖嘉运将军，率兵帮大首领莫贺达干"碎叶城之战"，灭都摩度，擒突骑施可汗咄火仙，"并收得交河公主而还"，《旧唐书》记为金河公主开元二十七年（739）二月回朝献俘，唐玄宗在新建不久的花萼楼设宴，为盖嘉运将军庆功。《旧唐书·突厥传》记载：

　　（开元）二十六年夏，莫贺达干勒兵夜攻苏禄，杀之。都摩度初

---

① 《旧唐书·突厥传》，卷一百九十四，列传第一百四十四，中华书局，1975年，第5192页。
② 《旧唐书·突厥传》，卷一百九十四，列传第一百四十四，中华书局，1975年，第5192页。

与莫贺达干连谋，俄又相背，立苏禄之子咄火仙为可汗，以辑其余众，与莫贺达干自相攻击。莫贺达干遣使告安西都护盖嘉运。嘉运率兵讨之，大败都摩度之众，临阵擒咄火仙，并收得金河公主而还。又欲立史怀道之子昕为可汗以镇抚之，莫贺达干不肯，曰："讨平苏禄，本是我之元谋，若立史昕为主，则国家何以酬赏于我？"乃不立史昕，便令莫贺达干统众。

二十七年二月，嘉运率将士诣阙献俘，玄宗御花萼楼以宴之，仍令将吐火仙献于太庙。俄又黄姓、黑姓自相屠杀，各遣使降附。[1]

《新唐书》记盖嘉运"收交河公主"回朝献俘，唐玄宗赦免吐火仙骨啜立等授予大将军。唐玄宗"立阿史那怀道子昕为十姓可汗，领突骑施所部"。后"昕至俱阑城，为莫贺咄所杀，莫贺咄自为可汗。安西节度使夫蒙灵察诛斩之，以大纛官都摩支阙颉斤为三姓叶护"：

> 疏勒镇守使夫蒙灵察挟锐兵与拔汗那王掩怛逻斯城，斩黑姓可汗与其弟拔斯，入曳建城，收交河公主及苏禄可敦、尔微可敦而还，又料西国散亡数万人，悉与拔汗那王。诸国皆降。

> 嘉运俘吐火仙骨啜献太庙，天子赦以为左金吾卫员外大将军、修义王，顿阿波为右武卫员外将军。以阿史那怀道子昕为十姓可汗，领突骑施所部，莫贺达干怒曰："平苏禄，我功也。今立昕，谓何？"即诱诸落叛。诏嘉运招谕，乃率妻子及纛官首领降，遂命统其众。后数年，复以昕为可汗，遣兵护送。昕至俱阑城，为莫贺咄所杀。莫贺咄自为可汗，安西节度使夫蒙灵察诛斩之，以大纛官都摩支阙颉斤为

---

① 《旧唐书·突厥传》，卷一百九十四，列传第一百四十四，中华书局，1975 年，第 5192 页。

三姓叶护。[①]

《旧唐书·玄宗》记载是盖嘉运"杀苏禄，威震西陲"，与两唐书突骑施传记载的大首领莫贺达干杀苏禄有出入：

> 开元二十七年秋七月辛丑，荧惑犯南斗。北庭都护盖嘉运以轻骑袭破突骑施于碎叶城，杀苏禄，威震西陲。是岁，盖嘉运大破突骑施之众，擒其王吐火仙，送于京师。[②]

《资治通鉴》对两唐记载有年月日，对两唐书予以纠正。盖嘉运擒突骑施吐火仙可汗擒尔微德勒可汗，迎突骑施苏禄可汗妻和亲使者交河公主，回到长安：

> 开元二十七年（739），秋八月，乙亥（十五日），碛西节度使盖嘉运擒突骑施可汗吐火仙。嘉运攻碎叶城，吐火仙出战，败走，擒之于贺逻岭。分遣疏勒镇守使夫蒙灵詧与拔汗那王阿悉烂达干潜引兵突入怛逻斯城，擒黑姓可汗尔微，遂入曳建城，取交河公主，悉收散发之民数万以与拔汗那王，威震西陲。[③]

（四）交河公主 名号之辨

考历史文献记载出降突骑施苏禄的和亲公主出现"交河公主"和"金河公主"两个名号。就此问题，前辈学者已有多次考证。近期，武汉大学历史系安胜蓝《以交河公主事迹为中心看唐与突骑施之关系》和中山大学

---

①《新唐书·突厥传》，卷二百一十五，列传第一百四十，中华书局，1975 年，第6068~6069 页。
②《旧唐书·玄宗》，卷九，本纪第九，中华书局，1975 年，第211~212 页。
③《资治通鉴》，卷第二百一十四，唐纪三十，中华书局，1956 年，第6838 页。

历史学系副教授李丹婕撰文《突骑施可汗苏禄妻为交河公主辨——兼议〈新唐书〉相关记载的成立》，都有专门论述。安、李论文，都指出传世文献记载出现交河公主名号的问题。

安文指出："交河公主的名号，在史料之中出现了'金河公主'与'交河公主'两种记载。关于交河公主名号，邝平樟先生与岑仲勉先生专门论述了此问题。[①] 由于文献史料相对缺乏，史料之间相互矛盾处又颇多，二人也未能定论。"李文也指出："开元十年（722），唐玄宗出于笼络突骑施可汗苏禄的目的，将阿史那怀道之女册为公主与之联姻，不过，这位公主的封号究竟是金河公主还是交河公主，至今仍是一桩学术公案。"李文认定："我们现在可以认定，最早见于《通典》的'金河公主'一名，当为讹误。""根据墓志'交河开汤沐之邑，咸阳锡邸第之贵'的记述，阿史那媛的封号无疑应该是交河公主。"[②]

唐玄宗册封出降突骑施可汗苏禄的和亲公主，究竟是交河公主还是金河公主？唐代和亲公主中，有没有金河公主？依据史料记载及专家学者考证，笔者认为需要考证三个问题。

1.交河考证　有郡有县

唐代皇帝册封和亲公主的名号多为地名、郡县名。考证"交河"，"交河"就是地名。

关于"交河城"，早在《汉书·西域记》中就有记载：

　　　　车师前国，王治交河城。河水分流绕城下，故号交河。去长安

---

①邝平樟：《唐代公主和亲考》，《史学年报》1935 年第 2 期。岑仲勉：《唐史馀瀋（外一种）》，中华书局，2004 年，第 90 页。
②安胜蓝：《以交河公主事迹为中心看唐与突骑施之关系》，《丝绸之路》2017 年第 10 期。李丹婕：《突骑施可汗苏禄妻为交河公主辨——兼议〈新唐书〉相关记载的成立》，《中国史研究》2020 年第 2 期。

八千一百五十里。户七百，口六千五十，胜兵千八百六十五人。^①

有趣的是，交河既是郡名：交河郡，又是县名：交河县；也是河名：交河。而"交河"郡县之名又都来源于县北天山的河水分流，因而，交河郡、交河县之名取城外"河水分流绕城下"城，以环绕该城的河名"交河"之名。

交河故城位于今新疆吐鲁番市西13公里，是世界上最大、历史最久远、保存最完好的历史古城遗址。

史书中的交河即西州，有交河郡、交河县。《旧唐书·地理三》记载：

西州中都督府，本高昌国，贞观十三年（639）平高昌，置西州都督府。天宝元载（742），改为交河郡。^②

《新唐书·地理四》记载：

西州交河郡，中都督府。贞观十四年平高昌，以其地置。开元中曰金山都督府。天宝元年为郡。县五：前庭，柳中，交河，蒲昌，天山。^③

《元和郡县图志》记载：

西州，交河。安西都护。本汉车师国之高昌壁也，后汉和帝永元三年，班超定西域，以超为都护，复置戊己校尉，理车师前部高昌壁，以其地势高敞，人物昌盛，因名高昌。管县五：前庭，柳中，交河，天山，蒲昌。

① 《汉书·西域记》，卷九十六下，西域传第六十六下，中华书局，1962年，第3921页。
② 《旧唐书·地理三》，卷四十，志第二十，中华书局，1975年，第1644~1645页。
③ 《新唐书·地理四》，卷四十，志第三十，中华书局，1975年，第1946~1947页。

交河县，中下。东南至州八十里。本汉车师前王庭也，按车师前王国理交河城，自汉迄于后魏，车师君长相承不绝，后魏之后湮没无闻，盖为匈奴所并，高昌据其地。贞观十四年于此置交河县，与州同置。交河，出县北天山，水分流于城下，因以为名。①

　　唐玄宗时著名诗人岑参《使交河郡郡在火山脚其地苦热无雨雪献封大夫》诗写交河郡在火山脚下，"奉使按胡俗，平明发轮台。暮投交河城，火山赤崔巍。九月尚流汗，炎风吹沙埃。何事阴阳工，不遣雨雪来。"另一位唐代诗人李颀《古从军行》诗有"交河"："白日登山望烽火，黄昏饮马傍交河。"他们对交河的介绍更具代表性。

　　2. 交河金河　应为交河

　　史书记载唐玄宗册封出降突骑施可汗苏禄的和亲公主，既有交河公主，又有金河公主。

　　先考"金河公主"记载。上述李文整理出四部史书记载，唐玄宗出降突骑施可汗苏禄者为"金河公主"。而四部史书内容大体相同，史料出处应该出于同源，但年代记载不清楚。

　　一是《通典》（801）记载"上乃立史怀道女为金河公主以妻之"：

　　　　苏禄者，突骑施别种也。颇善绥抚，十姓部落渐归附之，有众二十万，遂雄西域之地，寻遣使来朝。开元三年，制授苏禄为左羽林卫大将军、金方道经略大使，特遣侍御史解忠顺赍玺书册立为忠顺可汗。自是每年遣使朝献，上乃立史怀道女为金河公主以妻之。②

　　二是《旧唐书·突厥传》记载"上乃立史怀道女为金河公主"，未记

---

① 《元和郡县图志》，卷第四十，中华书局，1983年，第1030~1032页。
② 《通典》，卷一百九十九，边防十五，中华书局，1988年，第5462~5463页。

册封年代:

> 苏禄者，突骑施别种也。颇善绥抚，十姓部落渐归附之，众二十万，遂雄西域之地，寻遣使来朝。开元三年，制授苏禄为左羽林军大将军、金方道经略大使，进为特勒，遣侍御史解忠顺赍玺书册立为忠顺可汗。自是每年遣使朝献。上乃立史怀道女为金河公主以妻之。[①]

三是《太平寰宇记》记载"上乃立史怀道女为金河公主以妻之"：

> 苏禄者，突骑施别种也。颇善绥抚，十姓部落渐归附之，有众二十万，遂雄西域之地，寻遣使来朝。开元三年，制授苏禄为左羽林军大将军、金方道经略大使，特遣侍御史解忠顺赍玺书册立为忠顺可汗。自是每年遣使朝献，上乃立史怀道女为金河公主以妻之。[②]

四是《册府元龟》记载"以史怀道女为金河公主，以妻突骑施可汗苏禄"：

> 是月（开元五年八月），又以史怀道女为金河公主，以妻突骑施可汗苏禄。先是，苏禄颇善绥抚，有众二十万，遂雄西域之地，寻遣使来朝。三年，制授左羽林军大将军、金方道经略大使，位特进，遣侍御史解忠顺赍玺书册立为忠顺可汗。至是，每年遣使来朝献，帝乃以主妻之。[③]

[①]《旧唐书·突厥传》，卷一百九十四，列传第一百四十四，中华书局，1975年，第5191页。
[②]《太平寰宇记》，卷一百九十七，中华书局，2007年，第3777页。
[③]《册府元龟·外臣部·和亲》，卷九百七十九，中华书局影印本，1960年，第11500页。

再考，史书中的"交河公主"记载，其一，《新唐书·突厥传》对上述四部史书的"金河公主"记载予以纠正，明确记载为"帝以阿史那怀道女为交河公主妻之"：

> 突骑施别种车鼻施啜苏禄者，衰拾余众，自为可汗。苏禄善抚循其下，部种稍合，众至二十万，于是复雄西域。开元五年，始来朝，授右武卫大将军、突骑施都督，却所献不受。以武卫中郎将王惠持节拜苏禄左羽林大将军、顺国公，赐锦袍、钿带、鱼袋七事，为金方道经略大使。然诡猾，不纯臣于唐，天子羁系之，进号忠顺可汗。其后阅一二岁，使者纳赞，帝以阿史那怀道女为交河公主妻之。[①]

其二，《新唐书·杜佑传》同样明确记载是，"交河公主嫁突骑施"，唐玄宗诏杜佑之父杜希望为和亲判官：

> 开元中，交河公主嫁突骑施，诏（杜）希望为和亲判官。"[②]

其三，前已述及，《唐会要》载："和蕃：交河。"《唐会要》（成书于981年）卷六是记述唐代和亲公主比较最完整的史书，其明确记载为"交河"，应该比较可信。

其四，《资治通鉴》记载：

> 开元十年（722），十二月，庚子（初三），以十姓可汗阿史那怀道女为交河公主，嫁突骑施可汗苏禄。[③]

---

①《新唐书·突厥传》，卷二百一十五，卷一百四十，中华书局，1975年，第6067页。
②《新唐书·杜佑传》，卷一百六十六，列传第九十一，中华书局，1975年，第5085页。
③《资治通鉴》，卷第二百一十二，唐纪二十八，中华书局，1956年，第6754页。

《资治通鉴》记载交河公主精准至年、月、日：开元十年，十二月庚子（初三）。相比之下，《资治通鉴》"交河公主"的记载同样比较可信。

其五，特别重要的史料是《通典》引亲临交河公主居住过的交河城的杜环所撰游记《经行记》中的记载，强调"昔交河公主所居止之处"：

> 又有碎叶城，天宝七载（748），北庭节度使王正见薄伐，城壁摧毁，邑居零落。昔交河公主所居止之处，建大云寺，犹存。[①]

上述李文论证：杜希望是交河公主的和亲判官，送交河公主出降突骑施。杜希望的族孙是杜环。唐玄宗天宝十载（751），唐与大食"怛逻斯之战"，唐朝战败，杜环被俘。他曾经在中亚、西亚及地中海等大食占据的地区停留10多年，游历西域各地，亲自到过交河公主驻地，他写成《经行记》，是交河公主的第一手材料。杜希望和杜环祖孙二人先后都是当事人，其记载应该更是比较可信。

3. 墓志确定　交河公主

以上文献记载有金河公主和交河公主，但是，相比之下，记载"交河公主"的史料比较可信。记载金河公主史料基本上雷同，应该是互相抄袭，不大可信。

更可靠的确凿无疑证据是近期出土的有关墓志记载。1993年出土于陕西咸阳市的《阿史那怀道墓志》、其妻《大唐故瀚海国夫人墓志》，以及《大唐故交河公主孙突骑施奉德可汗王子光绪墓志铭并序》，成为突骑施可汗可敦册封名号是交河公主的铁证。

第一，《阿史那怀道墓志》记载，交河公主父亲十姓可汗阿史那怀道的家世是，阿史那怀道的五世祖德媚可汗统帅50万众，爵角者36蕃；

[①]《通典》，卷一百九十三，边防九，西戎五，石国，中华书局，1988年，第5275页。

曾祖父是阚氏叶护；祖父是步真是咄六叶护，贞观中入朝拜骠骑大将军、濛池大都护，唐太宗册封继往绝可汗。阿史那怀道父亲即交河公主的爷爷是骠骑大将军斛瑟罗，更是一位传奇历史人物：唐高宗册封斛瑟罗为"竭忠事主可汗"，从麟德年间至开元年间，一生侍奉唐高宗、武则天、唐中宗、唐睿宗、唐玄宗唐代五朝皇帝，特别出奇的是他是世界少有的长寿，高寿竟然达到"一百一十九岁"。交河公主的父亲阿史那怀道本人，册封为十姓可汗，效忠唐朝，长住长安。晚年，唐玄宗赐官邸客居咸阳。"开元十五年闰五月二十三，薨于客舍，春秋五十有七。"[1]

第二，《大唐故瀚海国夫人墓志》中有两段特别关键性的文物史料，决定出降突骑施苏禄可汗为妻的是交河公主，而不是金河公主。

其一如下：

> 有男曰昕，幼而敦敏，长而独立，以左领军卫将军袭号可汗；有女曰媛，婉其如玉，绚兮若画。今上册命为公主，降于突骑施可汗，以修好也。[2]

夫人安氏生有一个男孩，名叫阿史那昕，后来，先封左领军卫将军，开元二十八年（740），唐玄宗命其承袭父亲可汗名号，为突骑施继往绝可汗、又称十姓可汗、任濛池都护。

墓志所记"有女曰媛，婉其如玉，绚兮若画。今上册命为公主，降于突骑施可汗，以修好也"，意思是阿史那怀道有女儿阿史那媛，皇帝册封为公主，出降于突骑施可汗（苏禄），表示唐与突骑施修好。

如此说来，阿史那怀道有一儿阿史那昕，以左领军卫将军世袭十姓可汗。还有一女阿史那媛，皇帝册封为突骑施可汗苏禄的和亲公主。

---

①钱春丽：《唐濛池大都护阿史那怀道墓志考》，《文博》2016年第2期。
②《大唐故瀚海国夫人墓志》。

其二是更加有决定性的一段文字：

交河开汤沐之邑，咸阳锡邸第之贵。[①]

墓志中"交河开汤沐之邑"，明确是指唐朝给交河公主赠送"汤沐邑"，"交河"二字，决定出降突骑施苏禄可汗的公主就是交河公主，不是金河公主。

第三，《大唐故交河公主孙突骑施奉德可汗王子光绪墓志铭并序》，标题就是"大唐故交河公主孙突骑施奉德可汗王子光绪"，同样明确证明，阿史那怀道之女、突骑施奉德可汗的王子光绪的祖母是交河公主，不是金河公主，唐朝应该就没有金河公主。

4.两个交河　实为姑嫂

《资治通鉴》记载，开元十年（722），唐玄宗册封阿史那怀道女阿史那媛为第一个交河公主，嫁突骑施可汗苏禄：

开元十年（722），十二月，庚子（初三），以十姓可汗阿史那怀道女为交河公主，嫁突骑施可汗苏禄。[②]

突厥十姓可汗阿史那怀道之女阿史那媛，册封交河公主，出降突骑施可汗苏禄，这是第一个交河公主。《资治通鉴》唐玄宗在开元十年（722）十二月初三，把阿史那怀道之女阿史那媛册封为交河公主精准记载到年月日，出降突骑施可汗苏禄。交河公主册封出降年代，史书有开元三年、五年的记载，学界一般都认可开元十年（722），唐玄宗册封交河公主出降图恰是可汗苏禄。

①《大唐故瀚海国夫人墓志》。
②《资治通鉴》，卷第二百一十二，唐纪二十八，中华书局，1956 年，第 6754 页。

《资治通鉴》记载开元二十八年（740），唐玄宗册封阿史那昕之妻凉国夫人李氏，为第二个交河公主：

> 开元二十八年（740），夏四月，辛未（十五日），以昕妻李氏为交河公主。①

综合以上文献和文物史料，同为唐玄宗册封，唐朝有两个交河公主，两个交河公主，除了名号相同都叫"交河"之外，其他，都不相同。但，两个交河公主，又有亲密关系。

第一个交河公主，父亲是突厥十姓和可汗唐朝将领阿史那怀道，母亲是瀚海夫人安氏，阿史那怀道之女，姓阿史那，名媛。阿史那怀道和瀚海夫人安氏之子交河公主阿史那媛之兄，为阿史那昕，父亲死后，袭封为十姓可汗。开元十年（722），唐玄宗册封阿史那媛为交河公主，出降突骑施可汗苏禄，成为大唐第四位和亲公主。苏禄死后，因战乱被唐将相救归唐。苏禄可汗与第一个交河公主之子为突骑施奉德可汗，他们的孙子为突骑施奉德可汗王子光绪，少年在长安为质子，守卫皇宫。唐代宗永泰元年（765）二月，卒于长安。

第二个交河公主，阿史那昕妻为凉国夫人李氏，《新唐书·突厥传》记载，唐玄宗立第二个交河公主丈夫、第一个交河公主之兄阿史那昕为十姓可汗，派兵护送至碎叶城以西的俱兰城，被突骑施莫贺达干所杀，阿史那昕之妻第二个交河公主及其子阿史那忠孝亡归长安，唐玄宗授阿史那忠孝为左领军卫员外将军，西突厥遂亡。

《全唐文》有《册交河公主文》有唐玄宗册封阿史那昕妻为凉国夫人李氏，为第二个交河公主的册文《册交河公主文》：

---

① 《资治通鉴》，卷第二百一十四，唐纪三十，中华书局，1956 年，第 6841 页。

維開元二十一年（733），歲次癸酉，四月丁酉朔十五日辛亥，皇帝若曰：於戲！大邦為好，蕃服維寧，豈獨元夫，亦資良偶。諮爾十姓可汗、開府儀同三司、濛池都護阿史那昕妻涼國夫人李氏，柔懿成性，幽閑表儀。能修《關雎》之德，克奉蘋蘩之禮。自祗率輔佐，肅恭言容，載茂彤箴，允諧內則。是以崇寵蕃扞，懷柔遠人，將適遐荒，更榮封邑。是用冊爾為交河公主，爾其葉化番邦，竭誠婦道，膺茲寵命，可不慎歟？ [1]

收入《全唐文》中的这份《册交河公主文》，明确此册文是册封十姓可汗阿史那昕妻凉国夫人为交河公主，不是突骑施可汗苏禄妻和亲公主交河公主，阿史那昕是和亲公主交河公主之兄，两个交河公主，不是一回事。

笔者发现，《百度百科》"交河公主"，介绍和亲公主突骑施可汗妻交河公主，却把此册文收入和亲公主交河公主词条，读者或以为此册文就是和亲公主交河公主的册文，还会让读者把第一个和亲公主交河公主和第二个阿史那昕妻交河公主，误解为一个交河公主。《百度百科》"交河公主"词条，欠妥！册文，册封交河公主的年代与《资治通鉴》记载有出入。月、日相同，都是四月十五日，年份却不同，《册交河公主文》册文年代为开元二十一年，《资治通鉴》是"开元二十八年"，册文早7年。尽管如此，和亲公主是开元十年，在前；阿史那妻交河公主无论开元二十一年，还是开元二十八年都在后，二人册封交河公主的时间，和亲公主交河公主与阿史那妻交河公主一前一后，这是明确的。

笔者发现，第一个和亲公主交河公主是阿史那怀道之女、阿史那昕之妹，而第二个交河公主是阿史那昕之妻，两个交河公主实际上应为姑嫂关系，第一个交河公主是第二个交河公主的小姑子，第二个交河公主是第一个交河公主的嫂子。两个交河实为姑嫂。

---

① 《全唐文》，卷三十八，中华书局影印本，1983年，第416页。

（五）公主归唐　历史传闻

1. 交河公主　回归大唐

史书和墓志记载，突骑施可汗苏禄妻交河公主和苏禄可汗的尔微可敦后来都一起归唐。《旧唐书》记载"开元二十六年（738 年）夏"，突骑施可汗苏禄被突厥大首领莫贺达干与都摩度联合所杀。

唐《通典》记载，开元二十六年（738），莫贺达干杀苏禄。唐将安西都护盖嘉运败都摩度、擒咄火仙，"并收得金河公主而还。"

《旧唐书·突厥传》记载，二十六年（738）夏，莫贺达干杀苏禄。唐将安西都护盖嘉运败都摩度、擒咄火仙，"并收得金河公主而还"9 个字的记载，而且此处二书记载显然同源，把交河公主误书为"金河公主"。

《通典》和《旧唐书》之后的《新唐书·突厥传》记载，则予以纠正比较准确补充重要内容：盖嘉运的部将疏勒镇守使夫蒙灵察和拔汗纳王"收交河公主及苏禄可敦、尔微可敦而还"，而且还记载莫贺达干、都摩支杀苏禄。唐玄宗命碛西节度使盖嘉运"碎叶之战"擒苏禄子吐火仙可汗及其弟顿阿波叶护等，"收交河公主及苏禄可敦、尔微可敦而还"：

> 俄而莫贺达干、都摩支夜攻苏禄，杀之。都摩支又背达干立苏禄子吐火仙骨啜为可汗，居碎叶城，引黑姓可汗尔微特勒保怛逻斯城，共击达干。帝使碛西节度使盖嘉运和抚突骑施、拔汗那西方诸国。莫贺达干与嘉运率石王莫贺咄吐屯、史王斯谨提共击苏禄子，破之碎叶城。吐火仙弃旗走，禽之，并其弟叶护顿阿波。疏勒镇守使夫蒙灵察挟锐兵与拔汗那王掩怛逻斯城，斩黑姓可汗与其弟拔斯，入曳建城，收交河公主及苏禄可敦、尔微可敦而还，又料西国散亡数万人，悉与拔汗那王。诸国皆降。[①]

---

① 《新唐书·突厥传》，卷二百一十五，列传第一百四十，中华书局，1975 年，第 6068 页。

而《资治通鉴》则记载，开元二十六年六月，苏禄被杀。开元二十七年八月"碎叶之战"擒吐火仙，擒黑姓可汗尔微特勒，碛西节度使嘉运收复碎叶城，"遂入曳建城，取交河公主"：

> 开元二十七年（739），秋，八月，乙亥（十五日），碛西节度使盖嘉运擒突骑施可汗吐火仙。嘉运攻碎叶城，吐火仙出战，败走，擒之于贺逻岭。分遣疏勒镇守使夫蒙灵察与拔汗那王阿悉烂达干潜引兵突入怛逻斯城，擒黑姓可汗尔微，遂入曳建城，取交河公主。[①] 悉收散发之民数万以与拔汗那王，威震西陲。[②]

唐《通典》《旧唐书》《新唐书》记载的突骑施可汗苏禄被莫贺达干杀掉以后，"并收得金河公主而还""并收得金河公主而还""收交河公主及苏禄可敦、尔微可敦而还"，都没有明确时间。而《资治通鉴》明确在开元二十七年（739）秋八月十五日，碛西节度使嘉运，擒突骑施可汗吐火仙之后，派遣疏勒镇守使夫蒙灵察率唐军与拔汗那王阿悉烂达干，"入曳建城，取交河公主"。

综上所述，大唐第四位和亲公主交河公主，在其夫突骑施可汗苏禄开元二十六年（738）被杀后，第二年，开元二十七年（739）秋八月十五日，正是中秋节日，与苏禄可敦、尔微特勒可汗的可敦等，被唐将盖嘉运等所救。于是，大唐将领、突厥十姓可汗阿史那怀道之女交河公主阿史那媛，唐玄宗开元十年（722）册封为交河公主降突骑施可汗苏禄，至此，结束了17年的和亲突骑施可汗的使命，正是从开元二十七年秋八月十五日中秋节日，

---

①《资治通鉴》注特别指出"交河公主事，始二百一十二卷十二月"，意在强调此交河公主是大唐和亲公主，非后来册封的阿史那昕妻的交河公主。
②《资治通鉴》，卷第二百一十四，唐纪三十，中华书局，1956年，第6838页、第6841页。

与苏禄另一位可敦以及被擒的尔微特勒的可敦等一起，从遥远的3000多公里之外的曳建城（今哈萨克斯坦江布尔西北）动身，开始了漫长的后半生定居大唐回归之旅。

"碎叶之战"大胜"威震西陲"的唐将碛西节度使盖嘉运，保护着大唐第四位和亲使者交河公主以及苏禄另一位可敦、尔微特勒可敦等，同时押解着俘虏吐火仙可汗及其弟叶护顿阿波和黑姓可汗尔微特勒等回朝报喜。

交河公主回归大唐经历的时间有多么漫长，《资治通鉴》记载，直到第二年开元二十八年（740）三月二十八日，翻山越岭，过草原、经沙漠，经历了整整7个月13天的7000多里的长途跋涉，交河公主才终于来到长安，完成了她回归大唐之旅。

需要指出的是，唐玄宗对待交河公主回归大唐采取了默认、善待的政策，《资治通鉴》又记载盖嘉运回京献俘，唐玄宗效仿唐太宗对待被俘的突厥可和颉利的友好和睦的民族政策，对待盖嘉运所俘图火仙可汗不予治罪，还册封其为大唐左金吾大将军。同时，盖嘉运请唐玄宗立阿史那怀道之子阿史那昕为十姓可汗。四月，又以阿史那昕妻也封为交河公主：

开元二十八年（740）三月甲寅（二十八日）盖嘉运入献捷。上赦吐火仙罪，以为左金吾大将军。嘉运请立阿史那怀道之子昕为十姓可汗；从之。[①]

2. 阿史那昕　妻封交河

在册立阿史那昕为十姓可汗的第二月，开元二十八年（740）四月十五日，唐玄宗册封阿史那昕之妻李氏为交河公主去，有意与突骑施可汗苏禄妻阿史那媛交河公主为同一封号——交河公主，意在肯定交河公主阿

①《资治通鉴》，卷第二百一十四，唐纪三十，中华书局，1956年，第6838页、第6841页。

史那媛和亲功劳，表明大唐继续执行与突厥等少数民族通和的政策。《资治通鉴》记载：

开元二十八年（740）夏，四月，辛未（十五日），以昕妻李氏为交河公主。[①]

这就是说，在开元十年（722）唐玄宗册封阿史那怀道之女、阿史那昕之妹阿史那媛为交河公主，与突骑施可汗苏禄和亲十八年之后，唐玄宗再次册封和亲公主阿史那媛之兄嫂为同封号的交河公主。一前一后的交河公主，乃十姓可汗阿史那家族之姑嫂关系。

考《唐大召令集》也收入唐玄宗开元二十八年的《册交河公主文》：

册交河公主文

维开元二十八年（740），岁次癸酉，四月丁酉朔十五日辛亥，皇帝若曰：於戏！大邦为好，蕃服维宁，岂独元夫，亦资良偶。咨尔十姓可汗开府仪同三司濛池都护阿史那昕妻凉国夫人李氏，柔懿成性，幽闲表仪。能修《关雎》之德，克奉蘋蘩之礼。自祗率辅佐，肃恭言容，载茂彤篚，允谐内则。是以崇宠蕃扞，怀柔远人，将适遐荒，更荣封邑。是用册尔为交河公主，尔其叶化番邦，竭诚妇道，膺兹宠命，可不慎欤？[②]

此册文有两点特别值得关注：

一是，册封交河公主时间是开元二十八年（740）四月十五日，与《资

---

①《资治通鉴》，卷第二百一十四，唐纪三十，中华书局，1956年，第6838页、第6841页。

②《唐大诏令集》，卷四十二，中华书局，2008年，第206~207页。

治通鉴》记载完全一致。《全唐文》录为开元二十一年，应属误记。

二是，册文明确指出被唐玄宗册封的是"尔十姓可汗开府仪同三司濛池都护阿史那昕妻凉国夫人李氏"。明确唐玄宗册封的是阿史那昕妻李氏。因此，开元二十八年（740）册文册封的交河公主不是和亲公主交河公主阿史那媛，因为此时开元二十八年（740），交河公主阿史那媛已经完成其和亲突骑施可汗苏禄的任务，回到了长安。和亲公主交河公主阿史那媛册封时间是在开元十年（722）。两个交河公主册封时间，相差 18 年。

第二个交河公主之兄阿史那怀道之子阿史那昕被突骑施莫贺达干所杀，其妻第二个交河公主及其子阿史那忠孝都被唐将收归，阿史那昕和第二个交河公主之子，即和亲苏禄的交河公主之侄儿阿史那忠孝，到长安同样受到善待，被唐玄宗封为左领军卫员外将军，继续效忠大唐。《新唐书》记载：

> （阿史那）昕至碎叶西俱兰城，为突骑施莫贺达干所杀，交河公主与其子忠孝亡归，授左领军卫员外将军，西突厥遂亡。[①]

（六）王子光绪　祖母交河

1.突厥王子　墓志出土

关于交河公主，老一辈学者著名隋唐史专家岑仲勉先生进行过考证。近期，学界进一步讨论。笔者注意到，近期有葛承雄教授、周伟洲教授、吴玉贵教授、李丹婕教授先后撰文，论述交河公主。

葛承雄：《新出土〈唐故突骑施王子志铭〉考释》，《文物》2013年第 8 期。

周伟洲：《〈唐故突骑施王子志铭〉补考》，《中国历史地理论丛》

[①]《新唐书·突厥传》，卷二百一十五，列传第一百四十，中华书局，1975 年，第6066 页。

2014 年第 1 期。

吴玉贵：《唐故突骑施王子志铭》再探讨———兼论突骑施黑姓及其与唐朝的关系》，《魏晋南北朝隋唐史资料》第 33 辑，2016 年 7 月。

李丹婕：《突骑施可汗苏禄妻为交河公主辨———兼议《新唐书》相关记载的成立》，《中国史研究》2020 年第 2 期。

主要问题集中在，一是文献记载交河公主、金河公主问题；二是《墓志》中交河公主是突骑施苏禄妻阿史那媛，还是阿史那昕妻李氏。

这两个问题在 2011 年西安市出土的《大唐故交河公主孙突骑施奉德可汗王子光绪墓志铭并序》一方，为学界最后得出结论提供了依据。墓志明确佐证两点结论：

一是，唐玄宗册封阿史那怀道之女出降突骑施苏禄妻是交河公主，不是金河公主。有关文献记载"金河公主"，有误。

二是，墓志中的交河公主是开元十年（722）为了和亲册封为交河公主出降突骑施可汗苏禄之妻阿史那媛，不是开元二十八年（740）册封的阿史那昕妻李氏为交河公主。

墓志释文，综合葛承雄教授、周伟洲教授释文：

大唐故交河公主孙、突骑施奉德可汗王子光绪墓志铭并序

永泰元年二月日突骑施质子光绪卒（下空二字）诏下有司官给葬备，以永泰二年十月十六日窆于长安县承平原，典也。突骑施盖乌孙之后，自西汉以来，与中国通为婚姻之旧（下空一字）。皇家抚柔殊俗，亦以交河公主降焉。光绪即公主之孙、奉德可汗之子。少自绝域质于京师，缅慕华风，遂袭冠带。希由余之识达，宗日磾之重慎，内侍历年，敬而无失，故于其终也，恩礼加焉，亦所以来远人报忠款者也。史官奉职。乃为之铭曰：

生远国分，慕□□□□□□□□□□□皇洲。瞥过隙分，逝不留，

望故乡兮，芜绝万里，圣泽兮松槚千秋。□□□□□□□□□□□□□①

墓志释文，吴玉贵教授释文：

　　永泰元年二月日，突骑施质子光绪卒。」诏下有司，官给葬备，以永泰二年十月十六」日窆于长安县承平原，典也。突骑施盖乌孙」之后，自西汉以来，与中国通为婚姻之旧。」皇家抚柔殊俗，亦以交河公主降焉。光绪即」公主之孙、奉德可汗之子。少自绝域，质于京师，缅慕华风，遂袭冠带。希由余之识达，宗日」碑之重慎，内侍历年，敬而无失故于其终也，」恩礼加焉。亦所以来远人、报忠款者也。史官」奉职，乃为之铭曰：生远国兮，慕」皇洲，瞥过隙兮，逝不留，望故乡兮，芜绝万里，」圣泽兮，松槚千秋。②

2.学者讨论　墓志交河

　　唐玄宗册封的出降突骑施苏禄可汗的大唐第四位和亲使者交河公主，文献记载和《光绪墓志》有出入，引起学界的多位专家学者的关注。

　　《大唐故交河公主孙突骑施奉德可汗王子光绪墓志》所记"交河公主"，是哪个交河公主？看来，唐玄宗前后册封两个交河公主，一时间，把我们学者都弄糊涂了。

　　葛承雄教授文说："据《新唐书》《资治通鉴》《唐会要》等互证，阿史那昕是斛瑟罗之孙、阿史那怀道的儿子，他受到北庭都护盖嘉运的支持，向唐朝请立册命为十姓可汗，并派兵护送阿史那昕到碎叶上任，但却遇到莫贺达干不服气自立可汗而叛，《新唐书·突厥传》记载天宝元载（742）

①葛承雄：《新出土〈唐故突骑施王子志铭〉考释》，《文物》2013年第8期。
②吴玉贵：《唐故突骑施王子志铭》再探讨——兼论突骑施黑姓及其与唐朝的关系》，《魏晋南北朝隋唐史资料》第三十三辑，上海古籍出版社，2016年。

161

阿史那昕返回西域，刚刚到达碎叶西南俱兰城，就被莫贺达干所杀，'交河公主与其子忠孝亡归，授左领军卫员外将军'。交河公主刚受册封即遇此人生大变故，没有到达碎叶即与儿子'忠孝'回归内地。这个儿子被授以武职将军是否墓志上记载的'奉德可汗'，史书似无载，暂且存疑。墓志特别强调'光绪'是交河公主的孙子，只说其父奉德可汗而不说其祖父十姓可汗阿史那昕，可能另有隐情避讳。"①

显然，葛承雄教授把《墓志》中的交河公主，误认为是开元二十八年（740）唐玄宗册封的阿史那昕妻交河公主了。应该是没有弄清楚墓志记载的含义。

周韦洲教授文肯定《大唐故交河公主孙突骑施奉德可汗王子光绪墓志》所记交河公主，是"西突厥别部的突骑施可汗妻交河公主（唐封西突厥阿史那怀道女），而非是西突厥可汗阿史那昕妻李氏（唐亦封为交河公主）"，并分析葛文误解交河公主为阿史那昕妻的原因。

周文说"此两位'交河公主'，谁是墓主突骑施王子光绪之祖母？显然只能是作为西突厥别部的突骑施可汗妻交河公主（唐封西突厥阿史那怀道女），而非是西突厥可汗阿史那昕妻李氏（唐亦封为交河公主）。因为墓志铭记光绪是突骑施王子，而非西突厥可汗阿史那氏的王子。葛文之所以仍然以为阿史那昕妻交河公主为突骑施王子光绪祖母的根据之一，是他误认为阿史那昕是"突骑施十姓可汗"所致。如此，可以首先排除西突厥可汗阿史那昕妻交河公主系墓主突骑施王子光绪祖母的可能性。"②

吴玉贵教授文同意周伟洲观点，吴文明确表态，强调两个交河公主不能混为一谈："关于《墓志》涉及的交河公主的问题，我们完全同意周伟洲先生的意见，《墓志》中记载的交河公主，就是开元十年嫁给突骑施可汗苏禄的西突厥可汗阿史那怀道之女，她与后来西突厥可汗阿史那昕（阿

①葛承雄：《新出土〈唐故突骑施王子志铭〉考释》，《文物》2013 年第 8 期。
②周伟洲：《〈唐故突骑施王子志铭〉补考》，《中国历史地理论丛》2014 年第 1 期。

史那怀道之子）的妻子李氏虽然封号相同，而且是姑嫂关系，但一位是突骑施可汗之妻，一位是西突厥可汗之妻，二者判然有别，不能混为一谈；更不能将《墓志》中的交河公主，视为阿史那昕之妻。"①

李丹婕教授文未涉及《突骑施王子光绪墓志》，主要是依据《大唐故瀚海国夫人墓志》辨别唐玄宗册封的和亲公主是交河公主，不是金和公主。指出："根据墓志'交河开汤沐之邑，咸阳锡邸第之贵'的记述，阿史那媛的封号无疑应该是交河公主。"②

综上所述，笔者同意周伟洲教授《突骑施王子光绪墓志》中的观点："交河公主"是突骑施可汗苏禄妻阿史那媛，不是阿史那昕之妻李氏。

因为，《突骑施王子光绪墓志》的标题是《大唐故交河公主孙突骑施奉德可汗王子光绪墓志铭并序》，"大唐故交河公主孙"已经证明，交河公主是墓主光绪王子之祖母，墓主王子光绪是突骑施奉德可汗王之子，和亲公主交河公主正是出降给突骑施可汗苏禄，据此，突骑施奉德可汗是交河公主之子，就是突骑施可汗苏禄之子。

为什么《墓志》只书墓主是交河公主之孙，未书墓主是苏禄可汗之孙？因为，交河公主丈夫是苏禄可汗，不言而喻，交河公主之孙自然就是苏禄可汗之孙。但是，苏禄可汗，有三个可敦，苏禄的三个可敦有"诸子"，好几个儿子，自然会有好几个孙子。《墓志》强调"大唐故交河公主孙"的意思是，墓主的突骑施奉德可汗王子孙子是苏禄的交河公主可敦和苏禄可汗之孙。何时突骑施奉德可汗王册封可汗？未见史书记载，但根据《光绪墓志》，突骑施奉德可汗王应该也是交河公主和突骑施苏禄可汗之子。

---

①吴玉贵：《唐故突骑施王子志铭》再探讨——兼论突骑施黑姓及其与唐朝的关系》，《魏晋南北朝隋唐史资料》第三十三辑，上海古籍出版社，2016年。阿史那昕为是昕可汗。

②李丹婕：《突骑施可汗苏禄妻为交河公主辨——兼议《新唐书》相关记载的成立》，《中国史研究》2020年第2期。

（七）公主归来　居住温州

开元二十七年（739）秋八月十五日，"碎叶之战"，碛西节度使盖嘉运率军攻占碎叶（今吉尔吉斯托克马克市西以西），同时，分兵遣疏勒镇守使夫蒙灵祭与拔汗那王阿悉烂达干潜兵入怛逻斯（今哈萨克斯坦东南江布尔城）。此战，唐将擒吐火仙可汗、尔微可汗，怛逻斯（今哈萨克斯坦东南江布尔城）取交河公主而还。开元二十八年三月二十八日，盖嘉运一行凯旋回朝，长安献俘，唐玄宗设宴赏赐盖嘉运。

《资治通鉴》记载了开元二十七年八月十五日的这次"碎叶之战"，盖嘉运攻占碎叶城、怛逻斯城，擒吐火仙可汗、尔微可汗，取交河公主归唐的经过：

> 开元二十七年（739），秋，八月，乙亥（十五日），碛西节度使盖嘉运擒突骑施可汗吐火仙。嘉运攻碎叶城，吐火仙出战，败走，擒之于贺逻岭。分遣疏勒镇守使夫蒙灵察与拔汗那王阿悉烂达干潜引兵突入怛逻斯城，擒黑姓可汗尔微，遂入曳建城，取交河公主，悉收散发之民数万以与拔汗那王，威震西陲。①

盖嘉运护送交河公主、押解俘虏，一行人自开元二十七年八月十五日回朝，行程半年多，至开元二十八年（740）四月二十八日，至长安献俘。唐玄宗特别高兴，在御花萼楼赐宴盖嘉运。唐玄宗赦吐火仙，封其为左金吾大将军。盖嘉运请唐玄宗册立阿史那怀道之子即交河公主阿史那媛之兄阿史那昕为十姓可汗，唐玄宗从盖嘉运之请，立即封。夏四月十五日，册封阿史那妻李氏与小姑子同一个封号，也为交河公主。《资治通鉴》记载：

---

① 《资治通鉴》，卷第二百一十四，唐纪三十，中华书局，1956年，第6838页。

开元二十八年（740）四月甲寅（二十八日），盖嘉运入献捷。上赦吐火仙罪，以为左金吾大将军。嘉运请立阿史那怀道之子昕为十姓可汗；从之。夏，四月，辛未（十五日），以昕妻李氏为交河公主。[①]

大唐第四位和亲使者交河公主于开元二十八年（740）四月二十八日，由盖嘉运护送回朝到长安，交河公主后世的生活怎么样？唐史文献不见记载。

笔者发现，唐朝人戴孚撰有《广异记》一书，其中《豆卢荣》篇记载了交河公主的一传奇故事：

豆卢荣。上元初，豆卢荣为温州别驾，卒。荣之妻即金河公主女也。公主尝下嫁辟叶，辟叶内属，其王卒，公主归来。荣出佐温州，公主随在州数年。宝应初，临海山贼袁晁攻下台州，公主女夜梦一人，被发流血，谓曰："温州将乱，宜速去之。不然，必将受祸。"及觉，说其事。公主云："梦想颠倒，复何足信！"须臾而寝，女又梦见荣，谓曰："知被发者，即是丈人，今为阴将。浙东将败，欲使妻子去耳。宜遵承之，无徒恋财物。"女又白公主说之。时江东米贵，唯温州米贱，公主令人置吴绫数千匹，故恋而不去。他日，女梦其父云："浙东州，袁晁所陷，汝母不早去，必罹艰辛。"言之且泣。公主乃移居栝州。栝州陷，轻身走出，竟如梦中所言也。[②]

唐人戴孚《广异记》中的"金河公主"，前已述及，应即为交河公主。《广异记》记载清清楚楚，豆卢荣之妻是交河公主之女，女儿的丈夫是温州别驾豆卢荣。而交河公主曾下嫁"辟叶"。交河公主出降的突骑施可汗

①《资治通鉴》，卷第二百一十四，唐纪四十，中华书局，1956年，第6841页。
②戴孚著、方诗铭辑校：《广异记》，中华书局，1992年，第42页。

苏禄的牙帐就在"辟叶",似应为"碎叶"。苏禄可汗卒,交河公主正是由收复碎叶城的唐将碛西节度使盖嘉运迎回长安。交河公主回到长安以后,女婿豆卢荣出任温州别驾,交河公主随女儿、女婿住在温州数年。

这段故事后面记交河公主女儿夜梦之事。到了唐代宗宝应(762—763)初年,临海山贼袁晁攻下台州,交河公主女儿夜间做梦,梦见一人"被发流血",对她说"温州将乱,宜速去之。不然,必将受祸"。让她们赶快离开温州,但是交河公主不信,说梦里说的都是颠倒的。后来女儿又梦见父亲豆卢荣告诉女儿,你梦见的"被发"的人就是姥爷,他现在是阴间的武将,说这东将要战败,赶快离开,不要贪恋财物。女儿又说给母亲交河公主,但是因为浙东米贵,温州米贱,公主赚了钱,让人置办了吴绫数千匹,所以不想走。又一日,女儿又梦见父亲,说"浙东州已经被袁晁所攻陷,你母亲不早走,必然要吃苦头"。说完要哭泣了,交河公主这才移居到梧州,梧州再失陷以后,她空身而走。情况正如女儿梦中一样。

如何评价交河公主,首先需要明确的是,《资治通鉴》记载,开元十年,唐玄宗册封十姓可汗阿史那怀道之女、阿史那媛为交河公主,外嫁突骑施可汗苏禄。开元二十八年,唐玄宗才册封阿史那昕妻凉国夫人李氏为交河公主,成为第二个交河公主。因此,开元二十七年,唐朝盖嘉运擒苏禄之子吐火仙可汗,又擒苏禄子尔微德勒可汗,迎交河公主回朝。迎回长安的交河公主,应该就是唐朝继弘化公主之后第二位得以回朝的和亲公主、第一个交河公主阿史那媛,而不是阿史那昕妻交河公主。这一点,两个交河公主非常容易糊涂,两唐书也都记载安西都护盖嘉运将军及其部将疏勒镇守使夫蒙灵察,助突骑施酋长莫贺达干围攻碎叶城,擒获吐火仙可汗。随即乘胜攻入曳建城,接回交河公主。

不过区别在于,弘化公主是上书唐高宗请求回朝省亲,唐高宗恩准,弘化公主风光回朝,再还蕃继续和亲。而交河公主东归,应该说明是唐与突骑施和亲无果而终，最终失败，战乱中算是死里逃生，由唐将接回，永不还蕃。但是唐玄宗对交河公主同样善待。据《墓志》记载，唐玄宗册封交河公主之子为突骑施奉德可汗。

《新唐书·突厥传》记载天宝元载（742）阿史那昕返回西域，刚刚到达碎叶西南俱兰城就被莫贺达干所杀，"交河公主与其子忠孝亡归，授左领军卫员外将军"。交河公主刚受册封，即遇此人生大变故，没有到达碎叶即与儿子"忠孝"回归内地。这个儿子被授以武职将军是否墓志上记载的"奉德可汗"，史书似无载，暂且存疑。墓志特别强调"光绪"是交河公主的孙子，只说其父奉德可汗而不说其祖父十姓可汗阿史那昕，可能另有隐情避讳。

第二部分　唐朝下嫁契丹和奚的7位和亲公主

第五章　唐朝下落不明的永乐公主（717）

（一）玄宗契丹　四次和亲

唐玄宗即位，对周边少数民族仍然采取恩威并施的政策，其中包括和亲政策。唐玄宗朝先后出降四位和亲公主与契丹和亲。唐与契丹和亲的特点，一是和亲时间都很短，二是和亲无大效果。永乐公主：开元五年（717）十一月册封永乐公主，先出降契丹首领李失活，再嫁契丹首领李娑固，和亲三年，没有效果。燕郡公主：开元十年（722）出降契丹首领李郁于。开元十一年（723）再嫁契丹首领李吐于。开元十三年（725）燕郡公主与李吐于回朝定居，不归契丹，和亲三年，无果而终。东华公主：开元十三年（725）出降契丹首领李邵固，开元二十八年（740）李邵固被可突于杀死，东华公主逃回唐朝，和亲五年，无果而终。静乐公主：天宝四载（745）三月十四日册封静乐公主，出降契丹李怀秀，九月被杀，和亲仅半年，无果而终。

（二）契丹内附　赐姓李氏

居住在东北大兴安岭湟水（西拉木伦河）南、黄龙北鲜卑族故地的契丹族，首领姓大贺氏，拥兵四万多人，常与奚族相斗，风俗与突厥相同。贞观二十二年（648），契丹首领窟哥请求内附，唐太宗置松漠都督府，以窟哥为都督，赐姓李氏，成为李窟哥。唐高宗显庆五年（660），李窟哥死，以其孙李尽忠（约635—696），为武卫大将军、松漠都督，统契丹8部。《新唐书·契丹传》记载：

（贞观二十二年，648年）未几，窟哥举部内属，乃置东漠都督府，以窟哥为使持节十州诸军事、松漠都督，封无极男，赐氏李。[1]

（三）营州之乱　则天大怒

万岁通天元年（696），松漠都督李尽忠联合妻兄孙万荣，起兵反武周。先杀营州都督赵文翙，自称"无上可汗"。武则天大怒，下令左鹰扬卫将军曹仁师、右金吾卫大将军张玄遇、左威卫大将军李多祚、司农少卿麻仁节等28将，率军讨伐契丹。诏令改李尽忠为李尽灭，改孙万荣为孙万斩。万岁通天元年（696）九月，李尽忠病死，孙万荣代领其众。

神功元年（697）三月，武则天册授后突厥默啜为左卫大将军、迁善可汗，率部偷袭松漠（治今内蒙古翁牛特旗西北），掠李尽忠、孙万荣妻，讨孙万荣。令夏官尚书王孝杰、左羽林将军苏宏晖领兵七万合力讨伐。神功元年（697）三月，在东硖石谷（今河北迁安东北）曾任朔方道行军总管抗击突厥的大唐名将王孝杰部，全军覆没，王孝杰阵亡。神功元年（697）六月，默啜部再次围攻孙万荣新城，俘契丹老弱妇女，武周前军总管张九节率兵于中道阻击孙万荣，孙率千人东逃，家奴斩其首。张九节至洛阳献孙万荣首级。契丹乱平。

（四）永乐公主　二嫁契丹

永乐公主杨氏生卒年代不详，父亲是杨元嗣。杨元嗣的外公为东平王李续，是唐太宗李世民第十子纪王李慎长子唐太宗之孙。李续曾历和州刺史，迁徐州刺史。杨氏母亲不详。

1. 失活内附　玄宗封王

唐玄宗开元二年（714），已故契丹首领李尽忠从父之弟李失活，"请

---

[1]《新唐书·契丹传》，卷二百一十九，列传第一百四十四，中华书局，1975年，第6168页。

归款"，请求内附唐朝。唐玄宗册封李失活为松漠郡王、松漠都督，授左金吾卫大将军，并于其府置静析军。

2. 永乐公主　出降失活

《唐会要》卷六《和蕃公主》记载：

> 永乐（永乐公主）。宗室女。开元五年十一月三日。出降契丹松漠郡王李失活。[①]

开元五年（717）十一月三日，唐玄宗册封宗室女、东平王李续外孙杨元嗣之女杨氏为永乐公主，下嫁松漠郡王契丹族首领李失活。李失活亲自到长安，迎接永乐公主，夜晚派遣诸亲德高望重者以及两蕃大首领，观花烛庆贺。《唐会要》记载：

> 开元，五年（717）十二月，以东平王外孙杨元嗣女为永乐公主。出降。失活亲迎之。夜遣诸亲高品及两蕃大首领观花烛。[②]

《旧唐书·玄宗》记载：

> 开元五年，十一月己亥（三日），契丹首领松漠郡王李失活来朝。以宗室女永乐公主以妻之。[③]

唐朝诗人孙逖（696—761），开元二年（714）19岁中进士，三科第一，少年进士。授山阴尉，迁秘书正字。宰相张说为其进士策论拍案"心醉"。

---

① 《唐会要》，卷六，上海古籍出版社，2006 年，第 86 页。
② 《唐会要》，卷九十六，中华书局，1955 年，第 2034 页。
③ 《旧唐书·玄宗》，卷八，本纪第八，中华书局，1975 年，第 178 页。

唐玄宗召见提拔。开元五年，撰《同洛阳李少府观永乐公主入蕃》，用边地荒凉衬托永乐公主的美貌。

同洛阳李少府观永乐公主入蕃
边地莺花少，年来未觉新。美人天上落，龙塞始应春。[①]

3. 失活病逝　再嫁娑固

唐玄宗开元五年（717）十一月三日，永乐公主下嫁契丹松漠郡王李失活。开元六年（718）五月，新婚不到一年的契丹首领李失活病逝，唐玄宗为之举哀。赐李失活为特进。李失活死后，唐玄宗册封其弟李娑固取代李失活，永乐公主又嫁李娑固为妻。

《资治通鉴》记载：

开元六年（718），五月，契丹王李失活卒。癸巳，以其弟娑固代之。[②]

唐玄宗册立其弟李娑固为松漠郡王。永乐公主二次嫁松漠郡王李娑固为妻。

4. 公主来朝　玄宗设宴

永乐公主在弘化公主之后曾经来朝。来朝年代史书记载不一。《新唐书·契丹传》记载：

明年（开元六年，718 年），李娑固与永乐公主来朝，宴赉有加。[③]

---

① 《全唐诗》，卷一百一十八，中华书局，1960 年，第 1098 页。
② 《资治通鉴》，卷第二百一十二，唐纪二十八，中华书局，1956 年，第 6733 页。
③ 《新唐书·契丹传》，卷二百一十九，列传第一百四十四，中华书局，1975 年，第 6170 页。

《唐会要》记载：

开元十年（722）十一月，娑固与公主来朝。宴于内殿。[1]

《唐会要》载唐玄宗开元十年（722）十一月，李娑固与永乐公主来朝。由此证明，永乐公主曾是唐朝和亲公主中第二位出降又回朝的和亲公主。唐玄宗宴请李娑固与永乐公主于内殿。

（五）公主去向　历史之谜

契丹内部发生动乱，静析军副使可突于反李娑固，李娑固逃营州，营州都督讨伐可突于兵败。可突于杀李娑固。永乐公主的下落无确切记载。崔明德教授《中国古代和亲通史》推测："永乐公主从契丹到了营州，由营州而到长安，从此过着独居生活。"[2]有网文提出，永乐公主回到长安，有家人，应该不会独居。目前没有史料，无法考证。

---

①《唐会要》，卷九十六，上海古籍出版社，2006年，第3034页。
②崔明德：《中国古代和亲通史》，人民出版社，2007年，第241页。

第六章　有功被迫离婚的固安公主（717）

固安公主是唐玄宗出降奚王并先后出降两个奚王的第一位和亲公主。固安公主是为维护奚族内部的稳定和唐与奚族的友好，为大唐做出很大贡献的和亲公主，受到唐玄宗嘉奖和重赏"赏赐累万"的和亲公主，又是遭嫡母陷害被迫离婚定居长安的和亲公主。

（一）奚帅内附　饶乐都督

奚族，是中国古代生活在东北地区西拉木伦河流域一带的一个古老的少数民族，以畜牧、游猎为主，兼营农业。贞观二十二年（648），奚族首领可度率部内附，唐太宗为之置饶乐郡，赐姓李氏，命李可度，为饶乐都督。《旧唐书·太宗》记载：

> 贞观二十二年（648），十一月，庚子，契丹帅窟哥、奚帅可度者并率其部内属，以契丹部为松漠都督，以奚部置饶乐都督。[①]

《新唐书·奚传》记载：

> （贞观二十二年，648年，十一月）不数年，其长可度者内附，帝为置饶乐都督府，拜可度者使持节六州诸军事、饶乐都督，封楼烦县公，赐李氏。[②]

《资治通鉴》记载：

[①]《旧唐书·太宗》，卷三，本纪第三，中华书局，1975年，第61页。
[②]《新唐书·奚传》，卷二百一十九，列传第一百四十四，中华书局，1975年，第6173页。

贞观二十二年（648），十一月，庚子（二十三日），契丹帅窟哥、奚帅可度者并帅所部内属。以契丹部为松漠府，以窟哥为都督；又以其别帅达稽等部为峭落等九州，各以其辱纥主为刺史。以奚部为饶乐府，以可度者为都督；又以其别帅阿会等部为弱水等五州，亦各以其辱纥主为刺史。辛丑（二十四日），置东夷校尉官于营州。[①]

（二）奚随契丹　时叛时附

契丹和奚与唐时战时和，反复无常。唐高宗调露年间（679—680），突厥"诱扇奚、契丹侵掠州县，其后奚、羯胡又与桑乾突厥同反"。武则天万岁通天年间（696—697），契丹酋长孙万荣和妹夫李尽忠杀营州都督赵文翙发动"营州之乱"。旬日之间，兵至数万。紧逼檀州。奚酋随契丹叛，攻占冀州期间，曾"掩击其后，掠其幼弱"。武则天先后派出三次大军征讨，最后唐军取胜，李尽忠病死，孙万荣与奴逃跑，"奴斩其首以降，枭之（东都洛阳）四方馆门。契丹和奚，均附突厥。延河元年（712），奚族首领李大酺曾以战俘唐将幽州大都督孙俭和副将周以悌交突厥，后被突厥杀害。

然而，突厥"自持兵威，虐用其众"，"契丹及奚，常受其征役"。后奚族首领李大酺（？—720）再叛突厥，派遣其大臣粤苏梅落来唐请降，归附唐朝。《旧唐书·契丹传》记载：

开元三年（715），大辅遣其大臣粤苏梅落来请降，诏复立其地为饶乐州，封大辅为饶乐郡王，仍拜左金吾员外大将军、饶乐州都督。[②]

---

① 《资治通鉴》，卷第一百九十九，唐纪十五，中华书局，1956 年，第 6263 页。
② 《旧唐书·契丹传》，卷一百九十九，列传第一百四十九，中华书局，1975 年，第 5355 页。

（三）固安公主　嫁李大酺

开元三年（715），奚族首领李大酺归唐以后，唐玄宗封李大酺饶乐郡王，仍拜左金吾员外大将军、饶乐州都督。唐玄宗对李大酺归唐十分重视，特别许婚。《册府元龟·外臣部·和亲》记载：

> 玄宗开元二年二月癸巳，奚王李大辅等来朝。上谓之曰：卿等为朕外藩，款诚夙著，爰初州属职贡，相仍往缘；寄任非才，拙于绥抚；因使卿等猜贰，颇成阻绝，而能不忘。本翻然改图，览所献书，具知至恳，大辅将尚县主。[①]

开元五年（717），奚族首领饶乐郡王李大酺入朝到长安，唐玄宗册封外甥女辛氏为固安公主，妻奚族首领饶乐郡王李大酺。唐玄宗非常重视这次和亲，特别赠送陪嫁礼"物一千五百匹"，还专门派遣右领军将军李济"持节"护送固安公主"还蕃"，出降奚王饶乐郡王李大酺。《旧唐书·奚传》记载：

> 开元，五年（717），大辅与契丹首领松漠郡王李失活咸请于柳城依旧置营州都督府，上从之。敕太子詹事姜师度充使督工作，役八千余人。其年，大辅入朝，诏封从外甥女辛氏为固安公主以妻之，赐物一千五百匹，遣右领军将军李济持节送还蕃。[②]

（四）婚礼洛阳　隆重举行

固安公主出降奚王饶乐郡都督李大酺。固安公主是唐朝唯一皇帝亲自在东都洛阳为之举行婚礼和亲公主。《册府元龟》有一段记载，开元四年

---

①《册府元龟·外臣部·和亲》，卷九百七十九，中华书局影印本，1960年，第11719页。
②《旧唐书·奚传》，卷一百九十九，列传第一百四十九，中华书局，1975年，第5355页。

（716）十二月，唐玄宗颁布固安公主出降奚都督李大酺诏。诏书决定来年即开元五年（717）二月五日，固安公主出降李大酺，早早就需要准备好"支料造作"，并任命四位洛阳官员出任男家、女家婚礼使和副使。

而《旧唐书·玄宗》记载，唐玄宗正是从开元五年（717）正月初五"幸东都"，并且从此开始至开元二十四年（736），唐玄宗长安、洛阳来回居住，曾经长期驻跸东都洛阳。唐玄宗诏书中所说的来年二月五日固安昭公出降之日即婚礼之日，正好就是唐玄宗"幸东都"之日，由此可知，唐玄宗把固安公主与奚王饶乐郡都督李大酺的婚礼——"礼会"安排在东都洛阳，隆重举行。为什么婚礼在洛阳举行？

第一，《册府元龟》记载，开元五年八月再次颁诏：封从外生女辛氏为固安公主出降奚王饶乐郡王李大辅，任命会礼使、副使四人：

> 开元四年（716），十二月，诏曰：固安县主，取来年二月五日，出适奚都督李大辅。须早支料造作。宜令河东少尹慕容珣，充男家礼会使；雒阳令薛曦为副少监。李尚隐充女家礼会使；河南县令郑曦为副。
>
> 五年（717），八月，诏曰：又诏封从外生女辛氏为固安公主出降奚王饶乐郡王李大辅。[①]

第二，唐玄宗任命的"礼会使"和副使是河东少尹、雒阳令，雒阳就是洛阳。河南县令，河南县也在洛阳。他们都不是朝官，都是东都洛阳或附近官员。证明婚礼在洛阳举行。

《新唐书·奚传》记载"明年，身入朝成昏（婚）"，玄宗开元二年，妻大酺，明年，身入朝成婚。李大酺"入朝成昏（婚）"，就是到大唐朝廷的东都洛阳与固安公主举行婚礼：

---

① 《册府元龟·外臣部·和亲》，卷九百七十九，中华书局影印本，1960年，第11500页。

玄宗开元二年，使奥苏悔落丐降，封饶乐郡王，左金吾卫大将军、饶乐都督。诏宗室出女辛为固安公主，妻大酺。明年，身入朝成昏。始复营州都督府，遣右领军将军李济持节护送。[1]

第三，《旧唐书·玄宗》记载，唐玄宗开元五年（717）正月初五，"幸东都"唐玄宗本人在洛阳，唐玄宗皇帝亲自参加婚礼：

> 开元，五年（717），春正月，辛亥（初五），幸东都。[2]

洛阳婚礼结束之后，唐玄宗又专门派遣右领军将军李济持节送新婚的固安公主和奚王饶乐郡王李大酺还蕃，回到奚部。

（五）固安公主　辛景初女

关于固安公主的出身，《旧唐书·玄宗》记载，以辛景初女出降奚首领饶乐郡王李大酺，证明固安公主为辛景初之女：

> 开元五年（717），三月，丁巳，以辛景初女封为固安公主，妻于奚首领饶乐郡王大酺。[3]

但是，辛景初为何人？史书没有记载，其生平事迹不得而知。唐史文献多有记载固安公主为唐玄宗"从外甥女""外甥女"。崔明德教授考证："固安公主应为唐玄宗的从外甥女，这与《新唐书·奚传》所称'宗室出女辛'是吻合的。"

---

①《新唐书·奚传》，卷二百一十九，列传第一百四十四，中华书局，1975年，第8174页。
②《旧唐书·玄宗》，卷八，本纪第八，中华书局，1975年，第177页。
③《旧唐书·玄宗》，卷八，本纪第八，中华书局，1975年，第177页。

（六）大酺战死　再嫁鲁苏

固安公主出降奚首领饶乐郡王李大酺，与李大酺夫妻三年。开元八年
（720），契丹内部可突于乱，奚王饶乐郡王李大酺出兵救契丹王李娑固，
娑固和大酺皆战死。大酺弟李鲁苏继位为奚王。按照系族习俗，固安公主
再嫁李大酺弟饶乐郡王李鲁苏为妻。《旧唐书·奚传》记载：

　　八年，大辅率兵救契丹，战死，其弟鲁苏嗣立。

　　十年，入朝，诏令袭其兄饶乐郡王、右金吾员外大将军、兼保塞
军经略大使，赐物一千段，仍以固安公主为妻。①

（七）公主立功　嫡母陷害

新奚王初继位，奚部牙官塞默羯谋叛，固安公主事先私下里得知，于是就
置酒，诱杀了叛逆塞默羯。固安公主既为奚部除害，稳定了奚国政局，又为大唐
除掉一个祸害，为大唐立功。唐玄宗“嘉其功”，特别嘉奖固安公主，“赐主累万”。
但是，固安公主辛氏为大唐建功，得到唐玄宗的恩宠嘉奖，却遭到嫡母李氏的
嫉妒。嫡母李氏上言，固安公主是庶生，不是嫡生。请皇上以她嫡生公主嫁李
鲁苏。唐玄宗认为以庶生代嫡生是对皇帝的大不敬，于是大怒，勒令固安公主
离婚。之后，又以成安公主之女韦氏为东光公主，妻李鲁苏。《唐会要》记载：

　　固安。从外甥女辛氏。开元五年二月。出降奚首领李大酺。至八年。
大酺戮死。共立季弟鲁苏为主。仍以公主为妻。时鲁苏牙官塞默羯谋害鲁
苏。翻归突厥。公主密知之。遂诱而杀之。上嘉其功。赏赐累万。公主嫡
母嫉主荣宠。乃上言云主是庶生。请别以所生主嫁鲁苏。上怒。乃令离婚。②

---

①《旧唐书·奚传》，卷一百九十九，列传第一百四十九，中华书局，1975年，第
5355页。
②《唐会要》，卷六，和蕃，上海古籍出版社，2006年，第87页。

《旧唐书·奚传》记载：

> 而公主与嫡母未和，递相论告，诏令离婚，复以成安公主之女韦氏为东光公主以妻之。[①]

《新唐书·奚传》记载：

> 牙官塞默羯谋叛，公主置酒诱杀之，帝嘉其功，赐主累万。会与其嫡母相告讦得罪，更以盛安公主女韦为东光公主妻之。[②]

因为嫡母嫉妒告状，固安公主最后因为庶出问题被唐玄宗迫令离婚。离婚以后的去向，唐史文献不见记载。不过，唐史文献只记载"乃令离婚""诏令离婚"，再无其他处分。

第一，固安公主"公主"的头衔应该还在，还是大唐公主，待遇应该与普通一般人不同。

第二，唐玄宗"赏赐累万"并未宣布收回。固安公主有这"万金"财产，应该还是过着比较富裕的生活。

于是，这位出降奚王的唐朝第二位和亲公主固安公主，成为唐朝唯一出降二奚王，为唐立功反遭陷害，迫令离婚安居长安的和亲公主。笔者以为，从中可以看出，一方面，固安和亲有功还遭陷害的悲惨命运；另一方面，也看到唐玄宗作为封建帝王，为维护皇帝尊严而有其昏庸的一面。

---

①《旧唐书·奚传》，卷一百九十九，列传第一百四十九，中华书局，1975年，第5355页。
②《新唐书·奚传》，卷二百一十九，列传第一百四十四，中华书局，1975年，第6174页。

第七章　嫁契丹王兄弟的燕郡公主（722）

（一）娑固被杀　立李郁于

李娑固自长安回契丹以后，欲除静析军副使可突于，事情败露。开元十年（722），可突于反攻，李娑固投营州都督许钦澹。许钦澹令部将薛泰率领骁勇五百人，又征奚王李大辅和娑固联合众讨伐可突于。

可突于杀李娑固、李大辅，生擒薛泰。许钦澹退兵，移军西入渝关。可突于除李娑固，自己并未即位，而是册立李娑固从父之弟李郁于为主。开元十年（722），唐玄宗再册封李郁于为松漠郡王，并以燕郡公主出降李郁于。赦免可突于。

（二）燕郡公主　降李郁于

燕郡公主，慕容氏，父亲是慕容嘉宾，燕德妃从孙、太子家令慕容嘉宾，母为余姚县主，唐玄宗册封出降契丹主的第二位和亲公主。开元十年（722），被可突于册立的契丹新首领李郁于入长安谢罪、求亲。唐玄宗册封李郁于为松漠郡王，授左金吾员外大将军，兼静析军经略大使，封余姚县主长女慕容氏为燕郡公主，出降松漠郡王李郁于为妻。《唐大诏令集》记载了开元十年（722），唐玄宗册封燕郡公主的制书《封燕郡公主制》：

封燕郡公主制

汉图既采，蕃国是亲。公主嫁乌孙之王，良家聘毡裘之长，钦若前志，抑有旧章。余姚县主长女慕容氏，柔懿为德，幽闲在性，兰仪载美，蕙问增芳。公宫之教凤成，师氏之谋可则。今林胡请属，析津（阙）虽无外之仁，已私于上略，而由内之德，亦资于元女。宜光兹宠命，睦此蕃服，俾遵下嫁之礼，以叶大邦之好。可封为燕郡公主，出降与松漠郡王李郁于。①

（三）李郁于死　二嫁吐于

第二年，李郁于死，立其弟李咄于（李吐于）继承其兄为松漠郡王，授左金吾员外大将军，兼静析军经略大使。

燕郡公主二嫁契丹新首领松漠郡王李吐于为妻。《唐会要》记载：

可突于立娑固从父弟鬱于（郁于）为主。鬱于遣使谢罪。元宗复册立郁于。令袭娑固之位。仍赦可突于之罪。至十年（722）。鬱于朝。请婚。又封余姚县主长女慕容氏为燕郡公主以妻之。封郁于为松漠郡王。授左金吾员外大将军。兼静析军经略大使。鬱于死。立其弟咄于（吐于）。袭其官爵。复以燕郡公主为妻。②

《旧唐书·契丹传》记载：

开元十年（722），郁于入朝请婚。上又封从妹夫率更令慕容嘉宾女为燕郡公主以妻之，仍封郁于为松漠郡王，授员外左金吾卫大将军兼静析军经略大使，赐物千段。郁于还蕃，可突于来朝，拜左羽林将军，从幸并州。

明年，郁于病死，弟吐于代统其众，袭兄官爵，复以燕郡公主为妻。吐于与可突于复相猜阻。③

《新唐书·契丹传》同样记载：

①《唐大诏令集》，卷四十二，和蕃，中华书局，2008 年，第 205 页。
②《唐会要》，卷九十六，契丹，上海古籍出版社，2006 年，第 2034 页。
③《旧唐书·契丹传》，卷一百九十九，列传第一百四十九，中华书局，1975 年，第 5352 页。

可突于（可吐于）奉娑固弟李郁于为君，可突于奉娑固从父弟郁于为君，遣使者谢罪。有诏即拜郁于松漠郡王，而赦可突于。郁于来朝，授率更令，以宗室所出女慕容为燕郡公主妻之。可突于亦来朝，擢左羽林卫将军。①

（四）携主来奔　便不敢回

契丹王、松漠郡王李郁于来朝，唐宪宗授率更令，以燕郡公主妻之。

李郁于死，其弟李吐于继之，燕郡公主再嫁李吐于。李吐于携燕郡公主来朝，到了长安，“便不敢回”契丹。李吐于和燕郡公主不回契丹，唐玄宗封李吐于为辽阳郡王，留京师长安，大唐王朝“因留宿卫”。可突于另立李尽忠弟李邵固为主。

《唐会要》记载：

（开元）十三年（725）。咄于（吐于）复与可突于相猜阻。携（燕郡）公主来奔。改封辽阳郡王。国人立其弟邵固。②

《旧唐书·契丹传》记载：

（开元）十三年（725），（李吐于）携（燕郡）公主来奔，便不敢还，改封辽阳郡王，因留宿卫。可突于立李尽忠弟邵固为主。③

---

①《新唐书·契丹传》，卷二百一十九，列传第一百四十四，中华书局，1975年，第6170页。
②《唐会要》，卷九十六，上海古籍出版社，2006年，第2034页。
③《旧唐书·契丹传》，卷一百九十九，列传第一百四十九，中华书局，1975年，第5352页。

《新唐书·契丹传》也记载：

> 郁于死，弟吐于嗣，与可突于有隙，不能定其下，携公主来奔，
> 封辽阳郡王，留宿卫。可突于奉尽忠弟邵固统众，诏许袭王。天子封
> 禅，邵固与诸蕃长皆从行在。[①]

（五）燕郡公主　定居长安

1. 玄宗下制　止主回朝

先嫁契丹王李郁于，后嫁契丹王李吐于，两嫁契丹王的燕郡公主心情
不爽，可以想见。开元十二年（724），李郁于死，弟李吐于继位，又以
燕郡公主妻之。燕郡公主提出欲回朝省亲。

开元十二年（724）三月，唐玄宗却专门下制，禁止和亲公主回朝，同时，
派人带绢锦给燕郡公主和李吐于以及契丹各个大臣，以示唐玄宗对远在契
丹的燕郡公主的安慰。该敕书唐玄宗同时给奚五部落赐物三万段和契丹八
部落赐物五万段。《册府元龟》作《分赐奚及契丹敕》记开元十二年三月，
《全唐文》作《赐奚契丹等绢绵诏》未记年代：

> 公主出降蕃王，本拟安养部落。请入朝谒，深虑劳烦。朕知割恩，
> 抑而未许。思加殊惠，以慰远心。奚有五部落，宜赐物三万段。其中，
> 取二万段，先给征行游奕兵及百姓，余一万段与东光公主、饶乐王衙
> 官、刺史、县令。契丹有八部落，宜赐物五万段。其中，取四万段，
> 先给征行游奕兵士及百姓，余一万与燕郡公主、松漠王衙官、刺史、
> 县令。其物杂以绢布，务令均平给讫。奏闻。[②]

---

① 《新唐书·契丹传》，卷二百一十九，列传第一百四十四，中华书局，1975 年，
第 6170 页。
② 《全唐文》，卷二十九，中华书局影印本，1983 年，第 327 页。

《册府元龟·外臣部·和亲》记载：

分赐奚及契丹敕

十二年三月，遣使赍绢锦八万段分赐奚及契丹，诏曰：

公主出降蕃王，本拟安养部洛。请入朝谒，深虑劳烦，朕固割恩，抑而未许。因加殊惠，以慰远心。奚有五部落，宜赐物三万。先给征行游奕兵及百姓余一万，与东光公主、饶乐王衙官、刺史、县令。契丹有八部落，宜赐物五万段。其中取四万，先给征行有游奕兵士及百姓余一万，与燕郡公主、松漠王衙官、刺史、县令。其物杂以绢布，务令均平给讫。奏闻。[1]

然而，唐玄宗的这道诏书（敕文）中的燕郡公主"请入朝谒""抑而未许"不准燕郡公主回朝的圣旨，第二年就被唐玄宗自己撕毁失效。唐玄宗准许燕郡公主留长安定居。

2.因不敢还　定居长安

前已述及，开元十三年（725），被静析军副使可突于拥立的契丹王李吐于，因与可突于有矛盾，不甘居其下，便携燕郡公主来朝，不敢回契丹。

唐玄宗册封契丹王李吐于为辽阳郡王，"因留宿卫"，留在哪里宿卫，自然是留京师长安宿卫。丈夫既然留京宿卫，为守卫大唐效忠，于是，开元十二年（724）三月，唐玄宗下敕不准回朝的燕郡公主，开元十三年（725）偏偏就与契丹族第二任丈夫宿卫京师长安皇宫的辽阳郡王李吐于回朝，而且定居长安。

燕郡公主慕容氏，大唐太率更令、唐玄宗从妹夫慕容嘉宾和余姚县主

---

[1]《册府元龟·外臣部·和亲》，卷九百七十九，中华书局影印本，1960年，第11500~11501页。

之长女。而母亲余姚县主是唐太宗的亲孙女，也是唐玄宗的堂姑，燕郡公主就是唐玄宗的从妹。因此，唐玄宗对燕郡公主只能是违背自己一年前、开元十二年（724）不准燕郡公主回朝的敕文，转而册封燕郡公主的二任丈夫李吐于为辽阳郡王，留京宿卫。既然丈夫辽阳郡王李吐于，留京即留长安宿卫，那么妻子燕郡公主自然也同时就留长安定居。著名中国和亲史专家崔明德教授指出："吐于留在长安宿卫，和燕郡公主过着比较平稳的生活。"[①] 另一位唐代和亲史专家蒋爱花教授也分析指出："李吐于不得不投奔唐朝，唐玄宗马上封其为辽阳郡王，留在长安宿卫，燕郡公主也跟随丈夫定居长安。"[②]

因此，唐太宗册封的大唐第一位和亲公主弘化公主是唐朝唯一两次回朝省亲的和亲公主，而出降契丹三年嫁二任丈夫的燕郡公主，不但是唐玄宗出降契丹和奚 7 位和亲公主中唯一夫妻回朝定居的和亲公主，更是唐朝16 位和亲公主中，唯一有幸夫妻回朝定居长安的和亲公主。

---

①崔明德：《中国古代和亲通史》，人民出版社，2021 年，第 243 页。
②蒋爱花：《唐代和亲往事》，中国民主法制出版社，2019 年，第 157 页。

第八章　下嫁奚王逃回的东光公主（726）

东光公主是唐玄宗册封唐朝宗室女出嫁奚王的第二位和亲公主，又是因契丹牙官叛唐，夫妻逃回唐朝的和亲公主。

（一）公主之女　中宗孙女

东光公主出身曾经非常显赫，母亲是唐中宗李显的第八女成安公主李季姜。因此，东光公主就是唐中宗公主之外孙女，东光公主父亲、成安公主之夫是唐中宗韦后的从子韦捷。

《新唐书·诸帝公主》记载东光公主母亲是唐中宗第八女成安公主，父亲是唐中宗韦后之从子韦捷。

> 成安公主，字季姜。始封新平。下嫁韦捷。捷以韦后从子诛，主后薨。[①]

《唐会要》记载东光公主是成安公主之女。

> 东光（东光公主）。成安公主女韦氏。降奚首领鲁苏。[②]

《资治通鉴》记载：

> 玄宗至道大圣大明孝皇帝中之上，开元十四年（丙寅，公元726年）春，正月，癸未（初四），更立契丹松漠王李邵固为广化王，奚饶乐王李鲁苏为奉诚王。以上从甥陈氏为东华公主，妻邵固；以成安公主

---

① 《新唐书·诸帝公主》，卷八十三，列传第八，中华书局，1975年，第3655页。
② 《唐会要》，卷六，和蕃，上海古籍出版社，2006年，第87页。

之女韦氏为东光公主，妻鲁苏。^①

唐玄宗对东光公主格外优待，《册府元龟》记载，开元十二年（724）三月，其他史料都记开元十四年，以十四年为准，唐玄宗降敕，虽然敕文开始是拒绝东光公主和燕郡封长公主二公主回朝请求，但是同时却厚赐东光公主和燕郡封长公主二公主。其中，曾经厚赐奚五部，特别强调赐东光公主一万赐物，并强调"其物杂以绢布，务令均平给讫"。

分赐奚及契丹敕

十二年（724）三月，遣使赍绢锦八万段分赐奚及契丹，诏曰：

公主出降蕃王，本拟安养部落。请入朝谒，深虑劳烦，朕固割恩，抑而未许。因加殊惠，以慰远心。奚有五部落，宜赐物三万。先给征行游奕兵及百姓。余一万，与东光公主、饶乐王衙官、刺史、县令。契丹有八部落，宜赐物五万段。其中取四万，先给征行有游奕兵士及百姓。余一万，与燕郡公主、松漠王衙官、刺史、县令。其物杂以绢布，务令均平给讫。奏闻。^②

（二）玄宗册封　出降奚王

开元十四年（726），唐玄宗册封成安公主之女韦氏为东光公主，妻奚王李鲁苏。此时，其母亲成安公主已经逝世，唐玄宗专门下册封制书《封东光公主制》。

《唐大诏令集》记载了制书全文。其中，赞扬东光公主是"故成安公主女韦氏，六行克昭，四德聿备，渐公宫之训，承内家之则"，因此，公主"林

①《资治通鉴》，卷二百一十三，唐纪二十九，中华书局，1956年，第6770页。
②《册府元龟·外臣部·和亲》，卷九百七十九，中华书局影印本，1960年，第11500~11501页。

胡拜命，捍塞无虞"，出降林中胡人奚族，保护边塞，适合"睦於和亲"，特册封为东光公主，出降饶乐郡王李鲁苏：

> 封东光公主制炎汉盛礼，蕃国是和。乌孙降公主之亲，单于聘良家之子。永惟前史，率同旧章。故成安公主女韦氏，六行克昭，四德聿备，渐公宫之训，承内家之则。属林胡拜命，捍塞无虞。柔远之恩，已归于上略；采楚之庆，载睦于和亲。宜正汤沐之封，式崇下嫁之礼。可封东光公主，出降饶乐郡王鲁苏。①

东光公主出降奚王李鲁苏年代，唐史文献记载混乱，《唐会要》未记年代，《新唐书》不明确年代，前引《资治通鉴》记为开元十四年（726），《旧唐书·奚传》却记为开元十年（722）：

> （开元）八年（720），大辅率兵救契丹，战死，其弟鲁苏嗣立。
>
> （开元）十年（722），入朝，诏令袭其兄饶乐郡王、右金吾员外大将军，兼保塞军经略大使，赐物一千段，仍以固安公主为妻。而公主与嫡母未和，递相论告，诏令离婚，复以成安公主之女韦氏为东光公主以妻之。②

《册府元龟》与《资治通鉴》同记为开元十四年，东光公主出降奚王李鲁苏年代当以《资治通鉴》《册府元龟》记载的开元十四年（726）为准：

> 十四年（726）正月，改封契丹松漠郡王李邵固为广化王，奚饶

---

① 《唐大诏令集》，卷四十二，和蕃，中华书局，2008年，第205页。
② 《旧唐书·奚传》，卷一百九十九，列传第一百四十九，中华书局，1975年，第5355页。

乐郡王李鲁苏，为奉诚王，仍封宗室外甥女二人（按指东华公主和东光公主二人）为公主，各以妻之。制曰：李邵固等，输忠保塞，乃诚奉国，属外中于天，无远而不届，华裔靡隔等，数有加宣，休名俾承庆泽。[①]

（三）契丹叛变　夫妻归唐

东光公主与奚王饶乐郡王李鲁苏夫妻和睦，度过四年。开元十八年（730）五月二十六日，契丹部落首领可突于杀契丹王李邵固叛唐，并胁迫奚众叛变投靠突厥。奚王李鲁苏及妻东光公主韦氏、契丹王李邵固遗孀东华公主陈氏皆来投唐。东光公主与奚王饶乐郡王李鲁苏应该是夫妻双双来奔唐朝，在长安相会、定居。

《资治通鉴》记载"奚王李鲁苏及其妻韦氏、邵固妻陈氏皆来奔"：

> 开元十八年五月，己酉（二十六日），可突干弑邵固，帅其国人并胁奚众叛降突厥，奚王李鲁苏及其妻韦氏、邵固妻陈氏皆来奔。[②]

《旧唐书·玄宗》记载：

> （开元十八年）五月，契丹衙官可突于杀其主李邵固，率部落降于突厥，奚部落亦随西叛。奚王李鲁苏来奔，召固妻东华公主陈氏及鲁苏妻东光公主韦氏并奔投平卢军。制幽州长史赵含章率兵讨之。[③]

《新唐书·奚传》记载：

---

① 《册府元龟·外臣部·和亲》，卷九百七十九，中华书局影印本，1960年，第11501~11502页。
② 《资治通鉴》，卷第二百一十三，唐纪二十九，中华书局，1956年，第6789页。
③ 《旧唐书·玄宗》，卷八，本纪第八，中华书局，1975年，第95页。

久之，契丹可突于反，胁奚众并附突厥，鲁苏不能制，奔榆关，公主奔平卢军。[①]

《旧唐书·奚传》记载：

（开元）十八年，奚众为契丹衙官可突于所胁，复叛降突厥。鲁苏不能制，走投渝关，东光公主奔归平卢军。其秋，幽州长史赵含章发清夷军兵击奚。破之，斩首二百级。自是奚众稍稍归降。[②]

这样，这位出降奚王的唐朝第二位和亲公主东光公主，其命运还不算非常悲惨的，她竟然又因为契丹叛唐投奔突厥，奚王李鲁苏和东光公主夫妻二人还能够逃出，"皆来奔"唐，逃回唐朝，并且应该是与夫君奚王李鲁苏定居长安的和亲公主。

---

①《新唐书·奚传》，卷二百一十九，列传第一百四十四，中华书局，1975 年，第6175 页。
②《旧唐书·奚传》，卷一百九十九，列传第一百四十九，中华书局，1975 年，第5356 页。

第九章　丈夫被杀逃回的东华公主（726）

（一）邵固来朝　东华公主

东华公主是唐玄宗外甥女，唐玄宗册封为和亲公主，是唐玄宗册封、出降契丹王的第三位和亲公主。

开元十三年（725），契丹新立之主、辽阳郡王李邵固来到唐玄宗行在，随唐玄宗车驾东巡，至泰山脚下。开元十四年（726）正月，唐玄宗封辽阳郡王李邵固为左羽林军员外大将军、静析军经略大使，改封广化郡王，册封一位和亲公主东华公主妻之。唐玄宗还下诏，赐官给契丹一百多酋长。广化郡王李邵固又派儿子来朝入侍。

开元十四年（726）正月，唐玄宗册封两位和亲公主，东华公主和固安公主出降契丹王李邵固和奚王李鲁苏，并专门下制书。制书中，唐玄宗特别称赞李邵固和李鲁苏"输忠保塞。乃诚奉国，属外寰中，无远不届"，效忠唐朝。《册府元龟·外臣部·和亲》记载：

> 十四年（726）改封契丹松漠郡王李邵固为广化王，奚饶乐郡王李鲁苏为奉诚王。仍封宗室外甥女二人，为公主，各以妻之。制曰：
>
> 李邵固等，输忠保塞。乃诚奉国，属外寰中，无远弗届。而华夷靡隔，等数有加，宜赐休名，俾承庆泽。[1]

《新唐书·契丹传》记载：

> 可突于奉尽忠弟邵固统众，诏许，袭王。天子封禅，邵固与诸蕃长皆从行在。明年，拜左羽林卫大将军，徙王广化郡，以宗室出女陈

---

[1]《册府元龟·外臣部·和亲》，卷九百七十九，中华书局影印本，1960年，第11502页。

为东华公主，妻邵固，诏官其部酋长百余人，邵固以子入侍。^①

《旧唐书·契丹传》记载：

> （开元十三年，725年）其冬，车驾东巡，邵固诣行在所，因从至岳下，拜左羽林军员外大将军、静析军经略大使，改封广化郡王，又封皇从外甥女陈氏为东华公主以妻之。^②

《唐会要》记载：

> （东光公主）（开元）十三年（725）。咄于复与可突于相猜阻。携公主来奔。改封辽阳郡王。国人立其弟邵固。其冬。邵固诣行在。从至东岳。诏授左羽林员外大将军。改封广化郡王。仍封宗室外甥陈氏女为东光公主以妻之。^③

《资治通鉴》记载东光公主妻李鲁苏是开元十四年：

> 开元十四年（丙寅，726）。
> 春，正月，癸未（初六），更立契丹松漠王李邵固为广化王，奚饶乐王李鲁苏为奉诚王。以上从甥陈氏为东华公主，妻邵固；以成安公主之女韦氏为东光公主，妻鲁苏。^④

---

① 《新唐书·契丹传》，卷二百一十九，列传第一百四十四，中华书局，1975年，第6170~6171页。
② 《旧唐书·契丹传》，卷一百九十九，列传第一百四十九，中华书局，1975年，第5352页，第5353页。
③ 《唐会要》，卷九十六，契丹，上海古籍出版社，2006年，第2034页。
④ 《资治通鉴》，卷第二百一十三，唐纪二十九，中华书局，1956年，第6899页。

（二）可突于来　鞅鞅而去

广化郡王李邵固回到契丹以后，派遣可突于来朝献当地贡物，宰相李元纮不以礼对待可突于。可突于特别不高兴，"快快而去"，心怀记恨。

唐玄宗先颁诏以忠王李浚（即后来的唐肃宗）为河北道行军元帅，命中书舍人裴宽、给事中薛侃等于京城及关内、河东、河南、河北分道募壮勇之士，征讨契丹，但唐忠王李浚大军没有成行。随即，唐玄宗又命信安王李炜、长史薛楚玉等率军讨伐，唐军都失利。

《旧唐书·契丹传》记载：

> 邵固还蕃，又遣可突于入朝，贡方物，中书侍郎李元纮不礼焉，可突于快快而去。左丞相张说谓人曰："两蕃必叛。可突于人面兽心，唯利是视，执其国政，人心附之，若不优礼縻之，必不来矣！"
>
> （开元）十八年，可突于杀邵固，率部落并胁奚众降于突厥，东华公主走投平卢军。于是诏中书舍人裴宽、给事中薛侃等于京城及关内、河东、河南、河北分道募壮勇之士，以忠王浚为河北道行军元帅以讨之，师竟不行。[1]

《新唐书·契丹传》记载：

> 可突于复来，不为宰相李元纮所礼，快快去。张说曰："彼兽心者，唯利是向。且方持国，下所附也，不假以礼，不来矣。"后三年，可突于杀邵固，立屈列为王。胁奚众共降突厥，公主走平卢军。诏幽州长史、知范阳节度事赵含章击之。遣中书舍人裴宽、给事中薛侃大

---

①《旧唐书·契丹传》，卷一百九十九，列传第一百四十九，中华书局，1975年，第5352~5353页。

募壮士，拜忠王浚河北道行军元帅，以御史大夫李朝隐、京兆尹裴伷先副之，帅程伯献、张文俨、宋之悌、李东蒙、赵万功、郭英杰等八总管兵击契丹。既又以忠王兼河东道诸军元帅，王不行。以礼部尚书信安郡王（李）祎持节河北道行军副元帅，与含章出塞捕虏，大破之。可突于走，奚众降，王以二蕃俘级告诸庙。[①]

（三）张守珪军 大破契丹

四年后，开元二十二年（734）六月，唐玄宗命幽州节度使张守珪率军讨伐契丹。张守珪军六月、十一月两次大破契丹。斩可突于，遣使向唐玄宗献首级。

《唐会要》记载：

（开元）二十二年六月。幽州节度使张守珪大破之。遣使献捷。敕曰：

"边境为患。莫甚于林胡。朝廷是虞。几烦于将帅。积年遗诛。一朝剪灭。则东方之蟊贼。寖以廓清。河朔之民人。差宽征戍。此皆上凭九庙之灵。下仗群帅之功。今具凯旋。敢不以献。宜择日告九庙。所司准式。"

其年十一月。幽州节度使张守珪发兵讨契丹。斩其王屈列，及其大臣可突于等。传首东都。余众及叛奚皆散走山谷。立其酋长李过折为契丹王，仍授特进，封北平郡王。其年，过折又为可突于党泥礼所杀。惟一子刺干。走投安东获免。拜左骁卫将军。自后与奚王朝贡岁至。蕃礼甚备。[②]

---

①《新唐书·契丹传》，卷二百一十九，列传第一百四十四，中华书局，1975年，第6171页。
②《唐会要》，卷九十六，契丹，上海古籍出版社，2006年，第2034~2035页。

开元二十二年（734）六月，张守珪率军大破契丹，张守珪遣使向唐玄宗报捷。唐玄宗特颁《平戎告庙敕》，敕文指出，"边境之患""一朝歼灭"，赞扬"群帅之功"，今献捷"告九庙"。该敕文为大唐名相张九龄撰写，同时也见于《全唐文》。

开元二十二年（734）十一月，张守珪再次发兵讨伐契丹。斩杀契丹王屈列及大臣可突于等，传其首级至东都洛阳，献给唐玄宗。

张守珪立契丹酋长李过折为契丹王，唐玄宗授予特进北平郡王。当年，李过折又被可突于余党泥礼所杀，唯留一子剌干走投安东都护府，得以幸免，唐玄宗拜其为左骁卫将军，入侍宿卫。

后来，契丹与奚族每年向唐朝进贡，蕃礼甚备。

（四）东华公主　又一回朝

开元十八年（730），东华公主陈氏，两唐书记载是投奔了平卢军。

《资治通鉴》记载"奚王李鲁苏及其妻韦氏、邵固妻陈氏皆来奔"三人"皆来奔"：

> 初，契丹王李邵固遣可突干入贡，同平章事李元不礼焉。左丞相张说谓人曰："奚、契丹必叛。可突干狡而很，专其国政久矣，人心附之。今失其心，必不来矣。"（开元十八年五月）己酉（二十六日），可突干弑邵固，帅其国人并胁奚众叛降突厥，奚王李鲁苏及其妻韦氏、邵固妻陈氏皆来奔。
>
> 制幽州长史赵含章讨之。又命中书舍人裴宽、给事中薛侃等于关内、河东、河南、北分道募勇士，六月，丙子（二十四年），以单于大都护忠王浚领河北道行军元帅，以御史大夫李朝隐、京兆尹裴先副之，帅十八总管以讨奚、契丹。命浚与百官相见于光顺门。张说退，

谓学士孙逖、韦述曰："吾尝观太宗画像，雅类忠王，此社稷之福也。"①

东华公主就是李邵固妻陈氏，《资治通鉴》记载，开元十八年五月二十六日，奚王李鲁苏及其妻韦氏、邵固妻陈氏三人"皆来奔"，未提奔到什么地方？东华公主和奚王李鲁苏及其妻韦氏，三人皆来奔，开始，会就近先投唐朝平卢军，但不可能长期住在当地，必然由平卢军送回到唐朝首都长安。因为，平卢军是唐朝管辖，到了平卢军，应该送公主等三人回归唐朝，回到长安。道理很简单，因为东华公主是唐玄宗外甥女，应该是送到长安定居，李鲁苏是奚王，他和妻子韦氏住在长安，影响更大。因此，《资治通鉴》记载"奚王李鲁苏及其妻韦氏、邵固妻陈氏皆来奔"，一个契丹王李鲁苏及其妻韦氏和被杀的契丹王邵固中之妻陈氏，长期住在平卢军，没有必要，也不现实。人家三人是"皆来奔"，奔谁来呢？只能是奔唐朝来了，唐朝首都在长安，长安也是两位公主的家，因此，平卢军肯定送东华公主等三人回长安定居。崔明德教授也指出："东华公主逃回平卢军，由平卢军护送回长安。"②

这样一来，东华公主便成为继燕郡公主之后，唐朝又一位和亲未果、被迫回朝定居的和亲公主。

燕郡公主是与丈夫辽阳王李吐于和契丹权臣静析军副使可突于有矛盾，不敢返回契丹，但其二任丈夫辽阳郡王李吐于被唐玄宗留京宿卫，因而与丈夫李吐于留在唐朝长安定居的。东华公主，则是因为丈夫契丹王李邵固被杀，而逃回唐朝的和亲公主。

---

①《资治通鉴》，卷第二百一十三，唐纪二十九，中华书局，1956年，第6789页。
②崔明德：《中国古代和亲通史》，人民出版社，2021年，第243页。

第十章　契丹叛唐被杀的静乐公主（745）

唐玄宗册封出降契丹首领李怀节的第四位和亲公主,是天宝四载(745)三月十四日册封的静乐公主(？—745)。唐史文献记载,天宝四载三月,契丹大酋李怀节归顺唐朝,唐玄宗册封李怀节为崇顺王,松漠都督。三月十四日,唐玄宗册封外孙女孤独氏为静乐公主,作为出降契丹的第四位和亲公主,出降契丹王李怀节。

（一）静乐公主　出身考证

静乐公主的出身,唐史文献记载不一致。

第一,两唐书玄宗本纪,《旧唐书·玄宗》记载为"外孙独孤氏女":

> （天宝）四载春三月。壬申（十四日）,封外孙独孤氏女为静乐公主,出降契丹松漠李怀节。①

第二,《唐会要》记载的是"是外甥女独孤氏":

> 静乐。天宝四载三月十四日。封外甥女独孤氏。降松漠都督怀顺王李怀节。②

第三,《册府元龟》和《资治通鉴》都记载为"外孙女独孤氏"。《册府元龟·外臣部·和亲》记载:

> （天宝）四载三月,封外孙女孤独氏,为静乐公主,降松漠都督

---

① 《旧唐书·玄宗》,卷九,本纪第九,中华书局,1975年,第219页。
② 《唐会要》,卷六,和蕃,上海古籍出版社,2006年,第87页。

崇顺王李怀节。[①]

第四，《新唐书·契丹传》和《文献通考》却记载为"宗室出女孤独氏"。《新唐书·契丹传》记载：

> 天宝四载，契丹大酋李怀秀降，拜松漠都督，封崇顺王，以宗室出女孤独为静乐公主妻之。[②]

著名和亲史专家崔明德教授最新出版的《中国古代和亲通史》一书，分析各种唐史文献记载，认同《册府元龟》和《资治通鉴》的记载。崔明德教授重新考证，无论静乐公主是唐玄宗外孙女还是外甥女，尽管各种唐史文献都记载静乐公主出身不一致，但有一点是一致的，即静乐公主的姓为孤独氏，而唐玄宗"唯有第十五女信诚公主出嫁孤独明。由此可见，静乐公主是信诚公主之女，所以，静乐公主是唐玄宗的外孙女"。

（二）公主被杀　祸首禄山

静乐公主是唐朝16位和亲公主中命运最悲惨一位和亲公主，她在天宝四载（745）三月十四日刚刚出降，嫁到契丹仅仅半年，九月，就被反叛唐朝的丈夫契丹王李怀节杀死。而罪魁祸首正是企图以边功换取唐玄宗恩宠的安禄山。

《资治通鉴》记载：

> 天宝四载，九月。
>
> 安禄山欲以边功市宠，数侵略奚、契丹，奚、契丹各杀公主以叛。

---

①《册府元龟·外臣部·和亲》，卷九百七十九，中华书局影印本，1960年，第11504页。
②《新唐书·契丹传》，卷二百一十九，列传第一百四十四，中华书局，1975年，第6172页。

所杀者盖静乐、宜芳也。禄山讨平之。^①

《资治通鉴》明确宣布，契丹王和奚王之所以杀公主叛唐，是因为安禄山要"以边功市宠，数侵略奚、契丹"，因为安禄山的蓄意挑衅侵略在前，才招致"奚、契丹各杀公主以叛"。静乐公主之死，罪魁祸是安禄山。这实际上是安史之乱的前奏之一。《新唐书·安禄山传》记载：

> 禄山幸邀功，肆其侵，于是两蕃贰。禄山起军击契丹，还奏："梦李靖、李勣求食于臣，乃祠北郡，芝生于梁。"其诡诞敢言不疑如此。席豫为河北黜陟使，言禄山贤。时宰相李林甫嫌儒臣以战功进，尊宠间己，乃请颛用蕃将，故帝宠禄山益牢，群议不能轧，卒乱天下，林甫启之也。^②

静乐公主是唐朝命运最悲惨、出降契丹王半年被杀的两个和亲公主之一。

《新唐书》的记载表明，安禄山"幸邀功，肆其侵"，是安禄山为了在唐玄宗面前邀功，取得唐玄宗信任，为不断加官授权重用，肆意侵略契丹和奚族，才招致契丹和奚族的叛变。而唐朝以"清廉耿直"闻名的河北黜陟使席豫也被安禄山迷惑，奸相李林甫为了排挤忠臣让玄宗重用蕃将，竟然都相信安禄山的"诡诞敢言"，此时的唐玄宗忠奸不分，竟然"宠禄山益牢，群议不能轧"。最后天宝十四载（755），罪魁祸首安禄山反性总爆发，发动历史上著名的"安史之乱"，攻占两京。虽经8年平叛、平息，但唐朝毕竟由盛世转向衰落，直到最后败亡。

---

①《资治通鉴》，卷第二百一十五，唐纪三十一，中华书局，1956年，第6988页。
②《新唐书·安禄山传》，卷二百二十五，列传第一百五十，中华书局，1975年，第6412页。

第十一章　奚王叛唐被杀的宜芳公主（745）

（一）公主出身　众说纷纭

宜芳公主是唐玄宗出降奚王的第三位和亲公主，也是两位命运最悲惨的和亲公主之一。与静乐公主悲惨命运完全一样，同是天宝四载（745）三月十四日，宜芳公主出降奚王李延宠，同是九月，仅过了半年，宜芳公主也被奚王李延宠残酷杀害，命丧番邦黄泉。

关于宜芳公主的家庭出身，史书记载也不一致，众说纷纭。学者看法也不尽相同。

《旧唐书·玄宗》记载"外孙杨氏女"：

> 封外孙杨氏女为宜芳公主，出降奚饶乐都督李延宠。①

《唐会要》记载：

> 宜芳（宜芳公主）。外甥女杨氏。天宝四载（745）三月十四日。出降饶乐都督怀信王李延宠。②

《唐会要·奚》记载：

> 诗死，其子延宠又叛，为幽州张守珪所困，复降，封怀信王，以宗室出女杨为宜芳公主妻之。③

---

① 《旧唐书·玄宗》，卷九，本纪第九，中华书局，1975年，第219页。
② 《唐会要》，卷六，和蕃，上海古籍出版社，2006年，第87页。
③ 《唐会要》，卷九十六，上海古籍出版社，2006年，第2936页。

《新唐书·奚传》记载"宗室出女杨氏"：

> 李诗死，子延宠嗣，与契丹复叛，为张士珪所困，延宠降，复拜饶乐都督、怀信王，以宗室出女杨氏为宜芳公主妻之。[①]

《资治通鉴》记载"外甥女杨氏"：

> 天宝四载，三月壬申（十四日），上以……甥杨氏为宜芳公主，嫁奚王李延宠。[②]

《册府元龟·外臣部·和亲》记载"封外甥女杨氏为宜芳公主"：

> 封外甥女杨氏为宜芳公主，出降饶乐都督怀信王李延宠。[③]

在学界学者中，中国和亲通史专家崔明德教授认为："宜芳公主出嫁者身份：唐玄宗外孙女……"可以断定宜芳公主为唐玄宗第十三女卫国公主与杨说的女儿……宜芳公主的生父为杨说，母为卫国公主。"[④]

唐代和亲史专家蒋爱花教授认为："宜芳公主原本是唐玄宗的外甥女，她的母亲是唐中宗的长宁公主，父亲是高官杨慎交。"[⑤]

笔者面对宜芳公主出身众说纷纭的说法缺乏深入研究，只是想到著名

①《新唐书·奚传》，卷二百一十九，列传第一百四十四，中华书局，1975年，第6175页。
②《资治通鉴》，卷第二百一十五，唐纪三十一，中华书局，1956年，第6864页。
③《册府元龟·外臣部·和亲》，卷九百七十九，中华书局影印本，1960年，第11504页。
④崔明德：《中国和亲通史》，人民出版社，2021年，第248页。
⑤蒋爱花：《唐代和亲往事》，中国民主法制出版社，2019年，150页。

历史学家黄永年老先生有考证："《旧唐书》既有很高的史料价值，而且纪传体内容又较全面，因此有志研究唐史者必须以此书为主，认真阅读，打好坚实基础。"①黄先生强调："《旧唐书》本纪多出于实录。"

既然《旧唐书》多出于实录，还是以《旧唐书·宪宗》记载为主为准："封外孙杨氏女为宜芳公主，出降奚饶乐都督李延宠。"这也就是崔明德教授的观点，"宜芳公主：出嫁者身份：唐玄宗外孙女。"

（三）出降奚王　公主留诗

天宝四载（745）三月十四日，唐玄宗册封外孙女杨氏为宜芳公主，出降奚王饶乐郡都督怀信王李延宠。《唐会要》记载：

> 宜芳（宜芳公主）。外甥女杨氏。天宝四载（745）三月十四日。出降饶乐都督怀信王李延宠。②

宜芳公主出降奚王，路过虚池驿，想到自己入蕃，心里七上八下，很不平静，不知何时才能够重新回到大唐，不禁悲愁断肠，泪水不禁夺眶而出，突然有感而发诗意，在半路上的驿站——虚池驿，作和亲离别诗一首，《全唐诗》收入，名为《虚池驿题屏风》。这是唐代16位和亲公主本人唯一留存的一首亲赋和亲公主和亲离别诗。《全唐诗》收入该诗时，还专门撰写一段文字介绍宜芳公主：

宜芳公主

> 公主本豆卢氏女，有才色。天宝四载，奚霫（在今河北承德市境内）无主，安禄山请立其质子（即饶乐都督怀信王李诗之子李延宠），而以公主配之。上遣中使护送，至虚池驿，悲愁作诗一首。

---

①黄永年：《唐史史料学》，陕西师范大学出版社，1989年，第14页。
②《唐会要》，卷六，和蕃，上海古籍出版社，2006年，第87页。

虚池驿题屏风

出嫁辞乡国，由来此别难。圣恩愁远道，行路泣相看。

沙塞容颜尽，边隅粉黛残。妾心何所断，他日望长安。[①]

《全唐诗》介绍宜芳公主是卫国公主第一任丈夫豆卢建之女：

（宜芳）公主本豆卢氏女，有才色。[②]

与《全唐诗》相同者，崔明德教授与《全唐诗》编者都认为宜芳公主是卫国公主之女；不同者，崔明德教授认为宜芳公主之父为卫国公主第二任丈夫杨说。

《新唐书·诸帝公主》记载：

卫国公主，始封建平。下嫁豆卢建，又嫁杨说。薨贞元时。[③]

（四）延宠叛唐　杀主祭旗

《旧唐书·玄宗》记载：

天宝四载（745）春三月，壬申（十四日），封外孙独孤氏女为静乐公主，出降契丹松漠都督李怀节；封外孙杨氏女为宜芳公主，出降奚饶乐都督李延宠。

九月，契丹及奚酋长各杀公主，举部落叛。[④]

①《全唐诗》，卷七，中华书局，1960年，第67页。
②《全唐诗》，卷七，中华书局，1960年，第67页。
③《新唐书·诸帝公主》，卷八十三，列传第八，中华书局，1975年，第3659页。
④《旧唐书·玄宗》，卷九，本纪第九，中华书局，1975年，第219页。

《册府元龟·外臣部·和亲》记载：

> 天宝四载（745）三月，封外孙女独孤氏，为静乐公主，降松漠都督崇顺王李怀节。封外甥女杨氏为宜芳公主，出降饶乐都督怀信王李延宠。九月，奚及契丹酋长，各杀公主举部以叛。[①]

《资治通鉴》则两次记载契丹和奚首领叛唐是由安禄山造成。安禄山"引诱奚和契丹首领，醉而坑之数千人"，逼其杀和亲公主宜芳公主和静乐公主，举部叛唐：

> （天宝四载，745年，九月）安禄山欲以边功示宠，数侵略奚、契丹；奚、契丹各杀公，主以叛，禄山讨破之。
>
> （天宝九载，750年，冬十月）安禄山屡诱奚、契丹，为设会，饮以莨菪酒，醉而坑之，动数千人，函其酋长之首以献，前后数四，于是，奚王饶乐郡都督怀信王李延宠被迫复叛。[②]

前已述及，静乐公主被契丹王杀以祭旗，与此同时，奚王李延宠残酷地杀死刚刚成亲半年的宜芳公主，率众叛唐。和亲刚刚半年就被杀掉，静乐公主和宜芳公主成为唐朝命运最悲惨的两位和亲公主。宜芳公主《虚池驿题屏风》诗的最后一句："妾心何所断，他日望长安。"出降奚王仅仅半年的和亲公主宜芳公主，去时还想着"他日望长安"，可怜她永远也望不到长安了。

---

①《册府元龟·外臣部·和亲》，卷九百七十九，中华书局影印本，1960年，第11504页。
②《资治通鉴》，卷第二百一十六，唐纪三十二，中华书局，1956年，第6900页。

（五）和亲契奚　简短总结

唐玄宗朝，先后出降契丹和奚7位和亲公主与降契丹王和奚王。自开元五年（717）十一月出降永乐公主给契丹王李失活开始，至天宝四载（745）九月，最后两位出降契丹和奚的和亲公主：静乐公主和宜芳公主，出降半年，双双被杀，唐朝与契丹和奚的和亲以两位和亲公主被杀而结束。

唐与契丹和奚的和亲，一方面，契丹和奚的地理位置都处于唐朝的东北。唐与契丹和奚和亲，对牵制突厥、稳定东北、防御西北的边防安全有一定的作用，同时也促进唐与契丹和奚的经济文化交流。

但是，另一方面，契丹和奚对待唐朝，时附时叛，反复不定。加上突厥和安禄山从中作梗，唐朝与契丹和奚的和亲最终应该说都以失败而告终。

唐玄宗出降契丹和奚7位和亲公主中，嫁于契丹王的四位和亲公主，其中，永乐公主，开元五年（717）十一月，出降契丹，二嫁首领，最后，内部动乱，逃回唐朝，和亲三年，无果而终。燕郡公主，开元十年（722），出降契丹，同样是二嫁首领，最后，逃回定居，不归契丹。仍然是和亲三年，无功。东华公主，开元十三年（725），出降契丹首领，后因契丹首领政府被杀，逃回唐朝，和亲五年，同样无果而终。静乐公主，天宝四载（745）出降契丹李怀秀，九月公主被杀，和亲仅半年，失败而终。

嫁于奚王的三位和亲公主，第一位固安公主，曾嫁两个奚王，曾经除掉叛唐牙官，为稳定奚国、保证唐朝安全建立功勋，却因嫡庶被唐玄宗勒令离婚，和亲以悲剧结束。第二位东光公主与奚王李鲁苏因叛唐，父亲奔唐，定居长安，和亲无果结束。最后，第三位和亲公主宜芳公主，结局与嫁于契丹的静乐公主命运一样，以奚王李延宠杀死和亲公主叛唐祭旗而和亲以失败结束。因此，唐玄宗册封7位和亲公主出降契丹和奚，总体上，和亲无大的成果，都以失败而告终。

第三部分　唐朝出降最远的和亲公主

第十二章　远嫁八千里外的和义公主（744）

（一）大宛名马　名汗血马

唐代位于西域今中亚乌兹别克斯坦共和国费尔干纳市境内的宁远国，又称拔汗那国，汉代称为大宛。汉武帝时期，张骞通西域，到大宛，"多善马，马汗血"。《资治通鉴》记载：

> 元狩元年（前122）五月，初，张骞自月氏还，具为天子言西域诸国风俗：大宛在汉正西，可万里。其俗土著，耕田；多善马，马汗血；有城郭、室屋，如中国。[①]

《资治通鉴》又记载大宛有好马，出名马——汗血马。汉武帝派去的使者报告：

> 太初元年（前104），秋八月，汉使人西拭者言："宛有善马，在贰师城，匿不肯与汉。"天子使壮士车令等持千金及金马以请之。宛王与群臣谋："汉去我远，出其北有胡寇，出其南乏水草，且往。宛有善马，在贰师城，匿不肯与汉使。"[②]

---

① 《资治通鉴》，卷第十九，汉纪十一，中华书局，1956年，第627页。
② 《资治通鉴》，卷第二百一十四，唐纪十二，中华书局，1956年，第700页。

"于是天子大怒"，汉武帝为取大宛汗血马，前102年，发动"汉宛之战"，两次派李广利等，率军"期至；贰师城取善马"，几经反复，征服大宛，最后，大宛臣服于汉朝李广利"军还，入马千余匹"，宛王"蝉封与汉约，岁献天马二匹"。

开元二十七年（739），拔汗那王阿悉烂达干曾经助唐平吐火仙，唐玄宗册封拔汗那王为奉化王，改其国为宁远国。

《资治通鉴》还记载开元二十七年八月十五日，唐将盖嘉运平吐火仙战争中，拔汗那王阿悉烂达干曾经"潜引兵突入怛逻斯城"，帮助唐军"擒黑姓可汗尔微"，立战功，唐将盖嘉运"悉收散发之民数万以与拔汗那王，威震西陲"：

> 开元二十七年（739），秋，八月，乙亥（十五日），碛西节度使盖嘉运擒突骑施可汗吐火仙。嘉运攻碎叶城，吐火仙出战，败走，擒之于贺逻岭。分遣疏勒镇守使夫蒙灵察与拔汗那王阿悉烂达干潜引兵突入怛逻斯城，擒黑姓可汗尔微，遂入曳建城，取交河公主，悉收散发之民数万以与拔汗那王，威震西陲。[①]

《新唐书·宁远传》也记载宁远王阿悉烂达干帮助唐军平吐火仙：

> 玄宗开元二十七年（739），（宁远）王阿悉烂达干助平吐火仙，册拜奉化王。天宝三载，改其国号宁远。[②]

[①]《资治通鉴》，卷第二百一十四，唐纪十二，中华书局，1956年，第700页、第707页、第708页。

[②]《新唐书·宁远传》，卷二百二十一，列传第一百四十六，中华书局，1975年，第6250页。

（二）唐朝宁远　岁岁朝贡

《新唐书·宁远传》介绍宁远古国的情况，该国距长安"八千里"，是唐朝和亲最远的藩国，本名拔汗那国或钹汗、破罗那。居珍珠河以北的西鞬城，今乌兹别克斯坦东部纳林河北岸。该国，大城六座，小城上百座。唐太宗贞观三年，在宁远国置休循州都督，治渴塞城，以宁远国王阿了参为刺史。从此，宁远国岁岁向唐朝进贡。

《新唐书·宁远传》记载：

> 宁远者，本拔汗那，或曰钹汗，元魏时为破罗那。去京师八千里。居西鞬城，在真珠河之北。有大城六，小城百。人多寿。其王自魏、晋相承不绝。每元日，王及首领判二朋，朋出一人被甲斗，众以瓦石相之，有死者止，以卜岁善恶。

> 贞观中，王契苾为西突厥瞰莫贺咄所杀，阿瑟那鼠匿夺其城。鼠匿死，子遏波之立契苾兄子阿了参为王，治呼闷城；遏波之治渴塞城。显庆初，遏波之遣使朝贡，高宗厚慰谕。三年，以渴塞城为休循州都督，授阿了参刺史，自是岁朝贡。[1]

（三）和义公主　远嫁宁远

《唐会要》记载天宝三载（744）十二月十四日，唐玄宗册封宗室女和义公主，出降宁远国奉化王阿悉烂达干。

> 和义（和义公主）：宗室女。天宝三载（744）十二月十四日。出降宁国奉化王。[2]

---

[1]《新唐书·宁远传》，卷二百二十一，列传第一百四十六，中华书局，1975年，第6250页。

[2]《唐会要》，卷六，和蕃，上海古籍出版社，2006年，第87页。

《资治通鉴》记载：

> （天宝三载，744年，十二月）癸卯（十四日），以宗女为和义公主，嫁宁远奉化王阿悉烂达干。（胡三省注：帝以拔汗那助平吐火仙，册其王为奉化王，改其国曰宁远。）[1]

《新唐书》详细记载唐玄宗开元二十七年（739），宁远国王阿悉烂达干助唐平吐火仙，唐玄宗册封其为奉化王。天宝三载（744），唐玄宗改其国为宁远国，并赐国王姓窦，封宗室女为和义公主出降宁远国王。天宝十三载（754），宁远国王忠节派遣其子薛裕来朝，请留宿卫，学习华礼，唐玄宗同意，授其左武威将军，说明唐和宁远国关系得到进一步发展。

> 玄宗开元二十七年（739），（宁远国）王阿悉烂达干助平吐火仙，册拜奉化王。天宝三载（744），改其国号宁远，帝以外家姓赐其王曰窦，又封宗室女为和义公主降之。[2]

《册府元龟·外臣部·和亲》也记载了唐玄宗册封和义公主远嫁宁远国王及其册封制书：

> 天宝三载十二月，封宗女为和义公主降宁远国。
>
> 制曰：
>
> 呼韩来享，位列侯王，乌孙入，和义通姻好，怀柔之道。今古攸

①《资治通鉴》，卷第二百一十五，唐纪三十一，中华书局，1956年，第6862页。
②《新唐书·宁远传》，卷二百二十一，列传第一百十六，中华书局，1975年，第6250页。

同宁远国奉化王骠骑大将军烂达干，志慕朝化，誓为边捍，渐声教而有孚勤，职贡而无阙，诚深内附，礼异殊邻，爰锡嘉偶特申殊渥四从弟前河南府告成县令参第四女质禀幽闲性惟纯懿承姆师之训道？宗人之光仪固可以保合戎庭克谐邦选宜膺远好以宠名蕃可封和义公主降宁远国奉化王。[①]

（四）唐与宁远　友好交往

天宝三载（744）十二月十四日，唐玄宗册封和义公主出降拔汗那国王阿悉烂达干，改其国名为宁远国。唐朝与远在八千里外的西域宁远国王，政治联姻，交往友好，宁远王给唐玄宗进献汗血宝马；宁远王忠节把儿子薛裕作为质子，送入长安宿卫；宁远王两次助唐平叛。所有这一切友好交往的关系，应该都与唐玄宗册封和义公主与宁远王和亲有关。说明唐与宁远的和亲，唐玄宗册封的和义公主在16位和亲公主中，相比还是有和亲成效的。

1. 宁远王献　汗血宝马

宁远国汉朝为大宛，出名马"汗血马"而闻名。与唐玄宗同时代的唐朝著名诗人杜甫《洗兵马》："京师皆骑汗血马，回纥喂肉葡萄宫。"唐代宗广德二年（764），杜甫在成都作《丹青引赠曹将军霸》，这是杜甫专门写画马诗，送给画家赵霸。其中有生动地形容照夜白马："曾貌先帝照夜白，龙池十日飞霹雳。"曾描画家赵霸绘玄宗先帝的汗血马"照夜白"，画得像池龙腾飞十日声如雷。"弟子韩干早入室，亦能画马穷殊相"，说的是赵霸的弟子韩干善于画马，有许多不凡的作品。

天宝三载（744）十二月十四日，和义公主出降西域宁远王阿悉烂达干。唐与西域宁远王和亲，较有成效。宁远王向唐玄宗献两匹汗血马，唐玄宗特别喜爱，一匹马名为照夜白，一匹名为花聪。赵子昂说："唐人善画马

①《册府元龟·外臣部·和亲》，卷九百七十九，中华书局影印本，1960年，第11504页。

者众，而曹、韩（干）为之最。"唐人张彦远（815—907）著《历代名画记》一书指出："韩干，大梁人。"善画马，唐玄宗命他画马，其中就有汗血马玉花聪马和照夜白马。"时主好艺，韩君间生，遂命悉图其骏。则有玉花聪、照夜白等"。

> 韩干，大梁人。
>
> 善写貌人物，尤功鞍马。
>
> 玄宗好大马，御厩四十万。
>
> 天下一统，西域大宛，岁有赖来献。
>
> 时主好艺，韩君间生，遂命悉图其骏。则有玉花聪、照夜白等。[①]

今美国大都会博物馆收藏一幅唐朝著名画马画家韩干作《照夜白图》。唐玄宗的照夜白马得名，是因为这匹宝马晚上的时候可以照亮整个夜空。《照夜白图》左上题"韩干画照夜白"六字，系南唐后主李煜题字。左边上方有"彦远"二字，似为唐代著名美术史家张彦远的题名；左下有宋米芾题名，并盖有"平生真赏"朱文印。南宋贾似道的"秋壑珍玩""似道"等印及明项子京等收藏印；卷前有向子湮、吴说题首；卷后有元危素及清沈德潜等11人题跋和乾隆、弘历诗跋。

杜甫广德二年（764），在阆州录事参军韦讽宅观看曹霸他所画的"九马图"后所作的题画诗：《韦讽录事宅观曹将军画马图》："曾貌先帝照夜白，龙池十日飞霹雳。"盛赞韩干《照夜白图》，韩干画玄宗先帝的"照夜白"，画得像池中龙腾飞十日，其声如雷。

2. 宁远王子　入朝宿卫

唐史文献记载，宁远国王窦忠节应即宁远国王阿悉烂达干，天宝三载，唐玄宗出降和义公主时，赐阿悉烂达干姓为外家姓窦，名忠节。天宝八载

---

①张彦远：《历代名画记》，人民美术出版社，2016年，第188页。

八月，宁远国王子窦屋磨来京朝贡；天宝十三载，宁远国王子窦薛裕又来朝，并请求留在长安宿卫。

唐玄宗一方面赏赐来使，另一方面特别册封宁远国王窦忠节之子窦薛裕为左武威将军，留京师宿卫，学习华礼。天宝十四载，唐玄宗在大量赏赐窦薛裕之后，放其还蕃回宁远国，进一步促进唐朝与宁远国的友好关系。这些友好交往之事实，都证明唐与宁远国和亲的友好关系进一步加强。

《册府元龟》记载"天宝八载八月宁远国王子屋磨来朝"朝贡：

> 天宝八载（749），八月……宁远国王子屋磨来朝。[1]

《新唐书·宁远传》记载：

> 十三载（743），（宁远国）王（窦）忠节遣子（窦）薛裕朝，请留宿卫，习华礼，听之，授左武卫将军。其事唐最谨。[2]

《册府元龟》又记载天宝十三载四月，宁远国遣使来朝，唐玄宗赏赐、还蕃。而宁远国王子窦薛裕来朝，记为天宝十四载六月，唐玄宗对窦薛裕册封、赏赐，还蕃。窦薛裕又把中原文化带到西域宁远国，促进了唐与西域的文化交流：

> 天宝十三载（754），四月，丁亥，宁国及九姓回纥米国，并遣使来朝，各赐锦袍金带，放还蕃。
>
> 天宝十四载（755），六月，壬子，以宁远国王子窦薛裕，为左

① 《册府元龟·外臣部·朝贡第四》，卷九百七十一，中华书局影印本，1960 年，第 11413 页。
② 《新唐书·宁远传》，卷二百二十一，列传第一百四十六，中华书局，1975 年，第 6250 页。

武卫员外将军，赐金袍、缎带、鱼袋七事，放还蕃。①

3. 拔汗那国　助唐平叛

前已述及，开元二十七年（739），拔汗那王阿悉烂达干在唐朝平定突骑施吐火仙战争中，曾经出兵随盖嘉运助唐平叛，因功授骠骑大将军。天宝三载，和义公主和亲之后，《资治通鉴》记载，安史之乱爆发，十四载（755）唐玄宗授宁远王之子薛裕左武卫将军，放还拔汗那。拔汗那复派兵助唐平定安史之乱。至德元载（756）七月十二日，唐肃宗灵武（灵武郡，即灵州，治今宁夏吴忠市古城村）即位。九月，新皇帝唐肃宗在灵州指挥全国平叛期间，"欲借外夷，以张军势"，其中特别强调，唐肃宗"又发拔汗那兵"。拔汗那，就是汉代的大宛，唐玄宗改名为宁远国。特别值得注意的是："又发拔汗那兵，且使转谕城郭诸国，许以厚赏，使从安西兵入援。"非常明确，唐朝让拔汗那"转谕城郭诸国发兵助唐平叛者，唐朝有赏"。这是唐肃宗有意让拔汗那作为"城郭诸国"的首领。可见唐朝和宁远交往进一步加强，信任、亲密的关系非同一般。

> 至德元载（756），九月，上虽用朔方之众，欲借兵于外夷以张军势，以邠王守礼之子承寀为敦煌王，与仆固怀恩使于回纥以请兵。又发拔汗那兵，且使转谕城郭诸国，许以厚赏，使从安西兵入援。李泌劝上："且幸彭原，俟西北兵将至，进幸扶风以应之；于时庸调亦集，可以赡军。"上从之。戊辰（二十五日），发灵武。②

总结和义公主和亲，由此可以看到公主和亲让唐与宁远国关系加强，

---

① 《册府元龟·外臣部·褒异第三》，卷九百七十五，中华书局影印本，1960年，第 11458~11459 页。
② 《资治通鉴》，卷第二百一十八，唐纪三十四，中华书局，1956年，第 6998 页。

促进了唐与西域宁远国的经济文化交流。这也证明了和义公主的和亲在唐朝 16 位和亲公主中是比较成功的、有效果的。唐史文献未见任何和亲的负面记载。这在唐朝和亲史中十分难得的。

不过，唐史文献关于和义公主记载甚少，和义公主和亲后的事迹几乎是空白。不知道和义公主后来在宁远国生活怎么样？和义公主与宁远国王阿悉烂达干有无子女？

唐史文献检索，天宝八载（749）有宁远国王子（窦）屋磨来朝；天宝十三载（754），有宁远国王窦忠节王子窦薛裕来朝。其中，有学者考证，宁远国王子窦薛裕就是宁远国王阿悉烂达干即窦忠节之子[1]，那么窦薛裕是不是和义公主之子呢？另一位宁远国王子窦屋磨，是不是宁远国王阿悉烂达干即窦忠节之子呢？无从查考。

近年来，新疆吐鲁番出土文书里面有关于宁远国的记载，学界多有研究论证文章发表。[2] 只是，多数学者只涉及"天宝八载八月宁远国王子屋磨来朝"事迹，《册府元龟》已有记载。王子屋磨是不是和义公主之子，唐史文献提到的宁远国王窦忠节是阿悉烂达干本人还是其子，王子窦苏绪又是谁之子，凡此一系列问题都无从得知。

---

① 蒲开夫、朱一凡、李行力：《新疆百科知识辞典》，陕西人民出版社，2006 年，第 958 页。
② 荣新江、李肖孟、宪实：《新获吐鲁番出土文献概说》，《吐鲁番学研究》2008 年第 1 期。毕波：《怛逻斯之战和天威健儿赴碎叶》，《历史研究》2007 年第 2 期。

第四部分　唐朝下嫁回纥可汗的 4 位和亲公主

第十三章　下嫁回纥可汗的宁国公主（758）

（一）为平安乱　外夷张势

天宝十四载（755），唐玄宗重用的平卢、范阳、河东三镇节度使安禄山叛唐，发动了撼动盛唐的"安史之乱"。唐玄宗不积极抗击叛军，天宝十五载（756）六月，安史叛军逼近长安，唐玄宗弃城逃跑。行至马嵬驿，为救大唐，陈玄礼为首的禁军将士发动兵谏，诛杀安乱祸首杨国忠、杨贵妃，要求抗战。唐玄宗无奈，宣旨传位，分道扬镳，命太子李亨北上朔方，领导抗战。安史之乱，使农业萧条，国力锐减，人口流失，百姓流离失所，给全国百姓带来极大灾难，平叛成为全国百姓的最大期盼，国家社稷安危第一要务。天宝十五载（756）七月十二日，太子李亨受命，"即皇帝位于灵州（治今宁夏吴忠市古城村）"，扛起平叛大旗，领导全国军民抗击叛军。

唐肃宗不是昏君，而是"大智若愚，是一位颇有主见的皇帝"，（赵文润教授语）为保证平定安史叛军，肃宗随即决定两种策略。

一方面，唐肃宗主要以郭子仪、李光弼率领的朔方军为依靠，动员全国军民平叛抗战。诗人杜甫诗《送灵州李判官》：

犬戎腥四海，回首一茫茫。血战乾坤赤，氛迷日月黄。

将军专策略，幕府盛材良。近贺中兴主，神兵动朔方。①

诗中，"将军专策略"的"将军"指朔方节度使郭子仪。"神兵动朔方"的"朔方"指唐肃宗动用朔方军为平叛主力军。"中兴主"指灵州即位领导全国平叛的唐肃宗。

《旧唐书·郭子仪传》也记载唐肃宗平叛"唯倚朔方军为根本"：

> 诏以子仪为兵部尚书、同中书门下平章事，依前灵州大都督府长史、朔方军节度使。肃宗大阅六军，南趋关辅，至彭原郡，宰相房琯请兵万人，自为统帅以讨贼，帝素重琯，许之。兵及陈涛，为贼所败，丧师殆尽。方事讨除，而军半殪，唯倚朔方军为根本。②

另一方面，唐肃宗在依靠朔方军的同时，"欲借兵外夷，以张军势"，郭子仪考虑兵力不足，也建议唐肃宗征调回纥兵，助唐平叛。于是，就派豳王李守礼之子李承寀为敦煌王，与仆固怀恩使于回纥以请兵，答应"许以厚赏"。《资治通鉴》记载：

> 上虽用朔方之众，欲借兵于外夷以张军势，以豳王守礼之子承寀为敦煌王，与仆固怀恩使于回纥以请兵。又发拔汗那兵，且使转谕城郭诸国，许以厚赏，使从安西兵入援。③

至德二载，九月，郭子仪以回纥兵精，劝上益征其兵以击贼。怀仁可汗遣其子叶护及将军帝德等将精兵四千余人来至凤翔。上引见叶护，宴劳赐赉，惟其所欲。丁亥，元帅广平王俶将朔方等军及回纥、西域之

---

① 《全唐诗》，卷二百三十四，中华书局，1960 年，第 2584 页。
② 《旧唐书·郭子仪传》，卷一百二十，列传第七十，中华书局，1975 年，第 3450~3451 页。
③ 《资治通鉴》，卷第二百一十八，唐纪三十四，中华书局，1956 年，第 6998 页。

众十五万，号二十万，发凤翔。李俶见叶护，约为兄弟，叶护大喜，谓俶为兄。回纥至扶风，郭子仪留宴三日。叶护曰："国家有急，远来相助，何以食为！"宴毕，即行。日给其军羊二百口，牛二十头，米四十斛。[①]

唐肃宗至德二载（757）九月，唐肃宗命广平王李俶为天下兵马元帅、郭子仪为副帅，统唐军15万，开始收复长安的"香积寺之战"，回纥4000骑兵投入，助唐平叛，大显威风：

> 至德二载，九月，庚子（二十五日），诸军俱发。壬寅（二十七日），至长安城西，陈于香积寺北沣水之东。李嗣业为前军，郭子仪为中军，王思礼为后军。
>
> 李嗣业曰："今日不以身饵贼，军无孑遗矣。"乃肉袒，执长刀，立于阵前，大呼奋击，当其刀者，人马俱碎，杀数十人，阵乃稍定。于是嗣业帅前军各执长刀，如墙而进，身先士卒，所向摧靡。都知兵马使王难得救其裨将，贼射之中眉，皮垂鄣目。难得自拔箭，掣去其皮，血流被面，前战不已。
>
> 贼伏精骑于阵东，欲袭官军之后，侦者知之，朔方左厢兵马使仆固怀恩引回纥就击之，翦灭殆尽，贼由是气索。
>
> 李嗣业又与回纥出贼阵后，与大军交击，自午及酉，斩首六万级，填沟堑死者甚众，贼遂大溃。馀众走入城，迨夜，嚣声不止。[②]

《旧唐书·郭子仪传》也记载了回纥首领葛逻支助郭子仪平定河曲叛乱：

①《资治通鉴》，卷第二百二十，唐纪三十六，中华书局，1956年，第7032页。
②《资治通鉴》，卷第二百一十九，唐纪三十六，中华书局，1956年，第7033~7034页。

至德元载（756），十一月，贼将阿史那从礼以同罗、仆骨五千骑出塞，诱河曲九府六胡州部落数万，欲迫行在。子仪与回纥首领葛逻支，往击败之，斩获数万，河曲平定。[①]

唐肃宗争取外夷出兵助唐平叛的策略，得到各民族的积极响应，一时间，周边各民族纷纷出兵，助唐讨贼。《资治通鉴》记载，天宝十四载（755）十二月，奴剌、颉、跌、朱邪、契苾、浑、蹛林、奚结、沙陀蓬子、处蜜、吐谷浑、思结13部出兵助唐平乱：

天宝十四载（755）十二月，河西、陇右节度使哥舒翰病废在家，上借其威名，与禄山不协，召见，拜兵马副元帅，将兵八万以讨禄山；仍敕天下四面进兵，会攻洛阳。翰病固辞，上不许，以田良丘为御史中丞，充行军司马，起居郎萧昕为判官，蕃将火拔归仁等各将部落以从，并仙芝旧卒，号二十万，军于潼关。

《禄山事迹》云："翰为副元帅，领河、陇诸蕃部奴剌、颉、跌、朱邪、契苾、浑、蹛林、奚结、沙陀蓬子、处蜜、吐谷浑、思结等十三部落，督策、汉兵二十一万八千人，镇于潼关。"[②]

至德二载（757）春正月，上闻安西、北庭及拔汗那、大食诸国兵至凉、鄯。

至德二载（757）二月，上至凤翔旬日，陇右、河西、安西、西域之兵皆会。[③]

其中，《资治通鉴》还记载，特别感人的是，至德元载（756）十二月，

①《旧唐书·郭子仪传》，卷一百二十，列传第七十，中华书局，1975年，第3451页。
②《资治通鉴》，卷第二百一十七，唐纪三十三，中华书局，1956年，第6943页。
③《资治通鉴》，卷第二百一十九，唐纪三十五，中华书局，1956年，第7014页、第7018页、第7010页。

于阗王尉迟胜为助唐平叛放弃王位，让其弟代理，自带 5000 人助唐平叛，唐肃宗特别嘉奖，拜于阗王尉迟胜为特进兼殿中监：

> 至德元载（756）十二月，于阗王胜闻安禄山反，命其弟曜摄国事，自将兵五千入援。上嘉之，拜特进，兼殿中监。[①]

（二）回纥求婚 出降帝女

1. 借兵张势 帝女出降

《新唐书·回鹘传》记载，乾元元年（758），回纥可汗遣使向唐肃宗求婚和亲，唐肃宗感激回纥助唐平叛，许婚亲生女宁国公主和亲，出降回纥英武可汗，用政治联姻方式以换取回纥出兵，以张唐军声势，继续助唐平定安史之乱。唐肃宗专门派汉中郡李瑀摄御史大夫为宁国公主册命使，派宗子右司郎中李巽兼御史中丞，为宁国公主和亲的"礼会使"，并命李瑀册命副使，还特别派尚书右仆射裴冕把宁国公主一行送至边境：

> （乾元元年）回鹘使者多彦阿波与黑衣大食酋阁之等俱朝，争长，有司使异门并进。又使请昏，许之。帝以幼女宁国公主下嫁，即册磨延啜为英武威远毗伽可汗，诏汉中郡王瑀摄御史大夫为册命使，以宗子右司郎中巽兼御史中丞为礼会使，并以副瑀，尚书右仆射裴冕送诸境。[②]

唐肃宗是唐朝第一位以亲生女出降下嫁回纥毗伽可汗的皇帝，唐肃宗用帝女与回纥和亲是有条件的，这就是"借兵于外夷，以张军势"换取回

①《资治通鉴》，卷第二百一十九，唐纪三十五，中华书局，1956 年，第 7014 页、第 7018 页。
②《新唐书·回鹘传》，卷二百一十七，列传第一百四十二，中华书局，1975 年，第 6116 页。

纥出兵，助唐平叛。宁国公主，后封萧国公主，是唐肃宗次女，两次出降寡居。乾元元年（758）七月十七日，唐肃宗把两次嫁人的宁国公主第三次出降回纥可汗，并置公主府。《新唐书·诸帝公主》记载：

> 肃宗七女：
> 宿国公主，始封长乐。下嫁豆卢湛。
> 萧国公主，始封宁国。下嫁郑巽，又嫁薛康衡。乾元元年，降回纥英武威远可汗，乃置府。二年，还朝。贞元中，让府属，更置邑司。①

《唐会要》记载：

> 宁国。肃宗女。乾元元年七月十七日。出降回鹘英武威远毗伽可汗。置公主府。②

《旧唐书·肃宗》记载：

> 乾元元年。秋七月，丁亥（十七日），制上女宁国公主出降回纥英武威远毗伽可汗。③

先后嫁荥阳郑巽、河东薛康衡，之后寡居在家的宁国公主，被父皇唐肃宗选中与回纥和亲，担负重要政治联姻的重任。虽然宁国公主是一位寡居的公主，但是一方面，她究竟是皇帝的亲生女，另一方面，她是出降回纥，目的是换取回纥出兵助唐平叛，因此，唐肃宗李亨非常重视这次出降，

---

① 《新唐书·诸帝公主》，卷八十三，列传第八，中华书局，1975年，第3660页。
② 《唐会要》，卷六，上海古籍出版社，2006年，第86~87页。
③ 《旧唐书·肃宗》，卷十，本纪第十，中华书局，1975年，第253页。

专门颁布了《宁国公主的出降制》：

宁国公主下降制

朕闻古之圣王，临御天下。功懋受赏，道无隔于华夷；义存有孚，信必全于终始。故能德被寰宇，化延殊俗。是以周称柔远，克著康济之图；汉结和亲，式宏长久之策，繇来尚矣。朕祗若元命，永惟稽古。内申九命，勉膺嗣夏之期；外接百蛮，庶广怀荒之泽。

顷自凶渠作乱，宗社阽危，回纥特表忠诚，载怀奉国。所以兵逾绝漠，力徇中原，亟除青犊之妖，实赖乌孙之助。而先有情款，固求姻好。今两京底定，百度惟贞，奉皇舆而载宁，缵鸿业而攸重。斯言可复，厥德难忘。爰申降主之记，用答勤王之志。且骨肉之爱，人情所钟，离远之怀，天属尤切。况将适异域，宁忘轸念。但上缘社稷，下为黎元，遂抑深慈，为国大计。是用筑兹外馆，割爱中闱，将成万里之婚，冀定四方之业。以其诚信所立，家国攸宁，义在制名，式崇宠号。宜以幼女封为宁国公主，应缘礼会，所司准式。其降蕃日，仍令堂弟银青光禄大夫殿中监汉中郡王瑀充册命英武威远毗伽可汗使，以堂侄正议大夫行右司郎中上柱国上邽县公赐紫金鱼袋巽为副，特差重臣开府仪同三司尚书左仆射冀国公裴冕送至界首。凡百臣庶，宜悉朕怀。[1]

制书首先强调，古之盛王，无隔华夷。举出周天子以柔致远，汉朝结和亲。接着讲到安史之乱爆发，社稷危机，回纥表忠、奉国，固求联姻。当前主要任务是收复两京，奉上皇回京，继承鸿业。今援引出降公主，答谢勤王。但是，公主是朕亲生骨肉，远离京师，出降异域，能不挂念。但上为社稷，下为黎民百姓，为国大计，只有割爱，成万里之婚，定四方之大业：家国安宁。今以幼女为宁国公主出降之日，以唐肃宗堂弟银青光禄

---

① 《全唐文》，中华书局影印本，1983年，第459~460页。

大夫殿中监汉中郡王李瑀，担任册命英武威远毗伽可汗礼会使，以唐肃宗堂侄正议大夫行右司郎中上柱国上邽县公赐紫金鱼袋李巽为礼会副使，并特命重臣开府仪同三司、尚书左仆射、冀国公裴冕，护送宁国公主，至唐与回纥的交界处。第二天，又以司勋员餐郎鲜于叔明为瑀副。

2. 宁国和政　患难姐妹

宁国公主是唐朝第一位皇帝亲生女儿出降蕃王的和亲公主。前已述及，宁国公主是唐肃宗次女，一生命运坎坷，曾经有两次婚姻，先嫁荥阳的郑巽，后嫁河东的薛康衡，谢振中著《河东望族》一书，考证："查《新唐书·诸帝公主》，无公主尚薛康者，而有唐肃宗女萧国公主嫁薛康衡，薛康衡或为薛康之误。"[1]

天宝十四载（755）十一月，安史之乱爆发，叛军迅速从河北南下，进军河南，向西逼陕西。

天宝十五载（756）六月九日，安史叛军占领长安东大门潼关，直逼唐朝京师长安，唐玄宗放弃大唐皇帝守土职责，弃城逃跑。六月十三日凌晨，唐玄宗一行人从长安城延秋门仓皇西逃。《资治通鉴》记载了唐玄宗带领少数人狼狈出逃的场景：

> 天宝十五载（756），六月，乙未（十三日），黎明，上独与贵妃姐妹、皇子、妃、主、皇孙、杨国忠、韦见素、魏方进、陈玄礼及亲近宦官、宫人，出延秋门。妃、主、皇孙之在外者，皆委之而去。[2]

所谓"妃、主、皇孙之在外者，皆委之而去"，意思是唐玄宗因为是弃城逃跑，顾不了许多人，来不及把所有的王妃、皇孙、公主全部都通知，带上逃难，没有带上的就放弃不管，任由他们自己逃命。其中就包括寡居

---

①谢振中：《河东望族》，三晋出版社，2013年。
②《资治通鉴》，卷第二百一十八，唐纪三十四，中华书局，1956年，第6971页。

①谢振中：《河东望族》，三晋出版社，2013年。
②《资治通鉴》，卷第二百一十八，唐纪三十四，中华书局，1956年，第6971页。

的宁国公主和妹妹五子三女一家十口人的和政公主。

和政公主是唐肃宗三女，母为唐肃宗的章敬皇后吴氏，生长子李豫（唐代宗）、女儿和政公主，吴氏年仅 18 岁早逝，只有三岁的和政公主，长大后降柳谭。和政公主于唐代宗广德二年（764 年 7 月 28 日）去世，时年36 岁，生有"五男三女"。

天宝十五载（756）六月十三日，唐玄宗出逃时，宁国公主、和政公主均属于"在外者，皆委之而去"的"皇孙女"之列。唐朝平叛英雄颜真卿撰《和政公主神道碑》记载了两个患难姐妹公主一起逃难，和政公主精心照顾寡居姐姐宁国公主的姐妹亲情的生动感人事迹，歌颂了中华贤惠公主和政公主的中华民族优良传统美德。

其一，为了照顾姐姐，和政公主"弃其三子"，不去照顾，她让三个儿子柳晟、柳晕、柳杲，小哥仨自己逃难。

其二，取丈夫所骑的马让姐姐骑，她与丈夫一同步行，一日百里。

其三，每次遇到"坎险"，即沟沟坎坎，总是设法帮助姐姐先通过，然后她再通过。

其四，每天都是丈夫柳谭拾柴，她自己做饭，饭做好了，总是先献给姐姐吃饭。

　　　　羯凶羯乱常，潼关不守，元宗幸蜀，妃后骏奔。姊曰宁国公主，孀嫠屏居，谁或讣告，乃弃其三子，取其夫之乘，以乘之。柳侯徒行，公主愧焉，下而同趋者，日且百里。每臻坎险，必先济宁国，而后从之。柳侯辞，公主曰："我若先涉，脱有危急，不能俱全，则弃我市矣。"柳侯感叹，躬负薪之役，公主怡然，亲友馈饩之事，竭力供侍。①

_____

①颜真卿：《和政公主神道碑》，《全唐文》，卷三百四十四，中华书局影印本，1983 年，第 3490~3493 页。

《新唐书·诸帝公主》记载：

> 安禄山陷京师，宁国公主方釐居，主弃三子，夺潭马以载宁国，身与潭步，日百里，潭躬水薪，主射麤，以奉宁国。[1]

患难见真情，和政公主是古代历史上中华民族的"贤惠公主"。在安史之乱逃难过程中，她对寡居姐宁国公主的无微不至的关怀和照顾，姐妹亲情的动人事迹，今日仍然发扬光大，世代相传。

天宝十五载（756）八月，唐玄宗一行到四川，两位公主、柳潭随后也到达四川。一方面，唐玄宗正式册封宁国公主和和政公主，封和政公主丈夫柳潭为驸马都尉、银青光禄大夫、太仆卿。另一方面，有蜀地将领郭千仞乘安史之乱反叛朝廷，两位公主和柳潭刚刚册封，便发生了一场由柳潭与和政公主和宁国公主参与的平定蜀地将领郭千仞反叛的"平叛之战"。《和政公主神道碑》记载宁国公主和和政公主"彀弓迭进"，二公主都亲自张弓，连续射箭，参与平定蜀地将领郭千仞叛乱。而和政公主的驸马柳潭则手持刀刃，所向无前，亲自"斩馘擒生，殆逾五十"。《全唐文》收入颜真卿的《和政公主神道碑》：

> 秋八月，元宗至蜀，仍旧邑而册公主，以潭为驸马都尉、银青光禄大夫、太仆卿。属狂将兴祸，称兵向阙，元宗亲御闉，临视诛讨。驸马率领家竖折冲张义童等斗于门中，公主及宁国彀弓迭进。驸马乘胜突刃，所向无前，斩馘擒生，殆逾五十。[2]

---

① 《新唐书·诸帝公主》，卷八十三，列传第八，中华书局，1975年，第3660页。
② 《全唐文》，卷三百四十四，中华书局影印本，1983年，第3491页。

（三）国家事重　死且无恨

唐肃宗以朔方军为主，领导全国军民全力平叛，在回纥等部族参与帮助下，相继顺利收复长安和洛阳二都，取得平叛初步胜利。为回报回纥助唐平叛，出降宁国公主给回纥可汗。

乾元元年（758），秋七月丁甲午（十七日），宁国公主在册命使李瑀、副使李巽、鲜于叔明三位送亲使以及宰相裴冕、朝廷重要四位大臣护送下，离开长安。

宁国公主，是大唐第一位皇帝亲生女外嫁蕃王的和亲公主，是金城公主后第二位皇帝亲送近百里的和亲公主。唐肃宗特别亲自从长安送别亲女宁国公主，直到咸阳磁门驿，父女才依依不舍地分别。宁国公主离别大唐，感慨万千，但她深明大义，哭泣着向父皇唐肃宗保证："国家事重，死且无恨！"宁国公主的话，代表了所有大唐和亲公主为促进民族团结、甘愿奉献的中华女儿优秀品质的心声，值得为之特别点赞！唐肃宗听了宁国公主的话，感动得"流涕而还"。《旧唐书·回纥传》记载：

> 乾元元年（758）七月，癸巳，以册立回纥英武威远毗伽可汗，上御宣政殿，汉中王瑀受册命。甲午（十七日），肃宗送宁国公主至咸阳磁门驿，公主泣而言曰："国家事重，死且无恨！"上流涕而还。①

《新唐书》也记载了唐肃宗为宁国公主践行，因而幸校咸阳，曾经数次安慰勉励宁国公主，公主哭着向唐肃宗保证"国家正在多事，我死不恨"。

> 乾元元年（758），回纥使者多彦阿波与黑衣大食酋阁之等俱朝，争长，有司使异门并进。又使请昏，许之。帝以幼女宁国公主下嫁，即

---

① 《旧唐书·回纥传》，卷一百九十五，列传第一百四十五，中华书局，1975年，第5200页。

册磨延啜为英武威远毗伽可汗，诏汉中郡王瑀摄御史大夫为册命使，以宗子右司郎中巽兼御史中丞为礼会使，并以副瑀，尚书右仆射裴冕送诸境。帝饯公主，因幸咸阳，数尉勉，主泣曰："国方多事，死不恨。"①

（四）李瑀霸气　硬对可汗

宁国公主以及大唐册命使李瑀、副使李巽等护送公主的一行人到达回纥，并未见到回纥热烈欢迎的场面，反而是遇到了一场意想不到的下马威，而唐肃宗堂弟汉中王李瑀，则演出了一场针锋相对的大唐王爷的霸气威风。

《旧唐书·回纥传》记载：

> 及瑀至其牙帐，毗伽阙可汗衣赭黄袍，胡帽，坐于帐中榻上，仪卫甚盛，引瑀立于帐外，谓瑀曰："王是天可汗何亲？"瑀曰："是唐天子堂弟。"又问："于王上立者为谁？"
>
> 瑀曰："中使雷卢俊。"可汗又报曰："中使是奴，何得向郎君上立？"雷卢俊竦惧，跳身向下立定。瑀不拜而立。可汗报曰："两国主君臣有礼，何得不拜？"瑀曰："唐天子以可汗有功，故将女嫁与可汗结姻好，比者中国与外蕃亲，皆宗室子女，名为公主。今宁国公主，天子真女，又有才貌，万里嫁与可汗。可汗是唐家天子女婿，合有礼数。岂得坐于榻上受诏命耶！"可汗乃起奉诏，便受册命。②

宁国公主和李瑀等一行人来到回纥帐前，回纥毗伽阙可汗头戴胡帽，身穿着赤色长袍，威严地高坐帐中。回纥让唐肃宗堂弟、汉中王李瑀站在帐外，毗伽可汗故意挑衅性刁难地问李瑀："王是唐朝皇帝天可汗的什么

---

① 《新唐书·回鹘传》，卷二百一十七，列传第一百四十二，中华书局，1975 年，第 6116 页。
② 《旧唐书·回纥传》，卷一百九十五，列传第一百四十五，中华书局，1975 年，第 5200 页。

人？"李瑀霸气回答："大唐天子的堂弟！"当时唐肃宗派出的护送公主的宦官雷灵俊站在李瑀前面，毗伽可汗看见，大呼："宦官是奴才，怎么能够站在王的前面？"雷灵俊只好退到后面。回纥人引汉中王李瑀进入帐中，不拜可汗，可汗大喊："见回纥国君怎么能不拜？李瑀回答："大唐天子顾念可汗助唐平叛有功，以皇帝亲爱女出降，一般大唐与蕃王联姻都是宗室女，今皇帝以亲生女下嫁，既有高尚品德，又有美貌，万里下嫁，你可汗就是我大唐皇帝的女婿，理应以礼相见，怎么可以坐在塌上受册命诏书？"毗伽可汗自觉惭愧，于是赶快起身，受拜皇帝册命。

第二天，毗伽可汗便封宁国公主为可敦，李瑀带来的皇帝赐给可汗的物资，可汗都发给各个首领。

（五）回纥出兵　助国讨逆

宁国公主和亲，明显地改善了唐朝与回纥的关系，随即，在乾元元年（758）八月，回纥可汗立即派出回纥王子"骨啜特勒及宰相帝德等骁将三千人，助国讨逆"，这对助力唐肃宗平定安史之乱起了很大的作用。回纥还不断遣使感谢大唐出降宁国公主，唐朝与回纥的友好关系明显进一步增强。

《旧唐书·回纥传》记载：

乾元元年（758），八月，回纥使王子骨啜特勒及宰相帝德等骁将三千人，助国讨逆。肃宗嘉其远至，赐宴，命随朔方行营使仆固怀恩押之。

九月，甲申，回纥使大首领盖将等谢公主下降，兼奏破坚昆万人，宴于紫宸殿，赐物有差。十二月甲午，回纥使三妇人，谢宁国公主之聘也，赐宴紫宸殿。①

---

① 《旧唐书·回纥传》，卷一百九十五，列传第一百四十五，中华书局，1975年，第5201页。

（六）可汗逝世　劙面回朝

宁国公主出降回纥，仅仅过了8个月，乾元二年（759）夏四月，回纥毗伽阙可汗逝世。回纥牙官、都督想要宁国公主为毗伽阙可汗殉葬。宁国公主据中国礼力争，一方面，中国礼仪没有殉葬的规矩；另一方面，回纥万里向唐朝请婚，原本不就是仰慕中国吗？因此，我绝不殉葬！回纥没有再坚持殉葬，宁国公主乃以刀划破脸颊大哭，也算从其风俗了。

《资治通鉴》记载：

> 回纥毗伽阙可汗卒，长子叶护先遇杀，国人立其少子，是为登里可汗。回纥欲以宁国公主为殉。公主曰："回纥慕中国之俗，故娶中国女为妇。若欲从其本俗，何必结婚万里之外邪？"然亦为之劙面而哭。[1]

（七）公主还朝　百官迎接

最后，又因为宁国公主无子，按回纥风俗，不必强留。于是，宁国公主得以顺利回到唐朝。唐肃宗诏命百官到明凤门外迎接宁国公主，场面还算隆重，宁国公主去年八月出降塞外，今年八月还，算是风光还朝了。唐朝与回纥关系仍然继续保持友好。《旧唐书·回纥传》记载：

> 乾元二年（759），秋八月，宁国公主自回纥还，诏百官于明凤门外迎之。上元元年（760）九月己丑，回纥九姓可汗使大臣俱陆莫达干等入朝奉表起居。乙卯，回纥使二十人于延英殿通谒，赐物有差。十一月戊辰，回纥使延支伽罗等十人于延英殿谒见，赐物有差。[2]

---

① 《资治通鉴》，卷第二百二十一，唐纪三十七，中华书局，1956年。
② 《旧唐书·回纥传》，卷一百九十五，列传第一百四十五，中华书局，1975年，第5202页。

《新唐书》记载，宁国公主算是风光还朝后，寡居长安。到唐德宗朝，大约 37 年之后，贞元（785—805）中，老宁国公主又主动让出公主府，使之改置为公主府的官员管理机构。

> 萧国公主，始封宁国。下嫁郑巽，又嫁薛康衡。乾元元年，降回纥英武威远可汗，乃置府。二年，还朝。贞元中，让府属，更置邑司。①

（八）杜甫诗评　宁国和亲

杜甫有三首诗《北征》《留花门》《即事》涉及唐肃宗为维护国家统一，平定安史之乱，以亲生女宁国公主出降回纥和亲，借回纥兵助唐平叛，杜甫对和亲的评判如诗作。

1.《北征》

杜甫对唐与回纥和亲，求回纥助唐平叛，给予实事求是的评价。在《北征》诗中，杜甫一方面肯定唐肃宗即位，为维护国家统一，领导平定安史之乱，肯定唐肃宗为了平定安史之乱，不得已不惜以亲生女出降，换取回纥出兵助唐平叛；也肯定了回纥兵有其特色，回纥骑兵"少而贵为神速"善驰突"，如"鹰腾"，似"箭疾"，"其王愿助顺，其俗善驰突。送兵五千人，驱马一万匹。此辈少为贵，四方服勇决。所用皆鹰腾，破敌过箭疾"，对回纥有一定的肯定。但是，另一方面，也指出和亲借回纥兵的弊病："阴风西北来，惨淡随回鹘。""圣心颇虚伫，时议气欲夺。"特别是评判对洛阳的抢劫："田家最恐惧，麦倒桑枝折。"②回纥抢劫，造成百姓恐惧，具有极大的破坏。

---

①《新唐书·诸帝公主》，卷八十三，列传卷八，中华书局，1975 年，第 3660 页。
②《全唐诗》，卷二百一十七，中华书局，1960 年，第 2275~2276 页。

2.《留花门》

花门指回纥。留花门，其实是不能留花门。《留花门》写道：

中原有驱除，隐忍用此物。公主歌黄鹄，君王指白日。

……

胡尘逾太行，杂种抵京室。花门既须留，原野转萧瑟。[①]

杜甫一说：唐肃宗是为了平叛不得已而"隐忍"和亲，借用回纥兵。

杜甫二说：唐肃宗为求回纥援兵，乾元元年（758）七月，嫁亲生女宁国公主给回纥可汗，帝亲送至咸阳，临别时，宁国公主说"国家事重，死且无恨"。"歌黄鹄"借用汉代江都王刘建女刘细君故事。汉武帝时，细君作为公主嫁给西域乌孙国（今新疆温宿县北）国王昆莫，昆莫年老，语言不通，公主悲秋作歌云"愿为黄鹄兮归故乡"。而唐肃宗求得回纥的援兵，与回纥结盟。发誓结盟之状如《诗经》："谓予不信，有如皦日。"

杜甫三说：安史叛军越过太行山，回纥兵经历京城。为平叛留下回纥军队，大唐田园因此萧条不堪。因此，结论是不能留花门！

3.《即事》

到乾元二年（759），当杜甫看到宁国公主回纥和亲"劓面而哭"的悲惨遭遇，其诗对和亲是"以诗讽刺时事"，逐渐持评判的态度。

即事

闻道花门破，和亲事却非。人怜汉公主，生得渡河归。

秋思抛云髻，腰支胜宝衣。群凶犹索战，回首意多违。[②]

---

① 《全唐诗》，卷二百一十七，中华书局，1960年，第2279~2280页。
② 《全唐诗》，卷二百一十五，中华书局，1960年，第2420页。

宁国公主和亲虽然遭遇悲惨，所幸宁国公主到最后还是得以生还大唐。公主八月出降，乾元二年（759）娶宁国公主的回纥可汗去世，和亲之事也告结束。杜甫诗反映了唐朝人普遍同情宁国公主，而公主秋季回朝、急迫思家的心情。平定安史叛军的战斗还在继续，回看与回纥和亲事，对保证国家安全作用不是很大。

（九）宁国回朝　小宁国留

《旧唐书·回纥传》记载，唐肃宗朝将亲生女宁国公主出降回纥英武可汗，曾经配以荣王女为媵，即侍女、陪嫁女随行，"以荣王女媵之"。

宁国公主陪嫁女小宁国公主是荣王之女，她父亲荣王李琬（？—755），唐玄宗的第六子，初名李嗣玄，开元二年三月封甄王。开元十二年三月，改名李滉，封荣王。开元十五年，授京兆牧，遥领陇右节度大使。开元二十三年，加开府仪同三司。开元二十五年，改名李琬。天宝元载六月，授单于大都护。李琬是唐玄宗信任和重用的王子。天宝十四载，安禄山反，唐玄宗任命李琬为征讨元帅指挥平叛，高仙芝为副，令高仙芝征河、陇募兵，屯于陕郡以御之。李琬元帅不久病逝，赠靖恭太子，葬于长安的见子原。李琬诸子男女 58 人，包括小宁国公主。[①]

宁国公主出降回纥英武可汗，8 个月后，英武去世，宁国公主回朝，荣王女留，继为英武可汗的可敦，回纥人呼其别名，称她为"小宁国公主"。小宁国公主后再配英义可汗。天亲可汗继位，小宁国公主始居于外。小宁国公主生有英武可汗的二子。不幸的是，皆为天亲可汗所杀。不久小宁国公主去世。唐德宗贞元七年五月，派鸿胪少卿庾铤兼任御史大夫为使节，前往回纥册礼新可汗，并为小宁国公主吊唁。据此，小宁国公主自乾元元年（758）陪宁国公主出降，至贞元七年（791），在回纥长住达 33 年之久。《旧唐书·回纥传》记载：

① 《旧唐书·李琬传》，卷一百七，列传第五十七，中华书局，1975 年，第 3261 页。

贞元七年（791）五月庚申朔，以鸿胪少卿庾铤兼御史大夫，册回纥可汗及吊祭使。是月，回纥遣使律支达干等来朝，告小宁国公主薨。废朝三日，故，肃宗以宁国公主降回纥，又以荣王女媵之；及宁国来归，荣王女为可敦，回纥号为小宁国公主，历配英武、英义二可汗。及天亲可汗立，出居于外，生英武二子，为天亲可汗所杀。无几薨。①

《新唐书·回鹘传》的记载与《旧唐书》略有出入：一是，小宁国公主，书为"少宁国公主"；二是，小宁国公主所生二子，《旧唐书》记为英武之子，《新唐书》书为英义之子：

> 俄以律支达干来告少宁国公主？之丧。主，荣王女也。始宁国下嫁，又以媵之。宁国后归，因留回鹘中为可敦，号"少宁国"，历配英武、英义二可汗。至天亲可汗时，始居外。其配英义生二子，皆为天亲所杀。②

小宁国公主作为宁国公主的陪嫁女，在回纥长达33年，最后丧命回纥。虽然不能列为和亲公主，她也为大唐与回纥的民族团结付出了巨大的牺牲，做出了很大的贡献。

---

① 《旧唐书·回纥传》，卷一百九十五，列传第一百四十五，中华书局，1975年，第5210页。
② 《新唐书·回鹘传》，卷二百一十七，列传第一百四十二，中华书局，1975年，第6125页。

第十四章　怀恩女嫁回纥的崇徽公主（769）

（一）怀恩不反　左右所误

崇徽公主姓仆固氏，亲生父亲是大唐名将仆固怀恩（？—765），在平定安史之乱中，战功与郭子仪、李光弼齐名。在朔方军中初任朔方左武锋使，战功赫赫，封丰国公。三女嫁回纥和亲，向回纥借兵助唐平叛。平叛中，全家46人为国捐躯，满门忠烈。拜检校左仆射、中书令、河北副元帅、朔方节度使、太子少，册封大宁郡王。但却遭宦官骆奉先诬陷，赴灵州举兵造反，被唐代宗派郭子仪所败，至灵州鸣沙县，"遇疾舁归"，还归灵州，最后于永泰元年（765）九月九日病逝于灵州。"九月九日，死于灵武，部曲以乡法焚而葬之。"

《新唐书》将仆固怀恩列入"叛臣"第一人，但是《旧唐书》没有将其列入叛臣，而是将其列入紧随郭子仪之后唐朝文武大臣的列传，并且客观地记录仆固怀恩的功绩："怀恩以寇难以来，一门之内死王事者四十六人，女嫁绝域，再收两京，皆导引回纥，摧灭强敌。"因此，唐代宗"前后下制，未尝言其反"。《新唐书》也记载："数下诏，未尝言其反。"死后，唐代宗定性仆固怀恩不是叛臣："怀恩不反，为左右所误耳！"[1] 后来，唐代宗因为怀念仆固怀恩与回纥和亲借兵助唐平叛以及在平定安史之乱中的特大功劳，将其小女收为养女，养于宫中，为第十女。她就是后来的崇徽公主。

清朝乾隆嘉庆年间杨芳灿（1754—1816），清乾隆五十二年（1787）至嘉庆三年（1798），任灵州（明清灵州，今宁夏灵武市）知州12年。他经过灵州仆固怀恩墓，撰写了《过仆固怀恩墓》，凭吊大唐名将的"健

---

① 《新唐书·仆固怀恩传》，卷二百二十四，列传第一百四十九，中华书局，1975 年，第 6372 页。

儿魂"。笔者发现，永泰元年（765）至嘉庆三年（1798），总共是1033年。也就是说，仆固怀恩灵州病逝千年之后，杨芳灿还能见到仆固怀恩墓冢，证明作为朔方军统帅郭子仪、李光弼、仆固怀恩大本营的灵州乡亲们，不认为朔方节度使仆固怀恩是叛臣，因此，灵州没有人破坏该墓。如果认为他是叛臣，仆固怀恩墓早应该就被捣毁。

过仆固怀恩墓

唐代当中叶，渔阳起叛藩。骁雄出裨将，义愤救中原。

酣战催强敌，孤军领外援。假威添虎翼，协力剪鲸吞。

左仆班自贵，真王爵秩尊。气骄非易制，宠极转成怨。

反侧由群议，宽仁负主恩。养痈分节镇，召乱诱羌浑。

自诧功无并，宁知祸有源。饮章争告便，谩语尚除怨。

苏峻怀非望，庞萌肆妄言。士摐三载甲，宛率六军屯。

泾水全师覆，鸣沙数骑奔。余生逃斧锧，残骨载辌辒。

坏道沉碑失，阴崖破冢存。悲凤作呜咽，疑是健儿魂。①

宁夏社科院吴晓红研究员撰文《评析唐代民族将领仆固怀恩》，认为《新唐书》虽然列入"叛臣"，但传文客观，第一，给予怀恩以"又性强固，不肯为馋毁屈"十字概括。第二，当朝文武多数认为他冤枉，不认为怀恩造反："且明怀恩反者，独辛云京、李抱玉、骆奉先、鱼朝恩四人耳，自外朝臣，咸言其枉。"第三，《新唐书》特别记载："大历四年，册怀恩幼女为崇徽公主，嫁回纥云。"吴晓红认为，同为唐代宗朝，"说明仆固怀恩灵州事件当朝就已实际上平反了"②。否则不可能册封"叛臣"仆固怀恩之女为和亲公主。

---

①《嘉庆宁夏新志》，宁夏人民出版社，1956年，第258页。
②吴晓红：《评析唐代民族将领仆固怀恩》，《宁夏社会科学》2017年第6期。

（二）册封公主　出降回纥

为了向回纥借兵，助唐平叛，仆固怀恩将自己两个女儿嫁给回纥可汗。其中一个女儿嫁给回纥牟羽可汗（登利可汗）移地健，册封光亲可敦。大历三年（768），光亲可敦病死，移地健指名要光亲可敦妹妹仆固氏为妻。《唐会要》记载：

　　崇徽，仆固怀恩女，大历四年（769）五月二十四日出降回鹘可汗。[①]

大历四年（769）五月二十四日，唐代宗册封仆固氏为崇徽公主，视为自己的第十女，出降回纥可汗。唐代宗颁《册崇徽公主文》，其中，称赞崇徽公主"禀秀云汉，增华女宗，卓尔洵淑，迥然昭异"，重申出降缘由，是有回纥助唐平叛功绩"分救灾患，助平寇虏"：

册崇徽公主文

　　维大历四年岁次己酉五月戊辰朔二十四日辛卯，皇帝若曰：于戏！鲁邦外馆，有小君之仪；汉室和亲，从阏支之号。命公主而疏邑以封，焕于徽章抑有前范，咨尔第十女：禀秀云汉，增华女宗，卓尔洵淑，迥然昭异。肃雍之道，能中其和，缛丽之功，自臻于妙，不资姆训，动会《礼》经。甫及初笄之年，眷求和凤之封，用开汤沐，方戒油軿。我有亲邻，称雄贵部，分救灾患，助平寇虏。固可申以婚姻，厚其宠渥，况有诚请，爰从归配。是用封曰崇徽公主，出降回纥可汗，册曰可敦。割爱公主，嫔于绝域，尔其式是闺则，以成妇顺。服兹嘉命，

---

①《唐会要》，卷六，中华书局，1955年，第75页。

可不慎欤！^①

大历四年（769）五月二十四日，唐代宗册封养女仆固怀恩小女为崇徽公主。五月二十五日，唐代宗派兵部侍郎李涵、祠部郎中董晋为护亲使，带着两万匹缯帛的礼物，护送崇徽公主远嫁回纥可汗移地健。公主向唐代宗辞行，一路向北，经过长途跋涉，两位护亲使一直护送崇徽公主到回纥的牙帐。护亲判官董晋，与回纥诸首领据理力争回纥马互市交易事宜，"其众皆环拜晋"，继而都面向南拜大唐天子，众首领表示："我们不敢怠慢大国！"崇徽公主和亲进一步促进了唐与回纥的友好关系。《资治通鉴》记载：

> 初，仆固怀恩死，上怜其有功，置其女宫中，养以为女。回纥请以为可敦，夏，五月，辛卯（二十四日），册为崇徽公主，嫁回纥可汗。壬辰（二十五日），遣兵部侍郎李涵送之，涵奏祠部郎中虞乡董晋为判官。六月，丁酉（初一），公主辞行，至回纥牙帐。回纥来言曰："唐约我为市，马既入，而归我赂不足，我于使人乎取之。"涵惧，不敢对，视晋，晋曰："吾非无马而与尔为市，为尔赐不既多乎！尔之马岁至，吾数皮而归资。边吏请致诘也，天子念尔有劳，故下诏禁侵犯。诸戎畏我大国之尔与也，莫敢校焉。尔之父子宁而畜马蕃者，非我谁使之！"于是其众皆环晋拜。既又相帅南面序拜，皆举两手曰："不敢有意大国。"^②

《新唐书》同样记载大历四年册封仆固怀恩女为崇徽公主出降回纥。特别指出当时朝廷财用急缺，只好征用公卿的骡子和骆驼，供崇徽公主和

---

①《唐大诏令集》，卷四十二，中华书局，2008 年，第 258 页。
②《资治通鉴》，卷第二百二十四，唐纪四十，中华书局，1956 年，第 7208 页。

护亲使一行人北上回纥。唐代宗命宰相一直送到长安城北的中渭桥。

> 大历三年（768），光亲可敦卒，帝遣右散骑常侍萧昕持节吊祠。
> 明年（大历四年，769 年），以怀恩幼女为崇徽公主继室，兵部侍郎
> 李涵持节册拜可敦，赐缯彩二万。是时，财用屈，税公卿骡、橐它给
> 行，宰相饯中渭桥。①

（三）崇徽公主　不知所终

崇徽公主与回纥牟羽可汗（登利可汗）和亲，夫妻生活度过了 12 年
（769—780）。牟羽可汗助唐平叛，得到马市的厚报，从唐取得很大的利益。

但是，牟羽可汗却贪得无厌，大历十四年（779）十一月代宗崩，德
宗即位，建中元年（780），牟羽可汗欲乘机进犯唐朝，宰相牟羽从父兄
顿莫贺，劝阻不听，宰相杀牟羽可汗，自立为可汗。唐德宗建中元年（780），
命京兆少尹临漳源休册顿莫贺为武义成功可汗。牟羽可汗死后，崇徽公主
在回纥是怎么样生活的？唐史文献竟然找不到任何文字记载。一方面，虽
然宰相顿莫贺自立可汗，被德宗封为武义成功可汗，但是并没有让崇徽公
主再嫁新可汗武义成功可汗的记载。同时，史料却记载武义成功可汗与唐
友好，还特别多次不断向唐朝请婚，也说明没有让崇徽公主改嫁。另一方
面，笔者也查不到崇徽公主回到唐朝的史料。特别是直到贞元三年（787）
八月，唐德宗又许以第八女咸安公主出降回纥武义成功可汗，也证明崇徽
公主没有改嫁。

《唐会要》记载：

> 贞元三年（787），八月，回纥使合阙将军归蕃，初。合阙将虏

---

① 《新唐书·回鹘传》，卷二百一十七，列传第一百四十二，中华书局，1975 年，
第 6120 页。

命请婚于我。许以咸安公主嫁之。命公主见合阙于麟德殿。又令中谒者赍公主画图赐之可汗。①

《旧唐书·德宗》同样记载：

贞元三年（787），九月，癸亥，回纥可汗遣使合阙将军请婚于我，许以咸安公主降之。②

《资治通鉴》也记载：

建中元年（780），代宗崩，上（唐德宗）遣中使梁文秀往告哀，登里骄不为礼。九姓胡附回纥者，说登里以中国富饶，今乘丧伐之，可有大利。登里从之，欲举国入寇。其相顿莫贺达干，登里之从父兄也，谏曰："唐，大国也，无负于我，吾前年侵太原，获羊马数万，可谓大捷，而道远粮乏，比归，士卒多徒行者。今举国深入，万一不捷，将安归乎！"登里不听。顿莫贺乘人心之不欲南寇也，举兵击杀之，并九姓胡二千人，自立为合骨咄禄毗伽可汗，遣其臣聿达干与梁文秀俱入见，愿为藩臣，垂发不翦，以待诏命。乙卯，命京兆少尹临漳源休册顿莫贺为武义成功可汗。

（唐德宗贞元三年，787年，九月）癸亥（十三日），遣回纥使者合阙将军归，许以咸安公主妻可汗，归其马价绢五万匹。

贞元四年（788），冬十月戊子，回纥至长安，可汗请表仍改回纥为回鹘，许之。③

---

① 《唐会要》，卷九十八，上海古籍出版社，2006年，第3070页。
② 《旧唐书·德宗》，卷十二，本纪第十二，中华书局，1975年，第358页。
③ 《资治通鉴》，卷第二百二十六，唐纪四十二；卷第二百三十三，唐纪四十九，中华书局，1956年，第7412页、第7619页、第7628页。

唐史文献记载，就是找不到崇徽公主的下落，既没有见到崇徽公主改嫁的记载，又没有崇徽公主回朝的记载，崇徽公主的去向不明、不知所终。或者，此时，到了贞元三年（787）九月，新可汗武义成功可汗娶咸安公主时，崇徽公主出降回纥牟羽可汗（登利可汗）12年，牟羽死后，又寡居6年，估计总共和亲回纥18年（769—787）的崇徽公主或许已经逝世。总之，唐代和亲公主崇徽公主的人生最后结局，竟然是正如《庄子·田子方》中庄子所言："日夜无隙，而不知其所终。"崇徽公主是唐代唯一出降回纥不知所终的和亲公主。

（四）山西灵石　手痕碑诗

回鹘（即回纥）在唐文宗开成五年（840）西迁。[①]在此之前，回纥（回鹘）居住在唐朝以北贝加尔湖以南的广袤草原地区。因此，崇徽公主出降回纥可汗，出降路线是从长安出发，需要北行经过今山西省。唐宋诗中记述，崇徽公主出降回纥，北上曾经路过今山西省晋中市灵石县，走到该县汾河的河畔一个叫阴地关的一座山崖上，崇徽公主休息时，回望长安，悲伤难言，前已述及，崇徽公主出降她本人，包括送亲队伍"给行"，竟然没有一匹马骑，而是"征用公卿的骡子和骆驼给行"，可见因为朝廷财用困难，堂堂大唐和亲公主崇徽公主的出降回纥却是多么寒酸！于是，传说崇徽公主在山崖上留下了自己深深的手印痕迹，抒发唐朝公主心中怨恨之气，留有崇徽公主手印痕迹的山崖上，有唐朝诗人李山甫的诗《阴地关崇徽公主手迹》，史称"手痕碑"。

关于李山甫，《全唐诗》介绍道：

　　李山甫。咸通中，累举不第。以魏博幕府为从事。尝递事乐彦帧、

---

① 杜文玉：《中国古代大事年表》，商务印书馆，2017年，第400页。

罗弘信父子。文笔雄健，威震一方。诗一卷。^①

　　魏博为唐朝藩镇，为广德元年（763）设置的防御使，后改节度使，治所魏州（今河北大名县），势力范围包括今山东、河南一带的魏、博、贝、卫、澶、相六州。先后任节度使割据的有田承嗣、何进滔、罗弘信等，对唐朝时听时叛。

　　唐李山甫的诗《阴地关崇徽公主手迹》，反映了唐人对安史之乱时为平叛向回纥借兵，朝廷不得已册封公主与回纥可汗和亲的无奈，也反映了唐人对用女人换取国家安危的悲哀，甚至对和亲提出质疑"谁陈帝子和蕃策，我是男儿为国羞"，而对崇徽公主的悲惨遭遇给予极大的同情。《代崇徽公主意》中的"遣妾一身安社稷，不知何处用将军"，诗人李山甫更是借公主的口吻说出对朝廷的讽刺。

　　李山甫另外一首诗是《代崇徽公主意》，特别是结尾："遣妾一身安社稷，不知何处用将军？"诗人代崇徽公主的口说出：用我一个弱女子来保卫社稷的安危，那国家养了那么多将军干什么用？

阴地关崇徽公主手迹

李山甫

一拓纤痕更不收，翠微苍藓几经秋。

谁陈帝子和蕃策，我是男儿为国羞。

寒雨洗来香已尽，淡烟笼著恨长留。

可怜汾水知人意，旁与吞声未忍休。^②

---

① 《全唐诗》，卷六十三，中华书局，1960年，第361页。
② 《全唐诗》，卷六十三，中华书局，1960年，第368页。

代崇徽公主意

李山甫

金钗坠地鬓堆云，自别朝阳帝岂闻。

遣妾一身安社稷，不知何处用将军？[①]

"唐宋八大家"之一的宋朝诗人、政治家、文学家、史学家欧阳修，也留下一首怀念崇徽公主的《唐崇徽公主手痕和韩内翰》诗，再次道出了宋朝大诗人对崇徽公主出降远方的同情和对一些没有本事的朝臣的讽刺：

唐崇徽公主手痕和韩内翰

欧阳修

故乡飞鸟尚啁啾，何况悲笳出塞愁。

青冢埋魂知不返，翠崖遗迹为谁留。

玉颜自古为身累，肉食何人与国谋。

行路至今空叹息，岩花涧草自春秋。[②]

（五）灵石方志　记载手迹

1. 手痕碑文　灵石碑集

山西省灵石县史志办青年学者尤嘉辉提供了有关《崇徽公主手痕碑》[③]珍贵的文字历史资料。

【概说】

唐·大历四年（769）刻石。

---

① 《全唐诗》，卷六十三，中华书局，1960年，第373页。

② 《全宋诗》，卷二百九十四，北京大学出版社，1991年，第3704页。

③ 景茂礼、刘秋根：《灵石碑刻全集》，河北人民出版社，2014年。

原存于古阴地关即今灵石南关镇汾河崖壁，已佚。文录自《山西通志·金石记》卷九十七。商务印书馆民国二十二年四月初版《辞源续编》手痕碑词条载："李山甫阴地关崇徽公主手迹诗'一拓纤痕更不收，翠微苍藓几经秋。谁陈帝子和蕃策，我是男儿为国羞。寒雨洗来香巳尽，淡烟笼著恨长留。可怜汾水知人意，旁与吞声未忍休'。董追广川书跋：大历四年，回纥请婚，崇徽公主降可汗，道汾州，以手掌托石壁遂有手痕，今灵石有崇徽公主手痕碑。崇徽公主手痕碑，盖唐仆固怀恩女，没入后宫封为崇徽公主，下降回鹘可汗，道汾上托掌石壁遂以传后。岂怨愤之气盘结于中不得发，遇金石而开者耶。"

【正文】

崇徽公主手痕碑

大历四年，今在灵石县南关镇汾河侧。

《集古录》：崇徽公主手痕碑，李山甫撰。崇徽公主者，仆固怀恩女也。怀恩在肃宗时先以二女嫁回纥，其一嫁毗伽可汗少子，后号登里可汗者也，一不知所嫁何人，唐书《怀恩传》及《回纥传》皆不载，惟怀恩所上书自陈六罪，有二女远嫁为国和亲，以此知其又尝嫁一女耳。此所谓崇徽公主，怀恩幼女也。怀恩既反，引羌浑奴剌为边患，永泰中病死于灵武，其从子名臣，以千骑降唐，始以怀恩幼女为崇徽公主，又嫁回纥，即此也。[①]

2.山西通志　手痕碑记

山西省灵石县史志办青年学者尤嘉辉还提供了明崇祯二年（1629）李维祯纂修《山西通志》，其中记载的《崇徽公主手痕碑》，内容与《崇徽公主手痕碑》正文的内容完全相同、一字不差。但尤嘉辉提供的是影印图片资料。

---

①景茂礼，刘秋根：《灵石碑刻全集》，河北人民出版社，2014年，第8页。

崇徽公主手痕碑

大历四年今在灵石县南关镇汾河侧。

集古录崇徽公主手痕碑，李山甫撰。崇徽公主者，仆固怀恩女也。怀恩在肃宗时先以二女嫁回纥，其一嫁毗伽可汗少子，后号登里可汗者也，一不知所嫁何人，唐书怀恩传及回纥传皆不载，惟怀恩所上书自陈六罪，有二女远嫁为国和亲，以此知其又尝嫁一女耳。此所谓崇徽公主，怀恩幼女也。怀恩既反，引羌浑奴剌为边患，永泰中病死於灵武，其从子名臣，以千骑降唐，始以怀恩幼女为崇徽公主，又嫁回纥，即此也。[①]

3. 灵石志载　手痕碑记

山西省灵石县史志办青年学者尤嘉辉提供的清嘉庆《灵石县志》"古迹"中，关于"手痕碑"有记载，亦有影印图片资料。

清嘉庆《灵石县志》《手痕碑》介绍

手痕碑：在阴地关。唐大历四年（769），以崇徽公主出塞，道出汾州，以手拓石壁，遂有手痕。旧立有碑，今已漫灭。独其手痕至今宛然。李山甫诗云：一掐纤痕更不收，翠微苍藓几经秋。谁陈帝子和蕃策，我是男儿为国羞。寒雨洗来香已尽，淡烟笼著恨长留。可怜汾水知人意，旁与吞声未忍休。又《康熙字典》"拓"字部引李诗作"一拓纤痕更不收"。当遵字典作"拓"字为正。[②]

---

①崇祯：《山西通志》，卷九十七，金石志九，中华书局影印本，2017年。
②《灵石县志》，三晋出版社，2014年，第7页。

第十五章　嫁回纥 4 可汗的咸安公主（788）

（一）回纥进犯　与唐交恶

唐代宗后期，多年来回纥不断进犯唐朝，与唐朝交恶，又被唐军击败。《新唐书·回鹘传》记载：

　　大历十年（775），回纥杀人横道，京兆尹捕之，诏贷勿劾。又刺人东市，缚送万年狱，首领劫取囚，残狱吏去，都人厌苦。十三年（778），回纥袭振武，攻东陉，入寇太原。河东节度使鲍防与战阳曲，防败绩，残杀万余，代州都督张光晟又战羊虎谷，破之，虏乃去。①

　　建中元年（780），唐德宗即位，回纥宰相、牟羽可汗外从父顿莫贺，不满牟羽叛唐，杀之，自立可汗，唐德宗册封其为回纥武义成功可汗。后三年，回纥不断派使者献方物，请和亲。唐德宗因为当年回纥交恶，不想和亲。李泌说回纥不可怨，劝唐德宗和亲。

（一）李泌五事　德宗许婚

唐德宗贞元三年（787）九月十三日，回纥武义成功可汗称臣，请婚，唐德宗开始未许。经过李泌劝说，唐德宗成为唐朝第二位以亲生女出降回纥可汗和亲的皇帝。唐德宗与其祖父唐肃宗一样，并非昏君，唐德宗以帝女下嫁回纥可汗同样是有条件的，这就是李泌提出的与回纥和亲先决条件五事和回纥继续助唐平叛。李泌提出的五事：一是称臣。二是为陛下子。三是每使来不过 200 人。四是印马不过千匹。五是无得携中国人及商胡出塞。

　　李泌提出的和亲五事，义武成功可汗都同意。唐德宗才许诺与回纥和

①《新唐书·回鹘传》，卷二百一十七，列传第一百四十二，中华书局，1975 年，第 6121 页。

亲。诏回纥使者合阙达干于德麟殿拜见了咸安公主，并让谒者斋戒整洁身心以先按照画图赐予回纥可汗。《资治通鉴》记载：

> 回纥骨咄禄可汗累求和亲，且请婚，上未之许。
>
> 既而回纥遣使称儿及臣，凡泌所约五事，一皆听命。
>
> 贞元三年（787），八月，癸亥，遣回纥使者合阙将军归，序以咸安公主妻之，归其马价绢五万绢匹。[①]

《新唐书·回鹘传》也记载：

> 乃许降公主，回纥亦请如约。咸安公主下嫁，又诏使者合阙达干见公主于德麟殿，使中谒者斋公主画图赐嗯真汗。[②]

（二）德宗诏令　公主出降

两唐书详细记载唐德宗与回纥和亲。《旧唐书》记载，唐德宗即位，回纥内变，可汗移地健图谋南下犯唐，其宰相顿莫贺达干劝阻，可汗不听，顿莫贺杀之自立为可汗，遣使朝唐，唐德宗封为武义成功可汗。贞元四年（788）十月十四日，回纥武义成功可汗派宰相、公主、各首领率大批人马来，回纥姻亲使团多达 1000 人，德宗命在朔州、太原留 700 人，其中还包括各首领、妻妾 56 妇人，回纥公主、使者纳聘迎亲，可汗的上德宗言："昔为兄弟，今为子婿，半子也。"十分恭敬，并请改族名为"回鹘"，德宗依允。武义遣使请和亲。贞元四年十月，唐德宗诏咸安公主出降回纥武义可汗。咸安公主是唐朝第二位帝女出降回纥可汗的和亲公主。足见唐朝皇帝对助

---

① 《资治通鉴》，卷第二百三十三，唐纪四十九，中华书局，1956 年，第 7501 页、第 7505 页、第 7506 页。

② 《新唐书·回鹘传》，卷二百一十七，列传第一百四十二，中华书局，1975 年，第 6123 页。

唐平叛回纥和亲的重视。唐德宗先后接见回纥公主及使者。回纥可汗迎娶公主的聘礼为聘马两千匹。唐德宗以殿中监、嗣滕王李湛然为咸安公主婚礼使，检校右仆射关播、和亲判官张荐为送咸安公主以及册封回纥可汗使。

德宗初即位，使中官梁文秀告哀于回纥，且修旧好，可汗移地健不为礼。而九姓胡素属于回纥者，又陈中国便利以诱其心，可汗乃举国南下，将乘我丧。其宰相顿莫贺达干谏曰："唐，大国也，且无负于我。前年入太原，获羊马数万计，可谓大捷矣。以道途艰阻，比及国，伤耗殆尽。今若举而不捷，将安归乎？"可汗不听。顿莫贺乘人之心，因击杀之，并杀其亲信及九姓胡所诱来者凡二千人。

顿莫贺自立号为合骨咄禄毗伽可汗，使其酋长建达干随文秀来朝。命京兆尹源休持节册为武义成功可汗。贞元三年八月，回纥可汗遣首领墨啜达干、多览将军合阙达干等来贡方物，且请和亲。四年十月，回纥公主及使至自蕃，德宗御延喜门见之。时回纥可汗喜于和亲，其礼甚恭，上言："昔为兄弟，今为子婿，半子也。"又詈辱吐蕃使者，及使大首领等妻妾凡五十六妇人来迎可敦，凡遣人千余，纳聘马二千。德宗令朔州、太原分留七百人，其宰相首领皆至，分馆鸿胪、将作。癸巳，见于宣政殿。乙未，德宗召回纥公主，出使者对于麟德殿，各有颁赐。庚子，诏咸安公主降回纥可汗，仍置府官属视亲王例。以殿中监、嗣滕王湛然为咸安公主婚礼使，关播检校右仆射、和亲判官张荐为送咸安公主及册回纥可汗使。[①]

（三）贞元四年　咸安出降

咸安公主是唐德宗亲生女，是唐德宗的第八女，是唐朝和亲公主中出

---

① 《旧唐书·回纥传》，卷一百九十五，列传第一百四十五，中华书局，1975 年，第 5207~5208 页。

降蕃王和亲经历最悲惨公主之一，是唐朝唯一四嫁回纥可汗最后逝世葬身回纥的和亲公主。《唐会要》记载：

> 咸安。德宗女。贞元四年十月。出降回纥天亲可汗。其月二十六日。敕置咸安公主府。准亲王例。[①]

《新唐书·诸帝公主》记载：

> 德宗十一女。燕国襄穆公主，始封咸安。下嫁回纥义务可汗，置府。薨元和时，追封及谥。[②]

贞元四年（788）十一月，德宗任命殿中监、嗣滕王李湛然为婚礼使，检校右仆射关播，给事中赵憬，殿中侍御史张荐为和亲判官，送咸安公主及册回纥可汗使，持节护送咸安归蕃。《唐会要》记载：

> （贞元）四年十一月。诏以咸安公主出降回纥可汗，仍特置府，官属并同亲王府。[③]

唐德宗的亲生女出降，唐德宗自然心情激动，他亲自赋诗相送。唐德宗大臣诗人也赋诗相送公主。

作家王芳《天边峨眉月》一书中指出，唐朝诗人"王森琛的《咸安公主》最为悲凄"；诗人"孙叔向的《送咸安公主》流传最广"。[④] 王森琛的《咸安公主》描写为了国家社稷的安危，唐德宗舍去自己亲枝绿叶的亲生女出

---

① 《唐会要》，卷六，上海古籍出版社，2006 年，第 122 页。
② 《新唐书·诸帝公主》，卷八十三，列传第八，中华书局，1975 年，第 3665 页。
③ 《唐会要》，卷九十八，上海古籍出版社，2006 年，第 2071 页。
④ 王芳：《天边峨眉月》，北方文艺出版社，2021 年。

降边陲回纥。唐朝公主下嫁委曲求全，为了邦国安全，咸安公主在那偏远的回纥一天天花谢，最后死于回纥，人也未归。

咸安公主
王淼琛

滚滚烽烟社稷危，金枝玉叶出边陲。

委曲求全安邦国，花谢水流人不归！ [①]

唐朝诗人孙叔向《送咸安公主》，以公主和亲之事讽喻唐朝的将军，白白接受了皇帝的恩惠，"空承明主恩"，让公主玉颜走出国门，远嫁偏远的塞外回纥和亲，安定社稷。

送咸安公主
孙叔向

卤簿迟迟出国门，汉家公主嫁乌孙。

玉颜便向穹庐去，卫霍空承明主恩。 [②]

贞元五年（789）七月，咸安到达回鹘牙帐。《唐会要》记载：

（贞元）五年七月，（咸安）公主至牙帐。回纥使李义进请因咸安公主下降，改"纥"字为"鹘"字，盖欲夸国俊健如鹘也。德宗准其奏，自是改回鹘。 [③]

---

①《全唐诗》，卷四百七十二，中华书局，1960年，第5358页。
②《全唐诗》，卷四百七十二，中华书局，1960年，第5358页。
③《唐会要》，卷九十八，上海古籍出版社，2006年，第2071页。

历史文献记载资料不全，笔者不清楚长安至回纥牙帐究竟多远？咸安公主出降回纥之路究竟走了多长时间？据说长安至回纥牙帐大约是1111公里，即2200多里路程。咸安公主出降回纥一路走得非常缓慢而辛苦，应该是越高山、翻沙漠，过茫茫草原，贞元四年十一月出降，贞元五年七月，咸安公主走了近8个月，才到达回纥牙帐。

（四）咸安公主　先后四嫁

1. 一嫁天亲　不足一年

贞元四年（788）十一月，在殿中监、嗣滕王李湛然为婚礼使，检校右仆射关播，给事中赵憬，张荐为和亲判官一行人的护送下，经过长时间的长途跋涉，贞元五年（789）七月才到达回纥牙帐。咸安公主嫁给回纥第四任可汗武义成功天亲可汗。回纥武义成功天亲可汗特别高兴，热烈欢迎咸安公主，封她为回纥可汗的智惠端正长寿孝顺可敦。

遗憾的是，贞元五年（789）十二月，年迈的回纥武义成功天亲可汗病逝。咸安公主与天亲武义成功可汗夫妻相处不足一年，只有7个月。《旧唐书·回纥传》记载：

> 贞元五年十二月，回纥，回纥泪咄禄长寿天亲毗伽可汗薨，废朝三日，文武三品已上就鸿胪寺吊其来使。[1]

2. 二嫁忠贞　可汗被杀

天亲可汗死后，其子多逻斯继位为第五任回纥可汗，唐德宗派御史大夫郭锋为使，册拜爱登里逻汩没蜜施俱录毗伽忠贞可汗。按照回纥的收继婚制，咸安公主被迫第二次嫁给了忠贞可汗为妻。

仅仅过了三个月时间，贞元六年（790）四月，回纥发生内乱，忠贞可汗被少可敦叶公主毒死。少可敦，即仆固怀恩之孙女，怀恩子为回鹘叶

①《旧唐书·回纥传》，卷一百九十五，列传第一百四十五，中华书局，1975年，第5208页。

护，故女号叶公主云。

回纥次相率国人纵杀了篡者，而立忠贞之子阿啜为可汗，年方十六七。大将颉干迦斯从西征吐蕃前线返还，经过一番周折，大将等首领皆拥立忠贞可汗的幼子阿啜为新可汗。

《旧唐书·回纥传》记载：

> 贞元五年十二月，回纥汩咄禄长寿天亲毗伽可汗薨，废朝三日，文武三品已上就鸿胪寺吊其来使。
>
> 贞元六年……是岁四月，忠贞可汗为其弟所杀而篡立。时回纥大将颉干迦斯西击吐蕃未回，其次相率国人纵杀篡者而立忠贞之子为可汗，年方十六七。及六月，颉干迦斯西讨回，将至牙帐，次相等惧其后有废立，不欲汉使知之，留锋数月而回。颉干迦斯之至也，可汗等出迎郊野，陈郭锋所送国信器币，可汗与次将相等皆俯伏自说废立之由，且请命曰："惟大相生死之。"悉以所陈器币赠颉干迦斯以悦之。可汗又拜泣曰："儿愚幼无知，今幸得立，惟仰食于阿爹。"可汗以子事之，颉干迦斯以卑逊兴感，乃相持号哭，遂执臣子之礼焉。尽以所陈器币颁赐左右诸从行将士，己无所取，自是其国稍安，乃遣达比特勒梅录将军告忠贞可汗之哀于我，且请册新君。使至，废朝三日，仍令三品已上官就鸿胪寺吊其使。[1]

《新唐书·回鹘传》记载：

> 贞元五年，可汗死，子多逻斯立，国人号"泮官特勒"，以鸿胪卿郭锋持节，册拜爱登里逻汩没蜜施俱录毗伽忠贞可汗。
>
> ……是岁，可汗为少可敦叶公主所毒死，可敦亦仆固怀恩之孙，

---

①《旧唐书·回纥传》，卷一百九十五，列传第一百四十五，中华书局，1975年，第5210页。

怀恩子为回鹘叶护，故女号叶公主云。可汗之弟乃自立。迦斯方攻吐蕃，其大臣率国人共杀篡者，以可汗幼子阿啜嗣。①

3. 三嫁奉诚　相守六年

贞元六年（790），回纥忠贞可汗死后，其子阿啜即位，年方十六七，唐德宗册封为奉诚可汗，回鹘第六任可汗。按回纥收继婚制风俗，咸安公主三嫁奉诚可汗又娶为妻。贞元十一年（795），六年后，咸安公主与奉诚可汗过了6年，奉诚可汗去世，无子，回纥国人立其宰相骨咄禄可汗，唐德宗册立骨咄禄为怀信可汗。《新唐书·回鹘传》记载：

> 贞元，十一年，可汗死，无子，国人立其相骨咄禄为可汗，以使者来，诏秘书监张荐，持节册拜爱滕里逻羽录没蜜施合胡禄毗伽怀信可汗。骨咄禄本夹跌氏，少孤，为大首领所养，辩敏材武，当天亲时数主兵，诸酋尊畏。至是，以药罗葛氏世有功，不敢自名其族，而尽取可汗子孙内之朝廷。

> 永贞元年，可汗死，诏鸿胪少卿孙杲临吊，册所嗣为滕里野合俱录毗伽可汗。②

4. 四嫁怀信　唐纥友谊

贞元十一年（795），奉承可汗死，因无子，回纥人立其宰相骨咄禄为可汗，唐德宗册封其为怀信可汗（795—805），在位10年，为回鹘第七任可汗。怀信可汗被誉为"一代回鹘雄主""最伟大的可汗"，他在位期间，一方面，平息叛乱的黠戛斯人，稳定回鹘北方疆域。另一方面，在

---

①《新唐书·回鹘传》，卷二百一十七，列传第一百四十二，中华书局，1975年，第6124~6125页。
②《新唐书·回鹘传》，卷二百一十七，列传第一百四十二，中华书局，1975年，第6126页。

咸安公主敦促下，帮助唐朝对付吐蕃，联合唐军在安西抗击吐蕃收复北庭，取得大胜。安西唐军向怀信可汗求援，怀信可汗出兵与唐军抗击吐蕃，并大胜吐蕃，增进了唐朝和回纥的友谊。同时，怀信可汗使安西唐军得以继续对抗吐蕃，直到唐宪宗朝。怀信可汗把回鹘疆域由蒙古高原扩至今新疆北部乃至中亚东部。永贞元年（805），怀信可汗病逝。

贞元四年（788）到贞元十一年（795）不到 8 年时间，咸宁公主先后嫁给了长寿天亲可汗、忠贞可汗、奉诚可汗以及怀信可汗四任回纥可汗。四可汗"皆从胡法继尚公主"。咸安公主在 795 年至 805 年，与最后一任丈夫怀信可汗相处 10 年，增进了唐朝与回纥的友谊。

唐顺宗永贞元年（805），怀信可汗死，其子硙跌氏继任为回鹘第八任可汗。后唐宪宗册封为滕里野合俱录毗伽可汗。咸安公主居外。元和三年（808）二月，戊寅，咸安公主死于回鹘。自贞元四年（788）至元和三年（808），咸安公主出降回纥，居住 21 年之久。这是和亲公主中唯一四嫁回纥可汗、最后死于回纥的和亲公主。《资治通鉴》记载：

> 元和三年（808）二月，戊寅，咸安大长公主，薨于回鹘。（胡三省注：蓬州，咸安郡。德宗贞元四年，咸安公主下嫁回鹘，见二百三十三卷。）三月，回鹘腾里可汗卒。[①]

（五）咸安公主　两大功劳

咸安公主是唐朝命运最悲惨的和亲公主之一，特别是她是唯一葬身回纥的和亲公主。同时，作为唐德宗亲生女，咸安公主出降回纥和亲 21 年，在大唐和亲公主中，正如著名唐朝和亲史专家中央民族大学蒋爱花教授评价："咸安公主可谓是居功至伟！"[②] 根据学者普遍研究，笔者认为，咸

---

① 《资治通鉴》，卷第二百三十七，唐纪五十三，中华书局，1956 年，第 7648 页。
② 蒋爱花：《唐朝和亲往事》，中国民主法制出版社，2019 年，第 188 页。

安公主有两大功劳。

1. 回纥拒吐　续命百年

前已述及，《资治通鉴》记载，贞元三年（787）九月十三日，武义成功回纥可汗"求和亲，且请婚，上未之许"。"上"是皇上，皇上就是刚刚即位不久的大唐皇帝唐德宗，为什么唐德宗不许和亲？这"上未之许"是有历史原因的。

唐德宗不能忘记"陕州之耻"！宝应元年（762）冬十月，唐代宗为最后平定安史之乱，派雍王天下兵马元帅李适与副帅仆固怀恩，率乐子昂、魏据、魏少华、李进，会回纥讨史思明。《资治通鉴》详细记载了"陕州之耻"的经过：

> 宝应元年，冬十月，雍王适至陕州，回纥可汗屯于河北，适与僚属从数十骑往见之。可汗责适不拜舞，药子昂对以礼不当然。回纥将军车鼻曰："唐天子与可汗约为兄弟，可汗于雍王，叔父也，何得不拜舞？"子昂曰："雍王，天子长子，今为元帅。安有中国储君向外国可汗拜舞乎！且两宫在殡，不应舞蹈。"力争久之，车鼻遂引子昂、魏琚、韦少华、李进各鞭一百，以适年少未谙事，遣归营。少华一夕而死。①

但是后来经过宰相李泌劝说，特别是李泌提出和亲条件"五事"，回纥都答应，唐德宗于是应允和亲。特别是《新唐书》记载武义可汗请婚，以半子相称，并且答应"子请为陛下除西戎"吐蕃：

> 是时，可汗上书甚恭，言："昔为兄弟，今婿，半子也。陛下若

---

① 《资治通鉴》，卷第二百二十二，唐纪第三十八，中华书局，1956年，第7133页。

患西戎（吐蕃），子请以兵除之。"①

　　回纥不但许诺李泌所言以子自称，而且答应助唐除吐蕃，于是唐德宗乃许降亲生女咸安公主。咸安公主出降回纥和亲也像当年宁国公主一样，虽然深知这一出降，必将牺牲自己一生的女儿身，但是，她也深知，她的牺牲是为国家社稷的安危，抱定"国家事重，死且无恨"的决心。

　　当时，安史之乱已经平定，国家面临的是吐蕃的威胁。从天宝十四载安史之乱开始，吐蕃就乘机侵占唐朝郡县，甚至一度攻入长安，占据长安15天。因此，对付吐蕃成了国家安危关键。

　　咸安公主回纥和亲，由于她的努力，回纥助唐拒吐蕃取得巨大成功。特别是贞元七年（791），当吐蕃进攻唐朝时，回鹘出兵击败吐蕃，帮助唐朝夺回北庭都护府，向遣使向唐德宗献俘。《资治通鉴》记载：

　　　　贞元七年（791）八月，吐蕃攻灵州（今宁夏吴忠市古城村），为回鹘所败，夜遁。九月，回鹘遣使来献俘。冬，十二月，甲午，又遣使献所获吐蕃酋长尚结心。②

《旧唐书·回纥传》记载回纥帮助唐朝夺回北庭都护府：

　　　　贞元七年（791）八月，回纥遣使献败吐蕃、葛禄于北庭所捷及其俘畜。先是，吐蕃入灵州（今宁夏吴忠市古城村），为回纥所败，夜以火攻，骇而退。十二月，回纥遣杀支将军献吐蕃俘大首领结心，德宗御延喜门观之。③

――――――――――――

① 《新唐书·回鹘传》，卷二百一十七，列传第一百四十二，中华书局，1975年，第6124页。
② 《资治通鉴》，卷第二百三十三，唐纪四十九，中华书局，1956年，第7524~7525页。
③ 《旧唐书·回纥传》，卷一百九十五，列传第一百四十五，中华书局，1975年，第5210页。

从此，回鹘屡次挫败吐蕃，使其逐步衰落，无力对唐朝发动大规模进攻。唐德宗以后，尤其唐朝晚期，虽然有宦官专权、藩镇割据，但是唐朝政权由唐德宗以后仍然继续传10代。咸安公主和亲促进回纥帮助唐朝去除了最大威胁吐蕃，巩固了国家社稷的安全，功劳巨大。有人说，咸安公主为大唐续命百年。

2. 绢马贸易　交易公平

从唐肃宗开始，唐朝请回纥助唐平叛，一方面，的确对平定安史之乱帮助很大。但是另一方面，也带来很大的负面影响：一是，最初唐肃宗为实现平定安史之乱这一关乎国家社稷命运的头等大事，曾经违心地许诺："克城之日，土地、士庶归唐，金帛、子女皆归回纥。"回纥助唐军收复两京时，曾经大肆抢劫，给国家和百姓带来极大的灾难。二是，平叛战乱需要马匹，于是唐朝与回纥进行绢马贸易，但是回纥特别贪得无厌，马价很高，唐朝不堪重负。唐朝著名诗人白居易在《阴山道　疾贪虏也》诗中，详细描述了唐朝与回纥不等价的绢马贸易的灾难：

阴山道　疾贪虏也

阴山道，阴山道，纥逻敦肥水泉好。

每至戎人送马时，道旁千里无纤草。

草尽泉枯马病羸，飞龙但印骨与皮。

五十匹缣易一匹，缣去马来无了日。

养无所用去非宜，每岁死伤十六七。

缣丝不足女工苦，疏织短截充匹数。

藕丝蛛网三丈余，回纥诉称无用处。

……①

---

① 《全唐诗》，中华书局，1960年，第4705页。

但是，在咸安公主和亲后，她不断给回纥可汗"论奏"，促成唐纥绢马贸易好转。

唐朝著名诗人白居易对远在4000里外回纥的咸安公主，不断敦促回纥可汗与唐朝联合，抵抗吐蕃和使绢马贸易逐渐平稳公平这两大功劳，给予充分的肯定，在《阴山道　疾贪虏也》诗中，杜甫高度评价咸安公主不断向回纥可汗"论奏"的巨大功劳：

> 咸安公主号可敦，远为可汗频奏论。
> 元和二年下新敕，内出金帛酬马直。[1]

（六）白居易撰　祭文流传

唐宪宗元和三年(808)二月二十六日，咸安公主出降回纥和亲，在回纥，历经唐朝唐德宗、唐顺宗到唐宪宗三朝，先后下嫁四可汗，在回纥度过21个春秋，逝世于回纥。咸安公主去世后，"废朝三日"，并册赠其为大长公主，谥襄穆，也称"燕国襄穆公主"。

她是唐朝唯一的皇帝亲生女四嫁回纥可汗、最后葬身回纥、和亲功劳卓著的公主。

《资治通鉴》记载：

> 元和，三年（808），二月戊寅（二十六日），咸安大长公主薨于回鹘。（蓬州，咸安郡。咸安公主，德宗贞元四年，下嫁回鹘。见二百三十三卷。）三月，回鹘腾里可汗卒。[2]

---

① 《全唐诗》，中华书局，1960年，第4705页。
② 《资治通鉴》，卷第二百三十七，唐纪五十三，中华书局，1956年，第7648页。

《新唐书·回鹘传》也记载：

> 元和，三年（808），来告咸安公主丧。主历四可汗，居回鹘凡二十一岁。无几，可汗亦死，宪宗使宗正少卿李孝诚，册拜爱登里罗汩蜜施合毗伽保义可汗。[①]

咸安公主去世后，唐朝大诗人白居易又奉命作《祭咸安公主文》：

祭咸安公主文
白居易

维元和三年岁次戊子三月癸未某日，皇帝遣某官某，以庶羞之奠，致祭于故咸安大长公主睹　毗伽可敦之灵曰：惟姑柔明立性，温惠保身，静修德容，动中规度。组纟川之训，既习于公宫；汤沐之封，遂开于国邑。及礼从出降，义重和亲，承渥泽认三朝，播芳猷于九姓，远修好信，既申洽比之姻，殊俗保和，实赖肃雍之德。方凭福履，以茂辉荣，宜降永年，遽归长夜。悲深讣告，宠极哀荣，爰命使臣，往申奠礼。故乡不返，乌孙之曲空传；归路虽遥，青冢之魂可复。远陈薄酹，庶鉴悲怀。呜呼！尚飨！？[②]

湖北知名女作家王芳著《天边蛾眉月》一书指出，诗人白居易在咸安公主前写过诗称赞咸安公主的功劳，咸安公主去世后，还是白居易又撰写一篇诔文，"这篇诔文，应该是对咸安公主——这位没有叶落归根的金枝玉叶的最高的褒奖和最好的慰藉了吧"。

---

① 《新唐书·回鹘传》，卷二百一十七，列传第一百四十二，中华书局，1975 年，第 6126 页。
② 《全唐文》，卷六百八十一，中华书局影印本，1983 年，第 6960~6961 页。

第十六章　命运跌宕回朝的太和公主（821）

（一）李绛上书　三利五忧

元和三年（808）二月二十六日，唐德宗女四嫁可汗的咸安公主，在出降回纥和亲21年后，最后逝世于回纥。咸安公主死后，仅一个月，元和三年三月，回纥第八任可汗腾里可汗也去世。唐宪宗册封回纥第九任可汗保义可汗。回纥继续请婚，唐宪宗未许，唐朝与回纥关系一度紧张。此时，礼部尚书李绛挺身而出，主张应该与回纥和亲，为唐宪宗献计，提出与回纥不和亲有五忧，和亲则有三利。《新唐书·回鹘传》记载：

> 无几，可汗亦死，宪宗使宗正少卿李孝诚，册拜爱登里罗汩蜜施合毗伽保义可汗。阅三岁，使者再朝，遣伊难珠再请昏，未报。可汗以三千骑至鹈泉，于是振武以兵屯黑山，治天德城备虏。

> 回鹘盛强，北边空虚，一为风尘，则弱卒非抗敌之夫，孤城为不守之地。傥陛下怀此，增甲兵，饬城垒，中夏长策，生人大幸也。臣观今日处置，未得其要。夫边忧有五，请历言之：北狄贪没，唯利是视，比进马规直，再岁不至，岂厌缯帛利哉？殆欲风高马肥，而肆侵轶。故外攘内备，必烦朝廷，一可忧；兵力未完，斥侯未明，戈甲未备，城池未固，饰天德则虏必疑，虚西城则碛道无倚，二可忧；夫城保要害，攻守险易，当谋之边将，今乃规河塞之外，裁庙堂之上，虏猝犯塞，应接失便，三可忧；自修好以来，山川形胜，兵戍满虚，虏皆悉之，贼掠诸州，调发在旬朔外，其系累人畜在旦夕内，比王师至则虏已归，寇能久留，役亦转广，四可忧；北狄西戎，素相攻讨，故边无虞，今回鹘不市马，若与吐蕃结约解仇，则将臣闭壁惮战，边人拱手受祸，五可忧。又淮西吴少阳垂死，可乘其变，诸道兴发，役且十倍。

臣谓宜听其婚，使守蕃礼，所谓三利也；和亲则烽燧不惊，城堞可治，盛兵以畜力，积粟以固军，一也；既无北顾忧，可南事淮右，申令于垂尽之寇，二也；北虏恃我戚，则西戎怨愈深，内不得宁，国家坐受其安，寇掠长息，三也。今舍三利，取五忧，甚非计。或曰降主费多，臣谓不然。我三分天下赋，以一事边。今东南大县赋岁二十万缗，以一县赋为婚赀，非损寡得大乎？今惜婚费不与，假如王师北征，兵非三万、骑五千不能捍且驰也。又如保十全之胜，一岁辄罢，其馈饷供儗，岂止一县赋哉？”①

就李绛建议，著名中国和亲史专家崔明德教授评论："尽管李绛对时局的分析是正确的，主张是可取的，措施也是可行的，但没有被唐宪宗采纳。"崔明德教授的评论十分恰当。

的确，李绛是唐朝杰出的宰相，在位期间，曾经帮助唐宪宗推行任贤政治、削藩平党，使微博节度使田弘正听命朝廷，削弱了藩镇势力，为"元和中兴"出力。可惜，唐宪宗元和初回鹘请婚，没有听李绛建议与之和亲。

（二）阴差阳错　永安太和

1. 宪宗许婚　突然暴崩

由于回鹘逐渐衰弱，需要通过和亲借助唐朝支持，因此，回鹘不断向唐朝请婚和亲。

到元和末年，回鹘继续不断请婚，此时吐蕃又为患，于是唐宪宗答应和亲以公主给保义可汗妻之。但是还没有出降公主，元和十五年正月二十七日，唐宪宗突然"暴崩"。《旧唐书·回纥传》记载：

---

①《新唐书·回鹘传》，卷二百一十七，列传第一百四十二，中华书局，1975 年，第 6126~6127 页。

回纥自咸安公主殁后，屡归款请继前好，久未之许至元和末，其请弥切，宪宗以北虏有勋劳于王室，又西戎比岁为边患，遂许以妻之。既许而宪宗崩。[①]

唐宪宗突然身亡，时人皆言是宦官陈弘志等人谋害了应该说是唐朝后期一位大有作为的唐宪宗。《旧唐书·宪帝》记载：

（宪宗）时以暴崩，皆言内官陈弘志杀逆，史氏讳而不书。[②]

《资治通鉴》记载：

元和十五年，正月，庚子（二十七日），（唐宪宗）暴崩于中和殿。时人皆言内常侍陈弘志弑逆。但云药发，外人莫能明也。[③]

2. 太和公主　顶替永安

本书《绪论》中已经引证《唐会要》述及："太和，宪宗女。长庆元年二月。出降回纥崇德可汗。"太和公主是唐宪宗第十七女，始封太和。

唐宪宗去世，三子李恒（795—824）即位，是为唐穆宗。回鹘保义可汗继续亲请婚。唐穆宗以唐宪宗第九女，也是他的第九妹永安公主下嫁保义可汗，但是还没有出降，保义可汗去世，永安公主幸运地躲过远嫁万里之外的回鹘，和亲作罢。永安公主没有出降，也再没有嫁人，后出为道士。《新唐书·诸帝公主》记载：

---

①《旧唐书·回纥传》，卷一百九十五，列传第一百四十五，中华书局，1975年，第5211页。
②《旧唐书·宪帝》，卷十五，本纪第十五，中华书局，1975年，第472页。《新唐书·宪宗》直接记载为："宦官陈弘志等反。庚子，皇帝崩，年四十三。"
③《资治通鉴》，卷第二百四十一，唐纪五十七，中华书局，1956年，第7777页。

永安公主，长庆初，许下嫁回鹘保义可汗，会可汗死，止不行。太和中，丐为道士，诏赐邑印，如寻阳公主故事，且归婚赀。①

永安公主没有出降，回鹘方面，保义可汗去世后，怀信可汗之子、保义可汗之弟崇德可汗，即位为回鹘第十任可汗。长庆初年，崇德可汗继续向唐朝要求和亲。长庆元年（821）七月，崇德可汗派出以伊难珠句录都督思结和叶护公主为首的庞大使团，前往长安，请求和亲。唐穆宗不好再由永安公主出降，于是，阴差阳错，改许以唐穆宗第十妹太和公主，下嫁保义可汗之弟回鹘第十任可汗崇德可汗。

3.太和出降　欢迎欢送

长庆元年二月，唐穆宗"册封太和公主闻笛仁孝端丽明智上寿可敦"，举行隆重的欢送仪式，欢送十妹太和公主出降。唐穆宗亲临通化门亲送太和公主，文武百官在长安章敬寺前两班欢送公主，长安城的百姓士女倾城出动观看太和公主出降。

唐穆宗挑选派遣的太和公主送亲使有，左金吾卫大将军胡证为检校户部尚书，持节任太和公主及册可汗送亲使及册可汗使；光禄卿李宪兼御史中丞，充其副使。《新唐书·回鹘传》记载：

诏以太和公主下降，主，宪宗女也。帝为（太和公）主建府，以左金吾卫大将军胡证、光禄卿李宪持节护送，太府卿李说为昏礼使，册拜主为仁孝端丽明智上寿可敦，告于庙。②

---

① 《新唐书·诸帝公主》，卷八十三，列传第八，中华书局，1975年，第3668页。
② 《新唐书·回鹘传》，卷二百一十七，列传第一百四十二，中华书局，1975年，第6129页。

《旧唐书·胡证传》特别记载唐穆宗诏胡证为太和公主护亲使，胡政不辱使命完成任务：

> 长庆元年，太和公主出降回纥，诏以本官检校工部尚书充和亲使。旧制，以使车出境，有行人私觌之礼，官不能给，召富家子纳赀于使者而命之官。及证将行，首请厘革，俭受省费，以绝鬻官之门。行及漠南，虏骑继至，狼心犬态，一日千状，欲以戎服变革华服，又欲以王姬疾驱径路。证抗志不拔，守汉仪，黜夷法，竟不辱君命。使还，拜工部侍郎。[①]

送亲副使光禄卿李宪是著名大将"奉天定难功臣"李晟第五子。他才能出众、政绩卓著，出任太和公主送亲副使，还朝后，向唐穆宗献上送亲旅程详细经过《回鹘道里记》一书，升任太府卿。长庆、宝历年间为洪州刺史、江西观察使。大和二年（828）十月，迁岭南节度使。

回鹘可汗派出的空前庞大的迎亲大军，包括迎亲使伊难珠合句录都督思结和外宰相、驸马、梅录司马，又公主一人、叶护公主一人，高官达干，带着马两万匹、驼千匹为聘礼来迎亲。等到十一月，太和公主出唐界，又诏振武节度张惟清发兵 3000 人，防御吐蕃，迎送太和公主出界，回鹘方面则派出 760 人拉着驼马及马车到黄芦泉迎候公主。回鹘方面还派出 3000 人大军在卿泉下营抵挡吐蕃干扰。《旧唐书·回纥传》记载：

> 穆宗即位，逾年，乃封第十妹为太和公主，将出降，回纥登逻骨没密施合毗伽可汗，遣使伊难珠、句录都督思结并外宰相、驸马、梅录司马，兼公主一人、叶护公主一人，及达干并驼马千余来迎。太和

[①]《旧唐书·胡证传》，卷一百六十三，列传第一百一十三，中华书局，1975 年，第 4259 页。

公主发赴回纥国，穆宗御通化门左个临送，使百僚章敬寺前立班，仪卫甚盛，士女倾城观焉。十一月，振武节度张惟清奏："准诏发兵三千赴蔚州，数内已发一千人讫，余二千人，待太和公主出界即发遣。"又奏："天德转牒云：回鹘七百六十人将驼马及车，相次至黄芦泉迎候公主。"丰州刺史李祐奏："迎太和公主回鹘三千于卿泉下营拓吐蕃。"①

4.私见不可　崇德迎亲

太和公主和蕃，唐朝和回鹘都派出大军，防止吐蕃袭扰。太和公主在庞大的送亲使团护送下，来到距离回鹘百里之地，遇到一点波折，发生一点小摩擦。在送亲使胡政坚持下，顺利护送太和公主至回鹘牙帐。崇德可汗，以回鹘最高礼仪接待太和公主。太和公主穿可敦服，戴金冠与可汗并坐。崇德可汗为太和公主自建牙帐。胡等返回时，崇德可汗大宝宴席送行，厚赠使者。太和公主可敦在牙帐设宴欢送二位使者。《新唐书·回鹘传》详细记载了胡证拒私见以及崇德可汗隆重迎接太和公主的经过：

（太和）公主出塞，距回鹘牙百里，可汗欲先与主由间道私见，胡证不可，虏人曰："昔咸安公主行之。"证曰："天子诏我送公主授可汗，今未见，不可先也。"乃止。于是可汗升楼坐，东向，下设羵幔以居公主，请袭胡衣，以一姆侍出，西向拜已，退即次，被可敦服，绛通裾大襦，冠金冠，前后锐，复出拜已，乃升曲舆，九相分负，右旋于廷者九，降舆升楼，与可汗联坐，东向，群臣以次谒。可敦亦自建牙，以二相出入帐中。证等归，可敦大宴，悲啼眷慕。可汗厚赠使者。②

----

① 《旧唐书·回纥传》，卷一百九十五，列传第一百四十五，中华书局，1975年，第5211~5212页。
② 《新唐书·回鹘传》，卷二百一十七，列传第一百四十二，中华书局，1975年，第6129~6130页。

263

5. 唐朝诗人　赠和蕃诗

　　大唐最后一位和亲公主太和公主出降回鹘和蕃。回鹘北界达贝加尔湖以北，与唐朝长安距离 4000 多公里，唐朝闺秀中的公主和蕃出降万里之遥的漠北荒原，心中有多少痛苦，不言而喻。当朝诗人王建、张籍、杨巨源等纷纷赋诗相送，代太和公主表达出蕃时的愁怨、悲伤的心情。

太和公主和蕃
王建

塞黑云黄欲渡河，风沙眯眼雪相和。
琵琶泪湿行声小，断得人肠不在多。[1]

送太和公主和蕃
杨巨源

北路古来难，年光独认寒。朔云侵鬓起，边月向眉残。
芦井寻沙到，花门度碛看。薰风一万里，来处是长安。[2]

送和蕃公主
张籍

塞上如今无战尘，汉家公主出和亲。
邑司犹属宗卿寺，册号还同虏帐人。
九姓旗幡先引路，一生衣服尽随身。
毡城南望无回日，空见沙蓬水柳春。[3]

---

① 《全唐诗》，卷三百一，中华书局，1960 年，第 3426 页。
② 《全唐诗》，卷三百三十三，中华书局，1960 年，第 3740 页。
③ 《全唐诗》，卷三百八十五，中华书局，1960 年，第 4337 页。

（三）五嫁可汗　石雄救回

1.下嫁五任　回鹘可汗

太和公主是唐朝最后一位和亲公主，也是唐朝16位和亲公主中命运最苦的一位和亲公主。她远赴万里之外的北方今俄罗斯贝加尔湖一带的回鹘和亲，先后下嫁5任回鹘可汗。

太和公主下嫁的第一任回鹘可汗是崇德可汗。长庆元年（821），唐穆宗让十妹太和公主出嫁回鹘崇德可汗。四年之后，崇德可汗病亡。依据回鹘的收继婚风俗，太和公主又下嫁第二任回鹘丈夫昭礼可汗。

太和公主与第二任回鹘可汗丈夫昭礼可汗，夫妻长达11年。最后，昭礼可汗被部下暗杀。其子即位，为彰信可汗，太和公主第三次下嫁彰信可汗。

太和公主的第三任回鹘可汗丈夫是彰信可汗。开成四年（839），回鹘宰相勿荐公勾结沙陀军队入侵回鹘。彰信可汗自杀身亡。宰相勿荐公自任可汗，为回鹘署飒可汗。

太和公主的第四任回鹘可汗丈夫是署飒可汗。署飒可汗上任不久，被新宰相勾引来的黠戛斯人所杀。回鹘拥戴新可汗，叫乌介可汗。会昌元年（841）黠戛斯人准备送太和公主回唐朝，被乌介可汗抢夺，迫使太和公主下嫁。

太和公主的第五任回鹘可汗丈夫乌介可汗，贪得无厌，不断向唐朝索取金钱、粮食，甚至要边疆地盘。乌介可汗得到太和公主，实际上是以她作为向唐朝要挟的人质。

2.姑母尽力　宰相定计

唐武宗对太和公主的处境和命运十分关心，一方面，会昌二年（842）十一月，唐武宗特别遣使给太和公主送去御寒的棉衣。同时，让宰相李德裕写赐太和公主书信一封，大略是敦促太和公主作为回鹘"国母"，指挥可汗，促其不得侵扰边疆。假若回鹘不听"禀命"，则是回鹘"弃绝姻好"。唐武宗认定太和公主已经尽力，并宣布"今日以后，不得以姑母为词"，今后谈及与回鹘和亲，再不能对太和公主有异词。《资治通鉴》记载：

> 会昌二年（842），十一月，上遣使赐太和公主冬衣，命李德裕为书赐公主，略曰："先朝割爱降婚，义宁家园，谓回鹘必能御侮，安静塞垣。今回鹘所为，甚不循理，每马首南向，姑得不畏高祖、太宗之威灵！欲侵扰边疆，岂不思太皇太后慈爱！为其国母，足得指挥。若回鹘不能禀命，则是弃绝姻好，今日已后，不得以姑为词！"[①]

另一方面，唐武宗向宰相李德裕问计，李德裕献计既杀乌介又救太和公主，并"以出奇形势授刘沔"。李德裕断言："今乌介所世恃者，（太和）公主，如令勇将出奇夺得公主，虏自败矣。"这位"出奇夺得公主"的"勇将"，宰相李德裕选中了大将石雄。

2. 大将石雄　救主归唐

会昌三年（843），大唐著名宰相李德裕发兵六路分三道进攻乌介可汗。正月，六路大军中的大唐名将河东节度使刘沔，率军从马邑赶到乌介可汗驻守的振武城。

刘沔手下大唐名将石雄，足智多谋，勇敢善战，气盖三军。他设计从振武城墙根挖出10多个洞口，乘深夜神不知鬼不晓时，让士兵钻洞口爬进城内，石雄率军奇袭，直奔城中回鹘可汗牙帐，按照宰相李德裕事先设计的"出奇夺得公主"之计，救出公主牙帐中的太和公主。乌介可汗被枪刺伤，率众逃遁。刘沔、石雄大破回鹘于杀胡岭，迎还太和公主。《资治通鉴》记载：

武宗至道昭肃孝皇帝中，会昌三年（癸亥，843）

春，正月，回鹘乌介可汗帅众侵逼振武，刘沔遣麟州刺史石雄、

---

① 《资治通鉴》，卷第二百四十六，唐纪六十二，中华书局，1956年，第7968页。

都知兵马使王逢，帅沙陀朱邪赤心三部及契、拓跋三千骑袭其牙帐，沔自以大军继之。雄至振武，登城望回鹘之众寡，见毡车数十乘，从者皆衣朱碧，类华人；使谍问之，曰："公主帐也。"雄使谍告之曰："公主至此，家也，当求归路！今将出兵击可汗，请公主潜与侍从相保，驻车勿动！"雄乃凿城为十余穴，引兵夜出，直攻可汗牙帐。至其帐下，虏乃觉之。可汗大惊，不知所为，弃辎重走，雄追击之。庚子（十一日），大破回鹘于杀胡山，可汗被疮，与数百骑遁去，雄迎太和公主以归。斩首万级，降其部落二万余人。丙午（十七日），刘沔捷奏至。[1]

乌介可汗逃走，投靠黑车子族，为其部下所杀。部众又立其弟遏捻特勒为回鹘可汗。唐武宗对这次振武之战非常高兴，十分自豪，特别诏谕宰相李德裕亲自撰写了一篇 2447 字的《幽州纪圣功碑铭》，刻石于幽州，对自己的赫赫武功铭记刻于石，"以夸后世"。

幽州纪圣功碑铭
宰相李德裕

幽州卢龙军帅检校尚书右仆射张公仲武，往年修献捷之礼，今岁有铭勋之请。二者君子题之。岂不以诸侯有四夷之功，献其戎捷，《春秋》旧典也；宗周纳肃慎之贡，铭于楛矢，天子令德也。斯可以为元侯表，可以为后世法。圣上嘉其勋而中礼，乃命宰臣采其元功，传于惇史。臣德裕乃敢飏言曰：

夫兵者，所以除暴害也，爱人则恶其为害，禁暴则恶其为乱，虽睿智不杀，化之以神，至德允怀，招之以礼，然《书》有猾夏之戒，《传》有修刑之训，虞舜四罪，乃成大功，文王一怒，以至无侮，非德教之助欤？仁圣文武章成功神德明道大孝皇帝熙我文典，焕乎光明，

---

①《资治通鉴》，卷第二百四十六，唐纪六十二，中华书局，1956 年，第 7971~7973 页。

极象外之微，臻于至道，鼓天下之动，致于中和，虑必钩深，退而藏密，故能神机独照，伐未兆之谋，威光远震，制不羁之虏。当其时也，烽燧迭警，羽书狎至，人心大摇，群师沮气。皇帝以轩后之威神，汉高之大略，光武之雄断，魏祖之机权，合而用之，以定王业，此议臣所以不敢望于清光也。倬哉！天地应而品物生，君臣应而功业成，故龙跃而云从，鹤鸣而子和，方叔伐猃狁，蛮荆来威，安远击车师，西域振服，宜有良将，殿于朔边。张公礼阅战器，书成《传》癖，张促孝友，子孺塞泉，流落不偶，光景未耀。明主雅闻奇志，持印而拜将军，遥推赤心，筑坛而命元帅，拔自雄武，授之蓟门。果能精诚奋发，策虑逼臆，千里献筹，一心忧国。则知龙颜善将，任人杰而不疑，日角好谋，叹敌国而强意。

回鹘者，本北狄之裔也，或曰獯狁，或曰山戎，五帝所不能臣，三王所不能制，前史载之详矣。暨薛延陀之败也，酋帅吐迷度率众款塞，太宗幸灵武纳降，立回鹘部落，置瀚海都督，因我封殖，遂雄北方。代宗之戡内难也，叶护以射雕之士，亲护戎旃，亦由羌擘率师以翼周，北貉枭骑以助汉，既殄大憨，乃畴厥庸，特拜叶护司空，岁赐缯二万匹。厥后饰宗女以配之，立宫室以居之。其在京师也，瑶祠云构，甲第棋布，栋宇轮焕，衣冠缟素，交利者风偃，挟邪者景附。其翕侯贵种，则被我文绘，带我金犀，悦和音，厌珍膳，竭蠹上国，百有馀年。既而桀骜元亲，天命不佑，僭侈极欲，神道恶盈，本国荐饥，畜产耗半。黠戛斯蹙因利乘便，遂焚龙庭，区落萧条，阴磷青荧。

今之乌介可汗，亡逃失国，窃号沙漠，非我册命，自为假王。其来也，羌漫阴山，睥睨高阙，元塞之下，氛雾蔽天，质贵主以前驱，依大国而求援，或丐我米糒，救其饥人，或邀我甲兵，复其故地，外虽柔服，内有桀心，因行人致辞，征呼韩故事，愿居光禄塞，急保受降城。其下有二部，曰赤心宰相、那颉啜特勒。赤心者，天性忿鸷，戎马尤盛，初与名王嗢没斯首谋内附，俄而负力怙气，潜图厉阶，为嗢没斯所绐，诱以俱谒可汗，戮于帐下，其众大溃，东逼渔阳。

上乃赐公玺书，授以方略。公以室韦悍巫之兵，近我边鄙，俾其侦逻，且御内侵，寻以征役不供，为虏所败。由是介马数万，连亘幽陵，伏精甲于松檞，布穹庐于碛卤，散若飞鸟，止如长云，火燎于原，不可向迩。公激义气以虹贯，发精诚而石开，奇计兵权，密授髦俊，乃命介弟仲至与禆将游奉寰、王如清、左敌万、李君庆、张自荣、高守素、李志操率锐兵三万，建旆而前。介胄雪照，戈矛林植，命以义殉，壮由师直，声隆隆而未泄，欲逐逐而不食，戢以听命，严而有威。公曰："险道倾仄，且驰且射，胡兵所以无敌也。致之平原，勒以方陈，我师可以逞志也。"于是据于莽平，环以武刚，首尾蛇伸，左右翼张。轻骑既合，奇锋横鹜，如摧枯株，如搏畜兔，摄警者弗取，陆梁者皆仆，虏王侯贵人，计以千数。然后尽众服听，悉数系累，谷静山空，靡有孑遗，橐驼驼洰，风泽而散，旍墙阒幕，布野毕收，马牛几至于谷量，虏血殆同于川决，径路宝刀，祭天金人，奇货珍器，不可殚论。乃命从事李周瞳驰传上奏，又命牙门将周从玘继献戎俘。皇帝受而劳之，群臣毕贺。昔长平七征，骠骑六举，窦宪合氐羌之众，陈汤揽城郭之兵，或生灵减耗，士马物故，或邀功救罪，矫命专征，然犹告类上帝，荐功清庙，顾视二汉，不其恧欤。

以公威动蛮貊，功在漏刻，因命为东面招抚回鹘使。先是奚、契丹皆有虏使监护其国，责以岁遗，且为汉谍，自回鹘啸聚，靡不鸱张。公命禆将石公绪等谕意两部，戮回鹘八百人。虽介子讨罪于龟兹，班超行诛于鄯部，未足俦也。回鹘又遣宣门将军等四十七人诡辞结欢，潜伺边隙。公密賂其下，尽得阴谋，且欲驰入五原，尽驱杂虏。公逗留其使，缓彼师期，竟得人病马瘠，缩朒而退，挫锐解纷，繄公善计。今乌介自绝皇泽，莫敢近边，并丁令以图安，依康居而求活，尽徒馀种，屈意黑车，寄托远遁，流离饥冻。黑车亦倚其威重，迫协诸戎，造谋藉兵，解仇交质。自谓约赍深入，汉将取而未期，渡幕轻留，王师往而不利。公以壮猷远驭，长计羁縻，不俞避嫌之便，终飞致敌之术，将时动而得隽，岂岁数而胜微。矧乎明主仗将帅为爪牙，戎狄为鼠鼬，方猎猛敌，不玩细娱。非周宣无以成召虎之勋，非汉宣无以听营平之计，勖哉上将，光我中兴。公前后受降三万人，特勒二人，可汗姊一人，都督外宰相四人，其他侯王骑将，不可备载。王褒以日逐归德，称为人瑞，班固以稽落荡寇，大振天声，孰若天子神武，百蛮振慑，乘其衅困，临以兵锋，刈单于之旗，纳休屠之附，非万里之伐，无三年之勤，巍乎成功，辉焯后代。宜刻金石，以扬鸿休。铭曰：

太和之初，赤气宵兴。开成之末，彤云暮凝。异鸟南来，胡灭之征。北夷飙扫，厥国土崩。逼迫迁徙，震我边鄙。长蛇去穴，奔鲸失水。上都蓟门，兵连千里。曾不畏天，犹为骄子。丐我边谷，邀我王师。假我一城，建彼幡旗。归计强汉，郅支嫚词。狼顾朔野，伏莽见嬴。雁门之北，羌戎杂处。濈濈群羊，茫茫大卤。纵其枭骑，惊我牧围。暴若豺狼，疾如风雨。皇赫斯怒，羽檄征兵。谋而泉默，断乃雷声。沉机变化，动若神明。沙漠之外，虏无隐情。渔阳突骑，燕歌壮气。赳赳元戎，耽耽虎视。金鼓誓众，干旄蔽地。爰命介弟，属之大事。翩翩飞将，董我三军。禀兄之制，代帅之勤。威略火烈，胡马星分。戈回白日，剑薄浮云。天街之北，旄头已落。绝缳之野，蚩尤未缚。倬我元侯，恢宏远略。取彼单于，系之徽索。阴山寝烽，亭徼櫜弓。万里昆夷，九译而通。蛮夷既同，天子之功。儒臣篆美，刊石垂鸿。①

老宰相李德裕《幽州纪圣功碑铭》撰写好以后，先给皇帝上书《进幽州纪圣功碑文状》：

---

① 《全唐文》，卷七百十一，中华书局影印本，1983 年，第 7300~7392 页。

进幽州纪圣功碑文状

宰相李德裕

奏宣，令臣撰述者。伏以北狄强悍，勇于四夷，前代圣王，莫能制服。昨者回鹘虽乘危蹙，势已内侵，豺狼之师，尚馀十万。陛下神武雄断，智出无方，震天威以霆声，碎獯戎而瓦解，武功盛烈，高视百王，岂比周穆犬戎之征，荒服不至，汉武马邑之诈，群帅无功，将垂耿光，宜著鸿笔。臣学艺荒浅，久病衰残，纪轩后之功，徒知竭思，叙唐尧之德，终愧难名，采其功状，稍似摭实。今已撰讫，谨连进上，轻黩宸，不任惶越。谨录奏闻。[①]

（四）太和公主 回归大唐

1.武宗迎姑 再见宫阙。

会昌三年（843）二月十一日，石雄迎太和公主以归。十七日刘沔奏捷报到达长安。会昌三年（843）二月十五日，远嫁回鹘历经22年磨难的太和公主，终于回归大唐，唐武宗特别高兴，隆重欢迎姑母归宁。"是日，御宣政殿，百僚称贺。"唐武宗为之专门下《讨回鹘制》诏书，历数回鹘可汗"莫顾姻亲""自恃兵强，久为桀骜，凌虐诸部，结怨近邻"，"逃走失国，窃号自立"，"潜入朔川，大掠牛马；今春掩袭振武，逼近城池。可汗皆自率兵，首为寇盗，""刘沔料敌伐谋，乘机制胜"。唐武宗充分肯定太和公主和亲的功劳，同情太和公主的悲惨经历，庆幸太和公主永远归宁，回归大唐。"太和公主居处不同，情义久绝。怀土多思，亟闻黄鹄之歌；失位自伤，宁免《绿衣》之叹。念其羁苦，常轸朕心。今已脱于豺狼，再见宫阙，上以摅宗庙之宿愤，次以慰太皇太后之深慈，永言归宁，良用欣感。"

---

① 《全唐文》，卷七百三，中华书局影印本，1983年，第7216~7217页。

讨回鹘制

夫天之所废，难施继绝之恩；人之所弃，当用侮亡之道。朕每思前训，岂忘格言。回鹘比者自恃兵强，久为桀骜，凌虐诸部，结怨近邻。黠戛斯潜师彗扫，穹居瓦解，种族尽膏于原野，区落遂至于荆榛。今可汗逃走失国，窃号自立，远逾沙漠，寄命边陲。朕念其衰残，寻加赈飘。每陈章表，多诈谀之词；接我使臣，如全盛之日。无伤禽哀鸣之意，有困兽犹斗之心。去岁潜入朔川，大掠牛马；今春掩袭振武，逼近城池。可汗皆自率兵，首为寇盗，不耻破败，莫顾姻亲。河东节度使刘沔料敌伐谋，乘机制胜，发胡貉之骑以为前锋，搴翎侯之旗伐彼在穴。短兵麀于帐下，元恶扶于毂中。况乘匪六飞，众才一旅，储备已竭，计日可擒。太和公主居处不同，情义久绝。怀土多思，亟闻黄鹄之歌；失位自伤，宁免《绿衣》之叹。念其羁苦，常轸朕心。今已脱于豺狼，再见宫阙，上以摅宗庙之宿愤，次以慰太皇太后之深慈，永言归宁，良用欣感。其回纥既以破灭，义在翦除，宜令诸道兵马使同进讨。河东立功将士已下，优厚赏给，续条疏处分。应在京外宅及东都修功德回纥，并勒冠带，各配诸道收管。其回纥及摩尼寺庄宅、钱物等，并委功德使与御史台及京兆府各差官点检收抽，不得容诸色人影占。如犯者并处极法，钱物纳官。摩尼寺僧委中书门下条疏闻奏。[1]

2.武宗颁诏　大长公主

《新唐书》记载，会昌三年，太和公主归唐，至京师长安，唐武宗颁诏命百官"迎谒再拜"，就是要求百官迎接公主，再参拜太和公主。太和公主乘唐武宗皇帝的御驾马车，拜谒了唐宪宗、唐穆宗二室，"欷歔流涕"。

---

[1]《全唐文》，卷七百十一，中华书局影印本，1983年，第7300~7392页。

后易服谢罪，"自言和亲无状"。唐武宗再派宦官慰劳。第二天，太和公主又拜谒皇太后。进封长公主，同时，废太和公主府。

定安公主，始封太和。下嫁回鹘崇德可汗。会昌三年来归，诏宗正卿李仍叔、秘书监李践方等告景陵。主次太原，诏使劳问系涂，以黠戛斯所献白貂皮、玉指环往赐。至京师，诏百官迎谒再拜。故事：邑司官承命答拜，有司议："邑司官卑，不可当。"群臣请以主左右上媵戴鬓帛承拜，两裆持命。又诏神策军四百具卤簿，群臣班迓。主乘辂谒宪、穆二室，欷歔流涕，退诣光顺门易服、褫冠钿待罪，自言和亲无状。帝使中人劳慰，复冠钿乃入，群臣贺天子。又诣兴庆宫。明日，主谒太皇太后。进封长公主，遂废太和府。主始至，宣城以下七主不出迎，武宗怒。差夺封绢赎罪。宰相建言："礼始中壸，行天下，王化之美也，请载于史，示后世。"诏可。[①]

《旧唐书》记载："凡外命妇之制：皇之姑封大长公主。"按照唐朝命妇之制度，会昌三年（843）二月，太和公主回到京师长安。因为是唐武宗的姑母，改封安定大长公主，唐武宗又专门下诏《封定安大长公主制》：

封定安大长公主制

门下：我国家制驭戎夷，推崇恩义，示之以大信，重之以和亲。所以煇声教于殊邻，割骨肉之深爱，累圣宏略，载于国章。太和公主擢秀天潢，联华宸极，智惟周物，识可洞微。乃者回鹘输诚，愿求相好，穆宗皇帝义难违拒，且务怀柔。以凤楼和淑之姿，降龙庭桀骜之俗。一辞朝阙，二纪于兹，常兴去国之悲，已绝还乡之望。今可汗自窃名号，来依塞垣。朕以渥泽久濡，飘零可悯，斋以粟帛，喻之旋归。

①《新唐书·诸帝公主》，卷八十三，列传第八，中华书局，1956年，第3668~3669页。

曾无感激之心，益肆贪婪之性。遂得忠义同力，将帅协谋，未扬金鼓之音，已溃犬羊之众，遽收贵主，离彼穹庐。上以慰太后之深慈，下以摅兆人之积愤，将修庆觐，坐雪幽冤，名节自彰，叹尚何极。筊箫凄怨，休傅朔漠之声；环佩铿锵，再齿平阳之列。是用易其旧邑，赐以嘉名，增沁园汤沐之封，释边地风沙之思。举兹典礼，用表忠勤，祇服宠荣，永光简册。可封定安大长公主。①

3. 七主不接　帝下罚敕

太和公主归宁，举国庆幸。唐武宗命宰相率领百官"迎谒"，举办盛大的欢迎仪式，又派宦官"慰谕"。公主入宫，命各公主以及宗室近亲都前来看望慰问。但竟然有阳安、宣城、真宁、义宁、临真、真源、义昌7个公主，不出门去慰问。唐武宗大怒，皇帝的姑母岂能轻视，7个公主都加以处罚。

会昌三年（843）二月十七日，专门颁布了《罚宣城公主等敕》，敕书指出，7个公主都是宗室近亲，理应先来慰问，竟然没有前来。敕书规定，7个公主每人罚绢100匹，相当1333米。特别是阳安公主，不但没有带礼物来慰问，还两天都不在家，重罚300匹，相当3990米。还特别批准宰相李德裕建言"载于史，示后世"。《新唐书》记载："主（太和公主）始至，宣城以下七主不出迎，武宗怒。差夺封绢赎罪。宰相李德裕建言'礼始中壶，行天下，王化之美也，请载于史，示后世'诏可。"以诏示后世，因此，《全唐文》保留下来《罚宣城公主等敕》记载：

罚宣城公主等敕

安定大长公主自蕃还京，莫不哀悯。百辟卿士，皆出拜迎。宣城、贞宁、临贞、贞源、义昌等公主，并宗室近亲，合先慰问。晏然

---

① 《全唐文》，卷七十六，中华书局影印本，1983年，第800页。

私第，竟已不至，度于物体，稍似非宜。各罚封绢一百匹，以塞愆违。阳安长公主既不与定安光顺相见，又两日就宅宣事，皆不在家。罚封物三百匹。[①]

早在会昌二年（842）十一月，唐武宗就已经认定太和公主和亲已经尽力，并宣布："今日以后，不得以姑母为词。"因此，7个公主对抗唐武宗之命的劣行，对经过22年磨难、已经尽力的太和公主不予慰问，是公然对抗圣旨。有人说是对太和公主的羞辱，笔者倒觉得连起码的中华美德都不具备，其实是他们对自己的羞辱。

阳安公主（清源公主、虢国公主），是唐顺宗第九女，算起来是太和公主的姑，是长辈，竟然对其亲侄女毫无亲情，实属毫无人性。

宣城公主与太和公主同为唐宪宗女，是太和公主的四姐，也是毫无亲姐妹的亲情。

真宁、临真、真源，和宣城一样，都是唐宪宗的女儿，都是太和公主的姐姐，实在是不应该对亲妹妹绝情。

义昌则是唐穆宗的第七女，属于小字辈，更不应该对长辈姑姑无情无礼。

4. 时人诗赞　太和归宫

唐史文献记载，与七公主相反，原本和太和公主并无亲戚关系的满朝文武，都列队欢迎太和公主归唐。《全唐诗》中还留下来三位同时代的诗人，同情太和公主22年回鹘和亲悲惨遭遇，咏叹太和公主归宫的诗作。太和公主是唯一唐朝诗人既有送亲诗、又有迎归诗的和亲公主。

破北虏太和公主归宫阙

许浑

毳幕承秋极断蓬，飘飘一剑黑山空。

---

① 《全唐文》，卷七十七，中华书局影印本，1983年，第805页。

匈奴北走荒秦垒，贵主西还盛汉宫。

定是庙谟倾种落，必知边寇畏骁雄。

恩沾残类从归去，莫使华人杂犬戎。^①

亦有诗作从太和公主的命运出发，感叹物是人非、不堪回首的悲伤：

太和公主还宫
李频

天骄发使犯边尘，汉将推功遂夺亲。

离乱应无初去貌，死生难有却回身。

禁花半老曾攀树，宫女多非旧识人。

重上凤楼追故事，几多愁思向青春。^②

太和公主还宫
李敬方

二纪烟尘外，凄凉转战归。胡笳悲蔡琰，汉使泣明妃。

金殿更戎幄，青祛换氅衣。登车随伴仗，谒庙入中闱。

汤沐疏封在，关山故梦非。笑看鸿北向，休咏鹊南飞。

宫髻怜新样，庭柯想旧围。生还侍儿少，熟识内家稀。

凤去楼扃夜，鸾孤匣掩辉。应怜禁园柳，相见倍依依。^③

诗人刘得仁写有一篇《马上别单于刘评事》（时太和公主还京，评事罢举起职），当时，太和公主返回京城长安后，唐武宗对公主心存感激之情。

---

①《全唐诗》，卷五百九十五，中华书局，1960 年，第 6103 页。

②《全唐诗》，卷五百八十七，中华书局，1960 年，第 6009 页。

③《全唐诗》，卷五百八十三，中华书局，1960 年，第 5775~5776 页。

公主是出降回鹘可汗的和亲公主，回到自己的唐朝，诗中表达出诗人刘得仁对太和公主归唐的喜悦以及对国家社稷的关心：

马上别单于刘评事
（时太和公主还京，评事罢举起职）
刘得仁
庙谋宏远人难测，公主生还帝感深。
天下底平须共喜，一时闲事莫惊心。[①]

太和公主是唐王朝正式出降蕃王的 16 位和亲公主中，最后一位和亲公主，她在回纥（回鹘）生活了 22 年。会昌三年（843），历尽沧桑的太和公主终于回到阔别多年的大唐，回到了公主宫中。虽然太和公主的和亲以唐鹘之间"振武之战""夺主归唐"而结束，但是，太和公主22年和亲所遭受的苦难和一生的牺牲，还是为唐朝国家社稷安全做出了自己的贡献，功不可没。返回长安不久，太和公主因病去世。

---

①《全唐诗》，卷五百八十七，中华书局，1960 年，第 6009 页。

中卷　唐朝许婚未嫁的公主、县主

第十七章　绝婚未出降的新兴公主（642、643）

（一）契苾投唐　太宗爱将

契苾何力（？—677），大唐著名蕃将，原是铁勒契苾部可汗。贞观六年（632）十一月初二日，契苾何力与母亲率契苾部投唐，唐太宗封其母亲为姑臧郡夫人，封契苾何力为左领军将军。置其部落与甘州（今甘肃张掖市）、凉州（今甘肃武威市）一带。

契苾何力效忠唐朝，在平吐谷浑中以葱山道副大总管率唐军平高昌，后又以昆丘道总管平龟兹。他英勇作战，累立战功，为人正直，心地善良，深受唐太宗喜爱。征高丽时，唐太宗曾经为何力敷药。《新唐书·契苾何力传》记载：

> 帝征高丽，诏何力为前军总管。次白崖城，中贼槊，创甚，帝自为敷药。城拔，得刺何力者高突勃，驺使自杀之，辞曰："彼为其主，冒白刃以刺臣，此义士也。犬马犹报其养，况于人乎？"卒舍之。①

---

① 《新唐书·契苾何力传》，卷一百一十，列传第三十五，中华书局，1975 年，第 4119 页。

（二）回乡探亲　誓不叛唐

贞观十六年（642），唐太宗派契苾何力回契苾部落探亲，兼安抚部落。但部落愿从薛延陀。何力劝阻不听，反被执送薛延陀。让他叛唐，归薛延陀，何力用刀割耳，以示永不叛唐，大呼："岂有大唐烈士受辱蕃庭，天地日月，愿知我心！"后薛延陀可汗欲杀何力，可汗妻救之。

> 贞观，十六年，诏许何力观省其母，兼抚巡部落。时薛延陀强盛，契苾部落皆愿从之。何力至，闻而大惊曰："主上于汝有厚恩，任我又重，何忍而图叛逆！"诸首领皆曰："可敦及都督已去，何故不行？"何力曰："我弟沙门孝而能养，我以身许国，终不能去也。"于是众共执何力至延陀所，置于可汗牙前。何力箕踞而坐，拔佩刀东向大呼曰："岂有大唐烈士，受辱蕃庭，天地日月，愿知我心！"又割左耳以明志不夺也。可汗怒，欲杀之，为其妻所抑而止。[1]

（三）为救何力　欲嫁新兴

正巧，贞观十六年（642）十月，薛延陀真珠可汗向唐请婚。真珠派侄儿突利设献马五万匹、牛驼一万只、羊十万头，请娶大唐公主。《资治通鉴》记载：

> 闰月戊午，薛延陀真珠可汗遣其兄子突利设献马五万匹、牛驼一万、羊十万以请婚，太宗许之。[2]

于是，唐太宗欲嫁新兴公主给薛延陀真珠可汗，派兵部侍郎崔敦礼许婚薛延陀真珠可汗，救回契苾何力，拜右骁卫大将军。

---

①《旧唐书·契苾何力传》，卷一百九，列传第五十九，中华书局，1975年，第3292页。
②《资治通鉴》，卷第一百九十七，唐纪十三，中华书局，1956年，第6199页。

新兴公主（？—616）是唐太宗第十五女。贞观十六年，为救契苾何力，许婚薛延陀真珠可汗。

契苾何力回朝以后，听说太宗欲嫁新兴公主给真珠，坚决反对，"抗表固言不可"，献计以到灵州迎亲拖延。真珠心虚，必不敢来，即可一了了之。《新唐书·契苾何力传》记载：

> 初，太宗闻何力之延陀，明非其本意。或曰："人心各乐其土，何力今入延陀，犹鱼之得水也。"太宗曰："不然，此人心如铁石，必不背我。"会有使自延陀至，具言其状，太守泣谓群臣曰："契苾何力竟如何？"遽遣兵部侍郎崔敦礼持节入延陀，许降公主，求何力。由是还，拜右骁卫大将军。太宗既许公主于延陀，行有日矣，何力抗表固言不可。太宗曰："吾闻天子无戏言，既已许之，安可废？"何力曰："然。臣本请延缓其事，不谓总停。臣闻六礼之内，婿合亲迎，宜告延陀亲来迎妇，纵不敢至京邑，即当使诣灵州。畏汉必不敢来，论亲未可有成日。既忧闷，臣又携离，不盈一年，自相猜忌。延陀志性狠戾，若死，必两子相争，坐而制之，必然之理。"太宗从之。延陀恐有诈，竟不至灵州。自后常悒悒不得志，一年而死，两子果争权，各立为主。
>
> 何力曰："礼有亲迎，宣诏毗伽身到京师，或诣灵武。彼畏我，必不来，则姻不成，而忧愤不知所出，下必携贰，不及一年，交相疑沮。毗伽素狠戾，必死，死则二子争国。内判外携，不战而擒矣。"帝然之。毗伽果不敢迎，郁邑不得志，恚而死，少子拔酌杀其庶兄突利失自立，国中乱，如其策云。"[1]

①《新唐书·契苾何力传》，卷一百一十，列传第三十五，中华书局，1975年，第4118~4119页。

（四）真珠不至　太宗绝婚

唐太宗最后听从了契苾何力的计策，发诏书让真珠可汗到灵州迎亲，原本贞观十七年（643）就有可能到灵州之行。但真珠可汗未凑足聘礼，"失期不至"，唐太宗乃"诏绝其婚，停幸灵州"。

《资治通鉴》记载：

> 上从之，乃征真珠可汗使亲迎，仍发诏将幸灵州与之会。真珠大喜，欲诣灵州……上发使三道，受其所献杂畜。薛延陀先无库厩，真珠调敛诸部，往返万里，道涉沙碛，无水草，耗死将半，失期不至。议者或以为聘财未备而与为昏，将使戎狄轻中国，上乃下诏绝其昏，停幸灵州，追还三使。[①]

这样，唐太宗之女新兴公主，就成为唐朝第一位许婚薛延陀真珠可汗未出降的和亲女。后来，新兴公主嫁给了长孙曦为妻。

新兴公主（？—616）是唐太宗第十五女，先许给薛延陀真珠可汗，后绝婚，既然绝婚没有出降，就不算是唐朝的和亲公主。

后来，唐太宗把她嫁给了长孙曦。长孙曦是薛国公长孙顺德的侄儿，唐太宗长孙皇后、国舅长孙无忌的从兄弟，娶新兴公主后拜驸马都尉，任黄州刺史。

---

① 《资治通鉴》，卷第一百九十七，唐纪十三，中华书局，1956年，第6200页。

第十八章　夫病未出降的永安公主（821）

（一）保义可汗　遣使请婚

贞元十一年（795）六月，唐德宗册封回鹘毗伽怀信可汗。可汗请改回纥为回鹘，取"回旋轻捷如鹘也"。贞元二十一年（805），唐宪宗即位，回鹘保义可汗继续请婚。唐宪宗让有司计算，婚礼费太多，用需要500万贯，"未认其亲"。

礼部尚书李绛指出，"和亲则烽燧不惊，城堞可治，盛兵以畜力，积粟以固军"，并且有"五忧""三利"。至元和末年，唐宪宗允许和亲，但突然驾崩。唐穆宗即位，李绛计算，下嫁公主和亲婚礼费用只需要一个县的赋税20万缗收入即可，费用不算多。唐穆宗长庆初（821），许以永安公主出降回鹘保义可汗。

《资治通鉴》记载：

> 宪宗之末（元和十五年，820年），回鹘遣合达干来求亲尤切，宪宗许之。[1]

（二）永安公主　没有出降

永安公主是唐宪宗第十五女，唐穆宗长庆初年（821），许婚回鹘保义可汗，保义可汗死，婚事止停，未进行和亲。《新唐书·诸帝公主》记载：

> 永安公主，长庆初，许下嫁回鹘保义可汗，会可汗死，止不行。[2]

---

[1]《资治通鉴》，卷第二百四十一，唐纪五十七，中华书局，1956年，第7779页。
[2]《新唐书·诸帝公主》，卷八十三，列传第八，中华书局，1975年，第5211页。

《旧唐书·回纥传》记载：

> 长庆元年，毗伽保义可汗薨，辍朝三日，仍令诸司三品以上官就鸿胪寺吊其使者。[1]

这就是说，长庆初年，唐穆宗准备出降其妹永安公主给回鹘保义可汗，但不久，保义可汗死，永安公主就没有出降。没有出降，就没有和亲，自然就也不算是和亲公主。

（三）永安出嫁　当女道士

永安公主出降回鹘可汗未成婚，可汗死去，未能出降，永安公主心中郁闷不乐，好像自己贵为皇帝公主，却嫁不出去一样。后来，她竟然就不想再嫁人了。最后于太和中（825）终于厌倦人间生活，干脆请求出家当了女道士。唐穆宗仍然尊重他这位未出降的姑母，诏赐永安公主封邑之印，如寻阳公主旧例，并且馈赠婚嫁财物。《新唐书·诸帝公主》记载：

> 太和中，丐为道士，诏赐邑印，如寻阳公主故事，且归婚赀。[2]

寻阳公主是东晋人，东晋元帝司马睿之女，也是皇帝的女儿，出生后不久，父亲不久去世，336年，新即位的皇帝是她侄儿司马衍，特别为姑姑的婚事伤脑筋，多次与大臣商议，最后选定与他姑母同岁的出身能匹配的"颍川荀氏"家族贵族公子15岁的荀羡，其父亲是光禄大夫荀崧。谁料想十五岁的贵族公子哥荀羡不愿意与皇家结亲，逃之夭夭，逃婚不娶。不过，最后还是被抓回来才勉强捆绑夫妻，拜驸马都尉。后来成为东晋著

---

①《旧唐书·回纥传》，卷一百九十五，列传第一百四十五，中华书局，1975年，第5211页。

②《新唐书·诸帝公主》，卷八十三，列传第八，中华书局，1975年，第3668页。

名将领。

寻阳公主故事与永安公主两点相似：第一，都是皇帝之女；第二，都是嫁不出去。

不过，永安公主是因为要嫁的回鹘可汗出嫁前死去，公主嫁不出去；寻阳公主是因为要嫁的 15 岁小女婿不愿意娶她而逃婚，寻阳公主只是差点嫁不出去。

第十九章　未嫁的金山公主、南和县主（713）

唐朝许婚突厥可汗默啜及其太子杨俄支都未嫁的金山公主与南和县主，是唐朝第四位和第五位许婚未降的蕃汉联姻女。

（一）突厥默啜　与唐战和

默啜（？—716）是后突厥第二任可汗。唐太宗贞观四年（630），灭东突厥后，到唐高宗永淳元年（682），突厥颉利族人阿史那·骨笃禄在漠北重建突厥，史称后突厥，称为颉利施可汗。颉利施可汗封其弟阿史那·默啜为"设"，武则天天授二年（691），颉利施可汗骨笃禄病逝，其子年幼，其弟的阿史那·默啜设自任可汗，后突厥进入全盛时期。

在武则天朝，默啜与唐朝时和时战。默啜一方面袭击唐朝多州，另一方面也曾助唐作战，武则天先后册封默啜可汗为左卫大将军、归国公、颉跌利施大单于、立功报国可汗进行安抚。默啜甚至还曾遣使请求做武则天之子，以己女和亲以示好，但并非真心和好。《旧唐书·则天皇后》记载：

> 圣历元年（698），夏五月，突厥默啜上言，有女请和亲。
>
> 秋七月，令淮阳王武延秀往突厥，纳默啜女为妃。遣右豹韬卫大将军阎知微摄春官尚书，赴虏庭。八月，突厥默啜以延秀非唐室诸王，乃囚于别所。[1]

《旧唐书·突厥传》记载：

> 长安三年（703），默啜遣使莫贺达干请以女妻皇太子之子。则

---

[1]《旧唐书·则天皇后》，卷六，本纪第六，中华书局，1975年，第127页。

天令太子男平恩王重俊、义兴王重明廷立见之。默啜遣大酋移力贪汗入朝，献马千匹，及方物以谢许亲之意。则天宴之于宿羽亭，太子、相王及朝集使三品以上并预会，重赐以遣之。^①

同一件事，同为《旧唐书》，两处记载年代有出入，相差 5 年。或记错？或默啜为两次提出以女和亲？

（二）金山公主　许婚未降

但是，705 年正月，武则天病重，在宰相张柬之、崔玄暐等人的强烈要求下，武则天被迫退位，太子李显即唐中宗再次复位，二次临朝。突厥默啜不断进犯唐朝州县。

神龙二年（706）十二月己卯（初八），突厥默啜寇灵州鸣沙县，灵武军大总管沙咤忠义逆击之，官军败绩，死者三万。丁巳（初十），突厥进寇原、会等州，掠陇右牧马万余而去。^②

景龙四年（710），唐中宗绝其请婚：

中宗下制绝其请婚，仍购募能斩获默啜者封国王，授诸卫大将军，赏物二千段。又命内外官各进破突厥诸策。

景龙二年（708），唐中宗为拒突厥，派张仁愿在黄河北、阴山南筑东、中、西三受降城，阻挠其南进之路。

唐睿宗即位，景云二年（711），许默啜请和。唐睿宗册封宋王成器

---

① 《旧唐书·突厥传》，卷一百九十四，列传第一百四十四，中华书局，1975 年，第 5170 页。
② 《资治通鉴》，卷第二百八，唐纪二十四，中华书局，1956 年，第 6607~6608 页。

女为金山公主许婚。默啜还派其子杨我支来朝迎亲，唐睿宗还授杨我支为右骁卫员外大将军。但是不久，唐睿宗传位给唐玄宗，和亲不成，不了了之。金山公主也就没有出降突厥默啜可汗，成为第四位册封许婚蕃王、却没有出降成婚的大唐公主。

> 景云二年（711），春正月，癸丑，突厥可汗默啜，遣使请和。许之。[①]

《旧唐书·突厥传》记载：

> 睿宗践祚，默啜又遣使请和亲。制以宋王成器女为金山公主许嫁之。默啜乃遣其男杨我支特勒来朝，授右骁卫员外大将军。俄而睿宗传位，亲竟不成。[②]

金山公主是宋王李成器的女儿。父亲李成器，也叫李宪，是唐中宗李旦的长子。

李宪是唐朝唯一的一位"让皇帝"。李宪最初以皇孙身份被封永平郡王。光宅元年即嗣圣元年（684），唐中宗即位，6岁的皇长子李宪被册封为皇太子。武则天朝，后被武则天册封为皇孙。武周时期，授左赞善大夫、寿春王。唐中宗李显二次复位后，迁员外宗正卿。景龙四年（710），李宪被加封为宋王。同年，唐睿宗李旦登基，任命李宪为左卫大将军。李宪竟然先辞去皇太子。唐隆政变后，于先天元年八月庚子日（712年9月8日），李旦又禅位于自己的三弟平王李隆基，成为著名的尧舜"禅让"式的历史名人，被称为"让皇帝"。

---

① 《资治通鉴》，卷第二百一十，唐纪二十六，中华书局，1956年，第6661页。
② 《旧唐书·突厥传》，卷一百九十四，列传第一百四十四，中华书局，1975年，第5172页。

（三）南和县主　许婚未嫁

开元元年（713），唐玄宗即位以后，不认唐睿宗出降金山公主给默啜的和亲。

默啜又变着花样求亲，自己与唐朝请婚不成，又向唐玄宗为子求亲，派儿子杨我支自愿入朝宿卫。开元元年（713）八月，唐玄宗先是答应以蜀王之女南环县南和县主许婚其子杨我支。

但是，默啜是一个不讲信誉的人，南和县主还没有出嫁，第二年，开元二年（714），默啜就发动对唐朝北庭的进攻，被唐朝大将北庭都护领郭虔瓘击败，斩杀其子移涅可汗于北庭城下。参与进攻北庭的突厥火拔颉利发石失毕精不敢归，携妻子投奔唐朝，唐玄宗优待投降唐朝的火拔，拜其为左武卫大将军、燕山郡王，号其妻为金山公主，赐赏优缛。随即杨我支死去，突厥再求婚。《资治通鉴》记载了默啜遣子请婚、玄宗许婚的年、月、日：

> 唐玄宗，开元元年（癸丑，713）八月，丙辰（二十五日），突厥可汗默啜遣其子杨我支来求婚；丁巳（二十六日），许以蜀王女南和县主妻之。[①]

《新唐书·突厥传》则详细记载了默啜为子请婚、玄宗许婚、默啜进攻北庭失败的全过程：

> 玄宗立。绝和亲。默啜乃遣子杨俄支特勒入宿卫，固求婚。玄宗立，绝和亲。默啜乃遣子杨我支特勒入宿卫，固求昏，以蜀王女南和县主妻之，下书谕尉可汗。明年，使子移涅可汗引同俄特勒、火拔颉利发

---

① 《资治通鉴》，卷第二百一十，唐纪二十六，中华书局，1956年，第6686页。

石失毕精，骑攻北庭，都护郭虔瓘击之，斩同俄城下，虏奔解。火拔不敢归，携妻子来奔，拜左武卫大将军、燕山郡王，号其妻为金山公主，赐赏优缛。杨我支死，诏宗亲三等以上吊其家。是时突厥再上书求昏，帝未报。^①

（四）默啜被杀　和亲无果

开元四年（716）六月，默啜被杀，默啜求婚无果而终。《资治通鉴》记载，默啜出兵拔野古，之战，大败拔野古，归途"恃胜轻归，不复设备"，被拔野古勇士颉质略，窜出柳林杀死。其诸子皆被杀。立其兄左贤王默棘连为毗伽可汗，族人称为"小杀"：

> 开元四年（716）六月，癸酉，拔曳固斩突厥可汗默啜首来献。时默啜北击拔曳固，大破之于独乐水，恃胜轻归，不复设备，遇拔曳固进卒颉质略，自柳林突出，斩之。时大武军子将郝灵荃奉使在突厥，颉质略以其首归之，与偕诣阙，悬其首于广街。拔曳固、回纥、同罗、霫、仆固五部皆来降，置于大武军北。
>
> 默啜之子小可汗立，骨咄禄之子阙特勒击杀之，及默啜诸子、亲信略尽；立其兄左贤王默棘连，是为毗伽可汗，国人谓之"小杀"。毗伽以国固让阙特勒，阙特勒不受；乃以为左贤王，专典兵马。^②

---

① 《新唐书·突厥传》，卷二百一十五，列传第一百四十，中华书局，1975 年，第 6047~6048 页。
② 《资治通鉴》，卷第二百一十一，唐纪二十七，中华书局，1956 年，第 6868 页。

第二十章　因乱未出降的安化公主（883）

（一）唐与南诏　天宝之战

南诏，是我国西南今云南省洱海一带的一个古代地方政权，实际上又分六个小国，叫六诏。在唐朝帮助下，由诸诏最南部的蒙舍诏首领皮罗阁，兼并其他五诏建南诏，建都太和城（今云南省大理市下关镇太和村）。

开元二十六年（738）九月二十三日，唐玄宗封南诏首领蒙归义即皮罗阁，为云南王。[1] 天宝年间，唐与南诏发生战争，史称"天宝之战"。唐军大败，全军覆没，损失惨重。

但皮罗阁之子，南诏王阁逻凤即位，却还始终未忘世代受唐册封、诏赐，立《德化碑》申明被迫而叛，并期待有朝一日重新事唐。

（二）僖宗和亲　安化公主

唐懿宗朝，南诏酋龙（世隆）即王位。南诏与唐交战20多年，双方都受到极大的打击。《资治通鉴》记载：

> 南诏酋龙嗣立以来，为边患殆二十年，中国为之虚耗，而其国中亦疲惫。[2]

唐僖宗乾符四年（877），酋龙卒，其子法即位，即隆舜。南诏王隆舜派段搓宝僧等向唐朝请和，唐僖宗许和亲。《资治通鉴》记载：

> 乾符四年（877），二月，闰月，岭南西首节度使辛谠奏南诏遣陁西段瑳宝等来请和，且言"诸道兵戍邕州岁久，馈饷之费，疲弊中

---

[1]《资治通鉴》，卷第二百一十四，唐纪三十，中华书局，1956年，第6835页。
[2]《资治通鉴》，卷第二百五十三，唐纪六十九，中华书局，1956年，第8190页。

国，请许其和，使羸瘵息肩。"诏许之。^①

但是，朝廷官员对要不要与南诏和亲意见不同，各抒己见。各表利弊，争论不休。广明元年（880），鉴于唐朝内部因为黄巢威胁自身难保，于是唐僖宗许婚南诏。

中和元年（881）六月，唐僖宗派宗正少卿嗣曹王李龟年等出使南诏。八月，返回，南诏王表示"悉尊诏旨"。《新唐书·南诏传》记载，帝"乃以宗室女安化长公主许婚"：

> 帝谓然，乃以宗室女安化长公主许婚。拜嗣曹王龟年宗正少卿，为云南使，大理司直徐云虔副之；内常侍刘光裕为云南内使，霍承锡副之。^②

唐朝许与南诏和亲，究竟册封什么公主？唐史文献记载比较混乱。南诏提出和亲。唐僖宗同意和亲，以唐懿宗女唐僖宗妹安化公主许婚隆舜。但又有记载安化公主为"宗室女"的 。《新唐书·诸帝公主》记载安化公主为唐懿宗第二女，也就是唐僖宗之妹。^③同为《新唐书》，上述《新唐书·南诏传》却记载："帝谓然，乃以宗室女为安化长公主许婚。"以上情况，说明，唐史文献记载不一致。权以《新唐书·诸帝公主》为准：安化公主为唐懿宗第二女、唐僖宗之妹。

（三）唐朝和亲 再三推辞

唐朝对于南诏实际上是敷衍。李龟年等使南诏以后，南诏王隆舜接连三次至唐朝迎亲。先是中和元年（881）八月，李龟年等回朝后，立即

---

① 《资治通鉴》，卷第二百五十三，唐纪六十九，中华书局，1956 年，第 8190 页。
② 《新唐书·南诏传》，卷二百二十二，列传第一百四十七，中华书局，1975 年，第 6292 页。
③ 《新唐书·诸帝公主》，卷八十三，列传第八，中华书局，1975 年，第 3673 页。

派出赵隆眉、杨奇混、段义宗赴唐朝迎亲。高骈向唐僖宗上言杀死三人，唐僖宗从之，杀三使，南诏衰。《新唐书·南诏传》记载：

> 法遣宰相赵隆眉、杨奇混、段义宗朝行在，迎公主。高骈自扬州上言："三人者，南诏心腹也，宜止而鸠之，蛮可图也。"帝从之。隆眉等皆死，自是谋臣尽矣，蛮益衰。[1]

中和元年九月十三日，南诏王隆舜再次派使杨奇肱迎亲。唐僖宗"以方议礼仪"搪塞过去。中和三年（883）南诏王隆舜第三次派杨奇肱迎公主，唐僖宗还是推辞。时唐僖宗躲黄巢南至成都，杨奇肱不甘心，随之至成都。《资治通鉴》记载：

> 南诏遣布燮杨奇肱来迎公主。诏陈敬瑄与书，辞以"銮舆巡幸，仪物未备，俟还京邑，然后出降。"奇肱不从，直前至成都。[2]

（四）南诏和亲　无果而终

究竟安化公主有没有出降南诏王隆舜？唐史文献记不清楚。《资治通鉴》记载：

> 中和三年（883）十月，以宗女为安化公主，妻南诏。[3]

"以宗女"，与《新唐书·诸帝公主》记载有矛盾，《新唐书·诸帝公主》记载安化公主是唐懿宗第二女。"妻南诏"，可以解释为许婚南诏，

---

① 《新唐书·南诏传》，卷二百二十二，列传第一百四十七，中华书局，1975年，第6292~6293页。
② 《资治通鉴》，卷第二百五十五，唐纪七十一，中华书局，1956年，第8297~8300页。
③ 《资治通鉴》，卷第二百五十五，唐纪七十一，中华书局，1956年，第8297~8300页。

并未记载出降南诏。而《新唐书》却详细记载，唐懿宗派三送亲使，"未行"，送亲使没有去南诏，肯定没有送安化公主出降：

> 法（南诏王隆舜）遣宰相赵隆眉、杨奇混、段义宗朝行在，迎公主。高骈自扬州上言："三人者，南诏心腹也，宜止而鸩之，蛮可图也。"帝从之。隆眉等皆死，自是谋臣尽矣，蛮益衰。中和元年（881），复遣使者来迎主，献珍怪毡罽百床，帝以方议公主车服为解。后二年，又遣布燮杨奇朋友胅来迎，诏检校国子祭酒张谯为礼会五礼使，徐云虔副之，宗正少卿嗣虢王约为婚使。未行，而黄巢平，帝东还，乃归其使。①

明朝杨慎辑《南诏野史》同样记载，南诏三个迎亲使被毒死，南诏和亲无果而终：

> 中和癸卯三年（883），唐以宗室女为安化长公主，妻隆舜。僖宗乙巳光启元年（885），遣宰相赵隆眉、清平官杨奇鲲、段义宗三人，朝唐帝行在，且迎公主。高骈在淮阳飞章上言："三人南诏心腹，宜止而鸩之。"唐帝从其言。陇眉等死，南诏遂不复振矣。②

因此，安化公主出降南诏应该是无果而终。根据《唐会要》记载，学者多数的意见是，唐朝正式出降蕃王的16位和亲公主中没有安化公主。根据当时唐末混乱的局面，南诏和亲应该是不可能实现。据《新唐书》和《南诏野史》记载，唐僖宗依高骈上言，毒死了南诏三迎亲使。安化公主并未

---

①《新唐书·南诏传》，卷二百二十二，列传第一百四十七，中华书局，1975年，第6293页。
②杨慎：《南诏野史》上卷，第28~29页。

出降南诏，未与南诏王隆舜成婚。

　　笔者的结论是，安化公主是唐太宗新兴公主和唐宪宗永安公主之后，第三位皇帝之女许婚蕃王未出降的大唐公主。

下卷　唐朝两种蕃汉联姻女

第一部分　嫁归唐蕃将的 5 位蕃汉联姻女

第二十一章　嫁阿史那摸末的平夷县主（629）

唐太宗所以被誉为"千古一帝"，因为他实行了一系列开明的政策。其中包括"爱之如一"的民族观指导下的民族友好平等的政策。唐太宗一方面，出降公主，与蕃王和亲，用政治联姻的方式极大地促进了民族团结；另一方面，在安置突厥归唐的将领时，取窦静建议"妻以宗室女之妻"，贞观年间先后封五宗室女县主或公主，下嫁归唐 5 位蕃将，俗话说叫"上门女婿"。实行蕃汉联姻，促进了民族团结。唐朝嫁给归唐蕃将的蕃汉联姻女有平夷县主（629）、定襄县主（630）、临洮县主（635）、衡阳公主（636）和九江公主（648）。

唐朝最早的蕃汉联姻的归唐蕃将，是贞观三年（629）十二月的突厥族阿史那郁射设，即阿史那摸末。唐太宗封宗室女李氏为平夷县主，这是第一个蕃汉联姻女，下嫁阿史那摸末。

（一）突厥摸末　归顺皇唐

突厥族的阿史那摸末，祖父是突厥启民可汗。启民可汗有四子，分别是 4 个可汗：始毕可汗、处罗可汗、颉利可汗、南面可汗。阿史那摸末，为处罗可汗的长子，但却没有继承汗位。武德三年（620），阿史那摸末 13 岁，父亲处罗可汗去世，由义成公主以摸末年幼为由，不让他继承汗位，而让其叔处罗之弟咄苾，继承其兄处罗可汗位为可汗，是为颉利可汗。因为汗位之争，颉利与摸末叔侄之间自然产生矛盾。《阿史那摸末墓志》记载：

> 公讳摸末，漠北人也，盖大禹之后焉。……曾祖阿波设，祖启民可汗，父啜罗可汗。[1]

据时任文物出版社副总编的葛承雍于 2003 年撰文考证，武德元年（618）阿史那摸末率部一万余人，居河套地区任郁射设，又名阿史那郁射设。弟阿史那社尔为拓设。贞观三年（629）十二月，归唐开始效忠大唐，授予上将军，后为右屯卫将军。《资治通鉴》记载：

> 贞观三年（629），十二月，庚寅（二十四日），突厥郁射设帅部来降。[2]

《旧唐书·突厥传》记载：

> 贞观三年，十二月，突利可汗及郁射设、荫奈特勤等帅部来奔。[3]

《新唐书·突厥传》记载：

> 贞观三年（629），道宗战灵州（今宁夏吴忠市），俘人牲畜万计。

---

①吴钢：《全唐文补遗》，三秦出版社，1994 年，第 345 页。
②《资治通鉴》，卷第一百九十三，唐纪九，中华书局，1956 年，第 6067 页。
③《旧唐书·突厥传》，卷一百九十四，列传第一百四十四，中华书局，1975 年，第 5159 页。

突利及郁射设、荫奈特勤等帅部来奔，捷书日夜至。[①]

《新唐书·刘兰传》也记载：

> 时突厥携贰，郁射设阿史那摸末率属帐居河南，兰纵反间离之，
> 颉利果疑。摸末惧，来降，颉利急追，兰逆拒，却其众。封平原郡公，
> 俄检校代州都督。[②]

《阿史那摸末墓志》又记载：

> 既而皇唐驭宇，至德遐通，公乃觇风以来仪，逾沙漠而款塞，爰
> 降纶玺，用奖忠诚，即授上大将军。寻迁右屯卫将军。[③]

（二）蕃汉婚礼　唐太宗家

贞观三年（629）十二月，阿史那摸末归唐，唐太宗不但封其为右屯
卫将军，而且以宗室女李氏封平夷县主，唐太宗后来回忆，称之为"可怜
公主"，意为可爱的公主，许配给阿史那摸末，即阿史那郁射设。关于阿
史那摸末与李氏平夷县主成婚的婚礼一事，其子的《阿史那勿施墓志》记
载贞观初，父亲阿史那摸末归唐，唐太宗把突厥阿史那摸末部万余帐部落
安置在灵州境内，即今宁夏吴忠市境内："处部河南之地，以灵州之境。"
其子的墓志还特别记录了一件大唐罕见的蕃汉联姻的奇闻：唐太宗不但许
婚唐朝宗室女汉族李氏为突厥族蕃将阿史那之妻，而且，阿史那摸末与李
氏的蕃汉婚礼，竟然是在唐太宗李世民的家中进行。唐太宗敕书中记忆犹

---

①《新唐书·突厥传》，卷二百一十五，列传第一百四十，中华书局，1975年，第
6035页。
②《新唐书·刘兰传》，卷九十四，列传第十九，中华书局，1975年，第3836页。
③吴钢：《全唐文补遗》，三秦出版社，1994年，第345页。

新，无时暂忘。突厥族的郁射设阿史那摸末就成为唐太宗赐婚蕃汉联姻的大唐第一位"上门女婿"。《阿史那勿施墓志》记载：

> 父摸末，单于郁射设，即处罗可汗嫡子也。唐初，所部万余家归附，处部河南之地，以灵州为境，授右屯卫大将军。太宗敕书慰问曰："突厥郁射设，可怜公主是朕亲旧，情同一家。随曰：初婚之时，在朕家内成礼，朕亦亲见。追忆此事，无时暂忘。"[1]

墓志记载的这件在唐太宗皇帝家内举行的蕃汉联姻的奇闻，说明唐太宗实行"爱之如一"相对平等的民族观，重视蕃汉联姻，促进民族团结。葛承雍指出："这方墓志不仅追溯其家族谱系，而且披露了阿史那摸末与平夷县主李氏，在唐太宗家内结婚成亲的往事，足证李世民对突厥降唐首领安置的用心和重视，弥补了史书记载的短缺。"[2]

（三）蕃汉夫妻　合葬龙首

令人遗憾的是，贞观三年（629）十二月，归唐的突厥族阿史那摸末"单于郁射设"，与宗室女李氏平夷县主的蕃汉联姻，住大唐长安城宣阳里家的夫妻生活岁月，只有短短不到六年的时光。"夫人李氏，平夷县主，先以贞观九年（635）正月八日，薨于（长安）宣阳里。"李氏早逝。等到15年之后，阿史那摸末"春秋卅三，以贞观廿三年（649）二月十六日薨于宣阳之里第"。最后，"以大唐贞观廿三年岁次乙酉三月乙巳朔十七日"，这对蕃汉夫妻大唐右屯卫将军阿史那摸末与平夷县主，合葬于长安城附郭县万年县的龙首乡突厥族阿史那家族墓地"万年龙首乡"。

《阿史那摸末墓志》全文如下：

---

①《大唐故右屯卫翊府右郎将阿史那勿施墓志》。吴钢：《全唐文补遗》，三秦出版社，1994年，第455页。
②葛承雍：《东突厥阿史那摸末墓志考述》，《中国边疆史地研究》2003年第2期。

故右屯卫将军阿史那公（摸摸）墓志之铭

公讳摸末，漠北人也，盖大禹之后焉。夏政陵夷，世居荒服，奄宅金微之地，傍羁珠阙之民，距月支以开疆，指天行以分域。曾祖阿波设，祖启民可汗，父啜罗可汗。可汗者，则古之单于也。公禀庐山之逸气，韫昂宿之雄芒，抗节与寒松比贞，致果共晨凤竞爽；英略远震，才武绝伦；夷落仰其指麾，名王耸其威烈。既而皇唐驭宇，至德遐通，公乃觇风以来仪，逾沙漠而款塞，爰降纶玺，用奖忠诚，即授上大将军。寻迁右屯卫将军。肃奉宸居，典司禁旅，绩随事显，忠以行彰；虽复由余入秦，日磾在汉，永言前载，亦何以加。兹方将东岳告成，庶陪礼于日观，不图西光遽谢，奄游神于夜台，春秋卅三，以贞观廿三年二月十六日薨于宣阳之里第。呜呼哀哉！夫人李氏，平夷县主，先以贞观九年正月八日薨于宣阳里，粤以大唐贞观廿三年岁次巳酉三月乙巳朔十七日辛酉同窆于万年龙首乡。礼也。恐日月逾迈，海田质易，庶徽风之永传，勒妙词于兹石。

铭曰：弈弈重基，英英雄后，革心仰泽，回首思顺，位总爪牙，名超廉蔺，鸿私庶答，陈光何迅。其一灼灼夫人，显显令德。左右君子，聚仰中国。宠命载加荣声充塞刊兹懿范畅于无极[①]。

---

①吴钢：《全唐文补遗》，三秦出版社，1994年，第345页。

第二十二章　嫁阿史那忠的定襄县主（630）

（一）阿史那忠　擒获颉利

贞观四年（630），唐太宗派大唐战神李靖率六路大军，平灭突厥，雪渭水之耻。颉利向西北逃命。西逃准备去吐谷浑，途中逃至灵州西北即今贺兰山西北阿左旗的阿史那·苏尼失的部沙钵罗设部。最终，颉利被苏尼失之子阿史那忠擒获。

唐史文献一般记载如《资治通鉴》："张宝相生擒颉利可汗。"还有《新唐书·李道宗传》载李道宗"助李靖破虏，亲执颉利可汗"。而《新唐书·太宗》载："三月甲午，李靖俘突厥颉利可汗以献。"

但是，1972年，根据陕西省礼泉县烟霞镇西周村西南出土的《阿史那忠墓志》最后证实，唐史文献记载都不准确，真正"擒获颉利"的人是苏尼失之子阿史那忠："公诱执颉利楞汗而以归国。"唐太宗特别高兴，嘉奖封官，当即"蒙加宠命，授左屯卫将军"，后不断晋升，官至"右骁卫大将军"，"赠镇军大将军荆州大都督上柱国薛国公"。

从贞观四年（630）归唐，阿史那忠一生效忠大唐，为大唐建功立业，长达45年之久。《阿史那贞公墓志》记载：

> 公讳忠，字义节。……及贞观云始，塞北乖离，公诱执颉利楞汗而以归国，蒙加宠命，授左屯卫将军。后"又加上护军，用奖戎秩"。……迁右武卫大将军，赐金银器物十事，缯彩五百匹，钱廿万。……为左武卫大将军，寻迁右骁卫大将军，……仍于羽林军检校……拜使持节青海道行军大总管……以公为西域道安抚大使兼行军大总管。
>
> 以上元二年（675）五月二十四日，薨于洛阳尚善里之私第，春秋六十有五。上元二年岁次乙亥十月辛未朔十五日乙酉，奉迁灵榇，

合葬于昭陵之茔。①

怎么解释唐史文献记载的"张宝相说""李道宗说"和"李靖说"呢？

笔者分析，阿史那忠当时只是一个年仅20岁普通的突厥族青年，他擒获颉利，必须交给唐军打前站的将领张宝相，张宝相再交给方面军的将军李道宗，李道宗再交给总指挥李靖将军，献给唐太宗。

（二）阿史那忠　苏尼失子

贞观四年（630）为大唐立大功，为唐太宗雪渭水之耻，擒获突厥颉利可汗的阿史那忠，父亲是阿史那苏尼失。苏尼失是灵州西北突厥沙钵布部的首领，突厥小可汗。他是突厥利民可汗之弟，牙帐在灵州西北今内蒙古左旗一带，有部落五万帐。令子阿史那忠擒颉利，阿史那苏尼失也立功，唐太宗封其为北宁州都督、右卫大将军、封怀德郡王。贞观八年（634）苏尼失去世。后陪葬昭陵。《旧唐书·阿史那苏尼失传》记载：

> 贞观初，阿史那苏尼失者，启民可汗之母弟，社尔叔祖也。其父始毕可汗以为沙钵罗设，督部落五万家，牙直灵州之西北，骁雄有恩惠，甚得种落之心。及颉利政乱，而苏尼失所部独不携离。突利之来奔也，颉利乃立苏尼失为小可汗。及颉利为李靖所破，独骑而投之，苏尼失遂举其众归国，因令子忠擒颉利以献。太宗赏赐优厚。拜北宁州都督、右卫大将军，封怀德郡王。贞观八年卒。②

（三）太宗赐婚　定襄县主

突厥阿史那苏尼失之子20岁青年阿史那忠"诱执颉利"，功劳特别大，

---

① 周绍良：《唐墓志铭汇编》，上海古籍出版社，1992年，第601页。
② 《旧唐书·阿史那苏尼失传》，卷一百九，列传第五十九，中华书局，1975年，第3290页。

因为唐太宗始终不能忘记，是颉利给他造成"渭水之耻"，李靖率军大败颉利，平灭突厥，唐太宗称赞李靖给他"雪渭水之耻"，那阿史那忠"诱执颉利"，同样是给唐太宗最后"雪渭水之耻"，两唐书均给与阿史那忠很高评价："时人比之金日磾。"从唐太宗破格对待一个20岁的突厥族年轻人就可以看出，为了表彰阿史那忠擒获颉利之功，贞观四年（630）当即授予他"左屯卫将军"，赐姓他为史姓，赐名忠。同年，把自己的继女韦贵妃与前夫女封为定襄县主，赐婚给阿史那忠，定襄县主与阿史那忠联姻，阿史那忠就成为实际上的大唐驸马。阿史那忠也成为唐太宗赐婚第二位蕃汉联姻的大唐的"上门女婿"。《新唐书·阿史那忠传》记载：

> 阿史那忠者，字义节，苏尼失之子也。资清谨。以功擢左屯卫将军，尚宗室女定襄县主，始诏姓独著史。居父丧，哀慕过人。会立阿史那思摩为突厥可汗，以忠为左贤王。及出塞，不乐，见使者必泣，请入侍，许焉。封薛国公，擢右骁卫大将军。宿卫四十八年，无纤隙，人比之金日磾卒，赠镇军大将军，谥曰贞，陪葬昭陵。[1]

《旧唐书·阿史那忠传》记载：

> 忠以擒颉利功，拜左屯卫将军，妻以宗女定襄县主，赐名为忠，单称史氏。贞观九年，迁右卫大将军。永徽初，封薛国公，累迁右骁卫大将军。所历皆以清谨见称，时人比之金日磾。上元初卒，赠镇军大将军，陪葬昭陵。[2]

---

[1]《新唐书·阿史那忠传》，卷一百一十，列传第三十五，中华书局，1975年，第4116页。
[2]《旧唐书·阿史那忠传》，卷一百九，列传第五十九，中华书局，1975年，第3290页。

考定襄县主，是唐太宗韦贵妃第一个丈夫李珉之女。《阿史那忠墓志》记载，揭示了阿史那忠妻定襄县主的出身和父母。受继父唐太宗的"椒庭藉宠"，疼爱有加，封为定襄县主：

> 夫人渤海李氏，隋户部尚书雄之孙，齐王友珉之女，母京兆韦氏，郧国公孝宽之孙，陈州刺史圆成之女，夫人又纪王慎之同母姊也，椒庭藉宠，□封定襄县主。[1]

定襄县主是韦贵妃与前夫之女，亲父为齐王友李珉，非唐太宗亲生女。父亲李珉隋户部尚书李雄之子。虽然都姓李，并非大唐宗室。但是，《墓志》以及唐史文献都记载定襄县主是"宗室女"。因为，韦贵妃既然已经是唐太宗的贵妃，唐太宗是定襄县主的继父，唐太宗对待自己的继女定襄县主，"椒庭藉宠"，疼爱有加，非亲生女，似亲生女。因此，唐太宗也算是阿史那忠的老丈人。定襄县主不是宗室女，也算作宗室女。墓志和唐史文献把定襄县主当作"宗室女"也有一定的道理。

鉴于阿史那忠传一生效忠大唐，功绩卓著，大唐人称他"时人比之金日磾"。

贞观四年（630），定襄县主下嫁20岁突厥族阿史那忠为妻。阿史那忠刚刚擒获颉利，为大唐立大功，唐太宗立即授予他左屯卫将军，成为大唐将领。

永徽四年（653），定襄县主病逝。阿史那忠与定襄县主夫妻生活了23年，极大地促进了唐朝与突厥族的民族团结和友谊。上元二年（675），阿史那忠去世，族人把定襄县主与阿史那忠一起合葬于于昭陵之茔，夫妻同享陪葬唐太宗昭陵的特殊待遇。据昭陵博物馆张志攀撰文介绍，阿史那忠墓志出土时，墓内还出土有其夫人定襄县主之墓志盖《大唐定襄县主之

---

①周绍良：《唐墓志铭汇编》，上海古籍出版社，1992年，第601页。

铭》，字迹模糊，而且非常遗憾的是定襄县主墓志未见。

（四）阿史那忠　夫妻合葬

1972年，陕西礼泉县烟霞镇西周村发现阿史那忠与定襄县主合葬墓，出土《阿史那忠墓志》墓志盖和墓志，出土定襄县主墓志盖《大唐故定襄县主之志》，未见墓志。

昭陵博物馆原馆长张志攀撰文《唐初的"金日磾"——阿史那忠》指出，因为定襄县主身份特殊，她实际上是唐太宗的继女，唐太宗是她的继父。阿史那忠不但是大唐将领和终身效忠的功臣，而且，因为他娶定襄县主，某种意义上说，唐太宗是阿史那忠的老丈人，阿史那忠是唐太宗的女婿，他们是"翁婿之仪"："实际上，唐太宗与阿史那忠还应属翁婿之仪，夫人于永徽四年（653）早亡，他们夫妇共同陪葬昭陵是'功臣'与'密'"相兼，意义更不寻常。"

第二十三章 嫁契苾何力的临洮县主（635）

（一）契苾何力 率部归唐

契苾，亦作"解批""契弊""契苾羽"，是铁勒部落的一支。隋朝时期，各部共推契苾歌楞为易勿真莫何可汗，建立铁勒汗国。贞观六年（632），契苾歌楞可汗的侄儿契苾何力（？—677），与母亲率部落一千帐（一作六千帐）在沙州（今甘肃敦煌）归唐，唐太宗封契苾何力为左领军将军，并封其母为姑臧郡夫人，其弟契苾沙门为贺兰州都督。安置契苾部居住在甘（今甘肃张掖市）、凉（今甘肃武威市）一带。《新唐书·回鹘传》记载：

> 契苾亦曰契苾羽，在焉耆西北鹰娑川，多览葛之南。其酋哥楞自号易勿真莫贺可汗，弟莫贺咄特勒，皆有勇。莫贺咄死，子何力尚纽率其部来归，时贞观六年也。诏处之甘、凉间，以其地为榆溪州。永徽四年，以其部为贺兰都督府，隶燕然都护。何力有战功，忠节臣也。大和中，其种帐附于振武云。[①]

（二）力救二薛 北门尚主

贞观九年（635）五月，在唐军远征吐谷浑的战争中，当时在赤水川，唐将薛万均与其弟薛万彻的兄弟，率领轻骑兵先行，遭遇吐谷浑军包围，兄弟二人均中枪，跌下马后徒步参战，所率骑兵死伤大半。契苾何力得知后，率领数百骑兵，救援二薛，拼力厮杀进击，所向披靡，薛万均、薛万彻兄弟免于一死。唐平吐谷浑战后，唐太宗派使节到大斗拔谷慰劳唐军，论功行赏，薛万均耻于功劳在其不合理之下，于是，诋毁契苾何力，何力气愤

---

① 《新唐书·回鹘传》，卷二百一十七，列传第一百四十二，中华书局，1975年，第6142页。

之下拔刀相向，被诸将劝止。唐太宗得知真相后，大怒，要罢免薛万均官职授予契苾何力，契苾何力反而以不要让人感觉"重夷轻汉"。唐太宗"重其言"而止。

唐太宗下诏，命契苾何力"宿卫北门，检校屯营事，尚临洮县主"。契苾何力"宿卫北门"保卫皇宫的重任，成为唐朝皇帝最信任的将领。"尚临洮县主"，临洮县主成为唐太宗朝第三位蕃汉联姻女，契苾何力也成为唐太宗赐婚的第三位蕃汉联姻大唐的"上门女婿"，官至镇军大将军、行左卫大将军、检校鸿胪卿、检校左羽林大将军、上柱国、凉国公。《新唐书·契苾何力传》记载：

> 何力顿首曰："以臣而解万均官，恐四夷闻者，谓陛下重夷轻汉，则诬告益多。又夷狄无知，谓汉将皆然，非示远之义。"帝重其言，乃止。有诏宿卫北门，检校屯营事，尚临洮县主。[①]

契苾何力之子《契苾明碑》，即《镇军大将军行左鹰扬卫大将军兼贺兰州都督上柱国凉国公契苾府君碑铭（并序）》记载：

> 父何力，镇军大将军行左卫大将军检校鸿胪卿检校左羽林大将军上柱国凉国公，赠辅国大将军使持节并汾箕岚四州诸军事并州大都督，谥曰毅。[②]

临洮县主之夫契苾何力归唐以后，誓死报效大唐。

---

① 《新唐书·契苾何力传》，卷一百一十，列传第三十五，中华书局，1975年，第4118页。
② 《全唐文》，卷一百八十七，中华书局影印本，1983年，第1898页。

（三）割耳明誓　永不叛唐

契苾何力归唐以后，效忠大唐，表现特别突出。贞观十六年（642），唐太宗特批契苾何力回契苾部落探亲，看望母亲，安抚部落。不料部落有人投靠薛延陀反唐，扣押契苾何力，交给薛延陀，薛延陀真珠可汗要他归顺薛延陀，他誓死不从。为了表示决心，他拿刀割下自己的一个耳朵，表示决心，誓不叛唐。唐太宗得知，十分感动，欲以亲生女新兴公主许配薛延陀真珠可汗，换回爱将突厥族契苾何力。后因真珠妻求情，真珠放了何力。后因真珠未凑足聘礼，未按时至灵州，而绝婚。《新唐书·契苾何力传》记载：

> 始，何力母姑臧夫人与弟沙门在凉州，沙门为贺兰都督。十六年，诏何力往视母。于是薛延陀毗伽可汗方强，契苾诸酋争附之，乃胁其母、弟使从。何力惊谓其下曰："上于尔有大恩，且遇我厚，何遽反？"皆曰："可敦、都督去矣，尚何顾？"尔有大恩，且遇何力曰："弟往侍足矣，我义许国，不可行。"众执之，至毗伽牙我厚，何遽反？"皆曰："可敦、都督去矣，尚何顾？"何力曰："弟住侍足矣，我義许国，不可行。"众执之，至毗伽牙下。何力箕踞，拔佩刀东向呼曰："有唐烈士受辱贼延邪？天地日月，临鉴吾志。"即割左耳，誓不屈。毗伽怒，欲杀之，其妻谏而止。[1]

（四）累立战功　太宗敷药

因为契苾何力誓死效忠大唐，唐太宗对契苾何力关心有加。随征高丽期间，一次契苾何力受伤，抬进帐篷紧急抢救。李世民闻讯赶来，亲自为他上药，并将俘虏的高突勃绑来，让何力处置，何力反而以"彼为其主"，

---

[1]《新唐书·契苾何力传》，卷一百一十，列传第三十五，中华书局，1975年，第4118页。

而放过高突勃。《新唐书·契苾何力传》记载：

> 帝征高丽，诏何力为前军总管。次白崖城，中贼槊，创甚，帝自为敷药。城拔，得刺何力者高突勃，驺使自杀之，辞曰："彼为其主，冒白刃以刺臣，此义士也。犬马犹报其养，况于人乎？"卒舍之。俄以昆丘道总管平龟兹。帝崩，欲以身殉，高宗谕止。[①]

（五）契苾婆媳　武周赐姓

契苾何力之子契苾明也非常优秀，官至左卫大将军、四州大都督、朔方道总管兼五州经略使。曾经驻守灵州（今宁夏吴忠市）。武则天朝，特别下制书，给契苾明其夫人及其母临洮县主赐姓武氏。同时，记载，契苾何力父子与唐朝联姻，其子契苾明也与唐朝蕃汉联姻，妻为宗室女凉国夫人李氏。《镇军大将军行左鹰扬卫大将军兼贺兰州都督上柱国凉国公契苾府君碑铭（并序）》记载：

> 有制曰：镇军大将军行左鹰扬卫大将军兼贺兰都督契苾明妻凉国夫人李，柔顺成姿，幽闲植性。聿修妇德，每勤于（阙二字）叶赞夫家，必存于忠义。既竭由衷之请，宜覃赐族之恩。并及母临洮县主，并蒙赐姓武氏。公侯必复，河洛胄贤。属宝运之开基，接仙潢而锡派。忠贞无替，声振金氏；表里承恩，勋高石。后授朔方道总管兼凉甘肃瓜沙五州经略使，度玉关而去张掖，弃置一生；瞰弱水而望沙场，横行万里。幄中有策，阃外宣威。岂直操履冰霜，固亦心符筠玉，名高一代，气逸九霄者矣？[②]

---

①《新唐书·契苾何力传》，卷一百一十，列传第三十五，中华书局，1975年，第4119页。

②《全唐文》，卷一百八十七，中华书局影印本，1983年，第1899页。

第二十四章　嫁阿史那社尔的衡阳公主（635）

（一）拓设建牙　十年无课

阿史那社尔（604—655），是突厥处罗可汗的次子，阿史那摸的弟弟，颉利可汗的侄儿。11岁就智勇双全，拜拓设，即部落首领，地位仅次于可汗。立牙帐于碛北，即蒙古高原大沙漠以北地区。与颉利可汗之子欲谷设，分别治理铁勒、仆固、回纥、同罗诸部。10年间，拓设阿史那社尔不向部落课税，他说"部落丰收有余，我就知足了"，深受部落首领拥戴。他曾经劝颉利可汗少用兵，颉利不听。《新唐书·阿史那社尔传》记载：

> 阿史那社尔，突厥处罗可汗之次子。年十一，以智勇闻。拜拓设，建牙碛北，与颉利子欲谷设分统铁勒、回纥、仆骨、同罗诸部。处罗卒，哀毁如礼。治众十年，无课敛。或劝厚赋以自奉，答曰："部落丰余，于我足矣。"故首领咸爱之。颉利数用兵，社尔谏，弗纳。[①]

（二）趁乱自立　都布可汗

贞观元年（627），欲谷设阿史那社尔所统铁勒、回纥、薛延陀等反叛，阿史那社尔率兵袭击，无果被迫西迁。正赶上颉利可汗被唐朝平灭，阿史那社尔率军击败西突厥，得其国一半之地，拥众十万，自立为都布可汗。《新唐书·阿史那社尔传》详细记载：

> 贞观元年，铁勒、回纥、薛延陀等叛，败欲谷设于马猎山，社尔助击之，弗胜。明年，将余众西保可汗浮图城。会颉利灭，西突厥统

[①]《新唐书·阿史那社尔传》，卷一百一十，列传第三十五，中华书局，1975年，第4114页。

叶护又死，奚利必咄陆可汗与泥孰争国，社尔引兵袭之，得其半国，有众十余万，乃自号都布可汗。[①]

阿史那社尔自立可汗之后，立即准备收拾薛延陀，他给首领们说，开始使我们国乱者就是薛延陀，今天我们要收拾薛延陀。首领们认为不妥，杜尔不听，选骑兵五万伐薛延陀，大败，逃至高昌。又与西突厥发生矛盾。余部只剩万余人，只好率众内属唐朝。《新唐书·阿史那社尔传》记载：

> 谓诸部曰："始为乱破吾国者，延陀也，今我据西方，而不平延陀，是忘先可汗，非孝也。事脱不胜，死无恨。"酋长皆曰："我新得西方，须留抚定。今直弃之，远击延陀，延陀未擒，叶护子孙将复吾国。"社尔不从，选骑五万，讨延陀碛北，连兵十旬，士苦其久，稍溃去。延陀纵击，大败之，乃走保高昌，众才万人，又与西突厥不平，由是率众内属。[②]

（三）社尔内属　诏尚衡阳

贞观九年（635），阿史那社尔讨薛延陀失败，无路可走，率众内属归附唐朝。到长安见天子。因社尔已经自称可汗，与其他几位归唐突厥首领地位不同，唐太宗开始就特殊对待，类似授予颉利可汗右卫大将军一样，授予阿史那社尔为左骁卫大将军，而且安置其突厥部落，住在灵州（今宁夏吴忠市）境内。唐太宗还颁诏，让阿史那社尔娶衡阳长公主为妻，拜为驸马都尉，成为蕃汉联姻大唐第四位"上门女婿"。唐太宗安排他本人担

---

① 《新唐书·阿史那社尔传》，卷一百一十，列传第三十五，中华书局，1975年，第4114页。
② 《新唐书·阿史那社尔传》，卷一百一十，列传第三十五，中华书局，1975年，第4115页。

任"典卫屯兵",保卫皇城。阿史那社尔与衡阳公主定居长安城。《旧唐书·阿史那社尔传》记载：

> 贞观，九年，率众内属，拜左骑卫大将军。岁余，令尚衡阳长公主，授驸马都尉，典屯兵于苑内。[①]

衡阳大长公主是唐高祖第十四女，《新唐书·诸帝公主》记载，衡阳公主下嫁阿史那社尔，因为是唐高祖之女，是唐太宗之妹，按礼制，皇帝姐妹为长公主。因此，《新唐书·阿史那社尔传》记载，唐太宗让阿史那社尔娶衡阳公主，为"尚衡阳长公主"：

> 十年入朝，授左骁卫大将军，处其部于灵州。诏尚衡阳长公主，为驸马都尉，典卫屯兵。[②]

（四）多次参战　累立战功

大唐驸马都尉衡阳公主之夫阿史那社尔，是著名归唐蕃将，曾经参加多次重大战争，多次立功。贞观十四年（640），他作为嘉禾道行军总管，参加平高昌之战。阿史那社尔秋毫无犯，受到唐太宗嘉奖，由普通的掌守卫皇宫居宅事的典卫，升任掌管戍守玄武门的左右屯营之兵的检校北门左屯营，封毕国公。贞观十九年（645），他又随唐太宗征高丽，"中流矢，摭去复战，所部奋厉"，提升兼鸿胪卿。贞观二十一年（647），又以昆丘道行军大总管参加五将讨龟兹的战争。擒其王，下五大城，降七十余城，郭孝恪以金玉给社尔，社尔不要。唐太宗评阿史那社尔战功为"优"。《新

---

① 《旧唐书·阿史那社尔传》，卷一百九，列传第五十九，中华书局，1975年，第3289页。
② 《新唐书·阿史那社尔传》，卷一百一十，列传第三十五，中华书局，1975年，第4115页。

唐书·阿史那社尔传》记载：

十四年（640），以交河道行军总管平高昌，将咸受赏，社尔以未奉诏，秋毫不敢取，见别诏，然后受，又所取皆老弱陈弊。太宗美其廉，赐高昌宝钿刀、杂彩千段，诏检校北门左屯营，封毕国公。从征辽东，中流矢，拔去复战，所部奋厉，皆有功。还，擢兼鸿胪卿。

二十一年（647），阿史那社尔以昆丘道行军大总管与契尔何力、郭孝恪、杨弘礼、李海岸等五将军发铁勒十三部及突厥骑十万讨龟兹。师次西突厥，击处蜜、处月，败之。入自焉耆西，兵出不意，龟兹震恐。进屯碛石，伊州刺史韩威以千骑先进，右骁卫将军曹继叔次之。至多褐城，其王率众五万拒战。威阳却，王悉兵逐北，威与继叔合，殊死战，大破之。社尔因拔都城，王轻骑遁。社尔留孝恪守，自率精骑追蹑，行六百里。王据大拨换城，婴险自固。社尔攻凡四十日，入之，擒其王，并下五大城。遣左卫郎将权祗甫徇诸酋长，示祸福，降者七十余城，宣谕威信，莫不欢服。刻石纪功而还。因说于阗王入朝，王献马畜三百饷军，西突厥、焉耆、安国皆争犒师。孝恪之在军，床帷器用多饰金玉，以遗社尔，社尔不受。帝闻，曰："二将优劣，不复问人矣。"[1]

《旧唐书·阿史那社尔传》详细记载龟兹之战中阿史那社尔的战功：

二十一年（647），为昆丘道行军大总管，征龟兹。明年，军次西突厥，击处密，大破之，余众悉降。又下龟兹大拨换城，虏龟兹王白诃黎布失毕及大臣那利等百余人而还。属太宗崩，请以身殉葬，高

---

[1]《新唐书·阿史那社尔传》，卷一百一十，列传第三十五，中华书局，1975年，第4115~4116页。

宗遣使喻以先旨，不许。迁右卫大将军。永徽四年，加位镇军大将军。[①]

贞观二十三年（649），唐太宗驾崩，阿史那社尔要求为唐太宗陪葬，唐高宗不许，特别升任阿史那社尔为右卫大将军。永徽六年（655），阿史那社尔去世。唐高宗赠其为辅国大将军、并州都督，陪葬昭陵。并且专门将阿史那社尔的坟墓修建像葱山，以表彰阿史那社尔在平龟兹中的战功。葱山，就是今葱岭，帕米尔高原。衡阳公主与驸马阿史那社尔合葬昭陵。《新唐书·阿史那社尔传》记载：

> 帝崩，请以身殉，卫陵寝，高宗不许。迁右卫大将军。永徽六年卒，赠辅国大将军、并州都督，陪葬昭陵，治冢象葱山，谥曰元。[②]

《旧唐书·阿史那社尔传》记载：

> 六年卒，赠辅国大将军、并州都督，陪葬昭陵。起冢以像葱山，仍为立碑，谥曰元。子道真，位至左屯卫大将军。[③]

大唐衡阳公主，成为唐太宗朝第四位蕃汉联姻女。他们夫妻蕃汉联姻，一生奉献大唐，促进民族团结，事迹突出，在中华民族交往交流交融中具有突出的贡献。

---

① 《旧唐书·阿史那社尔传》，卷一百九，列传第五十九，中华书局，1975 年，第 3289 页。

② 《新唐书·阿史那社尔传》，卷一百一十，列传第三十五，中华书局，1975 年，第 4116 页。

③ 《旧唐书·阿史那社尔传》，卷一百九，列传第五十九，中华书局，1975 年，第 3290 页。

第二十五章　嫁执失思力的九江公主（648）

（一）兵临渭水　入朝为觇

执失思力是突厥一酋长。武德九年（626）六月初四，唐太宗发动玄武门政变。不久，突厥颉利可汗亲率十余万大军进攻武功（今陕西武功县），大唐京师长安随即戒严。突厥入侵高陵。泾阳大战，行军总管尉迟敬德大破突厥，斩首级1000多级。派时为颉利心腹的执失思力"入朝为觇，自张形势"，说什么"二可汗总兵百万，今已至矣"以威胁唐太宗。唐太宗将执失思力扣留于门下省，成为人质。《通典》记载：

> 武德，九年七月，颉利又率十余万骑进寇武功，京师戒严。己卯，进寇高陵，行军总管、左武候大将军尉迟敬德与之战于泾阳，大破之，获俟斤阿史德乌没啜，斩首千余级。癸未，颉利遣其腹心执失思力来朝，自张形势，云"兵百万今至矣"。太宗诮之曰："我与突厥面自和亲，汝则背之，我实无愧。又义军入京之初，尔父子并亲从我，赐尔玉帛，前后极多，何故全忘大恩，自夸强盛，我当先戮尔矣。"思力惧而请命，太宗絷之于门下省。[①]

（二）唐灭突厥　思力归唐

贞观四年（630），唐太宗派大唐战神李靖统帅唐朝大军灭突厥。突厥青年阿史那忠擒获颉利可汗，至长安献于唐太宗。其间，颉利可汗再一次派心腹首领执失思力"入朝谢罪，请举国内附"。《旧唐书·突厥传》记载：

---

① 《通典》，卷一百九十七，边防十三，中华书局，1988年，第5409~5410页。

贞观四年，二月，颉利计窘，窜于铁山，兵尚数万，使执失思力入朝谢罪，请举国内附。太宗遣鸿胪卿唐俭、将军安修仁持节安抚之，颉利稍自安。靖乘间袭击，大破之，遂灭其国。颉利乘千里马，独骑奔于从侄沙钵罗部落。[①]

贞观四年（630）二月，李靖大败突厥，颉利可汗派执失思力入朝谢罪，表示内附。于是，执失思力归唐，并护送萧后入朝归唐，被唐太宗授予左领军将军。执失思力归唐，立即为大唐立功。唐太宗派执失思力劝降浑、斛萨部落效忠大唐，唐太宗与执失思力"稍亲近"。有一个特别突出的事例，就是唐太宗追兔子，执失思力劝谏，唐太宗追鹿，执失思力再次跪地劝谏。唐太宗感动，对其信任，也表现执失思力对大唐、对唐太宗一片忠心。《新唐书·执失思力传》记载：

执失思力，突厥酋长也。贞观中，护送隋萧后入朝，授左领军将军。会颉利败，太宗令思力谕降浑、斛萨部落，稍亲近。帝逐兔苑中，思力谏曰："陛下为四海父母，乃自轻，臣窃殆之。"帝异其言。后复逐鹿，思力脱巾带固谏，帝为止。[②]

（三）效忠大唐　累立战功

执失思力归唐后，忠心事唐，唐太宗多次派执失思力出战，累立战功，先后参与对吐谷浑之战、对吐蕃松州之战、征高昌之战。贞观九年（635），执失思力随李靖参与平吐谷浑之战。《资治通鉴》记载：

---

①《旧唐书·突厥传》，卷一百九十四，列传第一百四十四，中华书局，1975年，第5159页。

②《新唐书·执失思力传》，卷一百一十，列传第三十五，中华书局，1975年，第4116页。

贞观九年（635），将军执失思力，败吐谷浑于居茹川。李靖督诸军，经碛石山河源，至且末，穷其西境。[①]

贞观十二年（638），执失思力参与击败吐蕃之战。

贞观十二年，吐蕃遣使贡金帛，云来迎公主。又谓其属曰："若大国不嫁公主与我，即当入寇。"遂进攻松州，都督韩威轻骑觇贼，反为所败，边人大扰。太宗遣吏部尚书侯君集为当弥道行营大总管，右领军大将军执失思力为白兰道行军总管，左武卫将军牛进达为阔水道行军总管，右领军将军刘兰为洮河道行军总管，率步骑五万以击之。

贞观十三年（639），执失思力参与谋取平高昌，十四年（640）唐灭高昌。《资治通鉴》记载：

贞观十三年（639），三月，薛延陀可汗遣使上言："奴受恩思报，请发所部为军导以击高昌。"上遣民部尚书唐俭、右领军大将军执失思力，赍缯帛赐薛延陀，与谋进取。[②]

贞观十九年（645），唐太宗征辽东，派执失思力参加击败薛延陀于夏州，追600里，耀兵碛北而归。《新唐书·执失思力传》记载：

及讨辽东，诏思力屯金山道，领突厥捍薛延陀。延陀兵十万寇河南，思力示羸，不与确，贼深入至夏州，乃整阵击败之，追蹑六百里。会毗伽可汗死，耀兵碛北而归。[③]

---

①《资治通鉴》，卷第一百九十四，唐纪十，中华书局，1956年，6112页。
②《资治通鉴》，卷第一百九十五，唐纪十一，中华书局，1956年，第6146~6147页。
③《新唐书·执失思力传》，卷一百一十，列传第三十五，中华书局，1975年，第4116~4117页。

（四）尚唐公主　蕃汉联姻

贞观二十二年（648）八月二十三日，唐太宗派执失思力从金山道出发，参与最后消灭薛延陀余众的战争。《资治通鉴》记载：

> 贞观二十二年（648），八月，辛未（二十三日），遣左领军大将军执失思力出金山道击薛延陀余寇。[①]

凯旋的执失思力迎来人生最大的喜事：唐太宗赐婚九江公主给著名的突厥蕃将执失思力，这是唐太宗朝第五对也是最后一对蕃汉联姻，执失思力是唐太宗朝第五位也是最后一位"上门女婿"。《新唐书·诸帝公主》记载：

> 高祖十九女，（第八女）九江公主，下嫁执失思力。[②]

突厥族归唐蕃将执失思力究竟何时尚九江公主？唐史文献没有明确年代记载。著名中国和亲史专家崔明德教授指出："九江公主是唐高祖李渊的第八女，约在贞观二十二年（648）嫁给突厥执失思力。"而《唐代和亲研究》一书作者范香立也指出："在其后征辽东，及与薛延陀、吐谷浑的战斗中，思力累立战功。贞观末期，太宗以皇妹九江公主妻之，并拜为驸马都尉。"《新唐书·执失思力传》记载：

> 及讨辽东，诏思力屯金山道，领突厥捍薛延陀。延陀兵十万寇河南，思力示羸，不与确，贼深入至夏州，乃整阵击败之，追蹑六百里。会毗伽可汗死，耀兵碛北而归。复从江夏王道宗破延陀余众。与平吐

① 《资治通鉴》，卷第一百九十九，唐纪十五，中华书局，1956 年，第 6261 页。
② 《新唐书·诸帝公主》，卷八十三，列传第八，中华书局，1975 年，第 3644 页。

谷浑。诏尚九江公主，拜驸马都尉，封安国公①。

从《新唐书》的记载看，诏尚九江公主，拜驸马都尉，封安国公，是在贞观十九年征高丽和贞观二十年征薛延陀之后，唐高宗永徽年坐房遗爱案之前。因此，崔明德教授定在"约在贞观二十二年，嫁给执失思力"和范香立"贞观末期"，应该都是正确的。

（五）房遗爱案　流放巂州

唐太宗去世后，唐高宗即位，永徽初，发生了"房遗爱案"。唐高宗派长孙无忌主审，因为此案是"谋反"案，结果，高阳公主、房遗爱、薛万彻、柴令武、李元景、巴陵公主、李恪等被杀或赐死。文杰、李道宗等流放岭南。执失思力也牵扯进来，但唐高宗念其战功多，没有诛杀，流放巂州（今四川西昌市）。

当执失思力遇难之时，九江公主主动要求废除她的封邑，自己与突厥族蕃将丈夫执失思力一同流放。一方面，说明执失思力和九江公主感情至深；另一方面，更表现了九江公主患难夫妻能够共患难见真情的高尚品德。唐高宗龙朔中，执失思力得以平反，被任命为归州刺史。麟德元年，恢复九江公主封邑。《新唐书·执失思力传》记载：

> 坐交房遗爱，高宗以其战多，赦不诛，流巂州。主请削封邑偕往。主前卒。龙朔中（662），以思力为归州刺史，卒。麟德元年（664），复公主封邑，赠思力胜州都督，谥曰景。②

贞观二十二年（648），九江公主作为唐高祖第八女，唐太宗赐婚归

---

①《新唐书·执失思力传》，卷一百一十，列传第三十五，中华书局，1975年，第4116页。
②《新唐书·执失思力传》，卷一百一十，列传第三十五，中华书局，1975年，第4117页。

唐蕃将执失思力。九江公主是唐太宗贞观年间最后一位下嫁归唐蕃将的联姻女。执失思力是唐太宗朝最后一位蕃汉联姻的归唐蕃将，是唐太宗朝第五位也是唐太宗朝蕃汉联姻最后一位"上门女婿"。

特别是在唐高宗永徽初的"房遗爱案"，执失思力牵扯该案作为谋反大案，一般都是死罪，而且该案也确实处死、赐死文武大臣、皇亲国戚8人之多，唐高宗对执失思力格外开恩，免于死罪处以流刑，流放嶲州（今四川省西昌市）。

九江公主自动要求消去封邑，陪同丈夫执失思力一起流放四川，作为一位深宫里的皇家公主，十分难能可贵，这是一种无比圣洁的恩爱夫妻共患难的高尚品德，应该肯定，值得后人赞颂！

第二部分　嫁蕃王之子的 9 位唐蕃联姻女

第二十六章　嫁苏度摸末的金城县主（652）

唐朝由唐太宗正式开创和亲，唐太宗亲自册封弘化公主、文成公主出降蕃王，开唐朝皇帝出降公主和亲的开端，极大地促进了民族团结。

除了 16 位和亲公主以及其他下嫁归唐蕃将的 5 位蕃汉联姻女之外，唐朝历代皇帝还把许多唐朝女嫁给周边番邦的蕃王之子，实行蕃汉联姻，先后出降嫁给蕃王之子的联姻女多达 9 位。第一位是唐高宗应弘化公主，封宗室女为金城县主，赐婚给吐谷浑王诺曷钵与弘化公主之长子慕容忠。慕容忠是唐朝下嫁宗室女给蕃王之子联姻的第一位"上门女婿"。

（一）公主回朝　高宗赐婚

永徽三年(652)，唐高宗即位第三年，弘化公主便向唐高宗"表请入朝"，请求回朝省亲，唐高宗立即破例恩准，并专门派出一位将军——左骁卫将军鲜于济，前往吐谷浑迎接弘化公主和吐谷浑王诺曷钵。《册府元龟》记载为"吐谷浑弘化长公主"，因为弘化公主比唐高宗年长 6 岁，按礼制，皇姐妹封为长公主，弘化公主作为墓志所记"太宗文武圣武皇帝之女"，名义上就是唐太宗之女，就是唐高宗族姐，所以称她为"弘化长公主"。

弘化公主这次与吐谷浑王诺曷钵回朝省亲，是唐朝 16 位公主中唯一的一次经皇帝恩准风光回朝省亲。其间，弘化公主为他们的儿子请婚，唐高宗以金城县主赐婚给弘化公主长子慕容忠。《册府元龟》记载：

唐高宗永徽三年（652）八月，吐谷浑弘化长公主，表请入朝。遣左骁卫将军鲜于济往迎之。

十一月，弘化长公主来朝。[①]

《新唐书》详细记载了弘化公主和吐谷浑王诺曷钵入朝省亲，为长子请婚，唐高宗赐婚其长子金城县主的经过。不过，"久之，摸末死"一句错了，因为弘化公主和长子慕容忠"圣历元年（698）五月三日"同日去世，弘化公主不可能在长子死后，母亲再为次子请婚：

高宗立，以主（弘化公主）故，拜（诺曷钵）驸马都尉。又献名马，帝问马种性，使者曰："国之最良者。"帝曰："良马人所爱。"诏还其马。公主表请入朝，遣左骁卫将军鲜于匡济迎之。（永徽三年，652年）十一月，及诺曷钵至京师，帝又以宗室女金城县主妻其长子苏度摸末，拜左领军卫大将军。久之，摸末死，主与次子右武卫大将军梁汉王闼卢摸末来请婚，帝以宗室女金明县主妻之。[②]

（二）夫妻墓志　双双发现

考古工作者先后发现了吐谷浑王墓志忠和王后金城县主的墓志铭，为研究墓志忠和金城县主蕃汉联姻提供了确凿可靠的历史资料依据。

1927年，出土于甘肃省武威县南60里青嘴喇嘛湾。原存于武威市文庙。吐谷浑王安乐州刺史慕容忠墓志清楚记载："父，诺遏钵，青海国王、驸马都尉、乌地也拔勤豆可汗；并军国爪牙，乾坤柱石，忠勤克著，异姓封王，宠渥弥隆，和亲尚主。"说明父亲是吐谷浑王诺曷钵，母亲是弘化公主。

---

① 《册府元龟·外臣部·和亲》，卷九百七十九，中华书局影印本，1960年，第11498页。
② 《新唐书·吐谷浑传》，卷二百二十一，列传第一百四十六，中华书局，1975年，第6227页。

童年入侍，官至镇军大将军、行左豹韬卫大将军。墓志结合文献记载，慕容忠在父亲死后，继任袭青海国王、乌地也拔勤豆可汗，出任安乐州都督。

慕容忠墓志，全称《周故镇军大将军行左豹韬卫大将军青海国王乌地也拔勤豆可汗墓志铭并序》：

周故镇军大将军　行左豹韬卫大将军　青海国王
乌地也拔勤豆可汗墓志铭并序

王讳忠，阴山人也。自云雷降霆，开大国之王基；日月成文，握中原之帝业。天启闉马，率众西迁；地据伏龙，称孤南面。祖，特丽度许符别可汗。父，诺遏钵，青海国王、驸马都尉、乌地也拔勤豆可汗；并军国爪牙，乾坤柱石，忠勤克著，异姓封王，宠渥弥隆，和亲尚主。

王丕承显烈，特禀英奇。至若兰台芸阁之微言，丘山泉海；豹略龙韬之秘策，长短纵横。莫不披卷而究五车，运筹而决千里。逸才天假，休德日新。接物尽君子之心，事亲备文王之道。年十八，授左威卫将军。戚承银膀，弱岁求郎，宠溢金貂，童年入侍。后加镇军大将军、行左豹韬卫大将军，袭青海国王、乌地也拔勤豆可汗。象贤开国，策固誓河，拜将登坛，任隆分阃。坐金方而作镇，出玉塞而临军；朝廷无西顾之忧，猃狁罢南郊之祭。将军有勇，期胜气于千年；壮士云亡，惜寒风之一去。粤圣历元年五月三日，薨于灵州城南浑牙之私第，春秋五十有一。

栋梁折矣，远近凄然。以月十八日归葬于凉州城南之山岗，礼也。孤子等痛昊天之莫诉，恐离岸之行迁；冀披文而颂德，刊翠石于黄泉。其铭曰：

寿丘茂绪，黎邑雄藩。龙兴北盛，马阘西奔。代传龟纽，邸降鱼轩。积庆隆矣，生贤在焉。其一。

自家形国，资孝为忠。爰辞柳塞，入卫兰宫。青海慕业，西隅毕通。玄郊坐镇，北漠恒空。其二。

夷夏经安，搢绅之望。树善无忒，辅仁何旷！营罢真军，日亡上将。义深悼往，恩隆洽葬。其三。

青乌克兆，輴驾言回。坟崇马鬣，地据垄堆。云愁垄树，月钓泉台。式刊翠琬，永播清埃。其四。[1]

金城县主墓志，开元六年（718）刻制。1944年（或1945）出土于甘肃省武威县南60里喇嘛湾第二号墓中。藏于南京博物馆。金城县主墓志与慕容忠墓志夫妻墓志双双出土，这对研究金城县主生平是第一手可靠的资料。

墓志记载金城县主是大唐亲王之女，父亲是交州大都督、会稽郡王道恩，金城县主是亲王之第三女，名李季英，出身大唐宗室女。

《大唐金城县主墓志铭》全文如下：

大唐金城县主墓志铭

县主讳季英，陇西人也。七代祖瀛州刺史，宣简公；六代祖唐宣皇帝；高祖唐先皇帝；曾祖定州刺史乞豆；祖，开化郡王文；父，交州大都督、会稽郡王道恩。

县主即王之第三女也。幼闻令淑，早敦诗礼。永徽中，有敕简宗女用适吐谷浑。天子见县主体德敦谨，仁孝有闻，诏曰："会稽郡王道恩第三女，可封金城县主，食邑四千户；出降吐谷浑国王慕容诺曷钵男成王忠为妻。"永徽三年四月出降。春秋廿有二。抚临浑国，五十余年，上副所寄，下安戎落。年七十有六，开元六年岁次壬午正月十七日薨于部落，至七年八月十七日合葬于凉州南阳晖谷北岗，礼

---

①周伟洲：《吐谷浑资料辑录》，商务印书馆，2017年，第54~65页。

也。恐山移海变，故勒芳铭。①

（三）墓志考证　金城县主

金城县主李季英墓志记载澄清了文献和学者的一些看法。

1. 册封许婚　出降成婚

金城县主墓志首先记载了金城县主册封、许婚和出降、成婚的年代。正如著名老一辈考古学家夏鼐先生考证，金城县主（643—718）在唐高宗永徽三年（652）四月赐婚给慕容忠（《新唐书》中为苏度摸末）。到22岁，也就是麟德元年（664），正式出降到吐谷浑，"抚临浑国"，下嫁到吐谷浑，与慕容忠成婚。

2. 金城县主　薨于部落

金城县主与慕容忠是夫妻，慕容忠家住灵州城南浑衙之私第，家在灵州，金城县主也应该家住灵州。为什么墓志记载金城县主"薨于部落"？笔者解读，答案就在墓志："抚临浑国，五十余年，上副所寄，下安戎落。"金城县主与慕容忠联姻，肩负着朝廷重要使命，上面肩负朝廷皇帝联姻所记、赋予的促进民族团结使命，下面有责任一生安抚吐谷浑部落。因此，金城县主"正月十七日，薨于部落"。只能证明，76岁高龄的金城县主，仍然不忘朝廷赋予的联姻安抚吐谷浑部落的使命，与居住安乐州的部落族人父老乡亲，一起欢度春节，不幸年事已高，在部落期间去世。据此，金城县主高龄76岁，与婆婆弘化公主同岁而终，也是唐朝和亲蕃汉联姻最长寿又最成功的蕃汉联姻女。

金城县主李季英（643—718）永徽三年（652）四月册许婚金城县主，麟德元年（664）22岁出降，与墓志忠成婚。蕃汉联姻54年，仅少于婆婆弘化公主和亲时间55年一年。咸亨三年（672），金城县主30岁，与婆婆弘化公主和公公吐谷浑王诺曷钵以及丈夫慕容忠，一起来到灵州（今宁

―――――――――――
①周伟洲：《吐谷浑资料辑录》，商务印书馆，2017年，第66页。

夏吴忠市），居住在灵州。金城县主经常下到安乐州，协助公公婆婆，进一步完成安抚吐谷浑部落的使命。

武则天垂拱四年(688),金城县主李季英的老公公吐谷浑王、青海国王、安乐州刺史诺曷钵在灵州去世。长子慕容忠继位为吐谷浑王、青海国王、安乐州都督，金城县主也成为王后。从此以后，金城县主进一步辅佐丈夫墓志忠，精心治理安置在安乐州的吐谷浑部落。

10年之后，武则天圣历元年（698），金城县主婆婆弘化公主、丈夫慕容忠同一天在灵州逝世。他们夫妇的儿子慕容宣超继位为安乐州都督。圣历三年（700），武则天派遣唐休璟正式册封慕容宣超为左豹韬卫大将军，乌地也拔勒豆可汗、青海王、安乐州都督，负责治理吐谷浑部落。

已经56岁高龄的金城县主，从此又继续辅佐儿子慕容宣超治理安乐州的吐谷浑部落。直到开元六年（718），76岁高龄的金城县主李季英仍然念念不忘吐谷浑部落，下到安乐州与部落共度新春佳节，刚刚与部落一起过完年，开元六年（718）正月十七日，金城县主李季英"薨于部落"，她是迄今发现唯一病逝于安抚吐谷浑部落中的大唐联姻女。金城县主出降吐谷浑，和亲54年，是弘化公主之后，蕃汉联姻时间最长的大唐女，她对促进唐朝和吐谷浑族的民族团结做出了巨大的贡献。

第二十七章　嫁闼卢摸末的金明县主（663 或之前）

唐朝下嫁吐谷浑王子的第二位蕃汉联姻女，也同样是唐高宗赐婚册封，叫金明县主。唐高宗给金明县主册封、赐婚，下嫁吐谷浑王诺曷钵和弘化公主的次子闼卢摸末。

（一）公主回朝　为子请婚

史书中只有《新唐书》详细记载了弘化公主回朝省亲，向唐高宗为子请婚，唐高宗先后册封金城县主和金明县主，赐婚给弘化公主和吐谷浑王诺曷钵的长子苏度摸末（慕容忠）和次子闼卢摸末的经过。但是，学者考证，《新唐书》记载的赐婚时间有误。《新唐书·吐谷浑传》记载：

> 高宗立，以主（弘化公主）故，拜（诺曷钵）驸马都尉。又献名马，帝问马种性，使者曰："国之最良者。"帝曰："良马人所爱。"诏还其马。公主表请入朝，遣左骁卫将军鲜于匡济迎之。（永徽三年，652 年）十一月，及诺曷钵至京师，帝又以宗室女金城县主妻其长子苏度摸末，拜左领军卫大将军。久之，摸末死，主与次子右武卫大将军梁汉王闼卢摸末来请婚，帝以宗室女金明县主妻之。[①]

这段记载中，"久之，摸末死，主与次子右武卫大将军梁汉王闼卢摸末来请婚，帝以宗室女金明县主妻之"。"摸末死"的摸末，指弘化公主长子苏度摸末，即慕容忠。

说长子慕容忠死后，弘化公主再为次子闼卢摸末请婚，出现一个矛盾问题，弘化公主与其长子慕容忠是"圣历元年（698）五月三日"同一

---

① 《新唐书·吐谷浑传》，卷二百二十一，列传第一百四十六，中华书局，1975 年，第 6227 页。

天去世的。慕容忠去世，母亲弘化公主也去世。既然，弘化公公主已经去世，她怎么能在摸末死后，再来给次子请婚？因此《新唐书》"久之，摸末死，主与次子右武卫大将军梁汉王闼卢摸末来请婚，帝以宗室女金明县主妻之"记载有误。

（二）金明县主　出嫁时间

那么，究竟弘化公主何时为次子请婚？金明县主何时与闼卢摸末成婚的呢？由于史书记载不确切，学者纷纷考证，特别是金明县主何时出嫁时间，学者观点不尽相同。

崔明德教授指出："我们认为，金明县主极有可能是在龙朔三年（663）被唐高宗许嫁给闼卢摸末的。因为，在龙朔三年（663）吐谷浑与吐蕃争斗激烈，而且吐谷浑明显处于劣势。在这种情况下，作为吐谷浑来说，急需得到唐朝的支持。[1]

范香立副教授考证："次子，然据《西平公主墓志》载，弘化公主与摸末于圣历元年五月同时去世，因此不可能出现母携子请婚之情况。但请婚一事发生在吐谷浑与吐蕃发生矛盾之时，至少应在龙朔三年（663）或稍前，因此疑为封建史家将"摸末死"误载此处，因为据《大周故青海王墓志铭》载，摸末死于圣历元年（698），弘化公主此时携子请婚，实乃寻求唐的支持，吐谷浑在与吐蕃的对抗当中处于不利地位，因此获得唐的帮助对吐谷浑甚为重要，而唐也想以和亲吐谷浑来牵制吐蕃，因此高宗允婚。"[2] 一方面说"请婚一事发生在吐谷浑与吐蕃发生矛盾之时，至少应在龙朔三年（663）或稍前，疑为封建史家将'摸末死'误载此处"，否定《新唐书》中"摸末死"的时间；另一方面又说："摸末死于圣历元年（698），弘化公主此时携子请婚，实乃寻求唐的支持。"又肯定"此时携子请婚，实乃寻求唐的支持"，须知"摸末死于圣历元年（698），弘化公主此时

①崔明德：《中国和亲通史》，人民出版社，2007年，第152页。
②范香立：《唐代和亲研究》，陕西人民出版社，2017年，第90页。

携子请婚"。据《弘化公主墓志》，圣历元年（698）正是弘化公主去世之年，怎么会有"弘化公主此时携子请婚"？范香立这段话自相矛盾。

濮存昕教授的论文《唐代吐谷浑慕容氏王室墓志研究述评》，综述了4位学者的观点："关于金明县主出嫁与闷卢摸末一事，《新唐书·吐谷浑传》记：'主与次子右武卫大将军梁汉王闷卢摸末来请婚，帝以宗室女金明县主妻之。'学界的争论点也在于出降的时间。邝平章先生在其《唐代公主和亲考》一文中认为金明县主应该是在永徽三年（652）后，龙朔三年（663）前出嫁的。夏鼐前揭文中认为金明县主是高宗朝许嫁的。靳翠萍根据墓志，认为金明县主乃是圣历元年（698）以后则天皇帝嫁给吐谷浑的一位宗室女。杜林渊则认为金明县主出适的时间为694—698年。"[①]

总之，《新唐书》的"摸末死"有误，因为摸末其母与弘化公主同日去世，不可能再为次子请婚。因此，夏鼐先生"认为金明县主是高宗朝许婚"。

---

①濮仲远：《唐代吐谷浑慕容氏王室墓志研究述评》，《青海民族大学学报》2013年第3期。

第二十八章　嫁吐谷浑王子慕容若的李深（689）

唐朝第三位嫁于蕃王之子的蕃汉联姻女，是出降吐谷浑元王慕容若的大唐宗室女陇西郡夫人李深（668—710）。元王慕容若是吐谷浑王诺曷钵与弘化公主之第四子。

（一）夫人李深　墓志出土

甘肃武威市出土了五代北宋著名学者徐铉"刻石"的《大唐陇西郡夫人李氏墓志铭》。武威市文史专家王其英主任介绍："该墓志，约于1958年5月出土于武威县南营乡（今属甘肃武威市凉州区新华镇）青嘴喇嘛湾；1962年，武威县文化馆工作人员党寿山、孔繁祯在南营乡普查文物时访得此碑，由县文化馆负责征集后保存在武威文庙，今存武威市博物馆。"《大唐陇西郡夫人李氏墓志铭》记载"夫人讳深"，也就是夫人的姓名是李深，她是少有的《墓志》记载姓名的唐代出嫁蕃王子的蕃汉联姻女。

《墓志》记载，陇西郡夫人李深，"幼称女范，兼修妇仪"，出降元王慕容若以后，能够"居贵能降，处尊劳谦"，唐睿宗景云元年（710）五月五日逝世，终年43岁。由此推算，陇西郡夫人李深当生于唐高宗总章元年（668），"年廿二出适元王慕容若"。据此推算，即于载初元年（689），正是诺曷钵去世的第二年，出降吐谷浑元王慕容若。

《大唐陇西郡夫人李氏墓志铭》如下：

大唐陇西郡夫人李氏墓志铭

夫人讳深，陇西成纪人也。祖，正明，任灵、原两州都督，永康郡开国公。父，志贞，朝议大夫，延州司马。

夫人幼称女范，兼修妇仪，年廿二出适元王慕容若。乃居贵能降，处尊劳谦，忽及崦嵫既夜，蒹葭凤秋。以景云元年五月五日奄从风烛，春秋卅有三。今乃吉晨，迁措坟茔，故勒斯铭，呜呼哀哉！

开元六年岁次戊午十二月庚申朔二十六日乙酉。[①]

（二）夫人李深　出身将门

李氏夫人本人出生大唐名门，其堂祖父是大唐战神李靖，亲祖父是大唐著名将领灵州都督、永康郡开国公李正明，其父李志贞是朝大夫、延州司马。

属于甘肃省武威市唐代吐谷浑王族墓葬群，入选 2021 年度全国十大考古新发现之一的《大唐陇西郡夫人李氏墓志铭》，记载了李深的身世。

陇西郡夫人李深的祖先是大唐名将。其堂祖父大唐战神李靖，据《旧唐书·李靖传》记载："李靖，本名药师，雍州三原人也。祖崇义，后魏殷州刺史、永康公。"[②] 陇西郡夫人李深的祖父是李正明，大唐灵州、原州都督，也是永康郡开国公。

李靖（571—649）之祖父李崇义为"永康公"，《李靖神道碑》也记载，李靖是"永康公"，而《大唐陇西郡夫人李氏墓志铭》记载，李深（668—710）之"祖，正明，任灵、原两州都督，永康郡开国公"。据此，李靖、李正明兄弟承袭祖父李崇义的永康公，为永康郡开国公。李正明为李靖之弟。

而且，李靖和李正明兄弟二人先后都担任过灵州都督。李靖武德九年（626）出任灵州大都督。《资治通鉴》记载，玄武门政变前夕，"世民犹豫未决，武德九年（626），问于灵州大都督李靖，请辞"[③]。而李正明于贞观中担任灵州都督。[④]

---

① 周伟洲：《吐谷浑资料辑录》，商务印书馆，2017 年，第 76 页。
② 《旧唐书·李靖传》，卷六十七，列传第十七，中华书局，1975 年，第 2475 页。
③ 《资治通鉴》，卷第一百九十一，唐纪七，中华书局，1956 年，第 6006~6007 页。
④ 郁贤皓：《唐刺史全编》，安徽大学出版社，2000 年，330 页。郁贤皓：《唐刺史考》，江苏古籍出版社，1987 年，第 293 页。

（三）专家学者　考证墓志

据《大唐陇西郡夫人李氏墓志铭》记载，陇西郡夫人李深生于唐高宗总章元年（668），22岁时于载初元年（689）出降吐谷浑元王慕容若。专家学者进行了多方面的考证。

甘肃武威市凉州文化研究院张国才院长撰文指出："李氏夫人丈夫元王慕容若，应是弘化公主的儿子，李深当为儿媳；慕容明与李深墓葬都与弘化公主在同一墓地青咀湾，应该有血缘关系，不然是不能葬在同一墓地的。"[①] 张院长的看法很有道理。

笔者据此提出，慕容若或为弘化公主第四子。对此，1992年著名吐谷浑史专家周伟洲教授认为："元王慕容若不见史籍载，可能为吐谷浑王族慕容氏之支庶。"[②] 但是，近期与笔者交流中，周教授却认为在目前没有史料记载的情况下，可以推测："如能封元王，必然为王族，当时于开元年间，与其他弘化公主子同时代等，但只是推测没有直接材料。"

李深墓葬埋在与弘化公主同墓地，丈夫封王——元王，李深为元王夫人，当属于吐谷浑王族，开元年间去世，与弘化公主之子同时代，由此证明，李深的丈夫元王慕容若与弘化公主应该是有血缘关系的。据此，元王慕容若应该是目前尚没有墓志直接确定的弘化公主的第四子。

李浩教授撰文指出："又，《弘化公主墓志》提及'第五子右鹰扬卫大将军'，《成月公主墓志》谓其为慕容钵（诺曷钵）第二女，则诺曷钵的子嗣至少应有五男二女，但目前史传及学者的研究仅提及他有三子，则新文献的出土和研究，仍有补史的功用。"[③]

靳翠萍考证了慕容若与《大唐陇西郡夫人李氏墓志铭》，指出慕容若

[①] 张国才：《唐代吐谷浑墓实证中华民族文化交融与历史自信》，《中国社科院学报》2022年11月。
[②] 周伟洲：《吐谷浑资料辑录》，商务印书馆，2017年，第76页。
[③] 李浩：《新见唐代吐谷浑公主墓志的初步整理研究》，《中华文史论丛》2018年第3期。

"其是否是慕容忠的兄弟呢？《西平墓志》记'（公主）第五子右鹰扬卫大将军宣王万'，知忠有一兄弟慕容万。就两兄弟的名字相比较看，似有相同之处，'忠'和'万'的汉名均为一单字。且封王也有相似之处，忠在袭封青海国王前封'成王'，其五弟万封'宣王'，俱为'一字王'。志文中的慕容若不仅单名'若'字，而且封'元王'，似乎与忠同辈，极有可能是忠的兄弟"①。

综合几位专家学者考证，笔者发现，据已经出土吐谷浑王族墓志铭，目前可以认定，弘化公主和吐谷浑王慕容诺曷钵有五子二女：长子慕容忠，次子闼卢摸末，三子慕容智，四子慕容若，五子慕容万，长女没有记载，第二女为成月公主。

弘化公主的第四子，是陇西郡夫人李深的丈夫元王慕容若，合理的证据如下。

第一，慕容若封王，《大唐陇西郡夫人李氏墓志铭》中"元王慕容若"，与慕容忠兄弟同为一字王。长子慕容忠是成王，三子慕容智是喜王，五子慕容万是宣王，慕容若是元王，都是一字王。

第二，弘化公主亲自为长子、次子请婚，与李唐联姻。而元王慕容若也与李唐联姻，《大唐陇西郡夫人李氏墓志铭》记载"夫人""出适元王慕容若"。

第三，张国才院长指出，弘化公主"慕容明与李深墓葬都与弘化公主在同一墓地青咀湾"。

据此，虽然目前没有史料记载依据，但是，有理由推测，陇西郡夫人李深的丈夫慕容若，是弘化公主之第四子。因为，《新唐书》记载了长子是苏度摸末即慕容忠，次子是闼卢摸末，《慕容智墓志》记载慕容智是诺曷钵第三子，《弘化公主墓志》又记载五子是慕容万，则慕容若应为诺曷钵和弘化公主的第四子。如此，则弘化公主的五子就全了。

①靳翠萍：《唐与吐谷浑和亲关系始末考》，《敦煌学辑刊》1999 年第 1 期。

最后，还有一个问题，《弘化公主墓志》记载有一句话："嗣第五子右鹰扬卫大将军宣王万等，痛深栾棘。"嗣，是后代、继承人的意思，痛深栾棘，是非常悲痛的意思。证明，武周圣历元年（698）五月三日，弘化公主去世时，为弘化公主送葬悲痛的后代子女，就剩下五子慕容万，或还有长女，两个人了。那么，长子慕容忠、次子闼卢摸末、三子慕容智、四子慕容若，和第二女成月公主，都应该已经去世了。因此，《弘化公主墓志》中五个儿子，只记"嗣第五子右鹰扬卫大将军宣王（慕容）万等"一人之名。

（四）弘化公主　红白盛事

《旧唐书·吐谷浑传》记载：

> 垂拱四年（688），诺曷钵卒，子忠嗣。[1]

而《大唐陇西郡夫人李氏墓志铭》记载"年廿二出适元王慕容若"，"以景云元年（710）五月五日奄从风烛，春秋卌有三"。据此，陇西郡夫人李深，生于总章元年（668），载初元年（689）22岁时出降吐谷浑元王慕容若。

咸亨三年（672），吐谷浑王诺曷钵受命安乐州刺史，任16年，治理迁徙到灵州之南的安乐州的吐谷浑部落，送子入侍宿卫，给儿子与唐朝联姻，促进唐朝和吐谷浑民族友好进一步加深，贡献巨大。

垂拱四年（688），弘化公主在古灵州今吴忠市经历了丈夫、享年68岁的吐谷浑王青海国王安乐州第一任刺史诺曷钵的不幸去世。弘化公主突然失去自己相濡以沫45年的丈夫，一下子就陷入无限的悲痛之中。

此时，弘化公主先后迎接丧喜和红喜两件大事。这是吐谷浑王族"徙

---

①《旧唐书·吐谷浑传》，卷一百九十八，列传第一百四十八，中华书局，1975年，第5300~5301页。

灵州（今宁夏吴忠市）"后特别重要的两件大事。

先是垂拱四年（688），弘化公主在古灵州今吴忠市经历了与自己相濡以沫45年的丈夫，吐谷浑王青海国王安乐州第一任刺史诺曷钵的不幸去世。

然而，刚刚过一年，载初元年（689），弘化公主在灵州今吴忠市，又迎来了吐谷浑慕容王族又一件大喜事：弘化公主的第四子慕容若娶陇西郡夫人李深为妻，弘化公主喜出望外，在灵州城忙前忙后，张罗喜事，她也迎来了继金城县主、金明县主和慕容智妻三个儿媳妇之后的第四个儿媳妇陇西郡夫人李深。

第二十九章　嫁慕容宣超的姑臧县主（690 前）

　　唐朝嫁于吐谷浑王子慕容宣超的第四位蕃汉联姻女，是姑臧县主。但是，关于姑臧县主及其丈夫慕容宣超夫妇的事迹，史书几乎没有记载。所幸，已经先后出土了吐谷浑王族墓志多方，从侧面可以探讨姑臧县主和慕容宣超的历史事迹。

　　（一）慕容曦皓　墓志记载

　　《慕容曦皓墓志》记载，慕容曦皓（708—？），是弘化公主和诺曷钵的曾孙，祖父为慕容忠，祖母应该是金城县主。慕容曦皓应该是慕容宣超和姑臧县主的次子，"烈考宣超"证明，姑臧县主下嫁给了慕容宣超。则姑臧县主为弘化公主的曾孙媳妇，慕容忠和金城县主的儿媳妇。墓志记载"烈考宣超，世袭可汗，为□（青）海国王"，同时，应该也继承安乐州刺史，证明姑臧县主的丈夫慕容宣超是墓志忠的长子，慕容忠世后，世袭继承可汗和青海国王之位，以及安乐州都督之位：

　　　　公炜曦皓……公即□（弘）化公主曾孙，姑臧县主次子。曾祖□（诺曷钵），大父忠，烈考宣超，世袭可汗，为□（青）海国王，咸以忠顺显名先朝。……制授押蕃浑使，转足前蹈，戎亭罢警。朝廷诏禄报功，超拜尚衣奉御。无何，匈奴远离巢窟，至于太原。公前逞胜图，剪除此患。由是北门寝局，玉关静析，累转左武卫大将军、大同军使。……嗣子崇、信、岗、述、近、迥、遨、遂等……以宝应元年九月十二日，疾终于任，春秋五十五。[1]

　　《慕容曦皓墓志》明确记载慕容曦皓是"姑臧县主次子"。墓志记载"宝

---

①周伟洲：《吐谷浑资料辑录》，商务印书馆，2017 年，第 74 页。

应元年（762）"去世，享年55岁，则慕容曦皓生于景龙二年（708），而其父慕容宣超和母姑臧县主出生年代无从考证。《百度文库》网上见到《吐谷浑君王列传》一文，称"慕容宣赵（673—714）"是"慕容忠长子"。如果此说有据，则慕容宣超是吐谷浑王族于咸亨三年（672）"徙灵州"后，第二年，673年在灵州城今宁夏吴忠市所生的吐谷浑王族的第一位王子，是慕容忠与金城县主之子、弘化公主与吐谷浑王诺曷钵之孙。

慕容宣超和姑臧县主竟然有8个孙子，孙瑜撰文也称："根据《慕容曦皓墓志》可列其五代世系：曾祖诺曷钵—大父慕容忠—考慕容宣超—慕容曦皓—子崇、信、岗、述、近、迥、邀、遂。"

《旧唐书》记载慕容宣超作"慕容宣赵"。慕容忠死后，子宣赵即慕容宣超嗣，古代实行长子继承制，说明慕容宣超是慕容忠的长子。但是，"宣赵卒，子曦皓嗣"就有问题了，因为慕容曦皓是慕容宣超和"姑臧县主次子"，嫡长子继承制，次子不能继位。则《旧唐书·吐谷浑传》记载有误：

> 垂拱四年（688）诺曷钵卒，子忠嗣，忠卒，子宣赵嗣。圣历三年（700）授宣赵左豹韬卫员大将军，仍袭父乌地也拔勒豆可汗。宣赵卒，子曦皓嗣，曦皓卒，子兆嗣。[1]

（二）慕容曦光　墓志记载

《慕容曦光墓志》全称是《大唐故朔方军节度副使兼知部落使、金紫光禄大夫、行光禄卿员外置同正员、五原郡开国公、燕王、上柱国慕容曦光墓志铭》。慕容曦光（690—738）墓志开头记载：

> 王讳曦光，字晟，昌黎鲜卑人也。粤以周载初元年（689）岁次

---

① 《旧唐书·吐谷浑传》，卷一百九十八，列传一百四十八，中华书局，1975年，第5300~5301页。

戊寅七月八日，生于灵州之南衙，年甫三岁，以本蕃嫡孙，号观乐王。年十岁，以本蕃嫡子，封燕王。[1]

这段记载说明：慕容曦光"生于灵州之南衙"，证明慕容曦光及生于他的父母慕容宣超和金姑臧县主的家，都居住在灵州城。

慕容曦光是"本蕃嫡孙，号观乐王"，"本蕃嫡子，封燕王子"，证明慕容曦光是慕容宣超之长子、慕容忠之长孙，还是弘化公主中长曾孙。孙子辈封三字王，号观乐王；儿子辈封一字王，封燕王。

开元二年（714）三月十六日，封五原郡开国公；其年八月十一日，加云麾将军。去开（元）九年（721）六州叛，复领所部兵马，摧破凶胡。至其年二月十四日，加授左威卫翊府中郎将。至开（元）十年，胡贼再叛，立功授左威卫将军，以功高赏轻，寻加冠军大将军、行左金吾卫将军。至开元十一年五月廿八日，加金紫光禄大夫、行光禄卿。至开元十八年（730），敕差充朔方军节度副使。[2]

（三）武氏墓志　县主儿媳

《大唐故武氏墓志铭》记载武氏为武则天的侄孙女，父亲是魏王卫尉卿武延寿。

墓志还记载，武氏是朔方军节度副使、燕王慕容曦光之妻。墓志又记载武氏和慕容曦光子是沁州安乐府果毅都慕容兆。从而纠正了两唐书的把慕容兆称为慕容曦皓子的误记。慕容曦光是慕容宣赵和姑臧县主之长子，则"燕王慕容公"即慕容曦光之妻、武延寿之女武氏，当为姑臧县主的儿媳妇。

唐朔方军节度副使、金紫光禄大夫、行光禄卿、上柱国、五原公、燕王慕容公故妻、太原郡夫人武氏墓志铭并序

夫人太原人也，则天大圣皇后之侄孙女。耸极天孙，分辉若木，峻岳疏趾，长源演流。祖承嗣，周朝中书令、魏王；父延寿，皇朝卫尉卿。

嗣子右金吾卫、沁州安乐府果毅都尉兆。[①]

（四）曦光曦皓　长子次子

关于慕容曦光和慕容曦皓的关系，学界有长时期的讨论。最后，李鸿宾教授撰文提出自己的观点，笔者认同他的考证和得出的观点。李鸿宾指出："另有一个不能回避的问题则是墓志主人慕容曦光与文献记载中的慕容曦皓的关系。按夏鼐早年的研究，二者应当是兄弟关系。""与之相对，周伟洲、黎大祥等认为二者实为一人。20世纪90年代，西安又出土了慕容曦皓的墓志，证实了夏鼐推测的二者兄弟关系，对此，靳翠萍《唐吐谷浑和亲关系始末考》、杜林渊《从出土墓志谈唐与吐谷浑的和亲关系》、孙瑜《唐慕容曦皓墓志考释》等文做了比较详细的考订。"[②]

李鸿宾关于慕容曦光和慕容曦皓的关系的考证是："正如孙瑜文章辨析的那样，慕容兆是慕容曦光之子，曦光是慕容宣超之嫡长子，慕容曦皓则是次子（如同曦皓墓志铭所说"姑臧县主次子"，曦皓之父即宣超），文献记述吐谷浑王族继承的嫡长子世系将慕容曦光与曦皓弄混了。我认为这个推测是比较合理的，故此文采纳这种观点。"

笔者认同李鸿宾教授的观点，两唐书所记"宣赵（宣超）卒，子曦皓嗣，曦皓卒，子兆嗣"应该纠正为："宣赵（宣超）卒，子曦光嗣，曦光卒，弟曦轮嗣，曦轮贬官，曦光子兆嗣。"

---

①周伟洲：《吐谷浑资料辑录》，商务印书馆，2017年，第75~76页。
②李鸿宾：《慕容曦光夫妇墓志铭反映的若干问题》，《唐史论丛》2012年第1期。

第三十章　嫁慕容宣彻的博陵崔氏（696 前）

（一）博陵崔氏　史料全无

唐朝嫁吐谷浑王子慕容宣超第五位蕃汉联姻女，是一位世家大族女嫁于吐谷浑王子慕容宣彻的崔氏。

关于崔氏，唐史文献史料记载，应该是全无。今据已出土吐谷浑王族墓志，及有的学者考证，加以大概的介绍和论述。中国社科院中国古代史研究所陈丽萍研究员撰文指出，慕容忠"子宣彻妻崔氏辅国王慕容宣彻，圣历初拜左领军卫大将军，景龙三年（709）四月十一日迁葬凉州神鸟县界；妻博陵郡太夫人崔氏，子威"[①]。

（二）慕容威志　记载母亲

而宁夏吴忠市同心县下马关镇赵家庙村出土的《慕容神威墓志》，则详细记载了慕容威祖孙四代祖先的家世情况：曾祖父诺曷钵，尚弘化公主；祖父慕容忠，娶金城县主；父亲慕容宣彻，夫人即慕容神威的母亲，是博陵崔氏，是吐谷浑辅国王领军卫大将军慕容宣彻的夫人。博陵崔氏是一个汉代至隋唐的著名世代大家族。博陵崔氏仅唐代的宰相就出过 16 人：

> 唯贤曾祖钵，尚太宗文武圣皇帝女弘化公主，拜驸马都尉，封河源郡王，食邑三千户，寻进封青海国王，食邑一万户，特赐实封三百户，赠洮国□王，食邑二万户。姻连戚里，宠锡桐珪，燕□翼于子孙，衣冠盛于门阀。

> 祖忠，特袭封青海国王，拜右武卫大将军，封成王，降金城县主，即陇西郡王之长女也。承家赫奕，继业曾高，时秀有闻，国华诞宝。

> 父宣彻，封辅国王，圣历初拜左领军卫大将军思，国赞社稷，翌

---

①陈丽萍：《中古吐谷浑王族婚姻略考》，《隋唐辽宋金元史论丛》2020 年第 10 辑。

戴圣明，着定业之功，当建侯之会。夫人博陵崔氏，特承恩制，封博陵郡太夫人。家传典则，天赐荣号，庆流胤嗣，义阐闺庭。[①]

（三）慕容宣彻　记载家世

《慕容宣彻墓志铭并慕容神威迁奉墓志》则通过慕容神威对其父慕容宣彻及其家世有比较全面的介绍。

第一，崔氏的丈夫慕容宣彻是吐谷浑辅国王、封安乐王、左领军大将军。

第二，慕容宣彻的祖父是驸马都尉、青海国王乌地可汗，名诺褐拔，即诺曷钵。

第三，慕容宣彻的祖母是"唐姑光化公主，陇西李氏"，即弘化公主。

第四，慕容宣彻的父亲是慕容忠，母亲是金城县主。

第五，慕容宣彻和崔氏之子慕容神威，是左领军大将军。

第六，慕容宣彻和崔氏之子河东阴山郡安乐王左领军大将军慕容神威，于景龙三年（709）四月十一日将其父慕容宣彻之墓迁至凉州神鸟县界。

大唐故辅国王慕容宣彻墓志铭并序
河东阴山郡安乐王慕容神威迁奉墓志并序

若夫劳喜休悲，孰免归天之魄？浮形幻影，谁蠲瘗地之魂？真金玉之可消，况英奇之能久？降年不永，遽逝东流；寂寂山丘，怅怅垄路。

祖，驸马都尉、青海国王乌地可汗，讳诺褐拔。武苞七德，业冠三冬；开颖不羁，神谋独断；溢从风烛，早迁奉毕。

祖婆，唐姑光化公主，陇西李氏。孕彩椒房，含辉兰闱；入洛川而回雪，遡巫岭以行云；不为修短悬天，芳姿掩彩，早定安厝，又迁奉毕。

父，忠，德比贞崐，诞伴惟岳，落落笋长与之干，汪汪澄叔度之陂；追远慎终，早迁奉毕。

---

①周伟洲：《慕容神威墓志》，《吐谷浑资料辑录》，商务印书馆，2017年，第70页。

左领军大将军慕容讳宣彻，擢秀清流，风尘不杂；光五侯之封，传万石之荣；凤奉忠贞，承芳帝戚；朝参鸾驾，夕卫丹墀；不为疊起，两楹梁摧。奄及，以景龙三年四月十一日奉于凉州神鸟县界。吉辰择兆，丧礼具仪。呜呼哀哉！式为铭曰：

朝露旋晞，夜台何酷。九泉幽壤，埋兹盛德。不朽飞声，昭章望族。讵勒燕岑，流芳圣牍。古之遗爱，方斯令则。何以铭勋，树兹镌勒。

景龙三年岁次己酉四月丁亥朔十一日丁酉。[1]

---

① 《大唐故辅国王慕容宣彻墓志铭并序河东阴山郡安乐王慕容神威迁奉墓志并序》，《吐谷浑资料辑录》，商务印书馆，2017年，第68~69页。

第三十一章 嫁慕容威的平阳夫人武氏（中宗前后）

（一）慕容神威 夫人武氏

唐朝嫁给吐谷浑王子慕容神威的武氏，是唐朝第六位蕃汉联姻女。中国社科院中国古代史所陈丽萍研究员对吐谷浑王族婚姻进行研究，撰文简要概括慕容神威妻武氏的情况。

慕容忠，"孙威妻武氏：安乐王慕容威，字神威，至德元载（756）正月五日卒于长乐州私馆，年63。妻平阳郡夫人武氏，祖（武则天侄、武元爽子）魏王承嗣，父太仆卿、燕国公延寿，乾元元年（758）七月十日卒于私第；十月十日合葬州南之原。有子全、亿、造"。

（二）慕容神威 墓志出土

关于武氏，更重要的依据是1974年宁夏吴忠市同心县下马关镇赵家庙村出土的《慕容神威墓志》，实际上是慕容威和武氏夫妻合葬墓志铭，其中明确记载了慕容威和武氏的身世及一生经历，比较全面地记述了慕容神威曾祖父和曾祖母、祖父和祖母、父亲和母亲以及特别是慕容神威和武氏夫妇的详细经历。其中记述"武周魏王承嗣之孙，太仆卿燕国公延寿之女"，证明慕容神威夫人武氏是著名女皇武则天的亲侄女、武承嗣的孙女，而武承嗣是女皇武则天异母兄武元爽子。最后记述了慕容神威和夫人武氏在乾元元年十月庚子朔十日己酉合葬于州南之原。《慕容神威墓志》全文如下：

大唐故慕容府君墓志

大唐故左领军卫大将军慕容府君墓志铭并序

原州都督府功曹参段赵恒撰墓志志文

君讳威，字神威，其先昌黎人也，即前燕高祖武宣皇帝庚之后。

君以瑰，抚生奕荒，济美盛德，不坠荣勋。

惟贤曾祖钵，尚太宗文武圣皇帝女弘化公主，拜驸马都尉，封河源郡王，食邑三千户，寻进封青海国王，食邑一万户，赐实封三百户，赠桃国王，食邑二万户。姻连戚里，宠锡桐珪，燕国上于子孙，衣冠盛于门。

祖忠特，袭封青海国王，拜右武卫大将军，封成王。降金城县主，即陇西郡王之长女也。承家赫奕，缴业族高，时秀有闻，国华诞宝。

父宣彻，封辅国王，圣历初，拜右领军卫大将军：匡赞社稷，翊载圣明，着定业之功，当建侯之会。夫人博陵崔氏，特承恩制，封博陵郡太夫人，家传典则，天锡荣号，庆流胤嗣，义关闺庭。

君秀人伦，性禀岐嶷，孝友内行，秉忠外节，文可□纬俗，武足以经邦。以材略闻天，特承恩奖，解褐拜左武卫郎将。至高制胜，气逸清边，举必合权，智无□荣，迁左领军卫大将军，仍充长乐州游弈副使。将统戎旅辑宁沙塞，弋人务于东作，虏马警于南向，由是息奸屏□，兼以怀仁，委责输深，霭其从化。虞衡得顺时之利，纲罟无用令之操。君以艺超卫霍，识□孙吴，矛戟森然，俎豆斯在，风姿耿介，有难犯之色，礼乐闲和，□好贤誉，弱岁慕奇，求壮年以书剑，虽少于间，奇卓立杰，心不外物，学常帝师，器宇苞借筹之能，功名得搴旗之二。顷、岁，天子嘉之，朝廷闻之，士林师之，兄弟爱之。君子以焉得贤，继仁君克，似其游来方将侍丹禁，趋紫辰，出关琐，乘朱轮，是同萧曹之位，岂居绛灌之列。于戏！昊穹不借，哲人其萎，以至德元年正月五日婴疾，春秋六十有三，终于长乐州私馆。

夫人武氏，封平阳郡夫人。武周魏王承嗣之孙，太仆卿燕国公延寿之女，学冠曹室，文推谢庭，孀幼成居，冰雪其操，勤念齐洁，自捐形生，专心真如，不息画夜。俄而遘疾，享年乾元元年七月十日终于私第。

长子全，袭左领军衡大将军；次子全，拜信王；季子造，种幼未仕。唯而不悔，识礼知节，哀集蓼我，恸深龟兆。逾曹参之绝浆，类一高柴之血。存没永隔，空悲帐，虚愚：孤弱相依，尽为原所育。佥谓孝感天地，感通神明，爰徵古礼，是托茔域。即以乾元元年十月庚子朔十日己酉同窆于州南之原，礼也。

灵车告行，晓挽将发，天惨陇雾，风悲松月。邑人以之罢市，过客由其源骖。仆素钦仁贤作椽，隣境昭仰遗爱。直书斯文，用传不朽，以志贞石。词曰：

锡姓命氏，茂德其吕，以封以袭，为侯为王。庆承宝系，姻美录璜，朝列旧德，邦家宠光。间出仁贤，才兼文武，艰危著节，社稷匡主。凛凛冠军，英英幕府，轩墀入卫，戎夏宣抚。凤承荣奖，初拜虎贲，赫弈人望，声名后昆。时称壮勇，天降殊恩，茅土道观，光华一门。火岂传薪，人从逝水，送终衬葬，奠酹裡祀。扰扰行彻，哀哀胤子，埋志石于泉途，颂德音之不已。[1]

（三）合葬墓志　史料价值

宁夏吴忠市同心县下马关镇赵家庙村出土大唐故慕容府君墓志简体序文《大唐故左领军卫大将军慕容府君墓志铭并序》，即《慕容神威墓志》，在记录慕容神威事迹的同时，记录了夫人武氏事迹，夫妻合葬于"州南之原"。因此，笔者考证，墓志铭应该称为《慕容神威夫妻合葬墓志铭》，有重要的史证价值。

第一，合葬墓志详细记录了吐谷浑王族慕容氏徙灵州四代家族：慕容神威的曾祖父诺曷钵，"尚太宗文武圣皇之女弘化公主，拜驸马都尉，封河源郡王，食邑三千户，寻进封青海国王，食邑一万户，赐实封三百户，赠桃国王，食邑二万户"。祖父慕容忠，字"忠特"，"袭封青海国王，

---

①周伟洲：《吐谷浑资料辑录》，商务印书馆，2017年，第69~71页。

拜右武卫大将军，封成王。降金城县主，即陇西郡王之长女"。父慕容"宣彻"，"封辅国王，圣历初，拜右领军卫大将军"，"夫人博陵崔氏，特承恩制，封博陵郡太夫人"。慕容神威，"左领军卫大将军，仍充长乐州游奕副使"，"夫人武氏，封平阳郡夫人。武周魏王承嗣之孙，太仆卿燕国公延寿之女"。

第二，慕容神威是唐朝著名将领安乐州保卫战的英雄，《慕容神威夫妇合葬墓志》记载，武氏的夫君慕容神威是唐朝著名将领，先担任了唐朝的左武卫郎将，迁左领军卫大将军。特别是最后"至德元年"正是吐蕃加紧进攻灵州、进攻安乐州时期，他"终于长乐州私馆"，证明慕容神威是唐肃宗朝保卫长乐州即安乐州、抵抗吐蕃进攻的主要将领之一，是安乐州保卫战的英雄。

第三，慕容神威夫人武氏是弘化公主重孙媳，武氏是慕容神威的夫人，《慕容神威夫妇合葬墓志》记载："曾祖钵，尚太宗文武圣皇之女弘化公主。"则慕容神威是弘化公主重孙，其妻武氏应该就是弘化公主的曾孙媳妇。

第四，慕容神威夫妇家在灵州，《慕容神威夫妇合葬墓志》记载，慕容神威"至德元年正月五日婴疾，春秋六十有三，终于长乐州私馆"。"私馆"，不是"私第"，私第是住宅、是家，证明慕容神威夫妇家不在安乐州，应该随其父母慕容宣彻夫妇和祖父母慕容忠夫妇家住灵州南衙私第。

第五，唐史文献"至德（756—758）中"，"至德后"，"没于吐蕃"，记载有误：《唐会要》记载："威州。咸亨三年。以灵州之鸣沙县。置吐谷浑部落。号安乐州。至德中。没吐蕃。"《新唐书》记载："威州中。本安乐州。""至德后没吐蕃。"《慕容神威夫妇合葬墓志》记载，乾元元年（758）十月合葬于"州南之原"，证明唐史记载有误。因乾元十月，吐谷浑王族还在安乐州南之原合葬慕容神威夫妇，说明安乐州被吐蕃占领，安乐州起码是在"乾元（758—760）后，没于吐蕃"。

第六，安乐州故址位置在宁夏同心县下马关镇红城水古城，《慕容神威夫妇合葬墓志》记载，慕容神威夫妇合葬于"州南之原"，证明安乐州在墓葬之北。安乐州故址位置在唐史所记"灵州南稍东之一百八十里"地方，即应在宁夏吴忠市同心县下马关镇和城市古城。

第七，慕容神威和武氏有三子：长子慕容全，袭左领军衡大将军；次子慕容亿，拜信王；三子慕容造。

第三十二章　嫁慕容曦光的太原郡武氏（721）

（一）燕王曦光　妻为武氏

武则天的侄孙女太原郡夫人武氏下嫁给吐谷浑王子，唐朔方军节度副使、金紫光禄大夫、行光禄卿、上柱国、五原公、燕王慕容曦光为妻，这是唐朝第七位蕃汉联姻女。《大唐故武氏墓志铭》记载：

> 大唐故武氏墓志之铭（志盖）唐朔方军节度副使、
> 金紫光禄大夫、行光禄卿、上柱国、五原公、
> 燕王慕容公故妻、太原郡夫人武氏墓志铭并序
> 夫人太原人也，则天大圣皇后之侄孙固。耸极天孙，分辉若木，峻岳疏趾，长源演流。祖承嗣，周朝中书令、魏王；父延寿，皇朝卫尉卿。[①]

怎么知道太原郡夫人武氏下嫁的慕容公是慕容曦光？墓志都做了回答：

第一，《大唐故武氏墓志铭》记载武氏是"燕王慕容公故妻"，慕容曦光局势燕王。

第二，《慕容曦光墓志》记载："王讳曦光，字晟，昌黎鲜卑人也。""年十岁，以本蕃嫡子号燕王。"

证明慕容曦光就是吐谷浑王族十岁封燕王的蕃王子，武则天侄孙女太原郡夫人武氏的丈夫。

（二）四世同堂　家住灵州

以上已经说明，太原郡夫人武氏的丈夫是慕容曦光，而据《慕容曦光

---

①周伟洲：《吐谷浑资料辑录》，商务印书馆，2017 年，第 75~76 页。

墓志》记载：

> 王讳曦光，字晟，昌黎鲜卑人也。粤以周载初元年（689）岁次戊寅七月八日，生于灵州之南衙。[①]

第一，按《墓志》记载，周载初元年（689），太原郡夫人武氏的丈夫慕容曦光生于灵州。家住灵州已经 18 年的大唐第一位和亲公主弘化公主，时年已届 68 岁。弘化公主高寿喜得第一个长曾孙。从而实现了吐谷浑王族从吐谷浑王安乐州刺史诺曷钵，到第二代长子慕容忠，到第三代长孙慕容宣超，到第四代长重孙慕容曦光，四代人的"四世同堂"。

第二，墓志记载的慕容曦光"生于灵州之南衙"的"灵州"，宁夏学者包括笔者，依据历史文献记载和《大唐故东平郡吕氏夫人墓志铭》记载，吕氏夫人"终于灵州私第"，"殡于回乐县东原"，提出汉唐古灵州在今吴忠市古城村的观点，中国唐史学会名誉会长、陕西师范大学唐史专家杜文玉教授指出："如今这一观点已为广大史学工作者所普遍接受。"

（三）武氏姐妹　嫁两兄弟

吐谷浑王族墓志还提供我们一个一般人还真没有注意到的重要信息。

慕容曦光妻太原郡夫人武氏，和前面讲过的慕容威妻平阳郡夫人武氏，她们二人的祖父都是同一个武周魏王武承嗣。她们二人的父亲都是同一个武承嗣之子太仆卿燕国公武延寿。而武承嗣是武则天的侄儿，所以太原郡夫人武氏和平阳郡夫人武氏又都是武则天的侄子的孙女。他们二人同是武延寿之女的亲姐妹，而她们二姐妹嫁给了同为吐谷浑王子的两位堂兄弟慕容曦光和慕容威。《慕容威夫妻合葬墓》记载慕容威的夫人武氏，是武承嗣之孙女、武延寿之女。《太原郡夫人武氏墓志》记载：

---

① 周伟洲：《吐谷浑资料辑录》，商务印书馆，2017 年，第 72 页。

人太原人也，则天大圣皇后之侄孙固。

祖承嗣，周朝中书令、魏王；父延寿，皇朝卫尉卿。[1]

《慕容威夫妻合葬墓志》记载：

> 夫人武氏，封平阳郡夫人。武周魏王承嗣之孙，太仆卿燕国公延寿之女。[2]

《慕容曦光墓志》记载：

> （慕容曦光）"年十岁，以本蕃嫡子号燕王"。[3]

而《太原郡夫人武氏墓志》记载太原郡夫人武氏是燕王故妻，就是慕容曦光之妻：

> 唐朔方军节度副使、金紫光禄大夫、行光禄卿、上柱国、五原公、燕王慕容公故妻，太原郡夫人武氏墓志铭并序。[4]

中国社科院中国古代史所陈丽萍研究员撰文，特别关注到武延寿之女两姐妹嫁于吐谷浑两堂兄弟问题："慕容威妻武氏也是武延寿之女，威与曦光为从兄弟，他们的婚姻是姊妹嫁兄弟的同辈重亲婚。武周初第一任归附国主诺曷钵卒于安乐州，其归葬凉州，第二任国主接任，其他羁縻策略等事也都是在武周时期进行的，这一点前人少有关注，而从武则天进弘化

①周伟洲：《吐谷浑资料辑录》，商务印书馆，2017年，第75页。
②周伟洲：《吐谷浑资料辑录》，商务印书馆，2017年，第69页。
③周伟洲：《吐谷浑资料辑录》，商务印书馆，2017年，第72页。
④周伟洲：《吐谷浑资料辑录》，商务印书馆，2017年，第76页。

公主为长公主并赐姓武，还以两位曾孙女下嫁国主与王族，可知武则天秉承了高宗对吐谷浑的安抚原则，甚至更为用心，这为吐谷浑部安居内地并效忠中央，无疑都是非常积极的策略。"①

　　笔者发现，前已述及，有太原郡夫人李深，说明不但两个武延寿之女的武氏姐妹同嫁于吐谷浑王的从兄弟王子，而且还有两个太原郡夫人，一个太原郡夫人李深，一个太原郡夫人武氏，同嫁给吐谷浑的王子：元王慕容若和燕王慕容曦光。

---

①陈丽萍：《唐与吐谷浑婚姻关系始末考》，《隋唐辽宋金元史论丛》2020 年第 1 期。

第三十三章　嫁慕容相的河南穆氏（天宝年间）

（一）墓志记载　河南穆氏

"河南穆氏"何许人也？史书找不到一点具体的记载。陕西师范大学陈玮副教授撰文《新出土的慕容环墓志研究》，西安市长安区博物馆收藏的《慕容环墓志》提供了关于吐谷浑慕容氏王族的重要信息，其中有慕容环之已故父亲是慕容相，已故母亲是河南穆氏。嫁于吐谷浑王子慕容相的河南穆氏，是唐朝第九位蕃汉联姻女。

西安市长安博物馆编《长安新出幕志》，收录的《慕容环墓志》提供了重要信息。

一是慕容氏曾经是鲜卑部落的今辽宁义县境内的昌黎鲜卑族。周伟洲教授考证，慕容氏的16代祖是吐谷浑之子吐延，随其父吐谷浑自阴山迁至青海。吐延之子叶延以其祖父之名为族称——吐谷浑。《墓志》还记载："自后魏至梁、隋、唐，每代尚主，婚连贵戚，侈贵崇极。"说明吐谷浑有与中原王朝联姻的传统。

二是明确记载，慕容环父亲慕容相的妻子、慕容环已故母亲是河南穆氏："父相"，"妣河南穆氏"。证明河南穆氏是慕容相故妻，是唐朝第九位嫁于吐谷浑王子的蕃汉联姻女。

三是系统记载了慕容环家吐谷浑王族六代的世系。

第一代：慕容环的高祖父是诺曷钵，"高祖志烈，字诺曷钵"。唐朝派册封使节尚书唐俭出使吐谷浑，册封其为吐谷浑"可汗、青海国王、驸马都尉"。已故高祖母是"西平大长公主"，即唐太宗册封大唐第一和亲公主弘化公主"妣西平大长公主"。

第二代：慕容环的曾祖父是弘化公主与诺曷钵的长子，"曾祖忠，字大海"。"字大海，嗣可汗、青海国王、工部尚书。"已故曾祖母是金城

351

县主"妣金城县主"。

第三代：慕容环的祖父慕容相父亲是慕容宣超，是弘化公主的长孙，唐朝派册封使节"卫尉卿唐休环持节册嗣可汗、青海国王"。已故祖母是姑臧县主"妣姑臧县主"。

第四代：慕容环的父亲是慕容相，是弘化公主的曾孙。"字千寻，改就字。"一子出身，历太仆少卿。娶河南穆氏："妣河南穆氏"，即慕容环的母亲是河南穆氏。慕容相是参与平定安史之乱的唐朝重要将领，战功显赫，唐肃宗认为他功劳超过诸将："肃宗以功殊，泽越诸将。"最后却不幸于"广德年（763—764）唐代宗平定了安史之乱之时，遇疾，终原州（今宁夏固原市）"。"赠扬州大都督。"

第五代：慕容环本人是慕容相与河南穆氏之子，是弘化公主的玄孙。"字琢璧"，"卿之第四子"，即父亲慕容相与母亲河南穆氏的第四子。唐玄宗天宝十三载（754）出生于灵州今宁夏吴忠市的吐谷浑王族唐朝名将之家。天宝十五载（756）慕容环三岁亲历喜迎唐肃宗灵州即位、决定大唐命运的历史重大事件。18岁就参加唐朝朔方军，担任"千夫长"，相当于今天的团长，参与平定安史之乱的战争。官至"朔方副元帅防秋兵马使金紫光禄大夫、张掖郡王"。"贞元十七年（801）二月，终池阳墅第，时年四十八"，灵柩暂时存放与厅堂。不知道什么原因？过了25年之后，才择吉日，于"元和十四年（819）八月廿六日，乃吉，启殡徙于卿之阙里庚穴"，慕容汤才徙父亲慕容相灵柩，葬于父亲在世时于故居所建之墓穴。这里面一定有一段故事，墓志没有记载，不得而知。

第六代：慕容环有三个儿子慕容汤、慕容著、慕容苌，次子慕容著早逝，"有子三人：孟曰汤。仲曰著，不幸早世。季曰苌"，都是弘化公主的子孙。长子慕容汤为父亲慕容环撰写墓志文和铭文。

《慕容环墓志》记载：

故朔方副元帅防秋兵马使金紫光禄大夫张掖郡王慕容府君墓志铭

并序孤子举进士汤撰并书

　　府君讳环，字琢璧，其先紫蒙之裔，昌黎棘城人也。当十六代祖，前燕析居白兰之阴，遂为东西慕容。代袭后雄，盛出于戎狄。常与华皇连姻通好，故其王间户之内讨典则，礼类乎华邦。若临彼部，异服殊音，以亲俗也。自后魏至梁、隋、唐，每代尚主，婚连贵戚，侈贵崇极。高祖志烈，字诺曷钵，唐使尚书唐俭册可汗、青海国王、驸马都尉。姚西平大长公主。曾祖忠，字大海，嗣可汗、青海国王、工部尚书。姚金城县主。祖宣超，字上仙，唐使卫尉卿唐休璟持节册嗣可汗、青海国王。姚姑臧县主。父相，字千寻，改就字。一子出身，历太仆少卿。属胡逆乱邦，公素□槃有略，乃脱朝服，殒本部东讨，旋施。肃宗以功殊，泽越诸将。广德年遇疾，终原州。诏俾羽葆，葬国城西南隅义阳乡南姜里，赠扬州大都督。姚河南穆氏。府君，卿之第四子，性果愤□吞，河源誓殄。一子出身，不就选。年十八，为千夫之长。垂铤朔望，陲迹着闻，乃授阶列。呜呼！冥茫不辅于诚，降疾去职。贞元十七年二月，终池阳墅第，时年四十八。兆吉凶，厝于堂。今元和十四年八月廿六日，乃吉，启殡徙于卿之阙里庚穴。有子三人：孟曰汤。仲曰著，不幸早世。季曰茝。汤等衅酷，微生苟存，爱嗣□奠享。不才之文，粗纪先世。谨为铭曰：伊昔祖先，系于轩皇。继踵后长，迄于我唐。我唐穆穆，我姻帝族。我姻之荣，孰不来庭。边徼不虞，王室以宁。惟祖之基，萌于来裔。剿乱是专，灭戎为誓。于戏天目，廉视于德。俾同脉露，美志终塞。孤嗣蓼心，亲朋悯默。松柏森吟，邻乎王国。九尺之坟，终南之北，其原曰高阳原。[1]

---

①西安市长安博物馆：《长安新出墓志》，文物出版社，2011 年，第 239 页。转引自陈玮：《新出土吐谷浑王族慕容环墓志研究》，《中国边疆史地研究》2014 年第 4 期。

（二）河南穆氏 或为穆宁

　　唐朝中期著名战将平定安史之乱的功臣慕容相之妻、朔方副元帅防秋兵马使的慕容环之母，慕容汤撰写的《慕容环墓志》仅记"妣河南穆氏"五个字。穆氏的生平事迹无从考证给读者介绍。究竟这个唐朝第九位蕃汉联姻女穆氏的河南穆氏，出于哪个穆氏？她父亲是谁，都不得而知。笔者推测，有没有可能与唐朝名臣名将穆宁家族有关？理由如下。

　　第一，同为河南的穆氏。《慕容环墓志》记载，慕容环之母慕容相之妻为"河南穆氏"。只记载"河南穆氏"，一定是河南穆姓大户人家。而《旧唐书·穆宁传》记载，唐朝名臣名将"穆宁，怀州河内人也"。怀州河内，正是今河南沁阳市。因此，慕容环之母慕容相之妻与穆宁，同为"河南穆氏"。

　　第二，同为玄肃代时期同在河北抗击叛军，同至灵州拜谒肃宗。慕容环之父、河南穆氏的丈夫唐朝名臣慕容相，是平定安史之乱的名将，"属胡逆乱邦，公素□橆有略，乃脱朝服，殡本部东讨"。"胡逆乱邦"也就是安史之乱。慕容相率本部东讨安史叛军。陈玮写道："志文所云慕容相'殡本部东讨，旋旆'，即指慕容相率安乐州吐谷浑部参与朔方军河北之战，再凯旋于灵武。因此慕容相得以被'肃宗以功殊，泽越诸将'"。《旧唐书·穆宁传》也记载，安史之乱开始穆"宁唱义起兵"，成为参与平定安史叛军的将领，后辅佐颜真卿抗击叛军。"真卿迫蹙，弃郡，夜渡河而南，见肃宗于凤翔。帝问拒贼之状，真卿曰：'臣不用穆宁之言，功业不成。'帝奇之，发驿召宁，将以右职待之。"

　　第三，"河南穆氏"之夫慕容相与穆宁年龄或接近。《慕容环墓志》记载：慕容相"广德年（763）遇疾，终原州。"不知道终年多少岁，估计应该五六十岁。而《旧唐书·穆宁传》记载，穆宁56岁"上元二年（761），累官至殿中侍御史，佐盐铁转运使"，他们年龄相仿。

　　第四，笔者还发现一个细节，《旧唐书·穆宁传》还记载穆宁"事寡姊以悌闻"。对待自己寡居的姐姐特别敬爱。《慕容环墓志》记载，"河南穆氏"之夫慕容相"广德年（763）遇疾，终原州。"而正巧穆宁家有"寡姊"。穆宁此"寡姊"，会不会就是慕容相妻"河南穆氏"？或有可能，同为平定安史之乱时期的唐朝名臣名将的慕容相之妻，正是穆宁之"以悌闻"的"寡姊"。若此，则慕容相妻"河南穆氏"与河南怀州河内的穆宁，同为河南怀州河内穆氏。他们是河南穆氏一家的同胞姐弟。

　　以上几点均系笔者依据史料和墓志所作的自认为是合理的推测，但目前没有证据，期待有专家学者提供新的史料出现，提出证据，加以佐证。

第三十四章　嫁移地健的铁勒族仆固氏（758）

　　唐朝著名少数民族将领仆怀恩之女仆固氏，嫁于回纥太子移地健，不过不能算作蕃汉联姻女，只能说是蕃唐联姻女。因为，仆固氏出身情况特殊，她是铁勒族，一不是汉族，二没有册封公主，三她没有出降蕃王，出降的是蕃王回纥英武可汗之的太子移地健。因此，不能算作和亲公主。以后，太子移地健继位为牟羽可汗，封仆固氏才成为可敦——光亲可敦，即王后。仆固氏在回纥和亲11年，最后死于回纥。因此，仆固氏应该是一位贡献很大、最终死于回纥的蕃唐联姻和亲女。

　　（一）父为功臣　仆固怀恩

　　仆固氏的父亲是精忠报国、满门忠烈的少数民族将领铁勒族的仆固怀恩（？—765）。贞观二十年（646），唐太宗灭薛延陀，铁勒诸部归附唐朝。祖孙世袭金徽州都督，后加入朔方军。安史之乱爆发，随郭子仪平定安史叛军。天宝十五载（756）随郭子仪赴灵武，保卫唐肃宗。在平定安史叛军中，特别是收复两京中，仆固怀恩"有殊功"，"功冠诸将"，提升朔方节度副使、朔方行营节度使、工部尚书，唐代宗朝曾出使回纥借兵，助唐平叛。唐代宗赐予"铁券""手诏"，后任天下兵马副元帅，加同中书门下平章事，加尚书左仆射、中书令（宰相），充朔方节度使。

　　仆固怀恩忠心事唐，《旧唐书》写了6700多字的传记，没有列入叛臣传，将其列入文臣武将传记，与李怀光将领等并列，肯定地说仆固怀恩"疮痍满身"，"二女远嫁，为国和亲"，"一门之内死王事者一百四十六人"，"满门忠烈"[1]，是唐朝平叛功臣，但却遭"谗毁"，遭反叛怀疑，最后被逼造反，兵败，死于灵州（今宁夏吴忠市）。清嘉庆知府杨芳灿在其所撰《嘉

---

[1]《旧唐书·仆固怀恩传》，卷一百二十一，列传第七十一，中华书局，1975年，第3477~3489页。

庆灵州志迹》中，收入他亲自撰写的《过仆固怀恩墓》诗一首，说明一千多年间，仆固怀恩墓尚能保存，证明灵州历代的人都给仆固怀恩寄予同情，不认为仆固怀恩是有意反叛。事后，《新唐书》为他写了5000字的传记，但是列入"叛臣"，列第一位。但也记载，就连唐代宗都惋惜地说："怀恩不反，为左右所误耳！"①

（二）回纥可汗　为子请婚

唐肃宗灵武即位，领导全国平叛，一方面依靠朔方军为主力，另一方面，想借蕃兵依仗其声势。乾元元年（758）五月，唐肃宗派仆固怀恩和敦煌王李承寀，出使回纥"请兵结好"。回纥英武可汗以女嫁于李承寀。英武可汗向唐朝请婚，"求公主"唐肃宗以宁国公主许之。

乾元元年（758）七月，宁国公主出降回纥时，英武可汗又为太子移地健请婚，"为少子请婚"，并派回纥首领随仆固怀恩至长安，为子请婚。唐肃宗又以仆固怀恩之女妻回纥太子移地健。后来《旧唐书·仆固怀恩传》记载：

> 肃宗虽丈朔方之众，将假蕃兵以张声势，乃遣怀恩与炖煌王承寀使于回纥，请兵结好。回纥可汗遂以女妻承寀，兼请公主，遣首领随怀恩入朝。②

《新唐书·仆固怀恩传》则记载：

> 初，肃宗以宁国公主下嫁毗伽阙可汗，又为少子请婚，故以怀恩

①《新唐书·仆固怀恩传》，卷二百二十四，列传第一百四十，中华书局，1975年，第6365~6372页。
②《旧唐书·仆固怀恩传》，卷一百二十一，列传第七十一，中华书局，1975年，第3477~3489页。

女妻之。少子立，号登里可汗，而怀恩女为可敦。^①

（三）光亲可敦　和亲 11 年

仆固怀恩在最后为自己申诉时说："臣有二女，出嫁外夷，为国和亲。"指的就是，出降回纥牟羽可汗（登利可汗）的崇徽公主和出嫁毗伽阙可汗"少子"后为太子移地健的仆固氏。乾元二年（759）四月，回纥毗伽阙可汗死后，幼子移地健立为可汗，其妻仆固怀恩少女仆固氏被立为可敦，光亲可敦，即回纥的王后。光亲可敦死后，唐代宗又以幼女为崇徽公主出降回纥登里可汗为其继室可敦。《旧唐书·回纥传》记载：

乾元二年（759），夏四月，回纥毗伽阙可汗死。长子叶护先被杀，乃立其太子登立可汗，其妻为可敦。

大历三年（768），光亲可敦卒，帝遣右散骑常侍萧昕持节吊祠。明年，以怀恩幼女为崇徽公主继室。^②

《新唐书·回鹘传》也记载：

始叶护太子前得罪死，故次子移地健立，号牟羽可汗，其妻，仆固怀恩女也。始可汗为少子请昏，帝以妻之，至是为可敦。^③

《新唐书·仆固怀恩传》则记载：

① 《新唐书·仆固怀恩传》，卷二百二十四，列传第一百四十九，中华书局，1975 年，第 6365~6372 页。
② 《旧唐书·回纥传》，卷一百九十五，列传第一百四十五，中华书局，1975 年，第 5201 页。
③ 《新唐书·回鹘传》，卷二百一十七，列传第一百四十二，中华书局，1975 年，第 6117 页。

初，肃宗以宁国公主下嫁毗伽阙可汗，又为少子请婚，故以怀恩女妻之。少子立，号登里可汗，而怀恩女为可敦。[①]

乾元元年（758），光亲可敦（？—768），仆固怀恩少女仆固氏，嫁回纥，先为太子移地健妻，后为登里可汗移地健可敦，即光亲可敦，在回纥生活长达11年之久，与回纥和亲联姻11年后，大历三年（768），光亲可敦仆固氏病逝于回纥。光亲可敦为唐朝和回纥的友好关系，为民族团结做出了巨大的贡献。

---

①《新唐书·仆固怀恩传》，卷二百二十四，列传第一百四十九，中华书局，1975年，第6365~6372页。

第三部分　另类和亲：武延秀、李承寀娶回纥公主

第三十五章　娶回纥公主被扣的武延秀（698）

（一）女皇侄孙　魏王次子

与唐蕃和亲有关的唐朝联姻男性有两位：武延秀和李承寀。武延秀（？—710），曾祖武士彟，荆州都督、工部尚书、应国公；祖父武元爽，安州司户参军、少府少监。

武延秀是宰相、魏王武承嗣的次子。武则天是武士彟次女，魏王武承嗣是武则天的侄儿，武承嗣次子武延秀就是武则天的侄孙。武延秀后娶唐中宗李显之女安乐公主为妻。武延秀五弟武延寿女平阳郡夫人武氏，与弘化公主曾孙吐谷浑王族子慕容威联姻，结为夫妻。武延秀是武则天让他赴突厥，突厥可汗要嫁女，和亲未成；李承寀是出使请兵回纥可汗嫁女，和亲成功。一次突厥的和亲，一次回纥的和亲，都不是唐朝的和亲。本书都不列入唐朝的和亲，而单立章论述。武延秀，《新唐书》记"延秀，承嗣第二子也"[①]。《旧唐书·武延秀传》记载：

> 延秀母本带方人，坐其家没入奚官，以姝惠赐承嗣，生延秀。[②]

---

①《新唐书·武承嗣传》，卷二百六，列传第一百三十一，中华书局，1975 年，第5839 页

②《旧唐书·武延秀传》，卷一百八十三，列传第一百三十三，中华书局，1975 年，第 4733 页。

（二）入塞娶亲　突厥拒绝

天授元年（690），突厥默啜可汗想与唐朝和亲，"欲以女嫁李氏"，指李唐王朝。当时，李唐王朝被武周替代，由于武延秀是武则天的侄孙，于是武则天派武延秀入塞至突厥，迎娶默啜可汗之女。六月初六至八月初一，武延秀从长安到突厥整整两个月，才到突厥可汗的黑沙南庭迎亲。但是默啜可汗欲嫁女唐朝李氏，认为武延秀非李氏天子之子，拒绝和亲，扣留武延秀于别馆。发兵，名为助复李唐。《旧唐书·武延秀传》记载：

> 则天时，突厥默啜上言有女请和亲，制延秀与阎知微俱往突厥，将亲迎默啜女为妻。既而默啜执知微，入冠赵、定等州，故延秀久不得还。①

《资治通鉴》记载：

> 天授元年（690），六月，甲午（初六），命淮阳王武彦秀入突厥，纳默啜女为妃；豹韬卫大将军阎知微摄春官尚书，右武卫郎将杨齐庄摄司宾卿，赍金帛巨亿以送之。延秀，承嗣之子也。
>
> 凤阁舍人襄阳张柬之谏曰："自古未有中国亲王娶夷狄女者。"由是忤旨，出为合州刺史。
>
> 八月，戊子（初一），武延秀至黑沙南庭。突厥默啜谓阎知微等曰："我欲以女嫁李氏，安用武氏儿邪！此岂天子之子乎！我突厥世受李氏恩，闻李氏尽灭，唯两儿在，我今将兵辅立之。"乃拘延秀于别所，以知微为南面可汗，言欲使之主唐民也。②

---

① 《旧唐书·武延秀传》，卷一百八十三，列传第一百三十三，中华书局，1975 年，第 4733 页。
② 《资治通鉴》，卷第二百六，唐纪二十二，中华书局，1956 年，第 6530~6531 页。

武延秀被扣，突厥和亲不成，反招来默啜对武则天的五过指责和唐突战争。

（三）默啜发兵　武皇五过

默啜不满武氏武则天派非唐天子之子，而是派武延秀迎娶其女，于是，一方面，发兵，借口帮助恢复李唐王朝。另一方面，又移书武则天，数武则天五过：一是送谷种不生长；二是赠品金银器非真品；三是突厥封使者官被夺；四是所赠帛是坏的；五是突厥可汗嫁女给唐太子儿武氏门户不对。《资治通鉴》记载：

天授元年（690）八月，默啜，遂发兵袭静难、平狄、清夷等军，静难军使慕容玄崿以兵五千降之。虏势大振，进寇妫、檀等州。前从阎知微入突厥者，默啜皆赐之五品、三品之服，太后悉夺之。

默啜移书数朝廷曰："与我蒸谷种，种之不生，一也。金银器皆行滥，非真物，二也。我与使者绯紫皆夺之，三也。缯帛皆疏恶，四也。我可汗女当嫁天子儿，武氏小姓，门户不敌，罔冒为昏，五也。我为此起兵，欲取河北耳。"监察御史裴怀古从阎知微入突厥，默啜欲官之，不受。囚，将杀之，逃归；抵晋阳形容羸瘁。突骑噪聚，以为间谍，欲取其首以求功。有果毅尝为人所枉，怀古按直之，大呼曰："裴御史也！"救之，得全。至都，引见，迁祠部员外郎。[1]

（四）得幸尚主　谋反被诛

神龙初年（705），默啜可汗再次请求通婚和亲，释放武延秀送书表通和之意，以示诚意，武延秀得以返回。返回后，武延秀受封桓国公，入侍皇宫，任左卫中郎将。

---

[1]《资治通鉴》，卷第二百六，唐纪二十二，中华书局，1956年，第6531页。

武延秀回归入侍以后，时其从父之兄武承训，为安乐公主李裹儿的女婿，常引武延秀入公主府第。安乐公主是唐中宗的女儿，名李裹儿。武延秀长久在突厥，会突厥语言，常在公主府唱突厥歌、跳胡旋舞，安乐公主特别喜欢。等武承训死后，武延秀遂得幸尚安乐公主。

《旧唐书·武延秀传》记载：

> 神龙初，默啜更请通和，先令延秀送款，始得归，封桓国公，又授左卫中郎将。时武崇训为安乐公主婿，即延秀从父兄，数引至主第。延秀久在蕃中，解突厥语，常于主第，延秀唱突厥歌，作胡旋舞，有姿媚，主甚喜之。及崇训死，延秀得幸，遂尚公主。①

但《安乐公主墓志》记载：

> （公主）禀性骄纵，立志矜奢，倾国府之赀财……其夫武延秀与韦温等谋危……密行鸩毒，中宗暴崩。②

《安乐公主墓志》证实，武延秀与韦温等人参与韦后集团谋反，毒死了安乐公主的亲父唐中宗。

李隆基和太平公主联手，唐隆元年（710）六月二十三日，发动"唐隆政变"，铲除了韦后集团，包括安乐公主、武延秀、韦温等。《旧唐书·武延秀传》记载：

> 及韦庶人（韦后）败，延秀与公主在内宅，格战良久，皆斩之。

---

① 《旧唐书·武延秀传》，卷一百八十三，列传第一百三十三，中华书局，1975 年，第 4733 页。
② 陈晓捷：《唐安乐公主墓志续考》，樊英峰：《乾陵文化研究（八）》，三秦出版社，2012 年，第 44 页。

后追贬为勃逆庶人。[①]

　　武则天的侄孙先被武则天派往突厥迎娶突厥公主,被拒、被扣。后放回,又娶从兄武承训寡妻安乐公主。随即参与韦后集团谋反,最后,韦后集团,包括武延秀与安乐公主都被斩首。武延秀与安乐公主双双命丧黄泉。

---

① 《旧唐书·武延秀传》,卷一百八十三,列传第一百三十三,中华书局,1975 年,第 4734 页。

第三十六章　借兵娶回纥公主的李承寀（756）

（一）高宗皇孙　邠王之子

与唐蕃和亲有关的唐朝第二位联姻男性，是李承寀（？—758），是大唐邠王李守礼的儿子，封敦煌王，拜宗正卿。李守礼（672—741），是章怀太子李贤的儿子，因此，李承寀是章怀太子李贤的嫡孙。而章怀太子李贤（655—684）又是唐高宗之第六子，因此李承寀是唐高宗的曾皇孙。《旧唐书·李守礼传》记载：

> 守礼本名光仁，垂拱初，改名守礼。
>
> 三子，承寀，至德二载，敦封为煌郡王，加开府仪同三司。[①]

（二）借兵出使　回纥和亲

至德元载（756），太子李亨灵州即位，依靠朔方军为主，领导全国平叛安史之乱。唐史欲借外藩之兵以壮军势。于是，以李守礼之子李承寀封敦煌王与仆固怀恩一起，赴回纥请兵。

《资治通鉴》详细记载李承寀赴回纥清兵，被回纥可汗提出与唐和亲，以女妻之李承寀的经过：

> 欲借兵于外夷，以张军势、以豳王守礼之子承寀，为敦煌王，与仆固怀恩，使回纥以请兵。[②]

《旧唐书·李守礼传》也记载：

---

① 《旧唐书·李守礼传》，卷八十六，列传第三十六，中华书局，1975年，第2834页。
② 《资治通鉴》，卷第二百一十八，唐纪三十四，中华书局，1956年，第7098页。

李承寀,与仆固怀恩,使回纥和亲,因纳其女为妃,册为毗伽公主。①

（三）行在面圣　封为公主

敦煌王李承寀是一位幸运的王爷,与仆固怀恩一起出使回纥,请回纥出兵,助唐平叛,不但请来助唐平叛的回纥兵,而且还赚回一位回纥可汗女为妻,成为回纥可汗的女婿。从回纥出使回唐以后,敦煌王李承寀带着新婚妻回纥可汗女,随回纥贵臣为使者,一同至唐肃宗行在彭原面圣。唐肃宗厚赐回纥使者,册封敦煌王李承寀回纥可汗女为毗伽公主:

《资治通鉴》记载:

　　敦煌王承寀至回纥牙帐,回纥可汗以女妻之,遣其贵臣与承寀及仆固怀恩偕来,见上于彭原。上厚礼其使者而归之,赐回纥女号毗伽公主。②

（四）回纥派兵　助唐平叛

唐肃宗在灵州即位,领导全国平叛,得到周边少数民族积极支持。最早是于阗王尉迟胜（约722—794）,天宝时曾入唐,向唐玄宗献名马、美玉,唐玄宗称赞。至德元载（756）九月,当他得知安禄山反唐,随即命其弟尉迟耀摄政代管国事,亲自率领五千人入唐援助平叛。此后,至德二载（757）,安西、北庭及拔汗那、大食诸国,都纷纷派兵助唐平叛。

回纥先后于至德元载（756）、至德二载（757）和宝应元年（762）,三次派军助唐平叛,在收复长安、洛阳、河北等地作战中,回纥立功。

敦煌王李承寀从回纥回来后,回纥可汗派太子叶护亲自率领四千骑兵,

①《旧唐书·李守礼传》,卷八十六,列传第三十六,中华书局,1975年,第2834页。
②《资治通鉴》,卷第二百一十八,唐纪三十五,中华书局,1956年,第7135页。

助唐平叛。《旧唐书·回纥传》记载:

> 至德二载（757），九月戊寅，加承寀开府仪同三司，拜宗正卿，纳回纥公主为妃。回纥遣其太子叶护领其将帝德等，兵马四千余众，助国讨逆。肃宗宴赐甚。[1]

《资治通鉴》有详细记载:

> 至德二载（757）九月，郭子仪以回纥兵精，劝上益征其兵以击贼。怀仁可汗遣其子叶护及将军帝德等将精兵四千余人来至凤翔；上引见叶护，宴劳赐赉，惟其所欲。丁亥，元帅广平王将朔方等军及回纥、西域之众十五万，号二十万，发凤翔。见叶护，约为兄弟，叶护大喜，谓为兄。回纥至扶，郭子仪留宴三日。叶护曰：国家有急，远来相助，何以食为！宴毕，即行。日给其军羊二百口，牛二十头，米四十斛。[2]

《旧唐书·李守礼传》还记载:

> 俄以大将军多揽等造朝，及太子叶护身将四千骑来，惟所命。帝因册毗伽公主为王妃，擢承寀宗正卿；可汗亦封承寀为叶护，给四节，令与其叶护共将。[3]

在收复长安和收复洛阳中，回纥骑兵对安史叛军都给予沉重打击，平叛立功很大。但是，也有如进洛阳城抢劫金银和妇女的暴行，杜甫及其他

---

①《旧唐书·回纥传》，卷一百九十五，列传第一百四十五，中华书局，1975年，第5198页。
②《资治通鉴》，卷第二百二十，唐纪三十六，中华书局，1956年，第7032页。
③《旧唐书·李守礼传》，卷八十六，列传第三十六，中华书局，1975年，第2834页。

诗人的诗中有多次暴露和谴责。这与回纥是一个文明欠发达具有粗野之性草原民族的特点有关。

（五）回纥和亲　承寀立功

至德元载（756），原本是唐肃宗灵州即位，举起平叛大旗，为张军势，派敦煌王李承寀随仆固怀恩一起，出使回纥请兵，助唐平叛。回纥可汗借机与大唐和亲，主动嫁女给大唐王爷敦煌王李承寀为妃。敦煌王李承寀与回纥可汗女的和亲促成了回纥三次出兵，助唐平叛。这次和亲又促成大唐与回纥进一步和亲。乾元元年（758），唐肃宗将亲生女宁国公主嫁于助唐平叛有功的回纥英武可汗，成为可敦（王后）。第二年，可汗去世，宁国公主返回长安。唐德宗即位后，改封萧国公主，卒于其家中。因此，这次敦煌王李承寀赴回纥请兵，回纥可汗招为女婿，回纥的和亲是成功的和亲，唐代与回纥均有利于国家统一、民族团结，在促进中华民族交往交流交融中，敦煌王李承寀建立了功勋。

唐肃宗对回纥可汗和亲的女婿敦煌王李承寀，"甚遇恩宠"。李承寀"乾元元年（758）六月，卒，赠司空"[1]。

与唐蕃和亲有关的唐朝联姻男性有两位：武延秀和李承寀。武延秀是突厥和亲，未成。娶安乐公主，谋反被诛。李承寀是初始回纥请兵，成功，获回纥可汗嫁女为妻，善始善终，唐肃宗待之"甚遇恩宠"，卒后，"赠司空"。司空与太尉、司徒合称"三公"，位列大唐官皆正一品。

---

①《旧唐书·李守礼传》，卷八十六，列传第三十六，中华书局，1975年，第2834页。

第三十七章　后突厥毗伽可汗的和亲梦（716—734）

毗伽可汗（684—734），名默棘连，亦作默矩，号小杀，是后突厥第三代可汗，也是后突厥颇有建树的一代雄主。

（一）父死立汗　蕃号小杀

开元四年（716）六月，后突厥毗伽可汗的父亲默啜，即颉跌利施可汗发动了对拔野固的讨伐，大胜而归，"负胜轻归"，但"大意失荆州"，被"逆卒颉质略"，在柳林中所杀。《旧唐书·突厥传》记载：

> 开元，四年（716），默啜又北讨拔野固，战于独乐河，拔曳固大败。默啜负胜轻归，而不设备。遇拔曳固逆卒颉质略于柳林中，突出击默啜，斩之。便与入蕃使郝灵荃传默啜首至京师。骨咄禄之子阙特勒鸠合旧部，杀默啜子小可汗及诸弟并亲信略尽，立其兄左贤王默棘连，是为毗伽可汗。
>
> 毗伽可汗以开元四年（716）即位，本蕃号为小杀。性仁友，自以得国是阙特勒之功，固让之。阙特勒不受，遂以为左贤王，专掌兵马。是时奚、契丹相率款塞，突骑施苏禄自立为可汗，突厥部落颇多携贰，乃召默啜时衙官暾欲谷为谋主。初，默啜下衙官尽为阙特勒所杀，暾欲谷以女为小杀可敦，遂免死。废归部落，乃复用，年已七十余，蕃人甚敬伏之。①

（二）父事天子　请婚未许

开元四年（716）六月，后突厥毗伽可汗，即位以后，为了提高和稳

---

① 《旧唐书·突厥传》，卷一百九十四，列传第一百四十四，中华书局，1975 年，第 5173 页、第 5175 页。

定自己在周边民族中的地位，接连不断地连年遣使向唐朝表示友好，请与唐和亲，"连岁遣使献方物求婚"，甚至向唐玄宗表示："请父事天子"。但唐玄宗并未许婚，只是"厚赐而遣之"，多多地赠送物品让使者带回去。开元九年（721）正月，唐玄宗甚至斥责突厥反复无常，一面袭击唐朝甘州、凉州，一面又遣使求和，如此，则以后不要遣使往来，如果来犯，我朝等待。《资治通鉴》记载：

> 开元六年（718）春，正月，辛丑，后突厥毗伽可汗来请和，许之。^①

《新唐书·突厥传》记载：

> 明年，固乞和，请父事天子，许之。又连岁遣使献方物求婚。
> 默棘连请婚既勤，帝许可，于是遣哥解粟必来谢，请婚期。^②

《旧唐书·突厥传》也记载：

> 开元九年（721），小杀由是大振，竟尽有默啜之众，俄又遣使请和，乞与玄宗为子，上许之。
> 仍请尚公主，上但厚赐而遣之。^③

《资治通鉴》又记载：

---

① 《资治通鉴》，卷第二百一十二，唐纪二十八，中华书局，1956年，第6731页。
② 《新唐书·突厥传》，卷二百一十五，列传第一百四十，中华书局，1956年，第6053~6054页。
③ 《旧唐书·突厥传》，卷一百九十四，列传第一百四十四，中华书局，1975年，第5173页、第5175页。

开元九年，春，正月，丙戌，突厥毗伽复使来求和。上赐书，谕以"曩昔国家与突厥和亲，华、夷安逸，甲兵休息；国家买突厥羊马，突厥受国家缯帛，彼此丰给。自数十年来，不复如旧，正由默啜无信，口和心叛，数出盗兵，寇抄边鄙，人怨神怒，殒身丧元，吉凶之验，皆可汗所见。今复蹈前迹，掩袭甘、凉，随遣使人，更来求好。国家如天之覆，如海之容，但取来情，不追往咎。可汗果有诚心，则共保遐福；不然，无烦使者徒尔往来。若其侵边，亦有以待。可汗其审图之！"①

（三）请婚不成　毗伽抱怨

开元十三年（725），唐高宗将东巡，宰相张说为防突厥，依兵部郎中裴光庭建议，派中书直省袁振摄鸿胪卿出使突厥，命突厥大臣扈从玄宗东巡。此时，毗伽可汗借机为累次请婚和亲不成，向袁振大发牢骚。袁振只是答应向皇帝"奏请"。小杀为向唐示好，随即派其"大臣阿史德颉利发，入朝贡献"，参与扈从唐玄宗东巡。《旧唐书·突厥传》记载：

小杀与其妻及阙特勒、暾欲谷等环坐帐中设宴，谓振曰："吐蕃狗种，唐国与之为婚；奚及契丹，旧是突厥之奴，亦尚唐家公主；突厥前后请结和亲，独不蒙许，何也？"袁振曰："可汗既与皇帝为子，父子岂合为婚姻？"小杀等曰："两蕃亦蒙赐姓，犹得尚主，但依此例，有何不可？且闻入蕃公主，皆非天子之女，今之所求，岂问真假，频请不得，实亦羞见诸蕃。"振许为奏请。小杀乃遣其大臣阿史德颉利发，入朝贡献，因扈从东巡。②

---

①《资治通鉴》，卷第二百一十二，唐纪二十八，中华书局，1956年，第6744页。
②《旧唐书·突厥传》，卷一百九十四，列传第一百四十四，中华书局，1975年，第5175~5176页。

毗伽可汗虽然抱怨唐朝没有让他和亲，但是，还是一边骚扰唐朝，一边示好。开元十五年（727）九月十七日，毗伽可汗获得吐蕃重要情报：吐蕃欲联兵突厥进攻中原。于是，他派遣大臣梅录啜赴唐朝通告，并且献上吐蕃致毗伽的书信。唐玄宗嘉奖了毗伽。开通唐朝与突厥贸易，允许突厥于西受降城与唐朝开市互易，每年送突厥缣帛数十万匹，与之互市戎马，并为监牧做种马，于是，唐朝"国马以壮"。《资治通鉴》记载：

> 开元十五年（727），九月，丙戌（十七日），突厥毗伽可汗遣其大臣梅录啜入贡。吐蕃之寇瓜州也，遗毗伽书，欲与之俱入寇，毗伽并献其书。上嘉之，听于西受降城为互市，每岁赍缣帛数十万匹就市戎马，以助军旅，且为监牧之种，由是国马益壮焉。[①]

（四）毗伽被杀 和亲梦灭

毗伽可汗多次请婚和亲，唐玄宗原本已经答应，但是，开元二十二年（734），突厥权臣梅录啜给毗伽可汗下毒，毗伽可汗在临死前挣扎着杀死梅录啜及其死党。之后，毗伽可汗逝世。后突厥也走向衰落。

毗伽可汗（684—734），后突厥第三任可汗在位（716—734）18年，重用七十岁老臣暾欲谷为谋臣，重振突厥，暾欲谷劝毗伽可汗与唐交好。

毗伽可汗多次向唐请婚和亲，求得唐朝册封和亲公主，但一次次和亲请求均告失败，始终没有实现唐突和亲。开元二十二年（734），毗伽可汗被奸臣梅录啜毒死，十几年的和亲梦最后终于破灭。

毗伽可汗的"请和亲"，就是他单方面请求唐朝和亲，单方面的"请尚公主"。而唐玄宗实际上并没有册封公主，如唐代诗人王之涣《凉州词》诗中所说："汉家天子今神武，不肯和亲归去来。"始终没有提出告知出

[①]《资治通鉴》，卷第二百一十三，唐纪二十九，中华书局，1956年，第6779页。

降蕃王后。因此，毗伽可汗的"请和亲"，只是毗伽可汗单方面的和亲梦，至死也没有实现，始终没有娶到大唐的和亲公主。

本书要结束了，最后想说明的是，笔者所以在《大唐和亲公主》一书中，写了16位和亲公主，又写了19位册封没有出降的公主、县主，出降归唐蕃将的联姻女和蕃王之子的联姻女，最后一章却加写了一位《后突厥毗伽可汗的和亲梦》，一方面，唐朝需要和平环境，需要与周边少数民族和平相处，愿意册封公主出降蕃王，也愿意联姻女出降归唐蕃将和蕃王之子，以政治联姻的方式求得和平，化干戈为玉帛，变战争为和平；另一方面，周边少数民族蕃王不断向唐朝请婚联姻，证明少数民族首领也急迫地需要通过与唐朝和亲、联姻，借唐朝强大的势力提高他们自己的地位和威望。

后记

　　笔者 1933 年生，2023 年虚龄 91 岁，涉足、探讨了一个唐代民族团结历史的新课题：大唐弘化公主和亲事迹研究。了解到唐太宗亲自册封的大唐第一位和亲公主是弘化公主，笔者特别注意到，弘化公主曾经长住灵州城（今宁夏吴忠市古城）长达 26 年（672—698），最后弘化公主终于灵州城家中。笔者惊异地发现：弘化公主原来是我们宁夏的民族团结历史名人，具体来说，是我们宁夏吴忠市的民族团结历史名人。而对此知之者少之又少，或者说宁夏吴忠几乎无人知晓。笔者在宁夏吴忠遗憾地未见一座纪念弘化公主和亲促进民族团结的标识。

　　为了宣传民族团结，铸牢中华民族共同体意识，91 岁的笔者打开电脑，先撰写了两篇论文《论唐高宗安置徙灵州吐谷浑的政策》和《大唐弘化公主和亲事迹研究》。同时，线上线下，先后给宁夏大学民族与历史学院、吴忠市委宣传部、甘肃武威市凉州文化研究院、北方民族大学中华民族共同体学院主讲了四场弘化公主和亲促进民族团结的讲座。给宁夏师范大学中华民族交往交流交融史学术研讨会提供了 22 分钟关于大唐弘化公主和亲的视频发言。

2023年整整一年，笔者几乎全部投入弘化公主和亲事迹的研究，对大唐和亲史深感兴趣，竟一发不可收拾，索性继续对全部大唐和亲公主以及各种形式的汉蕃和亲联姻女历史进行研究，一气呵成，撰写出本书34万字的书稿。向读者介绍大唐16位和亲公主与19位和亲联姻女，共计35位促进民族团结的女性，她们都为中华民族的交往、交流、交融做出巨大贡献，她们的事迹可歌可泣。

　　在本书写作过程中，笔者与各地多位专家、学者进行了广泛的交流、学习，包括周伟洲教授、杜文玉教授、崔明德教授、李鸿宾教授、蒋爱花教授、李军教授、李浩教授、拜根兴教授、李宗俊教授、陈丽萍研究员、王林聪教授、焦杰教授、范香立副教授、张志攀馆长、王其英主任、张国才院长、杨琴琴助研、杜建录教授、彭向前教授、王朝海教授、孙生玉大校、鲁人勇主任、杨森翔主任、李进增研究员、马建军主任以及余海堂、王萍、王雅芳等。他们都给予了笔者很大的支持、鼓励和帮助，让笔者受益匪浅，在此向他们表示感谢！上海大学历史学院博士研究生马悦、宁夏大学民族与历史学院硕士研究生王小玉在提供文献资料和校对文字方面给予笔者很大帮助，在此也表示感谢！山西灵石县史志办的青年学者尤嘉辉与笔者素未谋面，感谢他主动赠与有关崇徽公主和亲的《手痕碑》资料！

　　山东烟台大学原书记、校长，著名中国古代和亲史专家崔明德教授，中央民族大学教授、唐史专家蒋爱花女士，在百忙之中为本书作序，称赞本书，对两位学界好友的热情支持和帮助表示特别感谢！

本书能够顺利出版与读者见面，宁夏大学给予了支持和帮助，表示特别感谢！

关于大唐和亲公主这个研究课题，一方面，为笔者初次涉猎，不少问题尚须进一步研究；另一方面，笔者年事已高，尽管做了最大努力，不足之处想必仍然不少，希望专家、学者和史学爱好者不吝赐教，给予指正！

白述礼

2024 年 1 月 15 日于宁夏大学学仕园